dtv
premium

Hans Dieter Stöver

DER SIEG ÜBER
VARUS

DIE GERMANEN GEGEN
DIE WELTMACHT ROM

Mit farbigen Abbildungen, Karten und
Rekonstruktionszeichnungen

Deutscher Taschenbuch Verlag

FSC

Mix

Produktgruppe aus vorbildlich
bewirtschafteten Wäldern und
anderen kontrollierten Herkünften

Zert.-Nr. GFA-COC-001298
www.fsc.org
© 1996 Forest Stewardship Council

Der Inhalt dieses Buches wurde auf einem nach den
Richtlinien des Forest Stewardship Council zertifizierten
Papier der Papierfabrik Munkedal gedruckt.

Originalausgabe
Juni 2009
2. Auflage Oktober 2009
© Deutscher Taschenbuch Verlag GmbH & Co. KG, München
www.dtv.de
Umschlagkonzept: Balk & Brumshagen
Umschlagbilder: Gruppe 5 Filmproduktion (oben) und akg-images
Satz: Greiner & Reichel, Köln
Gesetzt aus der Apollo und der Frutiger
Druck und Bindung: Kösel, Krugzell
Gedruckt auf säurefreiem, chlorfrei gebleichtem Papier
Printed in Germany · ISBN 978-3-423-24733-7

INHALT

Erster Teil
NACH DER SCHLACHT

Zweiter Teil
VOR DER SCHLACHT

Dritter Teil

DIE SCHLACHT

ERSTER TEIL

NACH DER SCHLACHT

Sommer 15 n. Chr.

ANKUNFT DES GERMANICUS AUF
DEM SCHLACHTFELD

——————

— SZENE 1 —

Mann, pass doch auf, verdammt noch mal! Genau auf meine Hacke!«

Sextus Pedius wandte sich im Gehen um und warf seinem Hintermann einen wütenden Blick zu. Dessen mit Eisennägeln beschlagene Caliga* hatte ihn voll an der linken Ferse getroffen, an seiner empfindlichsten Stelle, wo vor sechs Jahren ein germanischer Speer den Gelenkknochen verletzt hatte. Ein Wunder, dass er den Wundbrand überlebt hatte. Seit damals humpelte er.

»'ntschuldige! Bin ausgerutscht. Der verdammte Matsch!« Marcus Gellius fuhr sich mit der Hand über die Stirn und schleuderte die Schweißtropfen zur Seite.

Sextus Pedius blieb stehen, beugte sich herunter und massierte seine Ferse. Dies führte augenblicklich zu einem Stau bei den hinter ihm marschierenden Kameraden. Einige fluchten. Andere waren über den unerwarteten Halt erfreut.

»Tut mir wirklich leid, Sextus«, beteuerte Gellius.

Die ganze Kolonne war aus dem Takt geraten und kam zum Stehen.

Prompt tönte von hinten eine bekannte Stimme in scharfem Ton: »Was ist da vorne los?!«

Niemand antwortete darauf.

Die Stimme kam näher: »Hier haben wohl alle Probleme mit dem Reden! Fragte, was da los ist!«

Gellius warf Pedius einen warnenden Blick zu und murmelte: »Der hat grade noch gefehlt! Wichtigtuer!«

Pedius schaute nach hinten und sah, wie Lucius Ovinius Rufus hoch zu Ross heranpreschte, um nach der Ursache der Verzögerung zu sehen. Auch er schwitzte gewaltig unter der schweren Kopfbedeckung. Der rote Helmbusch wippte vor und zurück.

Im letzten Augenblick brachte er das Pferd zum Stehen. Er wandte sich an Pedius: »Name!«

»Sextus Pedius!«

»Und?« Der Blick des Ersten Centurio der Cohorte* lauerte auf dem Gesicht des Soldaten.

Doch bevor Sextus antworten konnte, erklärte Gellius, er habe dem Kameraden aus Versehen von hinten auf den verletzten Fuß getreten, und zwar genau an der Stelle, wo ihn vor sechs Jahren eine germanische Lanze getroffen habe.

Er hatte den Satz kaum beendet, als Ovinius schon vom Pferd sprang und sich Pedius näherte.

»Fuß hoch!«

Pedius stützte sich bei Gellius ab und hob den Fuß.

Der Centurio beugte sich hinunter, begutachtete den lädierten Absatz und tastete die geschwollene Stelle ab.

»Tut das weh?«

Keine Antwort.

»Fragte: Tut das weh?!«

»Jawohl, etwas.«

»Kannst du gehen?«

»Jawohl.«

»Dann geh! Jetzt!«

Pedius machte ein paar Schritte zur Seite und zurück. Natürlich humpelte er dabei.

»Und?«

»Es geht.«

»Heißt das, du wirst es bis zum Lager schaffen?«

»Jawohl.«

»Na also.« Er fuhr sich über die schweißnasse Stirn. »Wenn nicht, melden!«

»Jawohl!« Pedius nickte.

Der Centurio ging zum Pferd, wandte sich noch einmal um und fragte: »Wann werden wir am Ort sein?«

Und Pedius: »Morgen.«

»Genauer, Mann! Wann morgen?«

»Gegen Mittag.«

»In Ordnung.« Ovinius nickte. Dann wurde er geradezu liebenswürdig. »Dass du jetzt nicht schwachmachst, mein Junge! Wir brauchen dich! Du bist der Einzige weit und breit, der den Weg kennt! Klar?«

»Jawohl!«

Ovinius saß wieder auf, wies mit der Vitis* nach vorn und rief: »Kolonne marsch! Verlorene Zeit aufholen!«

Pedius biss die Zähne zusammen und humpelte weiter. Gellius flüsterte ihm von hinten zu: »Wenn du's nicht mehr aushältst, stütze ich dich.«

»'s wird schon gehen.«

Sie marschierten weiter. Im Rücken näherte sich die Sonne bereits dem Horizont, die Bäume warfen längere Schatten. Laub und Gras begannen im goldenen Licht intensiv zu leuchten. Sein Zeitgefühl sagte Pedius, dass die Dämmerung in einer guten Stunde einsetzte. Dann wurde das Lager errichtet. Bis dahin würde er es schaffen. Er musste es schaffen! Allzu leicht geriet man bei den Kameraden in Verdacht, mit Vorsatz den Kranken zu mimen. So wie Marcus Pedaeus. Der nutzte jede Gelegenheit. War ein Genie im Erfinden von Krankheiten aller Art. Solange das nicht auf Kosten der Kameraden ging, hatte er durchaus Erfolg damit. Aber nicht bei Ovinius Rufus! Der Centurio war neu. Kam aus Spanien. Ein scharfer Hund. Einige, die ihn von früher kannten, wussten schlimme Dinge zu berichten. Ahndete kleinste Vergehen mit harten Strafen. Hinzu kam, dass er, Pedius, zu den wenigen gehörte, die sich vor sechs Jahren durch Flucht im letzten Augenblick lebend vom Schlachtfeld hatten retten können. Und in allen Legionen galt der Grundsatz: Ein Soldat flieht nicht, sondern er kämpft, wenn es sein muss, bis zum Ende!

Erleichtert spürte er, wie der Schmerz allmählich nachließ. Ein Glück, dass die Haut der Ferse durch den rabiaten Tritt nicht aufgerissen worden war, denn dann konnte es zu einer neuen Entzündung kommen, die selbst ein Arzt schwer in den Griff bekam. Und ein Medicus marschierte nicht mit in dieser Einheit. Er musste den Fuß am Abend in heißes Wasser halten, das förderte die Durchblutung. Mehr konnte man hier in der Wildnis nicht machen. Falls es überhaupt heißes Wasser gab! Der Arzt befand sich bei der folgenden Truppe. Es konnte sein, dass die Legion erst im Laufe des morgigen Tages in das Lager einrückte, das er und seine Kameraden als Vorausabteilung zu errichten hatten. Dann würde auch Germanicus da sein. Die Anwesenheit des Caesar* wirkte immer beruhigend auf die Männer. Pedius hatte es in den vergangenen Wochen oft erlebt. Das war gut, denn niemand hier wusste, was der folgende Tag, ja die nächste Stunde bringen würde. Sie rechneten mit dem Schlimmsten, jederzeit. Hinter jedem Baum, hinter jeder Wegbiegung lauerte die Gefahr. Bewegten sie sich doch in einer von den Göttern selbst verfluchten Gegend, einer barbarischen Wildnis, die geradezu dafür geschaffen schien, römischen Hochmut in seine Grenzen zu weisen: Es gab keine Städte, keine befestigten Siedlungen, weder Straßen noch Brücken, keine nach strategischem Plan angelegten Depots, die das bereitstellten, was eine Armee auf dem Marsch zum Leben und Kämpfen, vor allem zum Überleben brauchte. Stattdessen Wälder, Wälder und noch mehr Wälder! Sümpfe, Morast, Moor! Bestenfalls Trampelpfade, nicht viel breiter als die Wechsel von Tieren! Höchstens Knüppeldämme, hastig von den Pionieren errichtet, die nach dem Durchmarsch einer Armee nicht mehr zu gebrauchen waren.

Nach einer halben Stunde begann der Fuß wieder zu schmerzen. Pedius biss die Zähne zusammen und humpelte weiter. Versuchte den lädierten Fuß weniger zu belasten. Aber das war nicht möglich. Er musste durchhalten. Nur noch eine halbe Stunde. Und er würde es schaffen. Er hatte weitaus Schlimmeres hinter sich.

Auf einem Marsch konnte man gut nachdenken. Reden war nicht üblich, meist verboten. Mit wem auch? In der Kolonne war man allein mit sich selbst. Den anderen ging es genauso. Er verstand die Sorgen der Kameraden, hatte er sie

doch selbst. Keiner von ihnen hatte je gegen die vereinigte Streitmacht des Arminius antreten müssen. Er, Pedius,
hingegen schon. Dabei hatte er sogar persönlichen Kontakt
zu dem Cherusker gehabt, vorher, als alles noch in Ordnung schien. Seine damalige Einheit – Neunzehnte Legion,
Erste Cohorte, Erste Centurie – hatte in den Monaten vor der
Katastrophe des Öfteren mit den germanischen Auxiliares*
und ihrem Befehlshaber gemeinsame Erkundungsaufträge
auf unbekanntem Gelände ausgeführt. Ha! Damals galten
Arminius und seine Truppen als absolut vertrauenswürdige
Verbündete.

Pedius sah den Cherusker wieder vor sich, erinnerte sich an
seinen stets wachen Blick aus klaren hellblauen Augen, denen nichts entging. Sah das glatte, sonnengebräunte Gesicht.
Seine große, durchtrainierte Gestalt. Die kräftigen Arme.
Hörte seine sonore, einnehmende Stimme, auch sein verhal-
tenes Lachen. Seltsam, erst jetzt, im Nachhinein, fiel es ihm
auf: Er hatte den Mann nie laut lachen hören. Meist war es
nur ein Grinsen, unbestimmt, vieldeutig. Geradezu erschro-
cken stellte er fest, dass er immer noch beeindruckt war von
ihm. Wahrscheinlich ging es anderen, die ihn gekannt hatten, ebenso, doch darüber sprechen konnte man mit niemandem. Hinzu kam, dass er das Lateinische fast perfekt sprach.
Nur an einigen Formulierungen, an der Stellung von Wörtern
im Satz oder an ihrer ungewöhnlichen Betonung war zu erkennen, dass das Latein nicht seine Muttersprache war. Und
er konnte schreiben! Lesen und schreiben! Botschaften an
entfernte römische Kommandeure fasste er stets schriftlich
ab. Das wusste man beim Stab zu schätzen. Es erleichterte
die genaue Weitergabe der Kommandos von oben nach unten wie auch umgekehrt. So wurden Ungenauigkeiten ausgeschlossen.

Alle auf römischer Seite vertrauten ihm damals. Am meisten wohl Varus selbst, der Oberkommandierende. Gerade
der! Bis zum letzten Tag! So war es selbstverständlich, ja
natürlich, dass der Cherusker im Stab der Armee mächtige
Freunde und Fürsprecher hatte. Pedius erinnerte sich genau: Hieß es doch damals, sogar Tiberius selbst, der Sohn

des Kaisers, gehöre dazu. Als Grund wurde an den abendlichen Lagerfeuern herumgereicht, Arminius habe mit ihm an vielen Fronten gekämpft und entscheidenden Anteil an seinen militärischen Erfolgen gehabt. Ja, er habe ihn einmal aus einer gefährlichen Umklammerung des Feindes herausgehauen. Pedius wusste nur zu gut: erzählen konnte man vieles, nachprüfen nichts. Umso mehr blühten solche Legenden, denn mit authentischen Fakten und glaubwürdigen Berichten konnte niemand dienen. Und falls diese Schilderungen am Ende stimmen sollten, dann musste der unglaubliche, tollkühne Verrat des Cheruskers gerade Tiberius am tiefsten getroffen haben. War doch allgemein bekannt – und dies galt als sicher –, dass Augustus all seine militärischen und politischen Planungen für Großgermanien nur nach intensiver Rücksprache mit Tiberius in die Wege leitete. Mehr noch, er ließ ihm bei der Durchführung freie Hand, weil niemand im gesamten Imperium die Verhältnisse in Germanien aus eigener Anschauung so gut kannte und zu beurteilen vermochte wie Tiberius. Allerdings war es kaum vorstellbar, dass der verschlossene, misstrauische Tiberius den Cherusker in seine Pläne eingeweiht hatte.

Der Schmerz in der Ferse nahm wieder zu. Als ob die Speerspitze ihn erneut getroffen hätte. Das geschwollene Gewebe glühte. Lange würde er es nicht mehr aushalten. Pedius blickte nach vorn. Rechts rückten schon die ersten Anhöhen des Gebirges näher. Wie friedlich sie dalagen im Dunst der Abenddämmerung! Geradezu anheimelnd. Es fehlte nur noch sanft aufsteigender Rauch, und die Illusion einer idyllisch ländlichen Landschaft wäre perfekt. Doch schon wenige Meilen weiter begann zu ihren Füßen das tückische Gelände, der schmale, sich verengende Streifen festen ebenen Bodens, auf dem das größte Gemetzel stattgefunden hatte, das die Welt seit Cannae gesehen hatte. Unmittelbar daneben das Große Moor. Wo es eigentlich begann, sah man nicht. Man spürte es nur, wenn der Boden unter den Füßen zu wanken begann, die saure Grassode sich senkte und schwarzes Wasser gluckernd und Blasen bildend an die Oberfläche stieg.

Er wurde aus seinen Gedanken gerissen, denn Ovinius

Rufus trabte nach vorne, befahl »Kolonne halt!« und wandte sich an Pedius:

»Du kennst doch die Gegend …«

»Jawohl!«

»Herhören! Wo ist hier ein günstiger Platz für das Lager?« Er beschrieb mit ausgestrecktem Arm einen Halbkreis von Nord nach Süd.

»Da … da vorne … rechts … wo der Berg in die Ebene übergeht.«

»Trocken?«

»Jawohl!«

»Wasser?«

»Einige Bäche.«

»Trinkbar?«

»Jawohl, trinkbar!«

»Keine Siedlung?«

»Nein.«

»Ich meine: keine Siedlung im Wald?«

GLOSSAR

Caliga: caliga, – ae, f., überaus robuste Sandale aus einem Stück Leder, die Sohle aus drei Lagen Rindsleder und mit 80 bis 90 Nägeln beschlagen, die nach 500 bis 1000 km verbraucht waren. Da sie schnell verschlissen, mussten sie immer wieder erneuert werden. Gewicht: ca. 1300 Gramm. Auf glattem Gestein waren sie zwar gefährlich, gaben aber sonst festen Halt. – **Cohorte**: eigentlich der Haufen, die Menge, die Schar, das Gefolge; hier: die Cohorte als der 10. Teil einer Legion, gegliedert in 6 *centuriae* (Hundertschaften, einer heutigen Kompanie entsprechend). – **Vitis**: eigentlich die verholzte Weinrebe, hier der Kommandostab der Centurionen im römischen Heer, der auch zur Züchtigung gebraucht wurde; dem neuzeitlichen Korporalstock entsprechend. – »**… des Caesar**«: Seit Augustus, der als Adoptivsohn von Gaius Iulius Cesar dessen *cognomen* (Beinamen) führte, nahmen alle folgenden Kaiser diesen Namen an und nannten ihre Söhne, besonders die designierten Nachfolger, Caesares. – **Auxiliares**: von *auxilium* = Beistand, Hilfe, Unterstützung, wörtlich »die Hilfe Leistenden«; fremdstämmige (z. B. germanische) Hilfstruppen, die in der römischen Armee kämpften.

»*Ita'st.* – So ist es.«

»Auch nicht in der Nähe?«

Pedius wies nach Osten, in die Richtung, die der Weg nahm, und ergänzte: »Ein paar Gehöfte. Wurden aber damals zerstört. Kann sein, dass man sie wiederaufgebaut hat.« Der Centurio kniff die Augen zusammen und ließ den Blick über das Waldgebirge wandern. Er suchte offenbar nach dem Rauch von Feuerstellen. Dann hieß es: »In Ordnung. Du gehst voraus!«

— SZENE 2 —

Am nächsten Morgen war Sextus Pedius schon vor dem allgemeinen Wecken hellwach. Der Schmerz im Fuß hatte ihn immer wieder aus dem Schlaf gerissen. Und in den kurzen Schlummerphasen suchten ihn Albträume heim: Immer wieder fand er sich auf schwankendem Boden, manchmal trieb er auf schollenartigen Fladen aus Gras und teigigen Erdstücken auf einem pechschwarzen Wasser, das bis zum Horizont reichte. Und jedes Mal, wenn er schon bis zum Hals in der dunklen, gurgelnden Tiefe steckte, wachte er schweißgebadet auf. Dann brauchte er mehrere Minuten, bis ihm klar wurde, dass er nur geträumt hatte.

Dazu kamen die Mücken. Er hatte sie in der Erinnerung ganz vergessen. Scheinheilig warteten sie ab, bis ihre Opfer in Schlaf fielen und sich nicht mehr regten, dann machten sie sich an ihre Arbeit. Zwar ging es den anderen im Zelt genauso, doch sie schliefen fester als er und fluchten erst am Morgen über die geschwollenen, juckenden Hautstellen.

Wie immer nach den Strapazen tagelanger Märsche brauchten er und die Kameraden lange, bis sie die steifen Hüft- und Kniegelenke wieder einigermaßen frei bewegen konnten. Seine Ferse war zwar immer noch geschwollen und heiß, doch der Schmerz hatte etwas nachgelassen. Er dankte den Göttern.

Wegen seines lädierten Fußes waren die Kameraden des Contuberniums* einhellig der Meinung, er, Pedius, solle sich heute um die Zubereitung der ersten Mahlzeit kümmern. Laelius, der Mulio*, könne ihm ja dabei helfen.

»Was ha'm wir denn überhaupt noch?«, wollte Gellius wissen. Er gähnte laut und lange.

Und Laelius – in der Zeltgemeinschaft »Mädchen für alles«, im Übrigen Stotterer von Kindheit an – erklärte: »Da… da… das Übliche! Nnn… noch 'n bisschen Brot, Schrot u…und Speck.«

»Na, dann fangt doch an!«, rief ein anderer ungeduldig. »Wir haben Hunger!«

Alle nickten beifällig. Pedius ging mit Laelius nach draußen, während die sechs Übrigen sich daranmachten, ihre Schlafstätten im Zelt aufzuräumen, die Decken zu falten und in akkurater Geometrie aufs Stroh zu legen. Befürchteten sie doch, dass Ovinius Rufus unerwartet erschien, um einmal mehr zu kontrollieren, ob alles nach Dienstvorschrift seine Ordnung hatte. Ein Lichtblick war, dass sie das Zelt nicht gleich wieder abbauen, zusammenlegen und verstauen mussten. Ovinius Rufus hatte noch gestern Abend durchblicken lassen, dass sie wohl mindestens eine weitere Nacht am Ort bleiben würden, wahrscheinlich sogar zwei. Den Rest reimten sie sich selbst zusammen: Bis heute Mittag waren sie mit den Vorbereitungen des großen Lagers beschäftigt; dann würden die Legionen einrücken und die Hauptarbeit der Schanz- und Wallbauten durchführen; und am Abend würde Germanicus eine Stabsbesprechung ansetzen, an der alle Legaten*, Tribunen* und die wichtigsten Centurionen teilnahmen. Vom Ergebnis dieser Besprechung würde abhängen, ob sie schon am folgenden Tag weiter gen Osten marschierten – oder ob erst einmal Späher eingesetzt wurden, um die Feindlage zu klären. Wie auch immer, die Legionäre genossen es, endlich einen Tag ohne längeren Marsch hinter sich zu bringen.

Die Ankunft der Legionen verzögerte sich. Das war den Vermessern, die die Ausrichtung des großen Lagers, seinen Mittelpunkt, die sich rechtwinklig kreuzenden Lagergassen, den Platz des Praetoriums* und der Tore festlegten, nur recht. Kam es doch selten vor, dass sie dabei in Ruhe arbeiten konnten. Meist machte sich zunehmend Hektik breit, besonders dann, wenn man sich in Feindnähe befand und es schon zu dunkeln begann. Dann nahm die allgemeine Nervosität zu, man hörte Vorgesetzte aller Chargen brüllen, und nur das vollkommen aufeinander eingespielte Team der Fachleute machte es möglich, die Sache trotz aller Widrigkeiten zu einem guten Ende zu bringen. Sie machten ihren Job schon seit Jahren, manchmal Jahrzehnten und hätten mit verbundenen Augen arbeiten können. Zuerst legten sie mit der Groma* den zentralen Kreuzungspunkt des Lagers fest, visierten über Kimme und Korn und gaben ihren Assistenten, die mit langen Stäben an den entferntesten Punkten standen, mit Handzeichen zu verstehen, die Markierungsstäbe mehr nach rechts oder links zu setzen.

Die Hauptarmee mit Germanicus traf erst am späten Nachmittag ein. Da jeder Soldat den stets gleichen Lageplan der Castra* im Kopf hatte, eilten die verschiedenen Centurien*, Manipel* und Cohorten auf der Stelle zielsicher zu ihren Lagergassen, wo kleine Holzpfosten den Standplatz ihrer Zelte markierten. Die Maultiere, auch sie seit Jahren mit der immer gleichen Prozedur vertraut, standen bewegungslos wie Standbilder, erleichtert, von ihren drückenden Lasten – Schanzpfählen, Zelten, Proviant, Seilen, Werkzeug, Ersatzteilen – endlich befreit zu werden. Sofort kümmerten sich die Muliones um das Wohl ihrer Tiere, rieben sie trocken, tränkten und fütterten sie. Dann führten sie sie zu ihren Pferchen, die sich unmittelbar neben den Mannschaftszelten der Manipel befanden. Der größte Teil der Legionäre kümmerte sich um das mitgeführte Schanzzeug, sie schleppten es zu ihrem Abschnitt der Lagergrenze und begannen unverzüglich mit dem Errichten von Graben, Wall und Palisade. Die Übrigen stellten in ihren Lagergassen die Zelte auf.

Noch vor Beginn der Dämmerung stand das Lager.

Während Laelius, der Mulio, schon die Abendmahlzeit vorbereitete, erneuerte Sextus Pedius die Binde, die er um die angeschlagene Ferse gewickelt hatte, und zog sie straff an.

»Nnn… nicht zu stramm, Pe… Pedius! Da… das ist gefährlich! We… wegen der Durchblutung!«

»Bin doch nicht blöd.«

Pedius erhob sich und erschrak. Vom Praetorium her näherte sich Lucius Ovinius Rufus mit schnellen Schritten. Pedius und Laelius nahmen Haltung an. Während Pedius noch
überlegte, was er wann falsch gemacht haben könnte, baute
sich Ovinius schon vor ihm auf.

»Steht bequem!«

»Jawohl!«

Pedius lockerte sich, freilich voller Skrupel, denn er erwartete einen Anschiss. Doch es kam keiner. Stattdessen hieß es
ungewohnt freundlich:

»Na, mein Junge, was macht der Fuß?«

»Besser, Centurio.«

»Das freut mich.«

Ovinius warf einen kurzen Blick in das Innere des Zeltes
und fuhr, nun schon wieder im gewohnt forschen Ton, fort:
»Das heißt also, du kannst normal marschieren.«

Worauf wollte er hinaus? Der Centurio würde sich doch
nicht persönlich danach erkundigen, ob er morgen oder
übermorgen zu einem normalen Marsch fähig wäre. Zögernd
antwortete Pedius: »Nun ja, ich … eh … ich denke schon,
Centurio.«

»Was heißt das? – Kannst du's nun, oder kannst du's nicht?«

»Jawohl!«

»Du kannst also?!«

»Jawohl!«

»Sehr gut.« Er wies mit der Vitis auf Pedius' Caligae: »Sauber machen!«

»Jawohl!« Was sollte das? Sie waren in Ordnung.

»Und waschen! Kleidung ordnen! Frisches Halstuch!«

»Jawohl!«

»In einer halben Stunde bei der Wache des Praetoriums
melden!«

»Jawohl!«

»Alles Weitere erfährst du dann. Weitermachen!«

Sie standen stramm und grüßten. Ovinius hob lässig die

Rechte und entfernte sich so schnell, wie er gekommen war.

Laelius schüttelte den Kopf. »Wa... was sollte das de... denn jetzt heißen?«

»Keine Ahnung«, sagte Pedius und schaute zum Praetorium hinüber. Was hatte er mit dem Stab der Armee zu tun? Und wieso erkundigte sich Ovinius Rufus danach, ob er marschieren könne?

»Vielleicht so... sollst du befördert werden, Pe... Pedius.«

»Quatsch!« Einer wie er, der vom letzten Schlachtfeld geflohen war, wurde nicht befördert! Er war nach seiner Rückkehr degradiert worden! Was also steckte hinter der Mitteilung? Etwa ein neuerliches Verhör? Er hatte schon alles gesagt. Da er auch nach längerem Nachdenken keine Erklärung fand, machte er sich an die Reinigung seiner Klamotten.

Laelius aber, neugierig geworden, wollte mehr wissen: »Wa... was hattest du denn damals, ich m... meine vor der Sache, für einen Rang?«

Pedius schwieg und widmete sich intensiv seinen Sandalen.

»He! I... ich habe d... dich was gefragt!«

»Bin nicht schwerhörig.«

»U... und? Welchen Rang ha... hattest du?«

»Optio.«

»Donnerwetter!« Laelius pfiff durch die Zähne. Optio*, das war schon was! Er selbst würde es nie werden. Allein schon, weil er diesen Sprachfehler hatte – und weil er weder schreiben noch lesen konnte. Er starrte Pedius lange an. Beim Hercules! Was hatte der Mann alles durchgemacht! Erst diese fürchterliche Schlacht, die Verletzung, dann die Flucht unter ständiger Lebensgefahr und am Ende auch noch die Degradierung!

Schließlich fragte er: »Und w... wie alt bist du?«

»Dreiunddreißig.«

»U... und woher ko... kommst du?«

»Aus Caere*.«

»Kenn' ich nicht. Wo is'n das?«

»Im Norden von Rom. Schönes, altes Städtchen. Etruskisch.«

»Aha.«

Laelius konnte sich zwar nicht viel darunter vorstellen, leitete aus dem Gehörten aber ab, dass Pedius also ein echter Römer war. Während er selbst noch vor drei Generationen griechische Sklaven unter seinen Vorfahren hatte. Pedius' Ansehen stieg bei ihm gewaltig.

»V... vielleicht sollst du doch w... wieder Optio werden. Die brauchen je... jetzt jeden Mann!«

Pedius reagierte nicht darauf. Laelius meinte es gut.

Als er sicher war, nun sei etwa eine halbe Stunde vergangen, machte Pedius sich auf den Weg. Er ging gemächlich die Lagergasse entlang, grüßte hier und da Vorgesetzte vom Optio an aufwärts, rief diesem und jenem Kameraden eine launige Bemerkung zu, die ebenso beantwortet wurde, und erreichte das Forum*, den Platz vor dem großen Feldherrnzelt.

Er blieb stehen, um sich einen Überblick zu verschaffen. Das übliche Kommen und Gehen mittlerer und höherer Chargen. Keinen Decurio*, Optio, Centurio, Tribunen oder Praefecten* kannte er. Warum auch? Das Beste war, mit ihnen nichts zu tun zu haben. Ein Ovinius Rufus allein reichte schon!

Er ging weiter, bemüht, das Humpeln zu unterdrücken, was ihm freilich nicht ganz gelang. Als er sich den Posten beim Feldherrnzelt näherte, wurden sie aufmerksam und musterten ihn kritisch.

»Halt!«, hieß es kategorisch. »Name!«

Er nannte seinen Dienstgrad und Namen.

»Was willst du?«

»Ich soll mich hier melden. Ovinius Rufus sagte ...«

»Das geht in Ordnung«, sagte ein zweiter. »Folgen!«

Sie betraten das Vorzelt, wo mehrere Schreiber intensiv mit ihren Wachstafeln, Stiften und Papyrusbögen beschäftigt waren.

»Hier warten!«

Der Posten ging in den nächsten Raum und kam schon nach wenigen Augenblicken mit einem Militärtribunen zurück. Pedius kannte ihn nicht. Er grüßte und wartete auf die Ansprache.

Der Tribun musterte ihn kurz, aber kritisch von oben bis unten und vergewisserte sich:»Soldat Sextus Pedius?«

»Jawohl.«

»Der Caesar möchte dich sprechen. Er hat einige Fragen an dich.«

Pedius schluckte. Der Caesar! Fragen! An ihn!

Er presste ein»Jawohl!« heraus und folgte dem Stabsoffizier ins Innere des folgenden Raumes, der groß genug war, dreißig oder mehr Personen aufzunehmen. Es war sehr hell. Überall Öllampen, an Kandelabern oder am Zeltgestänge hängend. An den Seiten je drei Reihen Klappbänke. An der Rückwand mehrere mit Schlössern und Beschlägen gesicherte Eichentruhen. In der Mitte ein großer Tisch. Darauf großformatige Pläne, Papyrusbögen und Wachstafeln. Drum herum mehrere Offiziere, in ihrer Mitte Germanicus. Der Tribun trat zu Germanicus und meldete, dass der Soldat Sextus Pedius anwesend sei.

Der Caesar blickte aus seiner gebeugten Haltung herüber und sagte:»Sextus Pedius, komm näher!«

Pedius ging die wenigen Schritte hinüber, stand stramm, grüßte und meldete:»Soldat Sextus Pedius wie befohlen zur Stelle!«

Der Oberbefehlshaber richtete sich auf und musterte den Legionär.

Er sieht müde aus, dachte Pedius, er ist noch hagerer und knochiger, als ich ihn in Erinnerung habe. Am lebendigsten seine Augen, hell, klar, sehr wach. Er ist dreißig, nur drei Jahre jünger als ich. Und er sieht seinem Vater ähnlich. Seinem Onkel Tiberius kaum.

Germanicus nahm ein Blatt vom Tisch, warf einen Blick darauf und referierte:»Sextus Pedius … Römischer Bürger aus Caere … Fünfzehn Dienstjahre … Letzter Rang Optio … Neunzehnte Legion, Erste Cohorte, Erste Centurie … Mehrfach wegen Tapferkeit ausgezeichnet … Rettete mehrmals Kameraden und Vorgesetzten das Leben …«

Seine Stimme klang sehr männlich, prononciert, kurz, zugleich aber herablassend. Er hatte jeweils die Ordnungszahl *Erste* vor Cohorte und Centurie betont, um damit anzudeuten, dass er unmittelbar vor der Beförderung zum Centurio gestanden hatte. Nun schaute er Pedius an, sachlich, kritisch, aber auch neugierig. Dann hieß es: »Sextus Pedius, du bist nicht hier, um noch einmal Rechenschaft abzulegen über die Ereignisse vor sechs Jahren, die mit deiner Flucht vom Kampfplatz endeten.« Pedius hörte es mit Erleichterung. »Was geschehen ist, ist geschehen und lässt sich nicht ändern.«

Germanicus legte das Blatt zurück auf den Tisch, verschränkte die Arme und fuhr mit leicht gesenktem Kopf fort: »Nun bist du aber einer der wenigen, die überlebt haben. Ich gehe davon aus, dass du das hiesige Gelände gut kennst, denn du hast dich durch diese Wildnis auf Schleichwegen bis zum Rhein durchgeschlagen.«

»Jawohl, Caesar! Ich kenne das Gelände.«

»In Ordnung. Das heißt doch wohl auch, dass du ebenso gut die Beschaffenheit des Terrains von hier aus in östlicher Richtung kennst.«

»Jawohl!«

Germanicus warf einen Blick auf das Blatt: »Du kannst, wie…ich deiner Akte entnehme, sehr gut lesen und schreiben.«

»Jawohl!«

»Mehr noch: Es wird hier ausdrücklich festgehalten, dass du dich in einer Weise prägnant auszudrücken vermagst, die bei einem Mann deiner Herkunft gemeinhin nicht zu erwarten ist.«

Pedius schwieg dazu, erstaunt, welche Fähigkeiten und Kenntnisse in einer militärischen Personalakte festgehalten wurden. Aber er freute sich darüber.

»Kannst du auch zeichnen?«

Pedius sah ihn erstaunt an, so dass Germanicus lächelnd präzisierte: »Nein-nein, du sollst kein Schlachtengemälde entwerfen, sondern … es geht darum, dass du mir einen möglichst genauen Aufriss dieser Gegend zeichnest. Ich gehe wohl recht in der Annahme, dass du auch schon vor den schrecklichen Ereignissen hier zu tun hattest.«

»Jawohl!«

»Genauer! In welchem Zusammenhang?«

»Es ging damals um eine Bestandsaufnahme der hiesigen Siedlungen und Einzelgehöfte, Caesar.«

»Das heißt, es ging letztlich um die Frage, in welcher Höhe man die Abgaben der Leute festsetzen konnte ...«

»Jawohl!«

»Hast du selbst diese Angaben notiert?«

»Jawohl! Sie wurden dann später von einem Schreiber des Archivs übernommen.«

»Für den Feldherrn?«

»Jawohl, für Varus selbst.«

»War er zufrieden mit dem, was man ihm vorlegte?«

»Das weiß ich nicht.«

»Verstehe. Wann war das?«

»Im Sommer des ersten Jahres, als Quinctilius Varus Oberkommandierender aller Legionen in Germanien war.«

»Also vor acht Jahren.«

»Jawohl!«

»Im Sommerlager an der Weser?«

»Jawohl!«

»Wie war damals die Stimmung? Ich meine, bei den Germanen.«

Pedius dachte kurz nach, dann erklärte er: »Ich würde es abwartend nennen.«

»Du willst damit sagen, sie hatten noch keine Erfahrungen mit uns gesammelt und würden ihr zukünftiges Wohlverhalten davon abhängig machen, wie sich die Maßnahmen des Oberbefehlshabers auf sie auswirken würden.«

»Jawohl.«

»Veränderte sich diese Stimmung in den folgenden Monaten?«

Wieder dachte Pedius nach, um sich Szenen, Ereignisse und Personen in Erinnerung zu rufen. Er sagte: »Caesar! Soweit ich das zum damaligen Zeitpunkt beurteilen konnte, war keine Änderung zu bemerken.«

»Aber später!«

»Jawohl. Im folgenden Jahr spürte man sehr wohl, dass sich etwas geändert hatte.«

»Darauf komme ich vielleicht später noch einmal zurück.«

Germanicus wechselte mit seinen Offizieren einen Blick. Dann gab er Pedius mit der Hand ein Zeichen, näher an den Tisch zu treten, und wartete eine Weile, bis dieser sich einen Überblick verschafft hatte. Der Plan, auf mehrere aneinandergeklebte Papyrusbögen verteilt, enthielt eine Darstellung der geografischen und topografischen Lage nördlich des lang gestreckten Gebirgszuges, mit dem alten Handelsweg, auf dem sie damals nach Westen marschiert waren; schemenhaft waren die nördlich daran angrenzenden Moorgebiete mit schraffierten Linien angedeutet, hier und da Gehöfte als schwarze Rechtecke und Quadrate.

»Du findest dich zurecht?«, wollte Germanicus wissen.

»Jawohl!«

»Gut. Schau dir alles sehr genau und vor allem kritisch an! Aber nicht hier. Zwei meiner Schreiber werden die Korrekturen, die du vorschlägst, festhalten und in die Darstellung übertragen.«

Auf seinen Wink hin rollten die beiden Schreiber die Bögen zusammen.

Für Pedius fügte er hinzu: »Dies noch! Es könnte von Nutzen sein, die Standorte verschiedener Einheiten der Siebzehnten, Achtzehnten oder Neunzehnten Legion in bestimmten Stadien des Schlachtverlaufs anzugeben – freilich nur, soweit dir das möglich ist. Was meinst du?«

»Das wird möglich sein, Caesar. Aber …« Er betrachtete die Karte. »Der Einblick in das Gesamtgeschehen war aus meiner Sicht gering. Ich kann nur das vermerken, was sich in meiner unmittelbaren Nähe abspielte.«

»Tu das! Aus solchen Kleinigkeiten – wir verfügen ja auch über ältere Berichte anderer Augenzeugen – wird sich einmal der gesamte Ablauf der Katastrophe rekonstruieren lassen. Ich möchte die ergänzte Karte in einer Stunde einsehen!«

»Jawohl!«

»Fangt an!«

Sie waren entlassen.

Pedius folgte den beiden Schreibern. Sie verließen das Praetorium und wandten sich nach links, zu einem kleineren Zelt, in dem sich die Schreibstube des Stabes befand. Obwohl die Armee allem Anschein nach spätestens übermorgen das Lager wieder verlassen würde, waren auch hier an die zehn Scribae* in Aktion, ordneten Notizen, hielten den Krankenstand der verschiedenen Einheiten fest, machten Einträge in dieser und jener Personalakte, führten das Kriegstagebuch der Armee, schrieben Briefe ins Reine.

Die beiden Schreiber, denen er zugeteilt worden war, räumten einen Tisch frei, breiteten den großen Plan darauf aus, beschwerten ihn an den Enden mit Holzstäben und forderten Pedius auf, detailliertere Angaben oder Verbesserungen vorzuschlagen. Sie legten ein bereits mit Notizen bedecktes Blatt vor ihn hin und ermunterten ihn, auf der Rückseite mit einem Bleistift* eine verkleinerte und vereinfachte Skizze des großen Plans zu zeichnen und seine Ergänzungen oder Änderungen einzutragen.

Das ging ihm schnell von der Hand. Dabei registrierten sie staunend, dass er mit der linken Hand ohne einen Fehler schrieb und flink zeichnete. Die Gebäude, die er skizzierte, zeichnete er sogar korrekt in ihrer perspektivischen Verkürzung.

Sie notierten das, was er nannte, zeichnete oder schrieb, mit Lineal und verschiedenen Stiften an den entsprechenden Stellen im großen Plan, freilich so, dass man es jederzeit wieder mit einem Federmesser durch Kratzen entfernen konnte. Das, was stehen bleiben würde, konnte später mit verschiedenfarbigen Tinten nachgezogen werden. Das zu entscheiden war Sache des Oberbefehlshabers.

Lächelnd meinte einer: »Wenn du dereinst als Veteran nach Rom zurückkehrst, solltest du ein Schreibkontor aufmachen! Das bringt was ein! Solche Leute sind gefragt!«

Pedius grinste. »Gute Idee! Werde darüber nachdenken.«

So verstrich die Zeit. Was er lange verdrängt hatte, tauchte vor seinem inneren Auge wieder auf. Er fand sich wieder mitten im Geschehen und staunte selbst über die Fülle der Details, die er im Kopf hatte und genau beschreiben konnte. So nannte er präzise die Plätze, an denen dieser oder jener Tribun, Legat, Praefect oder Centurio im Kampf gefallen, wo der Druck des Feindes am stärksten oder wo er geringer war. Er machte so zahlreiche und ausführliche Angaben, dass die beiden Mühe hatten, sie alle auf den großen Plan zu übertragen.

Er spürte, wie die Betroffenheit der beiden Schreiber – sie waren ja Soldaten wie er selbst – wuchs; hatten sie doch in ihrer bisherigen Laufbahn nichts Vergleichbares selbst erlebt und kannten den Ablauf des fürchterlichen Geschehens nur vom Hörensagen. Manchmal unterbrachen sie ihre Arbeit und schauten ihn während seines Vortrags gespannt an, um seine sachlichen und dennoch makabren Schilderungen auf sich wirken zu lassen.

Als sie im Rahmen der ihnen gesteckten Zeit fertig waren, stieß einer von ihnen die Luft aus und meinte: »Beim Hercules! Du musst von einem mächtigen Gott beschützt worden sein!«

Alle, die um den Tisch herumstanden – die übrigen Schreiber hatten nach und nach ihre Arbeit unterbrochen und sich genähert –, nickten beifällig oder schüttelten in maßlosem Erstaunen den Kopf. Pedius schaute in ihre Augen und sah bei allen das pure Entsetzen.

»Du solltest deine Skizze mitnehmen!«, meinte einer der Schreiber, die für den Plan zuständig waren. »Wir haben ja längst nicht alles festgehalten. Vielleicht will er mehr wissen.«

Pedius nickte. Dann verließen sie gemeinsam das Zelt.

Sie trafen Germanicus wieder im großen Besprechungsraum des Praetoriums an, wo er sich mit einem seiner Legaten austauschte. Im Hintergrund hielten sich drei Adjutanten bereit, seine Anordnungen weiterzugeben.

Der Oberbefehlshaber konnte es kaum erwarten, bis der Plan auf dem Tisch ausgebreitet war, und beugte sich sofort darüber.

»Sehr interessant!«, murmelte er.

Dann hieß es: »Pedius!« Er winkte ihn heran.

»Caesar?«

»Würdest du bitte die von dir gemachten Änderungen beziehungsweise Ergänzungen kommentieren!«

»Jawohl!«

Pedius tat es. Germanicus lauschte, den wachen Blick auf

die neuen Linien, Quadrate, Rechtecke, Kreuze und Kreise gerichtet. Er ließ Pedius referieren, ohne ihn zu unterbrechen.

Schließlich wies er auf einen längeren Streifen von zaunartig aneinandergereihten Kreuzen und fragte: »Was ist das?«

»Es handelt sich hier um die Befestigungsanlagen, die Arminius angelegt hat ... auf einem Wall, mit Flechtwerk aus Ästen und Zweigen ... verstärkt mit Grassoden.«

»Und das hier? Die dunklen Streifen davor ...?« Germanicus zeigte auf dunkle durchgezogene Linien.

»Das sind Gräben.«

Germanicus hob den Blick und wandte sich an den Legaten: »Es ist nicht zu fassen! Er hat alles, was er bei uns gelernt hat, perfekt in seine Strategie und Taktik übernommen!«

Der Legat nickte: »Nicht nur das, Caesar. Solch komplizierte, fachmännisch ausgeführte Anlagen kann man nicht in zwei, drei Tagen errichten. Dazu braucht man Tage, wenn nicht sogar Wochen!«

»Sehr richtig!«, rief Germanicus. »Das aber bedeutet: Er muss seine Pläne bereits über Monate geschmiedet und seine Maßnahmen langfristig vorbereitet haben. Dabei wissen wir doch alle, wie schwierig es ist, germanische Stämme unter einen gemeinsamen Willen zu zwingen!«

Er schüttelte den Kopf und fuhr wie im Selbstgespräch fort: »Das Erstaunlichste an der ganzen Sache ist aber dies: Nichts davon wurde bekannt! Nichts!« Er hob die Stimme: »Ich ... ich kann es einfach nicht fassen! Da geht dieser Mann tagein, tagaus im Lager des Varus spazieren, nimmt an seinen lukullischen Abendessen teil, und zur gleichen Zeit basteln seine Leute an diesen Befestigungsanlagen, ohne dass dies publik wird!«

Der Legat nickte und ergänzte: »Caesar, es muss sich um eine verschworene Gemeinschaft gehandelt haben.«

Gedankenverloren ließ Germanicus den Blick lange über das gezeichnete Terrain schweifen. Dann wandte er sich an Pedius:

»Sextus Pedius!«

»Caesar?«

»Gute Arbeit!«

Pedius neigte leicht den Kopf.

Germanicus fuhr fort: »Mir liegen zwar schon andere, ältere Berichte und Dossiers vor, aber das, was du hier zu Papier gebracht hast, enthält bei Weitem die genauesten Angaben. Darum bist du mit sofortiger Wirkung von deiner bisherigen Einheit zu meinem Stab versetzt.«

Er wandte sich an einen der Adjutanten: »Sempronius, veranlasse das Nötige! Halte dich an Ovinius Rufus!«

Der Offizier nickte und verließ den Raum.

Germanicus wies auf Pedius' Fuß: »Du meldest dich sofort bei Nasidenius, dem Medicus. Er wird sich um deinen lädierten Fuß kümmern.«

GLOSSAR

Contubernium (von *taberna* = Hütte, Bude, Wirtshaus): Zeltgenossenschaft. – **Mulio**: Maultiertreiber. – **Legat** (wörtlich: Bevollmächtigter): Unterfeldherr, seit Caesar Kommandeur einer oder mehrerer Legionen. – **Tribun** (*tribunus militum* = Militärtribun im Unterschied zum *tribunus plebis* = Volkstribun): Stabsoffiziere, in jeder Legion sechs. – **Praetorium**: Feldherrnzelt, in festen Lagern Wohnung des Kommandeurs, im Marschlager Hauptquartier. – **Optio**: Stellvertreter und Gehilfe eines Centurio, einem Feldwebel vergleichbar. – **Groma**: Gerät zum Einmessen des Lagers. – **Castra**: Kriegs- und Feldlager, nur im Plural gebräuchlich (von *castrum* = fester Platz). – **Centurien** (von *centum* = hundert): Hundertschaften, in der Neuzeit einer Kompanie vergleichbar. – **Manipel** von *manipulus* (eine Handvoll): der dritte Teil einer Cohorte, der 30. Teil einer Legion, enthält 2 Centurien. – **Caere**: eine der 12 alten etruskischen Bundesstädte nordwestlich von Rom, heute Cerveteri. – **Forum** (von *foris* = draußen): öffentlicher Platz einer Stadt (Marktplatz, Markt), hier: der freie Platz um das Praetorium eines Kriegslagers. – **Decurio**: Chef einer turma (= Reiterschwadron), Rittmeister. – **Praefect(us)** (wörtlich = Vorgesetzter): Stabsoffiziersstelle für Angehörige des Ritterstandes, in Ausnahmefällen des senatorischen Adels, häufig mit selbständigem Kommando; *praefectus castrorum* = Lagerpraefect, oberster Quartiermeister einer Legion. – **Scriba** (Plural: *scribae*, von *scribere* = schreiben), Schreiber, Sekretär. – **Bleistift**: hier im wörtlichen Sinn ein Stift aus Blei zum Schreiben.

»Jawohl!«

»Du musst nämlich in den nächsten Tagen in guter körperlicher Verfassung sein. Du meldest dich morgen bei Sonnenaufgang hier, bei mir!«

»Jawohl!«

Pedius nahm Haltung an, machte auf dem Absatz kehrt und verließ mit dem zweiten Adjutanten das Zelt.

Vorbemerkung

Dem aufmerksamen Leser wird nicht entgangen sein, dass die in der Erzählung erwähnten Legionen keine Ordnungszahl tragen. Der Grund: Wir kennen sie nicht. An keiner Stelle erwähnt Tacitus – unsere Hauptquelle zum Kriegszug im Sommer 15 n. Chr. – die Namen der beteiligten Truppenteile, die mit Germanicus unterwegs waren. Wir wissen zwar, dass zu dieser Zeit die V. und XXI. Legion in Vetera beim heutigen Xanten, die I. und XX. Legion in der Civitas Ubiorum (Köln) und die II., XIV. und XVI. Legion in Mogontiacum (Mainz) stationiert waren, aber es wird nicht festgehalten, welche von ihnen an der Strafexpedition des Jahres 15 teilnahmen. Wahrscheinlich waren die I. und XX. aus Köln und die V. und XXI. aus Vetera unter dem Kommando des Aulus Caecina Severus als selbstständiges Armeecorps beteiligt. (Vgl. »Caecina weiß Bescheid: Eine Spiegelung der Varusschlacht«, Seite 62 ff.) Welche Einheiten der Oberbefehlshaber Germanicus selbst führte, bleibt unklar. Darüber wurde immer wieder spekuliert, aber es blieb bei Vermutungen. Für die Klärung der Vorgänge spielt dies freilich keine Rolle.

Der taciteische Bericht ist aus einem anderen Grund von überragender Bedeutung: Das berühmte Kapitel 61 im 1. Buch der Annalen enthält die einzige ernst zu nehmende Beschreibung des Schlachtfelds, auf dem Varus mit seinen drei Legionen unterging. Sie ist zwar wie alle anderen in wichtigen Punkten vage, in ihren topografischen Angaben diffus, doch mit dem Scharfsinn heutiger Philologen, Historiker und Archäologen ist es möglich, erstaunliche Erkenntnisse aus dem Text zu gewinnen. Wir kommen später darauf zurück.

Tacitus könnte die Kernereignisse der »Schlacht im Teutoburger Wald« an anderer Stelle seines Werks ausführlich beschrieben haben, doch ausgerechnet diese Passagen – wenn es sie denn gegeben hatte – gingen im Laufe der fast zweitausendjährigen Überlieferung verloren. So bleibt uns nur die vage Hoffnung, sie irgendwann auf einem bisher übersehenen Palimpsest zu entdecken, der in den Gewölben einer alten Klosterbibliothek vor sich hin modert. Die Hoffnung, unter den Schriftrollen, die in den vom Vesuv verschütteten Villen von Herculaneum noch ihrer Bergung und Entzifferung harren, Aufzeichnungen eines zeitgenössischen Autors des frühen 1. Jahrhunderts n. Chr. mit Hinweisen zur Schlacht zu finden, ist äußerst gering.

Germanicus als Befehlshaber am Rhein

Wäre es nach Germanicus gegangen, hätte er die Strafexpedition gegen die Cherusker, den Staatsfeind Nummer eins, wohl schon ein Jahr früher durchgeführt. Aus seiner Sicht – wie aus der des neuen Princeps Tiberius, seines Onkels – war nach der Niederlage des Varus mit dem Schlimmsten zu rechnen: Man befürchtete eine *Levée en masse* germanischer Scharen auf breiter Front gegen und über den Rhein, bis weit nach Gallien hinein. Hinzu kam bei beiden ein familiärer Bezug, der sie verpflichtete. Sowohl Tiberius als auch sein Bruder Drusus – der Vater des Germanicus – waren über viele Jahre als Befehlshaber in den weiten Räumen jenseits des Rheins bis zur Elbe militärisch und administrativ tätig gewesen, um die riesige Landmasse und ihre barbarische Bevölkerung unter Kontrolle zu bringen und im Sinne der »Pax Romana« zu befrieden. Galten die Germanen doch seit dem Einbruch der Kimbern und Teutonen in Gallien vor 127 Jahren im kollektiven Gedächtnis als die wildesten, gewalttätigsten, grausamsten Unmenschen des Erdkreises – kurz: als die Barbaren schlechthin, Feinde jeder Kultur und Zivilisation. Hatte doch schon Caesar, der Ahnherr des julischen Hauses, auf den sich alle Kaiser bis auf den Namen beriefen, den großen Plan gehegt, in einem gigantischen Kriegszug Germanien von Südosten her aufzurollen. Die Vorbereitungen dazu waren bereits in vollem Gange, als er an den Iden des März 44 v.Chr. während einer Senatssitzung in der Curia des Pompeius ermordet wurde.

Doch als Oberbefehlshaber in Germanien hatte Germanicus zunächst Dringenderes zu erledigen. Nach dem Tode des Augustus am 19. August 14 n. Chr. – daher der Name des Monats – kam es bei den Legionen in den rheinischen Garnisonen zu Meutereien, die die gesamte Exekutive lahmzulegen drohten. Zu diesem Zeitpunkt – erst viereinhalb Jahre nach der *Clades Variana* – war dies die dringlichste Aufgabe für den Prinzen: Er musste die Unruhen in den Griff bekommen, die Rädelsführer finden und bestrafen, die große Masse der Soldaten beruhigen und die Meutereien beenden – mit allen Mitteln, ohne Ansehen der Person, so schnell wie möglich!

Dies gelang Germanicus durch zwei Maßnahmen, für die er sich nach anfänglichen Fehlschlägen spontan entschied: Er ließ ein auf den Namen des Tiberius gefälschtes Schreiben veröffentlichen und befriedigte die seit Wochen ausstehenden Lohnforderungen der Soldaten mit Geld aus seiner Privatkasse. Auch dem oberrheinischen Heer machte er sofort Zugeständnisse. Als trotzdem in der Civitas Ubiorum neue Unruhen aufflammten, fasste er den Entschluss, seine Frau Agrippina mit dem kleinen Sohn Gaius (dem späteren Kaiser Caligula) nach

Trier in Sicherheit zu bringen. Das brachte die Meuterer zur Vernunft. Der immer noch gärende Aufstand in Vetera (Xanten) wurde blutig niedergeschlagen. Tiberius äußerte sich aus Rom anerkennend.

Germanicus wuchs in einer Epoche auf, die zu den kriegerischsten der römischen Geschichte zählt. Rom war an fast allen Grenzen in militärische Unternehmungen verwickelt. Die letzten fünfzehn, zwanzig Jahre des augusteischen Principats waren für die weitere Geschichte des Imperiums von entscheidender Bedeutung, denn sie prägten die Verhältnisse auf Jahrhunderte. Abgesehen von den Eroberungen Trajans im Orient, die schon von seinem Nachfolger Hadrian wieder zurückgenommen wurden, behielt das Imperium seine territoriale Ausdehnung im Prinzip bei. Und gerade die Katastrophe des Varus führte letztendlich dazu, den unteren Rhein als Reichsgrenze zu akzeptieren und beizubehalten. Sie wurde später nie infrage gestellt. Gerade das sollte Folgen haben für die spätere Geschichte Europas, besonders Frankreichs und Deutschlands. Wir kommen am Ende darauf zurück.

Reich und Reichsherrschaft gründeten in der Realität auf einer Militärmonarchie mit dem Kaiser als Oberbefehlshaber. Auch daran änderte sich bis zum Untergang des weströmischen Imperiums im 5. Jahrhundert nichts. In den Führungswirren des 3. Jahrhunderts war gerade der Nachweis erfolgreicher militärischer Potenz und Durchsetzungskraft die Voraussetzung dafür, dass revoltierende Armeeteile ihren eigenen General auf den Schild hoben und ihn zum Kaiser ausriefen. So tragen die Herrscher dieses Abschnitts der Reichsgeschichte treffend die Bezeichnung »Soldatenkaiser«. Dass mittlerweile einiges in der Praxis der Staatsverfassung schiefgelaufen war, erkennt man daran, dass keiner von ihnen eines natürlichen Todes starb.

Wie Germanicus' Vater Drusus war auch dessen Bruder, der jetzige Princeps Tiberius, ein über Jahrzehnte erfahrener Truppenführer, dem Augustus wie keinem Zweiten zutraute, seine großräumigen politischen Ziele militärisch in die Tat umzusetzen. In den frühen Jahren des Principats hatte Marcus Vipsanius Agrippa diese Position inne. Doch Agrippa war bereits im März 12 v. Chr. nach langer Krankheit gestorben. Mit ihm verlor der in militärischen Dingen unbedarfte Augustus nicht nur den großen Strategen, der ihm während des Bürgerkriegs nach Caesars Ermordung alle Schlachten geschlagen und siegreich beendet hatte, sondern auch seinen engsten Freund. Der Kaiser selbst hielt ihm die Grabrede, ließ ihn im Mausoleum Augusti beisetzen und richtete ihm zu Ehren jährliche Spiele ein.

Augustus hatte 21 v. Chr. durchgesetzt, dass Agrippa seine Tochter Iulia heiratete. Aus dieser Ehe gingen fünf Kinder hervor, darunter Agrippina, die Germanicus 5 n. Chr. heiratete. Nach dem frühen Tod der Augustusenkel Gaius Caesar (4 n. Chr.) und Lucius Caesar (2 n. Chr.) rückte Germanicus in die engste Wahl als möglicher Nachfolger des Princeps. Doch Augustus entschied sich an seinem Lebensende für Tiberius, den Sohn der Livia. Ausschlaggebend war neben dem Druck, den Livia auf den greisen Herrscher ausübte, dessen Einsicht, dass es nach der Varuskatastrophe eines erfahrenen Strategen bedurfte, um mit den drängenden Problemen fertig zu werden.

Solange Augustus lebte, durfte keine neue Offensive gegen die Germanen unternommen werden.[1] Liegt dieser Kehrtwendung die Einsicht des Kaisers zugrunde, dass seine Germanienpolitik gescheitert war, oder wollte Augustus sich die Unterwerfung des Großraums östlich des Rheins für spätere Zeiten offenhalten? – Beides ist denkbar. Dabei ist zu berücksichtigen, dass der Princeps in seinen letzten Jahren zunehmend kränkelte und gebrechlich wurde. Er war nicht mehr imstande, an den Sitzungen des Senats teilzunehmen, weil dem Greis schon der Gang zur Curia zu beschwerlich wurde. Ein ad hoc gebildeter Senats-Ausschuss hatte nun zu den Beratungen im Palast zu erscheinen. Da seine Autorität nach wie vor ungebrochen blieb und der Apparat – besonders der militärische – funktionierte, gab es keine Komplikationen. Die Vollmachten des Princeps wurden ihm 13 n. Chr. abermals verlängert. Um zehn Jahre! Er war damals sechsundsiebzig Jahre alt.

Genialer Balanceakt: Der Principat

Wie es Augustus gelang, eine neue Staatsform zu konstituieren, ist einer der erstaunlichsten Vorgänge der Geschichte, und es stellt sich die Frage: Aus welchen Gründen war es möglich, dass ein einzelner Mann nach den anarchischen Bürgerkriegswirren der ausgehenden Republik, nach der ganz auf die Person Caesars zugeschnittenen Diktatur, nach erneutem, die staatliche Ordnung bis in die Grundfesten erschütterndem Bürgerkrieg eine Ordnung etablierte, die ihn nicht nur an der Macht hielt, sondern nach seinem Tod als tragfähige Staatsform Jahrhunderte überlebte?

In seiner 1891 erschienenen Augustus-Biografie stellt Viktor Gardthausen lapidar fest: »Eine jede politische Macht wird durch dieselben Mittel erhalten, durch die sie erworben wurde.«[2]

Welche waren es?

Für den Realpolitiker Caesar war die Sache klar. Erklärte er doch: »Es gibt zwei Dinge, welche die Herrschaften begründen, bewahren und wachsen lassen: Soldaten und Geld. Und beide hängen voneinander ab; denn eine gute Versorgung hält die Truppe zusammen und wird durch die Waffen gesichert. Fehlt eines von beiden, dann wird sich auch das andere auflösen.«[3] Cassius Dio, der diese Äußerung überliefert hat, fügt dann noch gedankenvoll hinzu: »Das waren so immer seine Gedanken und Worte über derlei Dinge.«[4]

Wir, die wir auf über zweitausend Jahre leidvoller Geschichte zurückblicken, sind geneigt, ihm zuzustimmen – wären da nicht gewisse Skrupel: Wie steht es mit den friedlichen Zeiten? Keine Zivilisation kann ununterbrochen Krieg führen. Ein lediglich mit roher Gewalt nach innen wie außen agierender Staat trägt den Keim seines Untergangs bereits in sich, wie die imperialen Partei- und Staatsdiktaturen des 20. Jahrhunderts beweisen: Die UdSSR brachte es lediglich auf dreiundsiebzig, die NS-Diktatur auf zwölf Jahre. In beiden Fällen wurden mehr Menschen getötet und mehr Sach- und Kulturwerte zerstört als je zuvor. Etwas Neues, Zukunftsorientiertes wurde nicht geschaffen.

Der Begriff *principatus* leitet sich von Princeps ab, mit der Bedeutung »die erste Stelle einnehmen« (von *primus* = Erster und *capio* = einnehmen) als der Erste, der Vornehmste, der Angesehenste, das Haupt. In republikanischer Zeit gehört zu den »Häuptern des Staates«, wer aus einer vornehmen Familie stammt, das Consulat bekleidet und sich durch eine verdienstvolle Leistung das Ansehen erworben hat, die eine führende Stellung im Staat – und das heißt vor allem im Senat – rechtfertigt. Im Übrigen steht dem Sprecher des Senats offiziell diese Titulatur zu: *princeps senatus*, der Erste des Senats.

Nach Beendigung der Bürgerkriege benutzt Octavianus diesen Begriff, um sich und sein Amt ganz klar von Königtum[5] und Diktatur abzusetzen. Zumindest die ihm Wohlgesonnenen sahen dies durchaus positiv: »… nicht als Monarchie noch als Dictatur, sondern unter dem Titel Princeps habe er den Staat neu begründet; durch den Ozean oder durch weit entlegene Ströme sei das Reich geschützt; Legionen, Provinzen, Flotten, alles sei untereinander straff verbunden; Recht gelte gegenüber den Bürgern, Rücksicht gegenüber den Bundesgenossen; die Stadt selbst stehe in prächtigem Schmuck; nur in ganz wenigen Fällen habe man Gewalt angewendet, damit im Übrigen Ruhe herrsche.«[6]

Seine Gegner sahen das freilich anders, sie waren aber in der Minderzahl: »Die Anhänglichkeit gegen den Vater (Caesar) und die schwierige Lage des Staates habe er nur zum Vorwand genommen; in Wahrheit sei es Herrschsucht gewesen.«[7] Als weitere Argumente der Gegner nennt Tacitus: »Bestechung der Legionen (der Gegenseite) … Aufgewiegelt habe er durch Freigiebigkeit die Veteranen …«; es werden ihm sogar Mordanschläge auf führende Heerführer, die ihm im Wege stehen, nachgesagt, damit er diese Truppen mit Beschlag belegen konnte. Das Fazit: »Ohne Zweifel habe es Frieden nach diesen Vorgängen gegeben, aber einen voller Blut.«[8]

Kein Krieg ist brutaler, hinterhältiger, bestialischer als ein Bürgerkrieg. Man kann sich ja nicht wie in Auseinandersetzungen zwischen Staaten hinter irgendwelchen vorgeschobenen Mythen verstecken, um das, was man durchsetzen will, zu rechtfertigen. In einem Bürgerkrieg kennt jeder seinen Gegner und weiß, wie er denkt; man spricht die gleiche Sprache, achtet die gleichen Traditionen, verehrt die gleichen Götter, vor allem: Man hat die gleiche Geschichte.

Es gab, wenn überhaupt, nur eine Möglichkeit, die zugrunde gerichtete Republik so weit zu beruhigen, dass eine neue staatliche Ordnung etabliert werden konnte: Der neue Machthaber musste versuchen, die auseinanderstrebenden Kräfte auf ein gemeinsames Ziel hin auszurichten. Das gelang ihm auf eine geradezu listige Weise, indem er das bewährte Alte beschwor und in den Vordergrund seiner Argumentation rückte, um konservative Geister zu beruhigen – und zugleich seine tatsächliche persönliche Machtfülle geschickt hinter traditionellen Begriffen versteckte.

Wir müssen hier etwas detaillierter auf diesen Vorgang eingehen, da wir sonst nicht verstehen, woher das ungeheure Ansehen des Princeps bei Senat und Volk kommt. Als Consul (zum siebten Mal) bot Octavianus 27 v.Chr. im Senat seinen Rücktritt an und ließ am 14. Januar die Republik in ihrer althergebrachten Form wiedererstehen. Zwei Tage später ließ er sich in einer wohlvorbereiteten Sitzung des Senats auf Zuruf hin – nicht durch Abstimmung! – bewegen, die Stellung des Princeps anzunehmen. Sueton nennt einige interessante Details dieses Vorgangs: »… nahm er den Beinamen Augustus an, nach dem Antrag des Senators Munatius Plancus, der gegen den Vorschlag einiger, dass er gleichsam als zweiter Erbauer Roms den Namen Romulus führen müsse, die Ansicht durchdrang, ihn vielmehr Augustus zu nennen, da dieser Name nicht nur ein völlig neuer, sondern auch ungleich erhabener sei, weil ja auch die heiligen Orte, an welchen von den Auguren eine Weihezeremonie vorgenommen wird, *geweihte* (augusta) heißen, von dem Wort Glücksfälle (auctus).«[9]

Geschickt, scharfsinnig, intelligent, wenn man will: gerissen, verstand es Octavian – von nun an Augustus –, in dieser entscheidenden Sitzung seine machtpolitischen Ziele durchzusetzen und eine Verfassung zu etablieren, die zwar ganz auf ihn und seinen Führungsanspruch zugeschnitten war, die dennoch vorgab, den Anhängern der alten republikanischen Ordnung so viel Spielraum zu lassen, dass sie glauben konnten, den Mann an der Spitze immer noch kontrollieren zu können.

Die Rede, die der Princeps im Verlauf der Sitzung hielt, ist ein Meisterstück an

politischer Taktik. Gewiss hat Cassius Dio, der sie überliefert, dabei eigene Formulierungen eingebracht, wie bei antiken Autoren üblich, doch durch seinen
Werdegang hatte Cassius auf jeden Fall einen pragmatischen Blick für das
politische Geschehen: Etwa 163 n. Chr. als Sohn eines Senators und Statthalters
in Nikaia (Bithynien) geboren, kam er um 180 nach Rom und machte dort rasch
Karriere: Senator, Consul, Provinzstatthalter in Africa und kaiserlichen Provinzen, wurde er 229 als Consul Amtskollege des ihm sehr gewogenen Kaisers
Severus Alexander. Wegen Animositäten zur kaiserlichen Garde der Praetorianer – man warf ihm zu strenge Amtsführung vor – schied er aus dem öffentlichen Leben und zog sich bis etwa 230 nach Bithynien zurück. Nach zehnjäh-
rigen Vorstudien verfasste er in zwölfjähriger Arbeit das Riesenwerk ›Romaike
Historia‹, eine Gesamtdarstellung der Geschichte Roms von der Ankunft des
Aeneas in Italien bis zum Jahre 211. Sein Anspruch war, die großen Linien des
Geschichtsverlaufs nachzuzeichnen, ohne sich zu sehr in die Details zu verlieren. Reden und Gespräche bilden ein wichtiges dramaturgisches Stilmittel,
besonders bei kontroversen Themen. Dabei wird deutlich, dass er als konserva-
tiver Betrachter und loyaler Befürworter der Monarchie argumentiert. Trotz dieser Voreingenommenheiten gilt er als eine der wichtigsten Quellen für die Zeit
des Augustus, weil er auf (nicht genannte) Schriften von Zeitgenossen zurückgreifen konnte, die wir nicht mehr besitzen. Im Übrigen wird er Zugang zu den
Akten des Staatsarchivs im Tabularium gehabt und sich mit gelehrten Kennern
der Materie ausgetauscht haben. Wenn auch Wortwahl, rhetorisches Beiwerk
und Dramaturgie der Princeps-Rede aus der Feder von Cassius Dio stammen,
können wir dennoch davon ausgehen, dass die vorgetragenen Argumente
authentisch sind. Zumindest zeigen sie auf, wie man über zwei Jahrhunderte
später darüber dachte.

»Ich weiß wohl, ihr Väter und Beigeordnete[10]«, beginnt der Princeps, »dass ich
bei einigen von euch den Eindruck erwecken werde, eine unglaubwürdige Wahl
getroffen zu haben. Denn was keiner meiner Zuhörer selbst tun wollte, das
will er auch nicht glauben, wenn ihm ein anderer erklärt, dies getan zu haben,
besonders da doch jedermann auf jeden neidisch ist, der über ihm steht, und
darum auch geneigt, Äußerungen zu misstrauen, die sein Fassungsvermögen
übersteigen.«[11] Der so spricht, ist nicht mehr der scheinbar unbedarfte junge
Mann von neunzehn Jahren, der nach Caesars Ermordung das Erbe des Adoptiv-
vaters antritt. Er ist jetzt sechsunddreißig, im Vollbesitz seiner Kräfte, gefürchtet
von seinen Gegnern, unter denen er gnadenlos aufgeräumt hat, bewundert von
seinen Anhängern, die mit ihm herrlichen neuen Zeiten entgegengehen wollen.
Aber noch fehlt ihm für das, was er vorhat, die Zustimmung des Hohen Hauses.

Nach weiteren allgemein gehaltenen Erklärungen der obigen Art kommt er zu seinem eigentlichen Anliegen: »Ihr seht doch auch selbst, dass es bei mir liegt, lebenslang über euch zu herrschen.« Er registriert sehr wohl, wie sich einige seiner Gegner einen verdächtig langen Blick zuwerfen, ihm entgeht auch nicht das Schmunzeln auf den Gesichtern einiger Freunde. Als er fortfährt, vermeidet er Emotionen, hält seine Hände ruhig, um jeden Anschein von Unsicherheit auszuschließen, hebt auch nicht die Stimme, als er erklärt: »Denn alle ehemals aufrührerischen Elemente sind ja entweder durch Anwendung von Rechtsmitteln vernichtet oder haben sich dank der Begnadigung zu einer vernünftigen Denkweise bekehren lassen, während meine Helfer durch Vergeltung ihrer Freundestaten mir geneigt und durch Teilhabe an der Staatsführung fest an mich gebunden sind. Folglich denkt niemand an Umsturz. Sollte aber tatsächlich etwas Derartiges Platz greifen, dann ist zum mindesten die Partei, die zu mir halten wird, noch entschlossener als je zuvor.«

Und dann nennt er die entscheidenden machtpolitischen Fakten: »Mein Militär steht, was Ergebenheit und Stärke angeht, auf seinem Höhepunkt. Dazu verfüge ich über Geld und Verbündete, doch das Wichtigste ist: Sowohl ihr als auch das Volk nehmt mir gegenüber eine Haltung ein, dass ihr sogar dringend wünschen möchtet, mich an eurer Spitze zu sehen.« »Worauf will er denn nur hinaus?«, denken einige, denen die Skrupel ins Gesicht geschrieben sind. »Will er eine neue Dictatur etablieren? Oder die Königsherrschaft wieder einführen?«

Dann die Überraschung: »Indessen, ich werde nicht mehr länger euer Führer bleiben, und niemand wird sagen können, dass ich meine sämtlichen bisherigen Taten nur deshalb vollbracht habe, um die unbeschränkte Macht zu erringen.« Er blickt langsam in die Runde, sieht die Verblüffung, fährt fort: »Nein, ich gebe hier und heute mein Amt gänzlich auf und lege euch alles und jedes in die Hände: das Heer, die Gesetzgebung, die Provinzen, und zwar nicht nur all jene, die ihr mir übertragen habt, sondern auch die übrigen, die ich späterhin für euch hinzu erworben habe.« Dazu gehört die Kornkammer Ägypten!

Er führt dazu Weiteres aus, stellt seine Bescheidenheit, seine Uneigennützigkeit in den Mittelpunkt, steigert sich zu einem geradezu staatstragenden Pathos.

»Und während die einen ihn nicht zu loben wagten, die anderen dies hingegen tun wollten, brachen sie doch während des Vorlesens als auch danach wiederholt in laute Zurufe aus, indem sie Caesar um eine monarchische Regierung baten und alle zu ihren Gunsten sprechenden Argumente vorbrachten. Das währte so lange, bis sie Caesar scheinbar (!) dazu brachten, die Selbstherrschaft anzunehmen«, so Cassius Dio. Unmittelbar anschließend fordert er dies ein: Seine Leibgarde soll das Doppelte des Soldes aller übrigen Soldaten erhalten, damit er über eine zuverlässige Wache verfüge! Der Beschluss geht glatt durch. Hier wird die Basis der Truppe geschaffen, die unter seinen Nachfolgern eine teils stabilisierende, teils schreckliche Rolle spielen sollte: die kaiserliche Garde der Praetorianer. »Auf diese Art und Weise«, beschließt Cassius Dio den Abschnitt, »bekam Caesar seine Herrscherstellung sowohl vom Senat wie auch vom Volk bestätigt.«

Der heutige Betrachter dieses bemerkenswerten Vorgangs reagiert verblüfft, ja verwirrt: Ist doch nirgendwo und zu keiner Zeit in der römischen Staatsverfassung der Begriff »Princeps« als Terminus für ein konstitutionelles Amt vorgesehen, das alle Staatsmacht in sich vereinigt. Bei aller gebotenen Vorsicht könnte man den Vergleich ziehen zur Titulatur Hitlers als »Führer und Reichskanzler«, denn auch sie taucht nirgends in der Weimarer Verfassung auf – die ja offiziell nach 1933 nie außer Kraft gesetzt wurde.

Ausschlaggebend für die römische Verfassungspraxis war zu allen Zeiten: Sie beruht auf dem Gewohnheitsrecht. Außer dem frührepublikanischen Zwölftafel-Gesetz wurden später nie staatsrechtliche Maximen niedergeschrieben, in Stein gemeißelt und veröffentlicht. Doch gerade diese Geschmeidigkeit der römischen Verfassungsordnung ist es, die den pragmatischen Umgang mit den anstehenden Machtfragen erst ermöglicht. Die nächsten Schritte ergeben sich fast zwangsläufig.

Während »Princeps« bisher stets durch einen Genitivus definitivus näher bestimmt wurde – etwa als *princeps civium* = der Erste der Bürger, *princeps populi Romani* = der Erste des Römischen Volkes, *princeps senatus* = Der Erste (Sprecher) des Senats –, steht von nun an der Kaiser über den *Ersten Männern* und nennt sich Princeps ohne weiteren Zusatz. In den Generalsrängen unserer Zeit gibt es sprachlich Vergleichbares, die Befehlsgewalt steigt vom Brigadegeneral über den Generalmajor, den Generalleutnant bis zum Viersternegeneral, kurz: *dem* General.

Der Princeps ist also »Der Erste« schlechthin: Als solcher hebt er sich demonstrativ von Königtum und Diktatur ab. Der Beiname Augustus steigert seine *auctoritas* (Glaubwürdigkeit, Vollmacht, Autorität) zur Unübertrefflichkeit. Niemand steht gleichrangig neben ihm, schon gar nicht über ihm. Die Verleihung des Ehrentitels *pater patriae*, Vater des Vaterlandes, symbolisiert den gesellschaftlichen Konsens. Als Sohn des vergöttlichten Caesar wird er der überirdischen Sphäre angenähert. In Italien und den Provinzen wird ihm kultische Verehrung zuteil, in Rom seinem Genius.[12] Die übrigen Namensbestandteile »Imperator« (Befehlshaber) und »Caesar« weisen ihn als den Erben Caesars aus, besitzen aber ebenso wenig wie der Titel »Princeps« einen Bezug zu seiner staatsrechtlichen Stellung.

Diese zeigt sich in ganz konkreten Kompetenzen: Seine definitive Macht als »Imperator« basiert zuallererst auf dem Oberbefehl über die Armee. In seinem Rechenschaftsbericht und politischen Testament, dem sog. »Monumentum Ancyranum«[13], spricht Augustus daher von *exercitus meus* (»mein Heer«) und *classis mea* (»meine Flotte«). Finanziell ist er unabhängig. Er verfügt über ein riesiges vom »Vater« ererbtes Privatvermögen, das *patrimonium*, und kann außerdem auf die Einnahmen aus den kaiserlichen[14] Provinzen, den *fiscus*, zurückgreifen, um die gewaltigen finanziellen Ausgaben – den Sold für Heer und Flotte, die Getreideversorgung des römischen Proletariats, die Spiele und Bauten – zu bewältigen. Seine staatsrechtliche Stellung basiert zuallererst auf dem in den Jahren 27–23 bekleideten Consulat und dem proconsularischen Imperium über die kaiserlichen Provinzen. Seit dem Jahre 23 v. Chr. besitzt er die *tribunicia potestas* eines Volkstribuns auf Lebenszeit. Er verfügt damit über das Recht eines der ältesten republikanischen Ämter und kann gegen jeden Senatsbeschluss sein Veto einlegen. Ferner werden ihm spezielle Rechte übertragen: Als »Princeps Senatus« hat er eine Sonderstellung im Senat, kann außerordentliche Sitzungen einberufen, die Tagesordnung vorgeben und schriftliche Anträge stellen. In jeder Gerichtsverhandlung kann er von seinem richterlichen Stimmrecht Gebrauch machen; er kann ein eigenes kaiserliches Gericht einberufen. Er besitzt das Münzrecht für alle Metalle. Und schließlich: Seit seiner Wahl zum Pontifex Maximus 12 v. Chr. leitet er auch das Sakralwesen.

Der Princeps – sagen wir ab jetzt: der Kaiser – ist ein Vorbild in seinen *virtutes* (Tugenden): Auf dem Ehrenschild, der ihm 27 vom Senat verliehen wurde, werden seine *virtus* (mannhafte Tugend), *clementia* (Milde), *iustitia* (Gerechtigkeit) und *pietas* (Frömmigkeit) gerühmt.

Nun könnte man nach der Übertragung dieser ungeheuerlichen Vorrechte auf den Kaiser meinen, der Senat habe sich gleichsam in einem römischen Ermächtigungsgesetz selbst abgeschafft. Aber so einfach ist es nicht, denn der Senat bleibt als Körperschaft bis zum Ende des Reiches bestehen. Ein Vergleich mit der Situation von 1933 verbietet sich ferner aus einem ganz speziellen Grund: Die deutsche Republik und ihre Verfassungsorgane existierten erst seit fünfzehn Jahren und hatten ihre Bewährungsprobe noch nicht bestanden, die römische *res publica* funktionierte schon seit 600 Jahren, und ihre Repräsentanten hatten ein Imperium aufgebaut. Der Senat war keine demokratische Institution nach unserem Verständnis, ein Parlament schon gar nicht. Wenn überhaupt, kann man allenfalls die Serenissima Venedigs oder die von potenten Großkaufleuten gewählten Räte der großen Hansestädte des ausgehenden Mittelalters und der frühen Neuzeit ins Auge fassen. Hier wie dort ging es letztlich um die Handhabung von aristokratischen Gruppeninteressen, freilich in großer Verantwortung gegenüber der Plebs bzw. der Bürgerschaft.

Der römische Senat gibt zwar 27 n. Chr. wichtige Machtpositionen an den Herrscher ab, behält aber einige: Nur ihm steht es zu, den jeweils folgenden Princeps am *dies imperii*, dem Tag der Machtübertragung, mit seinen Vollmachten auszustatten. Zuweilen kann er den Kaiser auch wählen. Er dient als Verwaltungsorgan, als Gerichtshof für außerordentliche Kriminalprozesse und als Standesgericht. Senatsbeschlüsse treten an die Stelle von Volksbeschlüssen. Zu wichtigen Entscheidungen zogen die Kaiser aber meist nur einen Ausschuss von Senatoren hinzu, der schließlich unter Hadrian als *consilium principis* zu einer festen Einrichtung wurde.

Natürlich hing es vom herrscherlichen Selbstverständnis und machtpolitischen Selbstbewusstsein des jeweiligen Princeps ab, ob er Mitglieder des Hohen Hauses in seine Entscheidungen mit einbezog. Bei Augustus, aber auch bei Tiberius, war dies gewährleistet. Galt es doch immer wieder, unterschiedliche Interessen auszugleichen und sich abzeichnende Feindschaften zu befrieden. Konsens war stets das Gebot der Stunde.

Der Reichsgeneral – Tiberius

Dass es trotz der permanenten Drohung aus dem Nordosten am Rhein ruhig blieb, war das Verdienst von Tiberius. Er war in den Monaten und Jahren nach der Varuskatastrophe der ruhende Pol, während in Rom viele Köpfe schon das Schlimmste befürchteten: den Zusammenbruch der gesamten Rheingrenze.

Die besten Jahre seines Lebens hatte Tiberius als Kommandeur an den verschiedensten Fronten des Reiches verbracht: beweglich, einfallsreich, uneitel, ruhelos im Einsatz, schonungslos von sich das Gleiche wie von seinen Untergebenen fordernd, doch stets auf das Wohl seiner Soldaten bedacht. Vorausgegangen waren Jahre harter seelischer Prüfungen: der frühe Tod seines geliebten und bewunderten jüngeren Bruders Drusus; die auf höheren Befehl vollzogene Trennung von Vipsania Agrippina – Tochter Agrippas – und Heirat der Augustus-Tochter Iulia. Er hat Vipsania geliebt. Bezeichnend ist die Notiz Suetons: »Nach der Scheidung schmerzte es ihn sehr, Agrippina verstoßen zu haben, und als er ihr einmal begegnete, folgte er ihr mit solch seligen Blicken, aber mit Tränen in den Augen, dass man in Zukunft darauf achtete, sie nie mehr zusammentreffen zu lassen.«[15] Hinter dem verschleiernden »man« kann sich nur Livia, Tiberius' eigene Mutter und Kaiserin, verbergen, die, weit vorausschauend, durch die Ehe ihres zweiten Sohnes mit der Kaisertochter Iulia die Weichen für dessen mögliche Nachfolge als Princeps stellen wollte. Die Schilderung dieser Begegnung mit Vipsania will so gar nicht passen zu den zweideutigen Wertungen des Tacitus, der aus dem vielgeprüften Mann einen gefühlskalten Egoisten und teilnahmslos agierenden Machtmenschen konstruieren will.

Tiberius stammte aus einer der ältesten und angesehensten Adelsfamilien Roms, die schon seit den Anfängen der Republik maßgeblich gestaltend tätig war. Mit den Aemiliern, Corneliern, Fabiern, Iuliern und Valeriern zählte die *Gens Claudia* zu den großen Fürstenhäusern des republikanischen Rom und war an fast allen militärisch und politisch entscheidenden Auseinandersetzungen dieser Jahrhunderte beteiligt. Ihre Mitglieder galten als typische Vertreter eines adelsstolzen und plebejerfeindlichen Junkertums.[16] Das schlägt sich noch bei Tacitus nieder. Als er rückblickend über mögliche Nachfolger des Augustus als Princeps referiert, gibt er damalige Meinungen als Ondit wieder:»Tiberius sei zwar reif an Jahren, bewährt im Krieg, aber dem alten, der claudischen Familie angeborenen Hochmut verfallen, und viele Anzeichen eines wilden Sinnes, obschon unterdrückt, brächen hervor. Er sei auch von frühester Jugend an im Herrscherhaus erzogen worden; gehäuft habe man auf den jungen Mann Consulate und Triumphe; nicht einmal in den Jahren, in denen er auf Rhodos[17] unter dem Anschein freiwilliger Zurückgezogenheit als Verbannter habe leben müssen, habe er anderes als Groll und Heuchelei und geheime Lüste im Sinne gehabt.«[18] Die negative Beurteilung ist zu diesem Zeitpunkt sachlich unbegründet, gibt aber die Vorurteile der Gegner wieder.[19]

Im Jahre 42 v. Chr. als Sohn des Tiberius Claudius Nero und der Livia geboren, wechselte er nach deren Verbindung mit Octavian (17.1.38) als Vierjähriger in das Haus des Stiefvaters auf dem Palatin. Drei Monate später kam Drusus zur Welt, und das römische Großstadtpublikum ließ es sich nicht nehmen, das neue Paar mit seinem Dreimonatskind in Spottversen glücklich zu preisen. Um allem verächtlichen Reden die Spitze zu nehmen, sandte Octavian die beiden Stiefsöhne ihrem Vater ins Haus. Nach dessen frühem Tod (33) kamen sie zur Mutter zurück und verbrachten ihre weitere Kindheit und Jugend in Octavians Haus auf dem Palatin.

In diesem Zusammenhang ist Suetons Bemerkung über Tiberius zu verstehen: »Seine erste Kindheit und Knabenzeit war voll Mühsal und Widerwärtigkeit.«[20] Unausgesprochen enthält dieser Satz eine Erklärung für die schroffen Charaktereigenschaften, die sich mit zunehmendem Alter abzeichneten: der Hang zum

Eigenbrötler, Außenseiter, Menschenverächter. Hinzu kommt die Abhängigkeit von einem Mann, der in wohl allen Zügen anders strukturiert war als er. Dieser Gegensatz war unüberbrückbar. Der große Tiberiuskenner Ernst Kornemann dazu:»Er tritt schon in ihren Gesichtszügen zutage, die so oft von bedeutenden Künstlern festgehalten worden sind. In Tiberius lebte äußerlich die Mutter weiter, die eine klassische Schönheit war. Die Feinheit der Züge ist unendlich größer bei diesem Aristokraten als bei dem innerlich wie äußerlich viel gröber gebauten Augustus. Dessen Bildnis musste stark idealisiert werden … Tiberius' Bild dagegen war auch ohne jegliche Retusche, ganz realistisch wiedergegeben, ein Kopf, der sich sehen lassen konnte … Das stoische Lebensbekenntnis saß bei ihm tiefer als bei seinem Vorgänger, der überall – nicht nur in der Politik – zu Kompromissen neigte … Seine Psyche war viel komplizierter als die des Augustus, sein Kampf mit dem Leben und seinen Widerwärtigkeiten viel verzweifelter als der des Emporkömmlings.«[21]

Schon früh übernahm er militärische Führungsaufgaben, begleitete seinen Stiefvater auf dessen Reisen und wurde von ihm zunehmend an gefährdete Fronten geschickt: 15 v. Chr. zusammen mit seinem Bruder Vorstoß gegen die Vindeliker zwischen Donau und Alpen, 12-10 Befehlshaber in den Kämpfen gegen Pannonier und Dalmater. Drei Jahre später eilt er in einem Gewaltritt nach Germanien zu seinem tödlich verletzten Bruder Drusus und geleitet den Leichnam zu Fuß nach Rom.

Der unvorhergesehene Ausfall des Drusus hätte dessen bisherige Erfolge im rechtsrheinischen Germanien bis zur Weser schnell zunichtemachen können, aber die eingeschüchterten Stämme nutzten die Gelegenheit nicht zu einem gemeinsamen Gegenschlag.[22] Noch stand ihnen kein Arminius als strategischer Kopf zur Verfügung. Der Cherusker ist erst sieben Jahre alt. Tiberius wurde Nachfolger des Bruders in Germanien, das mittlerweile zu einem immer wichtigeren Kriegsschauplatz geworden war, weil niemand in Rom sicher vorausschauen konnte, wie sich die dortige Lage entwickeln würde.

Tiberius macht sich mit der ihm eigenen Gründlichkeit, Ausdauer und Härte an die Arbeit. Im Jahre 8 v. Chr. zwingt er die Sugambrer erneut unter römische Oberherrschaft. Als daraufhin andere rechtsrheinische Stämme eine Friedensbotschaft an den zu dieser Zeit in Gallien weilenden Augustus schicken, versucht Tiberius mehr durch Diplomatie als mit Waffen den Status quo ante wiederherzustellen, greift dann aber zu einem Mittel, das bereits Caesar bei den Ubiern angewandt hatte, um vollendete, d. h. unumkehrbare Fakten zu schaffen: Nach der im Widerspruch zu den damaligen Kriegsnormen stehenden Internierung ihrer Führer wurden 40 000 Sugambrer und Sueben auf das linke Rheinufer umgesiedelt, ihr verwüstetes Land den Marsern überlassen. Sugambrer, Sueben und Hermunduren hatten von nun an den Römern Hilfstruppen zu stellen. Aus römischer Sicht eine gelungene Operation. Nach verschiedenen Ehrungen und Siegesfeiern in Rom wurde ihm zum Dank von Augustus zum zweiten Mal das Consulat verliehen. Danach brach er erneut nach Germanien auf, um die Lage in den Griff zu bekommen und die Grenzen endgültig zu sichern.

Nach der Rückkehr folgten weitere Ehrungen, u. a. die Verleihung der tribunizischen Gewalt für fünf Jahre, womit er – für alle sichtbar – die gleiche Stellung einnahm, die einst Agrippa innegehabt hatte. Hieß es doch nichts anderes, als dass er zum Mitregenten erhoben und gleichzeitig als »Generalstatthalter«[23] der östlichen Reichshälfte designiert wurde. Rom und dem Reich zur Kenntnis gebracht: Das ist der nächste Princeps.

Doch dann geschah etwas völlig Unerwartetes. Tiberius legte alle Ämter nieder und bat den Kaiser um Urlaub. Suetons Bericht, der diesen Vorgang in einem längeren Abschnitt beschreibt, ist deswegen so wichtig, weil er zwischen den Zeilen etwas von den seelischen Abgründen des schwierigen Mannes sichtbar macht: »Mitten in diesem auf ihn einströmenden Glück fasste er plötzlich in voller Kraft des Lebensalters und der Gesundheit den Entschluss, vom Schauplatz abzutreten und sich möglichst weit weg von der Öffentlichkeit zurückzuziehen. Man weiß nicht, ob aus Widerwillen gegen seine Gemahlin (Iulia), die er weder anzuklagen noch zu verstoßen wagte und mit der zu leben er doch nicht länger ertragen konnte – oder um sich nicht durch stete Anwesenheit abzunutzen, vielmehr durch Entfernung vom Schauplatz sein Ansehen zu behaupten und zu steigern, für den Fall, dass einst der Staat seine Dienste nötig haben sollte.«[24]

Sueton versucht sich in Erklärungen: »Viele sind der Ansicht, er habe den bereits herangewachsenen Kindern des Augustus …« – gemeint sind die Enkel Lucius und Gaius Caesar – »… die bis dahin von ihm behauptete Stellung und den Besitz des Platzes als Zweiter im Rang freiwillig geräumt … Diesen Grund hat er auch selbst, wiewohl später, geltend gemacht.« Sueton, unter Hadrian (117–138) dessen Kanzleisekretär *ab epistulis*, hatte als solcher schon von Berufs wegen Zugang zu allen Archiven und konnte aus dem Vollen schöpfen. Leider verrät er nicht, wer sich hinter »Viele sind der Meinung …« verbirgt. Das ist keineswegs Absicht oder Oberflächlichkeit, sondern entspricht der Praxis antiker Geschichtsschreibung, die entgegen unserem neuzeitlichen Verismus nicht dem Zwang unterlag, ihre jeweiligen Quellen offenzulegen. Tacitus arbeitet nicht anders.

»Damals jedoch«, fährt Sueton fort, »schützte er bei seiner Bitte um Urlaub

Überdruss an den Staatsgeschäften und Bedürfnis nach Ruhe vor und gab weder den Bitten seiner Mutter noch den Vorstellungen seines Stiefvaters Gehör, der selbst im Senat darüber klagte, dass er verlassen werde. Ja, er trat sogar, als man seinem Vorhaben hartnäckigen Widerstand entgegensetzte, in einen viertägigen Hungerstreik …« So erzwang er sich seinen Rückzug ins Privatleben und die Erlaubnis, sich als Privatmann auf Rhodos niederzulassen.

In einer heutigen Biografie dieses merkwürdigsten aller römischen Kaiser käme man nicht umhin, tiefenpsychologische Deutungen eines Fachmanns zurate zu ziehen, um die Motive dieses antiken »Aussteigers« zu finden. Die Flucht aus Rom dürfte kaum überstürzt in Szene gesetzt worden sein. Tiberius war ein Grübler. Ein langer, zermürbender Denkprozess muss vorausgegangen sein. Er hatte ja niemanden, mit dem er darüber reden konnte. Drusus wäre es gewesen; aber Drusus war im Hades.

So viel lässt sich sagen: Ihn muss immer stärker das Gefühl überkommen haben, im dynastischen System des Augustus lediglich als »Lückenbüßer«[25] dazustehen. Der Princeps hatte unmissverständlich zu erkennen gegeben, dass er seine Enkel als Nachfolger ins Auge gefasst hatte. Wenn der ältere Gaius auch erst im folgenden Jahr nach römischer Sitte als erwachsen galt – er wurde dann 16 – und vom Großvater selbst auf dem Forum mit der Männertoga bekleidet wurde, wenn ihm außerdem hochoffiziell genehmigt wurde, an Sitzungen des Senats teilzunehmen, dann dürfen wir vermuten, dass schon Wochen zuvor über diese Dinge im Kreise der kaiserlichen Familie oft und ausgiebig gesprochen wurde, so dass es sich für Tiberius immer deutlicher abzeichnete, dass er selbst nicht als Erbe der Macht vorgesehen war. Falls er sich bis zu diesem Zeitpunkt darauf Hoffnungen gemacht hatte, waren sie aus seiner Sicht mit einem Schlag zunichtegemacht. Er musste des Kaisers Entscheidung zumindest als undankbar empfinden; war er, Tiberius, es doch stets gewesen, der an den verschiedenen Fronten unter Einsatz all seiner Kräfte Frieden und Ordnung in römischem Sinne wiederhergestellt hatte.

Auch die leichtfertigen Eskapaden seiner Frau Iulia wurden ihm nun unerträglich. Es entging ihm keineswegs, wie die städtische High Society hinter seinem Rücken die neuesten Skandalgeschichten verbreitete und man sich vielsagende Blicke zuwarf, wenn er vorüberging. Dass Augustus, keineswegs blind und taub, seine einzige Tochter vier Jahre später (2 v. Chr.) in die Verbannung schickte, tat der augenblicklichen, bedrückenden Situation keinen Abbruch. Wir wiederholen: Hätte Tiberius einen Menschen gehabt, der ihn und seine schwerblütige Art verstand, ja ihn liebte, mit dem er sich hätte austauschen können, wäre die Geschichte wohl anders verlaufen – aber für Drusus gab es keinen

Ersatz. Mit der ehrgeizigen, arroganten Mutter konnte er über seine Probleme nicht reden.

Tiberius blieb bis zum Jahre 2 n. Chr. auf Rhodos. Während dieser Zeit arbeitete seine machtbewusste Mutter Livia in Rom schon beharrlich darauf hin, den Versuch einer Annäherung zwischen Sohn und Stiefvater zu machen. Sie drängte Tiberius »inständig, um die Erlaubnis seiner Rückkehr anzuhalten«.[26] So gestattete Augustus im Jahr 2 n. Chr. die Rückkehr nach Rom, allerdings unter der Bedingung, dass »er auf jeden Anteil an der Staatsregierung und an politischer Tätigkeit verzichte«.[27] Tiberius hielt sich daran und führte nach außen das ruhige Leben des Privatmannes weiter, wie er es sich auf Rhodos angewöhnt hatte. Doch können wir davon ausgehen, dass seine Mutter ihn – zumindest brieflich – auf dem Laufenden hielt über die Entwicklung im kaiserlichen Haushalt auf dem Palatin.

Dann entstand jäh eine neue Lage, die Augustus zum Handeln zwang. Der frühe Tod von Lucius und Gaius Caesar – Letzterer starb am 21. Februar 4 n. Chr. – hatte die Nachfolgepläne des kaiserlichen Hausvaters zerschlagen. Von allen Thronprätendenten war nur noch Tiberius übrig geblieben. Am 26. Juni des gleichen Jahres adoptierte Augustus Tiberius und setzte durch, dass dieser trotz seines eigenen Sohnes Drusus den Germanicus, den Sohn seines Bruders, an Sohnes statt annahm. Damit war die Nachfolge geregelt.

Prompt wurde er beauftragt, »in Germanien die Ruhe wiederherzustellen«.[28] Mit der ihm in militärischen Dingen eigenen Energie machte er sich an die Arbeit. Er unterwarf Stämme, die sich während seiner Abwesenheit renitent verhalten und das schon auferlegte römische Joch abgeworfen hatten, darunter die Cannanefacten (an der niederländischen Nordseeküste), die Attuarier (einen Seitenzweig der Chatten[29]) und die Bructerer (zwischen Lippe und Ems). Er drang bis zur Weser vor.

Velleius Paterculus, als Autor der einzige Zeitgenosse, war unter Tiberius Reiteroberst und nahm an diesen Unternehmungen teil. Da über ihn und seine *Historia Romana* später noch ausgiebig zu reden sein wird, hier nur so viel: Seine Stärke liegt in seinen prägnanten, anschaulichen Charakterbildern der Gegner wie der eigenen Leute.[30] »O ihr guten Götter«, ruft er begeistert aus, »wie viele Bücher könnte man damit füllen, was wir im folgenden Sommer (5 n. Chr.) unter der Führung des Tiberius Caesar alles vollbracht haben! Unsere Heere durchzogen ganz Germanien, Völker, die kaum dem Namen nach bekannt sind, wurden besiegt. Die Chauken wurden in die Obhut des römischen Volkes aufgenommen. Ihre gesamte Kriegsmannschaft, unermesslich an Zahl, von enormer Körpergröße, wohlgesichert durch die Natur ihres Landes, lieferte ihre Waffen aus, und alle fielen zusammen mit ihren Führern vor dem Tribunal des Feldherrn auf die Knie, rings umgeben von einem waffenblitzenden Ring unserer Soldaten.«

Geschlagen wurden auch die Langobarden[31]. Eine römische Abteilung marschierte bis zur Unterelbe, »und dem bewundernswerten Glück wie der Vorsorge des Feldherrn sowie seiner genauen Beobachtung der Jahreszeiten war es zu danken, dass sich dort die Flotte wieder mit Tiberius Caesar und seinem Heer vereinigte«.[32] Hinter der »genauen (!) Beobachtung der Jahreszeiten« könnte sich unausgesprochen ein Seitenhieb gegen Varus und seine Gleichgültigkeit bzw. Ignoranz in diesen Dingen verstecken. Wir kommen darauf zurück. Die stromaufwärts fahrende Flotte »brachte auch eine reiche Fülle von Lebensmitteln mit«. Dass Velleius dies ausdrücklich erwähnt, zeigt einmal mehr die Fähigkeiten des erfahren Strategen Tiberius.

Tiberius muss sich vollkommen sicher gewesen sein, dass die von ihm durchgeführten militärischen Operationen und deren Ergebnisse Bestand haben würden. Dafür spricht, dass er seine Legionen im Winter 4/5 n. Chr. in Germanien überwintern ließ. Dabei kam es zu keinen Komplikationen.

Hier ist nicht der Raum, auf die noch folgenden Konflikte vor der Varuskatastrophe detailliert einzugehen. Darum nur eine knappe Zusammenfassung, die Velleius Paterculus bringt. Eingangs stellt er fest: »Es blieb in Germanien nichts mehr zu erobern übrig …«[33] Das sagt ein Offizier, der selbst an diesen Feldzügen beteiligt war und zum Oberbefehlshaber in einem nahen Verhältnis stand. Es muss auch die Meinung der gesamten Armeeführung gewesen sein. Man betrachtete Germanien zwischen Rhein und Elbe als römisches Gebiet, sicher und fest im Griff.

Doch dann folgt der Nachtrag: »… nichts zu erobern übrig, außer dem Volksstamm der Markomannen.« Was bei einem anderen Militär durchaus zu einer Katastrophe vor Varus hätte führen können, wird dank der souveränen Strategie und genialen Diplomatie des Feldherrn, designierten Princeps und Mit-Kaisers zu einem seiner größten Erfolge. Die Markomannen »waren unter ihrem Führer Marbod aus ihren bisherigen Wohnsitzen aufgebrochen, hatten sich ins Innere des Landes zurückgezogen und bewohnten nun die Gegenden des Hercynischen Waldes«. Dabei handelt es sich um das heutige Böhmen in Tschechien. Marbod führte sein Volk 8–6 v. Chr. nach Böhmen und führte auch über die Lugier, Semnonen und Langobarden ein straffes Regiment nach römischem Vorbild. War er doch in Rom erzogen und militärisch ausgebildet worden. Obwohl er sich im Konflikt Roms mit den Germanen neutral verhielt, wurde auch sein Reich Ziel der augusteischen Expansionspolitik. Sehr bald stand es für ihn auf des Messers Schneide.

»Wenn ich auch noch so rasch vorgehe«, fährt Velleius fort, »so darf ich doch diesen Mann nicht unerwähnt lassen. Marbod war aus vornehmem Geschlecht und besaß einen kühnen Geist – mehr seiner Abkunft als seinen geistigen Fähigkeiten nach ein Barbar.«

Man spürt den Respekt von Velleius, wenn er fortfährt: »Die Truppe, die sein Reich schützte, brachte er durch beständige Übung fast auf den Stand römischer Disziplin. In kurzer Zeit hatte er sie auf eine solche Höhe gebracht, dass sie selbst unserem Reich bedrohlich erschien.« Die folgende Beschreibung der Situation könnte aus aktuellen Reportagen unserer Zeit über Konflikte von gewissen Staaten mit einer heutigen Weltmacht stammen: »Gegen die Römer verhielt er sich so: Er vermied es, uns zum Krieg zu reizen, gab aber kund, dass er, falls er selbst provoziert würde, sehr wohl die Potenz und den Willen zum Widerstand besäße. Die Gesandten, die er zu den Caesares schickte, empfahlen ihn bald wie einen Schutzflehenden, bald sprachen sie von ihm wie von einem Gleichrangigen. Volksstämme und einzelne Personen, die von uns abfielen, fanden bei ihm einen Zufluchtsort.« Dann die Erkenntnis: »Im Ganzen verhielt er sich – und er verhehlte es nur schlecht – als ein Rivale Roms.«

Velleius nennt für Marbods Armee eine Stärke von 70 000 Fußsoldaten und 4000 Reitern. Das mag, entsprechend römischer Gepflogenheit, übertrieben sein, um die eigene Leistung zu betonen, doch Marbods militärische Schlagkraft muss enorm gewesen sein, zumal er sie »in beständigen Kriegen gegen die Nachbarvölker übte und sie so auf eine größere Aufgabe als die gegenwärtige vorbereitete«. Für Augustus, Tiberius und die römische Armeeführung ist er ein Störenfried, den es auszuschalten gilt, um die weiter nördlich gelegenen germanischen Stämme nicht in Versuchung zu führen, sich am Ende doch besser unter seine Schutzherrschaft zu begeben.

Mit der gewohnten Energie leitet Tiberius seine Gegenmaßnahmen ein. Sein Plan: Marbod von verschiedenen Seiten her angreifen, ihn in die Zange nehmen und ausschalten. Handelte es sich doch um den letzten noch selbstständigen Staat – der Ausdruck ist hier berechtigt –, der Rom bei der Expansion nach Norden im Wege stand. Starke Einheiten werden in Marsch gesetzt. Das pannonisch-illyrischen Heer griff, von Süden kommend, als erstes an. Zugleich sollte der Angriff von den am Rhein stehenden Truppen, also von Westen kommend, unterstützt werden. Die Hauptlast hatten die pannonischen Truppen zu tragen.

»Aber das Schicksal macht bisweilen die menschlichen Pläne zunichte.«[34] Ausgerechnet jetzt brach in Pannonien und Dalmatien ein Aufstand los. Bedrückt von hohen Steuerlasten meinten die Dalmatier die Gunst der Stunde nutzen zu können und erhoben sich gegen die römische Statthalterschaft. Ihnen schlossen sich die Pannonier an der Donau an, und die Krise spitzte sich von Tag zu Tag zu. Tiberius »hörte davon und fürchtete sogar einen feindlichen Einfall in Italien«.[35] Der gewaltige Aufstand kam für Rom völlig überraschend, obwohl man ihn hätte kommen sehen müssen. Die den Grenzvölkern des Neulandes auferlegten Steuern und Lieferungen, die Truppenaushebungen, das selbstherrliche Gebaren arroganter römischer Beamter, das alles hatte die Stimmung gegen die Besatzer angeheizt. Als dann immer größere Mengen an Lebensmitteln der Landbevölkerung abverlangt wurden, um die fünfzehn zum Krieg gegen Marbod zusammengezogenen Legionen zu ernähren, lief das Fass über. Der Aufstand brach los. Er sollte sich bis zum Jahre 9 n. Chr. hinziehen. Wir kommen später, wenn es um die strategischen Überlegungen von Arminius und die für ihn günstigen Voraussetzungen geht, auf ihn zurück.

Tiberius verließ unverzüglich sein Hauptquartier in Germanien und eilte in den Brandherd. Und Marbod? Dem großen diplomatischen Geschick von Tiberius ist es zu verdanken, dass der Markomannenkönig in diesem höchst kritischen Augenblick, in der Stunde schwerster Bedrängnis – »der schwersten seit dem hannibalschen Krieg« – sofort auf den angebotenen Frieden einging, allerdings unter zwei Bedingungen.

Erstens: Wahrung des augenblicklichen beiderseitigen Besitzstandes.

Zweitens: Abschluss eines »Freundschaftspaktes«.

Und gegen alle Befürchtungen hielt sich Marbod tatsächlich an die Abmachungen. Kornemann nennt als Grund für dieses Entgegenkommen, Marbod sei »stark verrömert« gewesen. Das mag schon so sein, doch der klug agierende Markomannenherrscher brauchte für den Bestand seines von allen Seiten gefährdeten Reiches nichts dringender als Ruhe, um seine Herrschaft zu konsolidieren. Geschichte ist hin und wieder auch eine Folge von Kompromissen.

Die Auseinandersetzung mit den Aufständischen wandelte sich vom großräumigen Einsatz der Legionen zu einem heimtückischen, kräftezehrenden Kleinkrieg mit einem tückischen, im schwierigsten Gelände kämpfenden Gegner. Entsprechend rigoros steigerten sich die Gegenmaßnahmen von Mal zu Mal: Einäscherung der Siedlungen und Höfe, Versklavung der Bewohner, Zerschlagung der Infrastruktur, gnadenlose Zerstörung der Lebensgrundlagen, Requirierungen der Ernten, Vollstreckung von Todesurteilen bei geringstem Anlass.

Trotzdem weitete der Krieg sich aus. Die Daker fielen in Moesien ein, die Pannonier in Makedonien. Aus den anfänglichen Einzelaufständen war ein revolutionärer Krieg geworden. Alle Balkan- und Donauprovinzen schienen verloren zu gehen. Notmaßnahmen mussten ergriffen werden. Da von anderen Fronten keine Legionen abgezogen werden konnten, wurden Veteranen in großem Umfang reaktiviert, Freiwillige geworben und, als das alles nicht reichte, sogar entlassene Sklaven zu Legionären befördert. Zugleich nahm die Hungersnot im Kriegsgebiet zu. Roms Finanzen wurden aufs Äußerste belastet. Doch Tiberius verfolgte mit eisernem Willen sein Ziel und rang die verschiedenen Gegner der Reihe nach nieder. »Man kann es ruhig aussprechen«, stellt Kornemann fest, »in diesen harten Jahren stand der Mitregent an der Spitze von 15 Legionen auf der höchsten Höhe militärischen Könnens und hat das Imperium an der Donau im Vorland Italiens gerettet. Dies hat Augustus voll anerkannt.«[36]

In diesem Zusammenhang porträtiert Velleius einen anderen Tiberius als den, der von Tacitus in düsteren Farben gezeichnet wird. Da er sich deckt mit ähnlichen Angaben aus der Feder Suetons,[37] dürfte die Aussage authentisch sein: »Und nun etwas«, notiert Velleius, »das sich beim Erzählen gar nicht so großartig ausnimmt, das aber durchaus bedeutend ist, da sich darin eine vorbildliche, auf das Gemeinwohl bedachte Haltung zeigt, für jeden, der es erlebte, höchst angenehm und ein einzigartiges Beispiel menschlicher Hilfsbereitschaft. Solange der germanische und der pannonische Krieg dauerten, war keiner von uns, ob von höherem oder niederem Rang, jemals krank, ohne dass sich Tiberius Caesar um seine Gesundung und Wiederherstellung gekümmert hätte. Ein angespanntes Fuhrwerk stand bereit für alle, die es haben wollten, seine Sänfte stand allen zur Verfügung – wie andere habe auch ich sie nutzen können. Seine Ärzte, seine eigene Küche, eine Badeeinrichtung, die man eigens für ihn allein mitführte – alles stand zur Heilung eines jeden Kranken zur Verfügung. Nur das Haus und die Hausgenossen fehlten, aber sonst nichts, was diese hätten leisten können. Das will ich noch hinzufügen, und jeder, der diese Zeiten erlebt hat, wird es mir, ebenso wie meine übrige Schilderung, unverzüglich bestätigen: Er allein reiste stets zu Pferde, und er allein speiste stets im Sitzen, wenn er während der Sommerkampagne Gäste eingeladen hatte.« – Es war üblich, auf der Kline, einer Liege, liegend die Speisen zu sich zu nehmen. Damit betont Tiberius nicht nur seine Abneigung gegenüber jeglicher Verweichlichung während eines Kriegszugs, sondern seine ständige Bereitschaft, sozusagen aus dem Stand heraus Maßnahmen ergreifen zu können.

Der Krieg zog sich bis zum Jahre 9 n. Chr. hin. Mittlerweile hatte Augustus Germanicus, den Neffen des Tiberius, mit an die Front geschickt, wo er sich an drei Schauplätzen auszeichnete. Er selbst kontrollierte von Ariminum aus, dem heutigen Rimini an der Adria, persönlich den Nachschub. Da er selbst dort vierzig Jahre früher gekämpft und Siscia erobert hatte, waren ihm die enormen

Schwierigkeiten bekannt, mit denen sich Tiberius herumschlagen musste. Als Folge der gewaltigen militärischen und logistischen Ausgaben drohte in Italien eine Hungersnot. In dieser brisanten Situation fiel Bato, der Führer der dalmatinischen Aufständischen, in römische Hände. Auf des Tiberius Frage, warum die Dalmatiner denn von Rom abgefallen seien und so lange Zeit Krieg führten, antwortete Bato: »Ihr tragt die Schuld daran! Schickt ihr doch zu euren Herden als Wächter nicht Hunde und Hirten, sondern Wölfe!«[38]

Nun endlich kann man bei Augustus eine Wandlung in der Einschätzung seines Stiefsohnes konstatieren, wie aus Briefen des Princeps aus diesen Monaten hervorgeht. Er nennt ihn den »erfahrensten Feldherrn und die Stütze des römischen Volkes«, an anderer Stelle heißt es: »Lebe wohl, mein herzliebster Tiberius, und das Glück sei mit deinen Unternehmungen ...« Und zu den militärischen Unternehmungen: »Du willst meine Ansicht über den deinen Sommerfeldzugsplan wissen? In der Tat, mein Tiberius, ich meinerseits bin der Meinung, dass unter so unzähligen Schwierigkeiten aller Art und bei so großer Schlaffheit der Truppen kein Mensch sich besser aus der Affäre ziehen konnte, als du es getan hast ...« Und schließlich: »Wenn ich höre und lese, dass du durch die fortgesetzten Strapazen ganz herunter bist, so schaudere ich, Gott strafe mich [Im Original: *Di me perdant!* d.h.: Die Götter mögen mich verderben – wenn es nicht wahr ist], am ganzen Körper zusammen. Ich bitte dich, schone dich doch, damit nicht die Nachricht, dass du krank liegst, mir und deiner Mutter den Tod zuführt und das römische Volk für die Existenz seines Reiches zittern muss. Ist doch gar nichts daran gelegen, ob ich wohl bin oder nicht, wenn du nicht wohl bist. Ich flehe zu den Göttern, dass sie dich uns erhalten und dich immerdar gesund sein lassen, wenn sie nicht dem römischen Volk gram sind.«[39]

Gäbe es nur diese späten Zeugnisse über das Verhältnis von Augustus zu seinem Stiefsohn, müsste man annehmen, es sei stets von gegenseitiger Liebe und Achtung bestimmt gewesen. Das war es eben nicht. Zu diesem späten Zeitpunkt seines Lebens siegt bei Augustus allerdings die Vernunft über alle früheren Voreingenommenheiten. Im Übrigen gilt: Es gab keine Alternative.

Es war das große Verdienst von Tiberius, die Donau als Grenzstrom des Reiches nicht nur erreicht, sondern diesen Limes auf Jahrhunderte gesichert zu haben. Augustus, Volk und Senat haben das anerkannt und den Reichsgeneral mit höchsten Ehrungen überhäuft.[40] Tiberius hätte sich nun zurücklehnen und den natürlichen Gang der Dinge abwarten können. Augustus war 72 Jahre alt, kränkelte seit einiger Zeit und schien es nicht mehr lange zu machen. Doch mitten in diese scheinbare Ruhe platzten Nachrichten aus Germanien mit Berichten über Ereignisse, die niemand für möglich gehalten hatte. Velleius notiert: »Kaum hatte Tiberius Caesar letzte Hand angelegt, um den pannonischen und den dalmatinischen Krieg endgültig zu beenden, da brachten – nur fünf Tage, nachdem er diese gewaltige Aufgabe vollendet hatte – Depeschen aus Germanien die Unglücksbotschaft, dass Varus getötet und drei Legionen niedergemetzelt seien, dazu ebenso viele Reitergeschwader und sechs Kohorten.« Und er fügt hinzu: »Es war gerade, als ob uns das Schicksal dabei noch eine Gnade erwiesen hätte: dass nämlich unser Feldherr zu diesem Zeitpunkt nicht mehr auf einem anderen Kriegsschauplatz beschäftigt war.«[41]

Es war ein Glück für Augustus, für Rom und das Imperium, dass man in dieser kritischen Situation den seit Caesar erfahrensten Militär zur unmittelbaren Verfügung hatte. Während der greise Princeps in Rom den »kleinen Belagerungszustand«[42] verhängte, seine germanische Leibgarde entließ, sich Haar und Bart wachsen ließ und sich in endzeitlichen Sprüchen erging, reagierte Tiberius beherzt und traf die richtigen Gegenmaßnahmen. Er übernahm das Oberkommando in Germanien und eilte an den Rhein, um als Erstes ein Übersetzen germanischer Truppen zu verhindern. Doch entgegen seinen Befürchtungen machten die germanischen Aufständischen keine Anstalten, zum entscheidenden Schlag bis nach Gallien auszuholen. Wir werden später auf diesen erstaunlichen Sachverhalt zurückkommen.

Natürlich war die Germanenfrage unmittelbar nach der Katastrophe ungelöst. Doch durch seine beherzten Maßnahmen vermied Tiberius eine Verschärfung der Situation. Auch in den folgenden Jahren blieb der Status quo als seltsamer Schwebezustand erhalten. Selbst die Meutereien, die nach dem Tod des Augustus in Pannonien und in Niedergermanien ausbrachen, veranlassten Arminius und seine Verbündeten nicht dazu, den Rhein zu überschreiten. Dabei blieb Tiberius während dieser Unruhen in Rom, während Germanicus im Norden die Ordnung wiederherstellte. Nach nüchterner Analyse der verbliebenen militärischen Möglichkeiten entschied der neue Princeps: Der Niederrhein bildet die Grenze des Imperiums, es wird kein erneutes Ausgreifen auf die Gebiete zwischen Rhein und Elbe mehr geben. Damit folgte er dem Vorbild Caesars, der schon in den fünfziger Jahren des 1. Jahrhunderts v. Chr. den Strom von seinem Mittellauf bis zur Mündung als Grenze der Interessenssphären bezeichnet und keinen großräumigen Angriff von Westen auf die östlichen Gebiete ins Auge gefasst hatte. Zweihundert Jahre nach der Varusschlacht haben die Römer doch wieder Angriffe in Germanien gewagt, wie neueste Funde im Herbst 2008 im Harz, bei Northeim, zeigen. Doch wir kennen (noch) nicht die Gründe dafür.

Die Entscheidung des Tiberius sollte die Geschichte des späteren Europa bis zum heutigen Tag prägen.

— SZENE 3 —

Sextus Pedius wirkte äußerlich ruhig. Er zwang sich dazu. Er wusste, dass Germanicus ihn beobachtete. Er durfte sich jetzt nicht von seinen Gefühlen übermannen lassen. Man hatte ihm ein Pferd gegeben. Zusammen mit etwa hundert Reitern ritt er an der Spitze der Kolonne nach Osten. Germanicus wich ihm nicht von der Seite. Es wurde nicht gesprochen. Jeder war darauf gefasst, hinter der nächsten Anhöhe oder Wegbiegung Schreckliches zu Gesicht zu bekommen.

»Wie weit ist es noch?«, fragte Germanicus.

Sextus Pedius wies nach vorne: »Hinter der Baumgruppe.«

Germanicus ließ anhalten und gab Order, Gefechtsformation einzunehmen.

Die Abteilungen rückten auf, verteilten sich rechts und links und nahmen eine pfeilförmige Schlachtordnung ein. So war man am besten gegen mögliche feindliche Aktionen gewappnet.

Germanicus hob den Arm: »Langsam vorrücken! Seid vorsichtig! Haltet den Wald rechts im Auge!«

Man ließ die Pferde im Schritt gehen. Niemand sprach. Aller Augen waren nach vorn gerichtet, die Männer suchten rechts und links nach Anzeichen, dass hier ein Kampf stattgefunden hatte. Vom Fahrweg war wenig zu erkennen. Er war streckenweise von Unkraut und Gras überwuchert.

Sextus erinnerte sich genau: Vor sechs Jahren hatte das anders ausgesehen mit klar in den Untergrund gedrückten Fahrspuren. Damals waren hier viele unterwegs. Es war die schnellste und sicherste Route von der Weser zur Ems. Jetzt wurde dieser Streckenabschnitt offensichtlich gemieden. Der Hauch des Todes lag über der Landschaft. Man fürchtete die Geister der Gefallenen und nahm lieber einen größeren Umweg durchs Gebirge in Kauf. Sextus nahm an, dass die Gefallenen unbestattet und ungeordnet genau dort lagen, wo sie ihr Leben ausgehaucht hatten. Wenn es so war, würde man wohl nur noch auf Skelette treffen. Wölfe, Bären, Krähen, Raben, Ameisen und Gewürm würden in den vergangenen Jahren ganze Arbeit geleistet haben. Sextus kannte das von anderen Schlachtfeldern, die er nach Jahren wieder zu Gesicht bekommen hatte. Es schauderte ihn. Die Gesichter der Kameraden verrieten, dass sie genauso empfanden.

So verging eine Viertelstunde. Dann, ohne einen Befehl zu geben, schweigend, den Blick auf das weite Areal gerichtet, hielt Germanicus an. Alle anderen folgten seinem Beispiel. Niemand sprach. Lediglich einige Pferde stießen prustend die Luft aus den Nüstern, ein Hengst wieherte. Sein Reiter hatte Mühe, das Tier ruhig zu halten. Während die Pferde unbeteiligt zu grasen begannen, ließ sich Germanicus vom Pferd gleiten und übergab die Zügel einem seiner Adjutanten.

Dann gab er Sextus Pedius mit der Hand ein Zeichen, abzusteigen und neben ihn zu treten. Alle Reiter saßen ab. Hielten die Tiere am Zügel. Starrten nach vorne, nach rechts, nach links.

Germanicus wandte sich an Sextus Pedius: »Warst du hier?«

Sextus brachte keinen Ton hervor. Konnte nur nicken. Aschfahl das Gesicht. Seine Hände hatten zu zittern begonnen. Erst nach einigen Augenblicken konnte er reden.

»Ja, ich war hier.«

Langsam, vorsichtig machte Germanicus einige Schritte nach rechts, dann nach links, ging langsam, vorsichtig jeden Schritt setzend, weiter nach vorne. Vermied es, auf dürres Geäst und hohe Grasbüschel zu treten. Als ob er fürchtete, den Fuß auf das Skelett eines Menschen zu setzen, der sich darunter befinden mochte. Alle hatten das tiefe Gefühl, sich auf heiligem Boden zu bewegen.

Allmählich gewann das, was sie sahen, schreckliche Konturen. Mitten auf dem Feld verblichene Knochen, zerstreut oder in Haufen, je nachdem, ob die Soldaten die Flucht ergriffen oder Widerstand geleistet hatten. Daneben lagen zerbrochene Waffen. Der Anblick, der sich ihnen bot, war erschütternder als alles, was sie sich vorgestellt hatten. Die

Körper, halb verfallen, von Aas fressenden Tieren angenagt, von Wind und Wetter vergilbt oder grau oder eingetrocknet wie Mumien, lagen so, wie sie gefallen waren. Aus leeren Augenhöhlen starrte die Lebenden der Tod an. Viele zeigten noch in diesem fortgeschrittenen Verfall ihre schrecklichen Wunden. Man sah gespaltene Schädel, vom Körper getrennte Glieder, Arme, Hände, Beine. Aus manchen Körpern – oder dem, was noch von ihnen übrig war – ragten die Schäfte von Pfeilen. Andere machten den Eindruck, als ob sie sich vor Verzweiflung, um den drohenden Folterungen nach der Gefangennahme zu entgehen, in ihr eigenes Schwert gestürzt hätten. Sie lagen zwar auf dem Rücken, nackt die Oberkörper, doch deutlich waren bei einigen die tödlichen Verletzungen in der mumifizierten Haut in Höhe des Herzens zu erkennen. Man hatte sie umgedreht, um an die Schwerter zu kommen. Von den Waffen und Schilden fehlte jede Spur. Die Sieger hatten das Feld des Todes sauber abgeräumt. Auch Helme, Brustpanzer und Kettenhemden fehlten. Lediglich Caligae lagen chaotisch herum, doch die meisten Legionäre hatten sie noch an den Füßen.

An einigen Stellen vermoderten die Kadaver von Maultieren und Pferden. Auch sie von Aasfressern abgenagt bis auf die Knochen.

An den Resten von Palisaden, die noch aufrecht standen, waren Menschenschädel angenagelt.

Germanicus wandte sich nach rechts, näherte sich dem Wald, der, allmählich ansteigend, die Ausläufer des Gebirgszuges bedeckte. Sextus Pedius und andere folgten dem Feldherrn. Auf zusammengetragenen Steinen und Felsen Reste der Altäre, auf denen die Barbaren Tribunen und Centurionen hingeschlachtet hatten.

Germanicus wandte sich an Sextus Pedius, und er sprach kaum hörbar: »Hast du auch das hier gesehen?«

Sextus musste schlucken, ehe er reden konnte. Dann beschrieb er das damalige Geschehen, nannte Namen und Rang von Offizieren, die hier kämpften und fielen, zeigte auf die Stellen, wo die Standartenträger gefallen und die Legionsadler geraubt worden waren. Sextus identifizierte an bestimmten Einzelheiten, an Resten der Uniformen einen Kameraden, einen Vorgesetzten, einen Untergebenen, einen Freund. Dann blieb er stehen, die blutleeren Lippen fest aufeinandergepresst, und sprach wortlos ein kurzes Gebet.

Germanicus gab Befehl, sich zum Rande des Schlachtfelds zurückzuziehen. Dann schickte er einen Melder zurück zur Armee mit der Order, geschlossen nachzurücken.

Nach deren Ankunft wurde unverzüglich mit der Bestattung der Toten begonnen.

Ein philologisches Puzzle: Tacitus, Annalen I 61

Bei Tacitus liest sich das so: »So bestattete das anwesende Römerheer im sechsten Jahr nach der Niederlage die Gebeine der drei Legionen, ohne dass jemand erkennen konnte, ob er fremde Reste oder die seiner Angehörigen mit Erde bedeckte, kurz alle wie Nahestehende, wie Blutsverwandte, mit wachsender Erbitterung gegen die Feinde, Trauer zugleich und Hass im Herzen.

Das erste Rasenstück zur Errichtung des Grabhügels legte Germanicus, um den Toten einen erwünschten Liebesdienst zu erweisen und am Schmerz der Lebenden Anteil zu nehmen.

Dies billigte Tiberius nicht, sei es, weil er alle Maßnahmen des Germanicus übel auslegte, oder weil er wirklich glaubte, das Heer sei durch den Anblick der Erschlagenen und Unbestatteten gelähmt für die Kämpfe und furchtsamer den Feinden gegenüber; auch habe sich der Imperator (Germanicus), mit dem Augurenamt und damit uralten heiligen Handlungen betraut, mit Leichenbestattung nicht befassen dürfen.«[43]

Dazu merkt Erich Heller an: »Germanicus hatte die Leichen nicht berührt, sich also nicht verunreinigt. Zudem gehörte Leichenbestattung nach der Schlacht zu den selbstverständlichen Pflichten des Feldherrn. Der Vorwurf traf also nicht.«[44] Noch entschiedener stellt Kornemann diesen Tadel infrage: Diese Nachricht stamme wohl »aus einer der dem Princeps missgünstigen Quellen und ist kaum glaubhaft«.[45]

Im Zusammenhang unseres Themas handelt es sich bei dieser Anmerkung des Tacitus lediglich um eine Marginalie. Für uns ist etwas anderes von größerer, ja fundamentaler Bedeutung. Handelt es sich doch bei der Schilderung des Tacitus um den detailliertesten Bericht, den wir unter den wenigen Beschreibungen des Schlachtfeldes kennen. Im Ersten Buch der Annalen, Kapitel 61, 1 ff. heißt es – hier in der Übertragung von Erich Heller: »So ergriff denn den Caesar das Verlangen, den Kriegern und ihrem Führer die letzten Ehren zu erweisen, da auch das ganze anwesende Heer in Jammerstimmung war wegen der Verwandten, der Freunde, überhaupt wegen der Wechselfälle der Kriege und des Menschenschicksals. Vorausgeschickt wurde Caecina, um das unübersichtliche Waldgebiet zu erkunden und Brücken und Dämme über die feuchten Sümpfe und trügerischen Moorwiesen anzulegen; dann betraten sie die Stätten der Trauer, die durch Anblick und Erinnerung Grauen erregten. Im ersten Lager des Varus wurde durch seinen weiten Umfang und die Absteckung des Feldherrnplatzes die Arbeit von drei Legionen sichtbar; darauf erkannte man an dem halbverfallenen Wall, an dem flachen Graben, dass dort schon zusammengeschmolzene

Reste gelagert hatten. Mitten auf dem Feld bleichende Knochen, zerstreut oder in Haufen, je nachdem, ob die Soldaten die Flucht ergriffen oder Widerstand geleistet hatten. Daneben lagen zerbrochene Waffen und Pferdegerippe, zugleich sah man an den Baumstümpfen vorn angenagelte Menschenschädel. In den benachbarten Hainen standen die Altäre der Barbaren, an denen sie die Tribunen und Centurionen ersten Ranges geschlachtet hatten.«

Uns interessiert in diesem Abschnitt besonders dieser Satz: »Im ersten Lager des Varus wurde durch seinen weiten Umfang und die Absteckung des Feldherrnplatzes die Arbeit von drei Legionen sichtbar; darauf erkannte man an dem halbverfallenen Wall, an dem flachen Graben, dass dort schon zusammengeschmolzene Reste gelagert hatten.« Es ist also von einem *ersten* Lager die Rede, in dem man sich im Laufe der Kampfhandlungen an eine Stelle zurückgezogen hat, um so die Verteidigung besser organisieren zu können. Wenn wir davon ausgehen, dass Germanicus von Westen kommend das Schlachtfeld erreicht, dann kann es sich bei dem Kampfplatz unmöglich um das *erste* Lager des Varus handeln. Aus Gründen, die wir im dritten Teil »Die Schlacht« detailliert erörtern werden, bewegte sich die Armee des Varus, vom Sommerlager an der Weser kommend, auf der uralten Route nördlich des Wiehengebirges nach Westen. Da berichtet wird, dass sich die Schlacht über mehrere Tage hinzog, muss sich das erste Lager viel weiter östlich befunden haben.

Zur Lösung des Problems müssen wir uns die Originalstelle bei Tacitus einmal näher ansehen. Der lateinische Text lautet: »*Prima* Vari castra lato ambitu et dimensis principiis trium legionum manus ostentabant; *dein* semiruto vallo, humili fossa accisae iam reliquiae consedisse intellegebantur.« Entscheidend für eine andere Deutung sind die beiden Wörter *prima ... dein*. Der Text der Bücher I–VI der Annalen ist nur in einer einzigen Handschrift überliefert, dem sog. »Mediceus I«, der im 9. Jahrhundert im Kloster Corvey geschrieben wurde. Also: »*Im ersten Lager des Varus* wurde durch seinen weiten Umfang und die Absteckung des Feldherrnplatzes die Arbeit von drei Legionen sichtbar ...«»... *dein* semiruto vallo, humili fossa accisae iam reliquiae consedisse intellegebantur.« »... *darauf* erkannte man an dem halbverfallenen Wall, an dem flachen Graben, dass dort schon zusammengeschmolzene Reste gelagert hatten.«

Die entscheidenden Formulierungen sind »prima Vari castra« und »dein«. Wir wiesen oben schon darauf hin, dass die Folgerung, der »halbverfallene Wall« stelle die Reste des zweiten Lagers dar, äußerst gewagt – wenn nicht gar unsinnig – ist. Der Sachverhalt wurde von den Herausgebern und Übersetzern aller bisherigen Tacitus-Ausgaben nie hinterfragt, weil dazu kein Anlass bestand. Seit den Funden am Kalkrieser Berg ist freilich eine völlig neue Situation entstanden, mit Erkenntnissen, die – abgesehen von Spekulationen Theodor Mommsens, auf die wir im dritten Teil näher eingehen – vor 1987 nicht vorstellbar waren. Aufgrund der Bodenfunde nimmt die Mehrzahl der Archäologen und Historiker heute an, dass Varus im Herbst des Jahres 9 n. Chr. mit seinen drei Legionen und dem Tross am Nordhang des Wiehengebirges von Ost nach West marschierte. Da er dabei an wahrscheinlich drei Stellen lagerte, muss das erste Lager weiter im Osten, das dritte im Westen liegen.

Da Germanicus sechs Jahre später – aus Westen bzw. Nordwesten von der Ems kommend – das Schlachtfeld erreicht, kann es sich unmöglich um das erste Lager handeln. Der Zugang weiter östlich durch die bodenlosen Sümpfe des Großen Moores war nicht möglich. Der Wasserspiegel des Moores lag damals höher als heute. Erst die großflächig angelegten Entwässerungssysteme und der Bau des Mittellandkanals legten weite Gebiete trocken und schufen so die Voraussetzung für eine landwirtschaftliche Nutzung.

Das Problem der Formulierung »Im ersten Lager des Varus« wird beseitigt, wenn wir davon ausgehen, dass hier ein Abschreibfehler des Mönches aus dem Kloster Corvey vorliegt. Im Originaltext seiner Vorlage – die wir ja leider nicht mehr besitzen – kann der Satz in den Annalen I 61, 2 ganz anders gelautet haben: »*Primo* Vari Castra lato ambitu et dimensis principiis trium legionum manus ostentabant; *dein* semiruto vallo, humili fossa accisae iam reliquiae consedisse intellegebantur.« Dann lautet die Übersetzung: »*Als Erstes* wurde das Lager des Varus mit seinem weiten Umfang und der Absteckung des Feldherrnplatzes als die Arbeit von drei Legionen sichtbar (oder: erkannt; zeigte sich …); *dann* sah man an dem halb verfallenen Wall, an dem flachen Graben, dass dort schon zusammengeschmolzene Reste gelagert hatten.« »*Primo … dein …*« bzw. »*primo … deinde …*« ist als temporales Adverb eine im Lateinischen sehr oft verwendete Form mit der Bedeutung: *zuerst, anfänglich, anfangs … hierauf, alsdann, sodann, ferner …* Wenn der unbekannte Kopist von Corvey ohnehin an 79 Stellen, die Erich Heller auflistet, fragwürdige Formulierungen verwendet hat, ist es ohne Weiteres möglich, dass er auch und gerade hier falsch abgeschrieben hat. Dabei ist zu berücksichtigen, dass er nicht die geringste Vorstellung von dem Sachverhalt hat, um den es heute ausweislich der archäologischen Funde geht.

Wir mussten uns hier in die vertrackten Gefilde der philologischen Textkritik begeben mit dem Ergebnis: Germanicus stößt bei der Ankunft auf dem Schlachtfeld nicht auf das erste Lager, sondern auf das letzte. Dass es »Primo …« (»Als Erstes …«) heißen muss, schlussfolgern wir ja aus der Tatsache, dass die Varusarmee von der Weser aus nach Westen marschierte, während Germanicus von Nordwesten kam.

Es bleiben weitere offene Fragen. Wir kommen im zweiten Teil darauf zurück.

Caecina weiß Bescheid: Eine Spiegelung der Varusschlacht

In diesem Zusammenhang taucht ein Mann auf, den man ohne Weiteres einen Römer von altem Schrot und Korn nennen darf. Unausgesprochen steht das auch zwischen den Zeilen, mit denen Tacitus ihn und seine zupackenden Maßnahmen beschreibt. Es handelt sich um Aulus Caecina Severus. Wir nennen ihn im Folgenden beim Gentilnamen Caecina.

Zur Person: Als *homo novus* machte er eine steile militärische Karriere. »Homo novus«, »Neuer Mann«, hieß in Rom jemand, der als Erster seiner Familie Mitglied des Senats wurde. Seinen stetigen Aufstieg bis zum Legaten machte er unter den Augen des Reichsfeldherrn Tiberius. Er muss diesen über die Jahre hinweg stark beeindruckt haben. Im Jahre 15 n. Chr. nahm er an den Strafexpeditionen des Germanicus gegen die Marser und Cherusker teil. Und genau an dieser Stelle lernen wir den Mann durch den Bericht des Tacitus näher kennen. Die Episode wird von Tacitus über mehrere Kapitel ausgebreitet. Allein das ist schon auffällig. Hinzu kommen ungewöhnlich zahlreiche und detaillierte Angaben über das Geschehen, über die Beschaffenheit der Landschaft, über die Maßnahmen der germanischen Gegenseite, wie sie Tacitus nur dann so ausführlich schildert, wenn er damit eine bestimmte Absicht verfolgt. Die nicht minder dramatischen Vorgänge, denen Germanicus zur gleichen Zeit ausgesetzt ist, streift er gleichsam nur am Rande.

Zunächst zu Germanicus und seinen Unternehmungen nach der Bestattungsaktion; er macht sich an die Verfolgung des großen Verräters: »Nun folgte Germanicus dem in unwegsames Gelände zurückweichenden Arminius; sobald sich die Möglichkeit bot, befahl er seiner Reiterei, vorzusprengen und eine Lichtung, auf der sich der Feind festgesetzt hatte, diesem zu entreißen. Arminius, der die Seinen angewiesen hatte, sich zu sammeln und zum Wald hin abzusetzen, machte plötzlich kehrt. Dann gab er das Zeichen zum Hervorbrechen auch denen, die er rings in den Waldungen versteckt hatte. Da geriet durch die neue Front die (römische) Reiterei in Bedrängnis. Die zu Hilfe gesandten Reservekohorten, die in den Zug der Fliehenden hineingezogen wurden, hatten die Verwirrung vermehrt, und sie waren schon daran, in einen Sumpf getrieben zu werden, der den Siegern bekannt, den Unkundigen gefährlich war – hätte nicht der Caesar die Legionen nach vorne geworfen und aufmarschieren lassen. Da ergriff die Feinde Schrecken, das Selbstvertrauen kehrte unseren Soldaten zurück; und man trennte sich ohne Entscheidung.«[46] Weniger wohlwollend könnte man hier ohne Weiteres von einem blamablen Fehlschlag des Strategen Germanicus sprechen. Vielleicht ist dies auch der Grund für die auffallend lakonische Kürze des Autors in der Behandlung des taktischen Hin und Her auf beiden Seiten. Germanicus, der bei Tacitus im Unterschied zu seinem Onkel, dem Princeps Tiberius, meist gut wegkommt, wird auch an anderen Stellen – wenn überhaupt – nur mitfühlend getadelt.

Jedenfalls sieht Germanicus von einer Verfolgung des Arminius ab, »führte das Heer an die Ems zurück und ließ die Legionen mit der Flotte, wie er sie hergebracht hatte, zurückbefördern«. Das heißt, sie kehren zu Wasser über Ems, den Zuider See und von dort über einen Verbindungskanal zum Rhein zurück.

Caecina wurde angewiesen, mit seiner Armee – den Legionen I, V, XX und XXI – die »Langen Brücken« rasch hinter sich zu bringen und auf den bekannten Wegen zurückzumarschieren. Dabei handelte es sich um einen Knüppeldamm durch ein Sumpfgebiet, vielleicht westlich der Ems, doch südlicher als das Bourtanger Moor. Oder doch weiter östlich? Da wie so oft bei Tacitus genauere Angaben zur Lage fehlen, kann die Anlage auch ganz woanders liegen. Trotz zahlreicher Hypothesen konnte der Bohlenweg bis heute nicht näher lokalisiert werden.[47]

Das Gebiet gehört zum Territorium der Cherusker. Arminius, der die römischen Truppenbewegungen genau beobachtet und von seinen Spähern auf dem Laufenden gehalten wird, plant einen neuen großen Schlag – nun gegen die vier Legionen des Caecina.

Bei Tacitus heißt es: Es handelte sich um einen »schmalen Dammweg zwischen weit ausgedehnten Sümpfen … Alles andere war Moorboden, zäh durch den schweren Schlamm oder durch Wasserläufe schwer passierbar. Ringsum sanft ansteigende Wälder, die jetzt Arminius besetzt hielt. War er doch auf Abkürzungswegen und im Eilmarsch unseren mit Gepäck und Waffen beladenen Soldaten zuvorgekommen«.[48] Es ist unmöglich, den von Tacitus skizzierten Ort geografisch genau zu bestimmen, da die Beschreibung des Terrains auf viele Plätze bezogen werden kann.

Nach genauer Prüfung des Bohlenweges und seines maroden Zustandes steht Caecina vor einem Dilemma: Er muss die »vom Alter geborstenen Dämme erneuern und gleichzeitig den Feind abwehren«. Auch ihm ist ja nicht entgangen – seine eigenen Späher haben ihn ebenfalls bestens informiert –, dass Arminius sich an seine Fersen geheftet hat. Also beschließt er, »das Lager an

Ort und Stelle abzustecken, damit die einen die Wegarbeiten, die anderen den Kampf aufnehmen könnten«.[49]

Und nun entwirft Tacitus eine Kampfsituation, die – wie wir später erörtern werden – als eine bewusst so in Szene gesetzte Spiegelung der Ereignisse vor sechs Jahren gesehen werden kann. Das Terrain ist ähnlich, wenn nicht sogar identisch:»Das Gelände ein grundloser Morast, ohne Möglichkeit, festen Fuß zu fassen, ebenso beim Vorwärtsgehen schlüpfrig. Sie selbst (die Soldaten) beschwert durch die Brustpanzer; nicht einmal ausschwingen konnten sie die Speere, mitten im Wasser stehend.«[50]

Arminius und seine Krieger haben die Vorteile auf ihrer Seite: Ihnen»waren Kämpfe in den Sümpfen vertraut, sie hatten hochgewachsene Leiber und mächtige Lanzen, die Wunden schlagen konnten aus noch so großer Entfernung.«

Caecina hat drei Möglichkeiten zu reagieren:

a) Er marschiert auf dem maroden Knüppeldamm weiter.

b) Er wendet und greift die Verfolger an.

c) Er bleibt, wo er ist, und wappnet sich mit den ihm augenblicklich zur Verfügung stehenden Mitteln.

Schon diese Schilderung der Lage steht in augenfälliger Parallele zur Situation, in der Varus sich befand. Hält Caecina sich an die Variante a), läuft er Gefahr, in die Sümpfe getrieben zu werden. Versucht er die Möglichkeit b), wird er behindert durch die schlüpfrige Beschaffenheit des Geländes und die Ortskenntnis der Gegner. Im Übrigen kann er unter den gegebenen Möglichkeiten nicht seine vier Legionen in eine Erfolg versprechende Ausgangsstellung bringen, um vor allem ein Operationsfeld für seine Reiterei bereitzustellen. Schon hier zeigt sich, dass der kampferprobte General vorausschauend alle drohenden Gefahren im Blick hat und sich für die einzig richtige Maßnahme entscheidet. Er beschließt, »das Lager an Ort und Stelle abzustecken, damit die einen die Wegarbeiten, die anderen den Kampf aufnehmen könnten«.

Und nun setzt Tacitus zu einer geradezu leidenschaftlichen Schilderung an, deren Ausführlichkeit und Dramatik bei weitem nicht der Bedeutung des Geschehens angemessen ist, um das es hier geht: ein peripheres Ereignis am Rande der Strafexpedition, die Germanicus gerade zu Ende gebracht hat. Warum geht er hier so in die Breite und Tiefe? Wann immer er dies tut – und es geschieht nicht sehr häufig –, dürfen wir bei ihm eine bestimmte Absicht dahinter vermuten. Leider besitzen wir ja nicht die Beschreibungen von Augenzeugen, in denen – wohl sehr detailliert, tief, breit und kritisch – über die Ereignisse der Varusschlacht berichtet wird. Aus dem wenigen, was wir von anderen Autoren wissen, können wir erahnen, was uns verloren gegangen ist.

Zunächst dies: In beiden Fällen handelt es sich um eine römische Armee, die sich durch feindliches Gebiet nach Westen bzw. Nordwesten bewegt, um die Standgarnisonen am Rhein zu erreichen. In beiden Fällen ist Arminius der Gegner. In beiden Fällen ist das Terrain, auf dem die Kampfhandlungen stattfinden, ähnlich beschaffen: Sumpf, Morast, Wald. Diese Vorgaben laufen darauf hinaus, dass es neben den Fähigkeiten der Truppe vor allem auf die Erfahrung, den Durchblick, den unbedingten Willen und die Durchsetzungskraft des Befehlshabers – mit einem Wort: auf seine Führungsqualitäten – ankommt.

Folgerichtig stellt Tacitus den Legaten Caecina in den Mittelpunkt seiner Darstellung. Damit will er dem römischen Leser verdeutlichen: Seht her! So wie Caecina hätte Varus es machen müssen! Der germanische Angriff beginnt ähnlich wie bei Varus: »Die Barbaren, bemüht, die Postenketten zu durchbrechen und an die Schanzarbeiter heranzukommen, fordern sie heraus, versuchen sie zu umgehen, greifen offen an. Durcheinander schallte von Arbeitenden und Kämpfenden der Lärm.« Auch die nun einsetzenden taktischen Maßnahmen der Germanen könnten ihr Vorbild in den Aktionen vor sechs Jahren gehabt haben: »Die Germanen, wegen ihrer Erfolge unermüdlich, gönnen sich auch jetzt keine Ruhe, sondern leiten alle Wasserläufe, die auf den rings ansteigenden Höhen entspringen, in die Niederungen.« Ähnliches haben die Grabungen am Kalkrieser Berg an den Tag gebracht.

Ganz nebenbei erfahren wir an dieser Stelle, dass Caecina »das 40. Dienstjahr als Untergebener oder Vorgesetzter hinter sich brachte«. Wenn er im Jahre 1 v. Chr. noch unter Augustus Consul suffectus war, dürfte er jetzt ein Mann um die sechzig gewesen sein, vielleicht sogar älter. In diesem Zusammenhang betont Tacitus: Er war »mit Glück und Missgeschick vertraut und deshalb unerschüttert«. Kaum vorstellbar, dass sich ein ähnlicher Satz zur Charakterisierung des Varus finden ließe. Überhaupt gewinnt man den Eindruck, dass Caecina durch nichts so leicht aus der Ruhe zu bringen ist. Von Hektik keine Spur: »Als er so die nächste Zukunft überdachte …« Es folgt der Entschluss, den Feind in den Wäldern zurückzuhalten, bis die Verwundeten und die schwerer beweglichen Teile des Heereszuges einen Vorsprung hatten. Gemeint ist der schwerfällige Tross. Wenn das gelänge, konnte er die Ebene, die sich zwischen den Anhöhen und den Sümpfen hinzog, als Aufmarschgebiet für eine schmale Kampflinie benutzen. Sofort gehen die Befehle an die Legaten seiner vier Legionen: Die V. übernimmt die rechte, die XXI. die linke Flanke, die I. bildet die Vorhut, die XX. die Nachhut als Deckung gegen die Verfolger.

Den Soldaten dieser vier Legionen ist absolut bewusst, dass sie sich in einer ähnlich gefährlichen Lage befinden wie ihre Kameraden vor sechs Jahren. Entsprechend werden ihre Gespräche verlaufen sein, man macht sich gegenseitig Mut, spielt die Stärke des Feindes herunter, vertraut auf die eigene Erfahrung, fühlt sich sicher hinter Graben, Wall und Palisade. Vor allem aber glauben sie an die Führungsqualitäten ihres Feldherrn, der auf keinem Schlachtfeld während der vergangenen Jahrzehnte versagt hat. Auf keinem! Caecina muss etwas von dem Charisma eines Caesar gehabt haben: streng und unbestechlich bei allen militärischen Aktionen, die er vorausschauend plant und sie, wenn es sein muss, während einer Aktion durchaus ändern kann und neuen Gegebenheiten anpasst; meist rau und barsch im Umgangston, doch herzlich, wenn es um das Wohl seiner Leute geht. Wie alle großen Truppenführer kennt er ihre Namen, redet sie damit an, fragt nach dem Befinden, dem ihren und dem der Familie in Italien, Spanien oder wo auch immer. Das schafft Corpsgeist. Jeder fühlt sich als Teil eines größeren Organismus.

An dieser Stelle flicht Tacitus eine Begebenheit ein, in der das ganze seelische Drama kulminiert. Unmittelbar nach Beschreibung der Skrupel, Ängste und Hoffnungen der Soldaten fährt er fort:»Auch den Feldherrn schreckte ein grausiges Traumgesicht: es war ihm nämlich, als sehe er Quintilius Varus blutüberströmt aus dem Sumpf empor getaucht und höre ihn gleichsam rufen; doch sei er dem nicht nachgekommen, sondern habe die Hand, die er ausstreckte, zurückgestoßen.«

Nun kann man natürlich einwenden, die Erwähnung von Traumgesichten sei ohnehin ein beliebtes Stilmittel antiker Autoren, um die Spannung vor einem dramatischen Geschehen mit ungewissem Ausgang noch weiter in die Höhe zu treiben. Dagegen sprechen drei Gesichtspunkte:

1. Traumgesichte sind bei Tacitus sehr selten.
2. Den Nachkommen und Verwandten des Caecina werden die Ereignisse des Sommers 15 n. Chr. sehr bekannt gewesen sein, da sie einen wichtigen Teil der Familiengeschichte darstellten, als deren bedeutendstes Mitglied Caecina galt. Die Enkel hätten Einspruch erheben können, wenn Tacitus drei Generationen später diese Episode frei erfunden oder sie weggelassen hätte.
3. Schließlich ein sprachlicher Aspekt: In der Wiedergabe durch Tacitus klingt es so, als habe Caecina unmittelbar nach dem Traum seiner Umgebung davon berichtet: »... doch *sei* er dem nicht nachgekommen, sondern *habe* die Hand, die er (Varus) ausstreckte, zurückgestoßen.«

Dass Caecina überhaupt davon berichtet, zeigt, wie sehr ihm das Schicksal des Varus auf der Seele liegt, wie ungeheuerlich die Belastung durch die ganz ähnliche Situation für ihn ist. Der »Sumpf« zieht alles an sich und in die Tiefe, in die Welt der Toten, der Verlierer und Gescheiterten, der Verdammten. »Sumpf« und

»Sümpfe« tauchen bei Tacitus und anderen Autoren, die über die Kriegszüge in Germanien berichten, immer wieder auf. Sie werden zum Synonym für den Untergang, die Vernichtung, letztlich den Hades.

Zugleich aber wird hier, verglichen mit Varus, das ganz andere Kaliber des erfahrenen Feldherrn und entschlossenen Tatmenschen Caecina deutlich: Noch im Traum weist er die Hand des Varus, der ihn in die Unterwelt ziehen will, zurück. Gewöhnlich haben solche Albträume einen unglücklichen Ausgang. Anders gesagt: Caecina ist nicht gewillt, das Schicksal des Varus zu erdulden. Er setzt, schon im Traum, seinen ganzen Willen dagegen.

Was nun bei Tacitus folgt, ist die zeitliche und räumliche Dehnung und Anwendung des Traums auf das reale Geschehen. Zunächst aber beginnt es mit einem blamablen Debakel. Nach Tagesanbruch verlassen die V. und die XXI. Legion ihre Plätze an der rechten und linken Flanke »aus Angst oder Ungehorsam«[51] und besetzen »eilig« die Ebene jenseits des Moores. Trotzdem bricht Arminius, obwohl er ja nun freie Bahn hat, nicht sofort hervor. Er scheint abzuwarten. Dann aber sitzt der Tross im Schlamm fest. Ringsum geraten die Soldaten in Verwirrung. Alles kommt ins Stocken. Die übliche Reihenfolge der Feldzeichen wird durcheinandergebracht. Jeder – »in einer solchen Lage begreiflich«[52] – ist nur auf die eigene Rettung bedacht, die Befehle der Offiziere treffen auf taube Ohren.

Arminius ist das alles nicht entgangen, das Abwarten scheint sich gelohnt zu haben. Jetzt gibt er seinen Kriegern den Befehl zum Angriff und brüllt: »Seht da, Varus und seine wiederum in das gleiche Schicksal verstrickten Legionen!«[53] Hier gibt Tacitus klar zu erkennen, dass er das, was sich hier anbahnt, als eine Spiegelung der Varusschlacht betrachtet. Im Kontext beider Geschehen dürfte der ironische Kommentar des Arminius eindeutig von Tacitus erfunden und benutzt worden sein, um seine römischen Leser auf die Gleichwertigkeit und Duplizität beider Ereignisse hinzuweisen.

Zunächst scheint auch alles auf eine ähnliche Katastrophe hinauszulaufen. Die vorpreschenden Germanen – eine »Eliteschar« – durchbrechen den römischen Heereszug und fügen besonders den Pferden Wunden zu. Das muss Arminius zuvor mit seinen Kämpfern abgesprochen haben. Er kennt die empfindlichsten Stellen der römischen Einheiten nur zu gut: »Diese, im eigenen Blut und auf dem schlüpfrigen Sumpfboden ausgleitend, werfen erst die Reiter ab, sprengen dann alle, die ihnen in die Quere kommen, auseinander und zertreten die am Boden Liegenden. Die größte Not gab es bei den Adlern, die man weder dem Geschosshagel entgegentragen noch im schlammigen Boden befestigen konnte.«[54]

Während dieses heillosen Durcheinanders stürzt Caecina bei dem Versuch, die Front zu halten, auch noch vom Pferd, das tödlich getroffen wurde. Er ist in Lebensgefahr. Offiziere der I. Legion müssen es gesehen haben. Endlich gelingt es ihnen, ihre Einheit dem Feind entgegenzuwerfen. »Dabei kam ihnen die Habgier der Feinde zustatten, die vom Morden abließen und sich auf die Beute stürzten.«[55] Diese Scharmützel ziehen sich über den Tag hin. Gegen Abend endlich können sich die Legionen in offenes Gelände und auf festen Boden vorarbeiten. Tacitus erwähnt es nicht ausdrücklich, doch wir ahnen, unter welchen Schwierigkeiten dies realisiert wurde. Caecina hat ganz offensichtlich seine Männer im Griff.

Es folgt die erste Nacht, und diesmal beschleunigt Tacitus sein Erzähltempo dramatisch, was im lateinischen Urtext noch deutlicher wird: »Aber dies war nicht das Ende der Strapazen. Zu errichten war ein Wall (für das Lager). Herbeizuschaffen das Material dafür. Verloren war zum großen Teil das Gerät, mit dem der Erdboden ausgehoben oder der Rasen abgestochen wird. Keine Zelte gab es für die Mannschaften, kein Verbandszeug für die Verwundeten. Während sie mit Schmutz und Blut besudelte Esswaren verteilten, jammerten sie über die Todesfinsternis: so vielen tausend Menschen sei nur noch ein Tag zu leben vergönnt!«[56]

Wieder drängt sich der Vergleich mit Varus und seinen drei Legionen auf, die sich am Ende des ersten Tages in einer ähnlich bedrängten Lage befanden. Ob sich der folgende Zwischenfall noch in der Nacht oder in der Frühe des folgenden Morgens ereignete, lässt Tacitus offen. Doch dies spielt für die beispiellose Tat des Caecina keine Rolle. Jedenfalls muss es noch dunkel gewesen sein. Durch Zufall hat sich ein Pferd losgerissen. Es jagt, durch den Lärm inner- und außerhalb des Lagers scheu gemacht, kopflos umher und rennt Soldaten, die sich ihm in den Weg stellen, über den Haufen. Das führt bei vielen Legionären in der Nähe zu der Annahme, die Germanen seien bereits ins Lager eingebrochen. Panik bricht aus. Alle stürzen zu den Toren. »Ihr Hauptziel war das hintere Tor, da es vom Feind abgewandt und für Flüchtende sicherer sei.« Aus dieser Lagebeschreibung geht hervor, dass Arminius die Legionen großräumig überholt und umstellt hat. Als man Caecina von diesem törichten Verhalten eines Teils der Truppe berichtet, eilt er sofort an den Ort des Geschehens und versucht dem Massenausbruch Einhalt zu gebieten. In diesem aufgelösten Zustand würden die Flüchtenden sofort ein Opfer der ruhig lauernden Feinde. Auf diese Situation haben die Germanen nur gewartet!

Wie kann er sie aufhalten? Was Tacitus nun schildert, wird noch lange in römischen Offizierskreisen als beispielhafte Tat herausgestellt worden sein:

»Als er (Caecina) trotzdem weder durch sein Ansehen noch durch Bitten, ja nicht einmal mit eigener Hand Einhalt gebieten oder die Soldaten zurückhalten konnte, warf er sich auf der Schwelle des Tores zu Boden: Erst durch den Appell an ihr Mitleid, da sie über den Leib des Legaten hätten treten müssen, verlegte er ihnen den Weg. Zugleich klärten Tribunen und Centurionen die Leute auf, dass die Angst unbegründet sei.«[57]

Dies wie auch das Folgende stellt Tacitus so detailliert und lebendig dar, dass unser erster Eindruck sich festigt: Caecina ist ihm das positive Gegenbild zu Varus. Hier handelt ein Truppenführer in einer vergleichbar gefährlichen Lage so besonnen, konsequent und pflichtbewusst, wie man es von einem Feldherrn erwarten kann. Dabei braucht der Name des Versagers Varus nicht einmal genannt werden, die mit dem Geschehen sehr vertrauten römischen Leser – und somit auch wir – werden sofort eigene Schlussfolgerungen ziehen.

Caecina weiß aus langjähriger Erfahrung: Die ersten Maßnahmen sind entscheidend für den Ausgang der gesamten Operation. Man muss mit einem Überraschungsschlag beginnen. Also überlässt er, mit seinem eigenen beginnend, die Pferde der Legaten und Tribunen ohne persönliche Rücksichtnahme jeweils den tapfersten Kriegern. Sie sollen als Erste, gefolgt von den Fußtruppen, gegen den Feind anstürmen.

Arminius, jahrelang als Truppenführer in römischen Diensten geschult, ahnt die Taktik Caecinas. Er rät, die Römer ausrücken zu lassen und sie dann wiederum im sumpfigen und unwegsamen Gelände zu umzingeln. Sein Oheim Inguiomerus[58] macht dagegen den verwegeneren und darum den germanischen Kriegern sympathischeren Vorschlag, das ganze Lager zu umstellen: Die Erstürmung sei eine Kleinigkeit, man werde mehr Gefangene machen und in den Besitz des gesamten, unverdorbenen Trosses kommen. Hier zeigt sich das Grundübel germanischer Kriegsführung: erst Beute machen – dann dem Feind nachsetzen und versuchen, ihn zu vernichten. Freilich muss man in diesem Zusammenhang bedenken, dass die Qualität all der Dinge, die eine technisch hochgerüstete römische Armee mit sich führt, für die »Barbaren« einen kaum vorstellbaren Wert darstellt. Sind sie doch selbst nicht in der Lage, etwa einen Stahl von vergleichbar hohem Niveau zu schmieden. Dazu kommen all die Werkzeuge, Spezialgeräte, mechanischen Vorrichtungen, die Zangen, Spaten, Schaufeln, Hämmer, Nägel in allen möglichen Größen, die Seilzüge, die komplett ausgestatteten Schmieden, die Transportfahrzeuge, die Zelte oder die chirurgischen Instrumente der Militärärzte.

Tacitus resümiert darum schon vor Beginn des Kampfes: »Mit nicht geringerer Unruhe trieb es die Germanen um infolge ihrer Siegeshoffnung, Kampfeslust und der Meinungsverschiedenheit ihrer Führer.«[59] Inguiomerus setzt sich mit seinem Vorschlag durch. Daran erkennt man, dass Stellung und Souveränität des Arminius bereits angeschlagen sind. Bei Tagesanbruch machen sie sich daran, die Grabenwände einzureißen. Werfen Flechtwerk darauf, überklettern es, versuchen die Palisaden zu erreichen und einzureißen.[60] Hinter der Verschanzung nur wenige Soldaten, »wie von Angst festgebannt – *quasi ob metum defixo* ...« So jedenfalls wirkt ihr Verhalten auf die Angreifer. Caecina hat seine Leute gut instruiert, und sie halten sich erstaunlich korrekt an seine Befehle.

Caecinas Blick schweift in die Runde, er hat alles im Auge, lässt sich kurz berichten, wiederholt strikt seine Order, erst auf seine Anweisung hin auszubrechen. Wie von ihm vorausgesehen, bleiben die Germanen im Gewusel des provisorisch aufgebrachten Flechtwerks hängen, brechen durch das Geäst in den Graben, haben Mühe, wieder nach oben zu kommen. Nur wenige erklimmen den Wall, greifen nach den Schanzpfählen und suchen sie aus ihrer Verankerung zu reißen.

Da gibt Caecina das verabredete Zeichen. Hörner und Trompeten beginnen zu schmettern. Seine Leute öffnen die Tore, stürmen zu Hunderten nach draußen, werfen sich »mit Geschrei und Ungestüm« den Germanen in den Rücken. Die Überraschung ist total. Außer bei Arminius. Kein germanischer Befehlshaber kennt römische Taktiken und schnelle Truppenbewegungen so gut wie er. Was er befürchtet hat, tritt nun ein.

Höhnische Rufe an die Adresse der Germanen – und wieder tauchen Reminiszenzen an die Varuskatastrophe auf. Laut Tacitus brüllen sie ihnen entgegen: Hier seien keine Wälder noch Sümpfe, vielmehr gäben in gleichartigem Gelände die Götter beiden gleiche Möglichkeiten. »Auf den Feind, der mit einer leichten Vernichtung und nur wenigen halbbewaffneten Gegnern rechnete, wirkten das Dröhnen der Trompeten und das Blitzen der Waffen, weil unerwartet, umso überwältigender, und sie fielen, so kampfgierig bei einem Erfolg, so kopflos dem Misserfolg gegenüber.«[61]

Inguiomerus wird schwer verwundet, Arminius bleibt unversehrt. Beide geben den Kampf verloren. Ihre Krieger werden von den Römern niedergemacht, »solange Erbitterung und Tageslicht währten«. Die vier Legionen jagen und verfolgen sie, bis in die Nacht. Erst als sie überzeugt sind, dass die Gefahr gebannt ist, kehren sie um, außer Atem, verwundet, fix und fertig. Sie haben seit Stunden nichts gegessen.

Wieder im Lager, macht sich Entspannung breit: »Sie fanden doch (neue) Kraft, Gesundheit und Vorräte, all das im Sieg.«[62] Tacitus schweigt darüber, aber wir sind sicher, dass Caecina mit sich und seiner Armee sehr zufrieden gewesen sein muss. Es hat nicht nur keine zweite Katastrophe gegeben, sondern man hat die Germanen zu Scharen getrieben. Varus hat vergebens im Traum die Hand nach Caecina ausgestreckt, um ihn in den Sumpf zu ziehen. In dieser Nacht wird Caecina gut schlafen.

ZWEITER TEIL

VOR DER SCHLACHT

Sommer 7 n. Chr.

KAISERLICHER REITER AN BORD

— SZENE 4 —

Als Pedius aus dem Haus trat, ging gerade die Sonne auf. Keine Wolke am Himmel. Es würde heiß werden.

Er hatte bei seinem älteren Bruder Gaius Pedius übernachtet, der seit einem Jahr im Argiletum* eine Weinhandlung betrieb. Die Wohnung lag im ersten Stock des Hauses. Trotz der frühen Stunde war schon viel Volk unterwegs. Man nutzte die Kühle des Morgens. Auch in den zahlreichen Werkstätten wurde schon gesägt, gehämmert, gehobelt, gefeilt. Sklaven tätigten für ihre Herren erste Einkäufe oder erledigten Botengänge. Die Bettler nahmen ihre Standplätze ein. Alles war wie immer.

Sextus Pedius überlegte. Was war der kürzeste Weg zur Statio Rationis Marmorum*? Die Behörde hatte ihren Standort auf dem Marsfeld, unmittelbar am Tiber. Ganz in der Nähe der Sonnenuhr des Augustus. Er würde beim Forum in den Clivus Argentarius einbiegen, nach zweihundert Schritt die Via Lata, die Breite Straße, erreichen, ihr bis zur Sonnenuhr folgen und sich dort nach links, zum Tiber, wenden.

Er marschierte los und stand nach weniger als einer halben Stunde vor dem Haupteingang der Behörde. Er hatte hier noch nie zu tun gehabt. So viel wusste er: Hier ging es eigentlich um logistische Fragen, die alle etwas mit Schiffsfrachten jeder Art zu tun hatten. Das kam ihm seltsam vor. Doch auf dem Marschbefehl, den er erhalten hatte, stand ganz klar, dass er sich hier zu melden hatte.

Er kontrollierte noch einmal den Sitz seines militärischen Habits, trat ein, meldete sich beim Pförtner und zeigte ihm die schriftliche Order.

»Erster Stock! Links! Zimmer fünf!«

Er ging nach oben, klopfte an und trat ein, ohne die Aufforderung dazu abzuwarten.

Zwei Schreiber blickten von ihren Stehpulten kurz herüber. Pedius machte Meldung: »Optio Sextus Pedius wie befohlen zur Stelle!«

»In Ordnung!«, nickte der eine Schreiber und verließ den Raum.

Nach wenigen Augenblicken kam er mit einem Centurio zurück. Sextus Pedius nahm Haltung an und wiederholte die Meldung. Es entging ihm nicht, dass der Mann hinkte. Sein rechtes Bein war steif. Er zog es nach beim Gehen. Also auch einer von den reaktivierten Veteranen! Sie brauchten jetzt jeden Mann. Der Centurio ließ sich mit einem Seufzer hinter seinem Schreibtisch nieder und hielt die geöffnete Hand nach links. Einer der beiden Schreiber reichte ihm einen eng beschrifteten Papyrusbogen. Der Centurio legte ihn auf der Tischplatte ab und studierte ihn. Dabei nickte er vor sich hin. Dann hieß es: »Name!«

»Sextus Pedius.«

»Rang!«

»Optio.«

»Alter!«

»Vierundzwanzig.«

»Woher weißt du das so genau?«

»Ich bin römischer Bürger.« Pedius reckte sich. Es entging ihm nicht, dass er mit dieser Mitteilung Eindruck machte. Als Civis Romanus waren seine persönlichen Daten registriert.

Der Centurio beugte sich erneut mit zusammengekniffenen Augen über das Blatt und suchte den entsprechenden Hinweis mit dem Finger.

»In Ordnung.« Er fixierte Pedius: »Wie ich deiner Akte entnehme, kannst du lesen und schreiben.«

»Jawohl.«

»Aber du bist doch Sohn eines Bauern!«

»Jawohl.«

»Woher?«

»Aus Caere.«

»Aus Caere … so, so …« Er sagte das in einem Ton, als ob er das Städtchen kannte. »Wurdest du hier, in Rom, unterrichtet? Ist ja nicht weit weg.«

»Nein. Auf dem Hof.«

»Waaas?« Er warf den beiden Schreibern einen Blick zu. »Etwa von Privatlehrern?«

»Nein.«

»Von wem denn dann?«

»Von meinem Großvater.«

»Von deinem …« Er hielt den Mund einen Augenblick staunend offen. Dann grinste er: »Netter Großvater!«

Pedius schwieg dazu. Obwohl er vieles dazu erklären konnte. Aber das gehörte hier nicht zur Sache.

Der Centurio lehnte sich zurück, drehte einen Stift mit den Fingern und fuhr fort: »Du warst bis zu deinem Genesungsurlaub in Syrien stationiert.«

»Jawohl.«

»Einheit?«

»Sechste Legion, Zweite Cohorte, Erste Centurie.«

»Unmittelbarer Vorgesetzter?«

»Der Primus Pilus Marcus Oppius.«

»Ein hervorragender Mann!« Sie kannten sich also. »Deine Verletzung ist ausgeheilt?«

»Jawohl.«

»Wann kehrst du zurück?«

»In einigen Tagen. Wenn geklärt ist, wie viele Plätze an Bord der Trireme* noch frei sind.«

»Daraus wird nichts.«

Pedius starrte ihn verwirrt an: »Darf ich fragen, warum? Ich meine …«

Wieder lehnte sich der Centurio zurück, drehte den Stift und erklärte mit bedeutsamem Unterton: »Weil sich die Gesamtlage verändert hat. Der Princeps hat entschieden, dass dein bisheriger Legat Quinctilius Varus das Oberkommando in Germanien übernimmt. Über drei Legionen! Die Siebzehnte, Achtzehnte und Neunzehnte!«

»Ja, aber …« Pedius suchte nach einer Erklärung. »Was hat das mit mir zu tun?«

»Sehr viel! Du, Marcus Oppius und eine Reihe weiterer Optiones und Centuriones wurden ab sofort nach Norden versetzt! Auf besonderen Wunsch des Varus!«

Als er das verblüffte Gesicht von Pedius sah, fügte er hinzu: »Das ist eine ganz außergewöhnliche Auszeichnung!«

Der Centurio erwartete wohl eine der Mitteilung angemessene Reaktion, und Pedius bestätigte das Gehörte mit einem mannhaften »Jawohl!«.

»Du bist natürlich wie bisher Marcus Oppius beigeordnet. Außerdem fünfzig Mann Begleitkommando. Und ein dieser Truppe angemessener Tross!«

»Begleitkommando?«, fragte Pedius. »Zu welchem Zweck ein Begleit …?«

»Sonderkommando! Große Verantwortung! Eure Aufgabe ist es, den Transport eines kostbaren Reiterstandbildes zu sichern.«

Pedius suchte nach einer Erklärung, fand sie nicht und fragte: »Heißt das, diese Abteilung wird von der größeren Truppe, von der du sprachst, getrennt?«

»Zunächst nicht …« Der Centurio streckte wieder die geöffnete Hand nach links aus, der Schreiber reichte ihm einen weiteren Bogen, der Centurio überflog den Text und erklärte: »Ihr bleibt etwa bis Ad Confluentes* zusammen. Dort trennt ihr euch.«

»Ad Confluentes? Wo ist das?«

»Ein kleiner befestigter Ort an der Mündung der Mosella in den Rhenus. Wie gesagt, dort trennt ihr euch. Marcus Oppius, du und eure Leute … Aber komm her, ich zeig's dir …«

Der Centurio streckte erneut die Hand aus, und der Schreiber reichte ihm einen weiteren, nun größeren Bogen, auf den eine Landkarte gezeichnet war.

»Also, pass auf …« Er wies am unteren Ende auf einen schwarzen Punkt. »Das ist Rom. Und das …« – er folg-

GLOSSAR

Argiletum: dicht bevölkertes Viertel zwischen der Subura und dem Forum, wo sich neben zahlreichen Handwerksbetrieben und Geschäften auch die Läden der Buchhändler befanden. – **Statio Rationis Marmorum**: wörtlich: »Schiffsanlegestelle für Geschäftsangelegenheiten im Zusammenhang mit dem Transport von Marmor«. Wir würden sagen: Marmor-Transport-Behörde. – **Trireme** (triremis): Dreiruderer, Kriegsschiff mit drei Ruderbänken, Galeere. – **Ad Confluentes**: Koblenz »am Zusammenfluss« (confluere = zusammenfließen) von Mosel und Rhein, mit Auxiliar-Lager (Hilfstruppen) am Übergang der Rheintalstraße Mainz-Köln über die Mosel. Die Pfahlgründung einer Brücke wurde gefunden. Wichtiger Handelshafen für die Schifffahrt auf Rhein und Mosel. – **Massilia** (auch Massalia): Hafenstadt etwa 38 km östlich des Rhône-Deltas auf einer vorspringenden Halbinsel mit windgeschütztem Hafen, dessen enge Einfahrt zwischen Felsen gut zu verteidigen war. Bedeutende Schiffswerften. Der Handel besonders mit Silber, Eisen und Zinn ging im Westen bis ins innere Spanien, im Norden rhôneaufwärts nach Gallien und dem Rheingebiet, im Osten nach Italien, Griechenland und Kleinasien. Heute Marseille. – **Arelate**: wichtigster Hafen am Unterlauf der Rhône. Heute Arles. – **Rhodanus** (Rhône): seit ältester Zeit ein bedeutender Handelsweg für die Erschließung des Inneren von Gallien und den Zinnhandel mit Britannien. In römischer Zeit verdanken Lugdunum (Lyon), Arelate (Arles) und andere Städte dem Wasserweg ihre Blüte. – **Lugdunum** (Lyon): Stadt am Zusammenfluss des Arar (Saône) mit dem Rhodanus. Seit Augustus Hauptstadt der Provinz Gallia Lugdunensis. Wirtschaftliches Zentrum des Fluss- und Landverkehrs der drei nahe bei Lugdunum aneinandergrenzenden gallischen Provinzen Gallia Narbonnensis (heute Provence), Aquitania und Gallia Lugdunensis. Religiöses Zentrum mit dem Altar der Roma und des Augustus, an dem die gallischen Stämme jährlich Kaiseropfer und Landtage abhielten. Wichtige Münzstätte. – **Arar**: heute die Saône. – **Dubis**: linker Nebenfluss des Arar, jetzt der Doubs. – **Cambete**: Heute Kembs am Rhein im Ober-Elsass. – **Lagona**: die Lahn. – **Castra Vetera**: zwischen 16 und 12 v. Chr. von der V. und XXI. Legion angelegtes Lager des niederrheinischen Heeres auf dem Fürstenberg bei Xanten (Vetera I). – **Emporium**: älteste Warenhalle in Rom, 192 v. Chr. von Aemilius Lepidus und Aemilius Paullus am Tiber errichtet, daher auch »Porticus Aemilia« genannt. Von Sulla umgebaut zu einer 487 m langen, 60 m breiten mit je 3 Doppeljochen gestaffelten Arkadenhalle.

te mit dem Finger einer gepunkteten Linie über das Meer nach Nordwesten und zeigte auf weitere Punkte – »… das ist Massilia*, und das Arelate* am Hauptmündungsarm des Rhodanus*. Dort wird umgeladen auf kleinere Binnenschiffe. Wegen des Tiefgangs. Kannst du folgen?«

»Jawohl. Und dann geht es stromaufwärts.«

»*Ita'st*. Die Schiffe werden von da ab getreidelt …«

So erklärte er Pedius die ganze Strecke bis nach Confluentes: »Ab Lugdunum* auf dem Arar* weiter nach Norden, nach etwa hundert Meilen biegt ihr auf dem Dubis* nach Nordosten ab. Es hängt vom Wasserstand ab, wie weit ihr es schafft. Ohnehin muss das kurze Stück bis zum Rhenus über Land absolviert werden. Etwa vierzig Meilen. Auf guten Straßen! Ihr habt kaiserliche Vollmacht, Straßen für jeden anderen Transport zu sperren, wenn das notwendig sein sollte, damit ihr ungehindert weiterkommt. Der Transport hat absoluten Vorrang! Bei Cambete* erreicht ihr den Rhenus. Dort wird umgeladen. Auf dem Fluss dann abwärts bis Ad Confluentes – das heißt nicht ganz, denn ihr werdet schon einige Meilen vorher nach Osten in einen Nebenfluss des Rhenus einfahren, die Lagona*. Hier!« Er zeigte die Stelle auf der Karte. »Von da ab wird wieder getreidelt. Nach etwa sechzig Meilen erreicht ihr das Ziel. – Hier!«

Er zeigte auf die letzte schwarze Markierung. An dieser Stelle endete die gepunktete Linie.

Sextus Pedius studierte aufmerksam die Karte, suchte nach einem Namen neben dem Zielpunkt, fand aber keinen.

»Noch Fragen?«

»Jawohl!«

»Bitte!«

»Du sprachst von einer Reiterstatue, die wir zu sichern haben.«

»*Ita'st*.«

»Worum … Ich meine, um wen handelt es sich bei der Statue, die wir an diesen Punkt bringen?«

Der Centurio schmunzelte und fragte zurück: »Na, was meinst du?«

»Keine Ahnung.« Er tappte völlig im Dunkeln.

Der Centurio senkte die Stimme und sprach geradezu ehrfürchtig: »Es handelt sich um eine Reiterstatue des erhabenen Princeps Augustus!«

»Nein!«, rief Pedius vollkommen überrascht.

»Und sie ist völlig vergoldet! – Noch weitere Fragen?«

Sextus Pedius wollte zwar wissen, was es für einen Sinn hatte, eine kostbare, vergoldete Bronzestatue, die den Princeps Augustus hoch zu Ross darstellte, mitten in der Wildnis Germaniens am mittleren Lauf der Lagona aufzustellen. Aber er spürte, der Centurio hatte es eilig, weitere Fälle warteten auf ihre Bearbeitung. Pedius ging davon aus, dass Marcus Oppius mehr darüber wusste.

Der Centurio stemmte sich mit einem Seufzer hoch und hielt sich an der Tischkante fest. Unerwartet freundlich sagte er: »Ich wünsche alles Gute! Hals- und Beinbruch! Und vergiss nicht: Es ist eine ganz besondere Auszeichnung!«

»Jawohl!«

»Übermorgen bei Sonnenaufgang am Tiberhafen! Und zwar im nördlichen Bereich des Emporiums*! Nicht zu verfehlen!«

»Jawohl!«

Er war entlassen.

— SZENE 5 —

Das Gespräch hatte vor Wochen stattgefunden. Der Karte, die man ihnen ausgehändigt hatte, war zu entnehmen, dass die Gesamtstrecke bis zum Ziel am Mittellauf der Lagona etwa 1200 Meilen* betragen werde. Das war, wie sich in der Praxis herausstellte, zu wenig. Die Erklärung dafür: Wahrscheinlich hatte man die Entfernungen von Punkt zu Punkt in Luftlinie angegeben. Dennoch waren sie gut vorangekommen. Dank günstigem Wind hatten sie die erste Etappe von Ostia nach Massilia sehr zügig hinter sich gebracht. Allerdings litten fast alle an Bord an der Seekrankheit. Die Seeleute machten immer wieder deftige Witze über die soldatischen Landratten, die mehrmals täglich zur Reling an der Leeseite schwankten, um sich zu erleichtern.

Auf den drei Flüssen – Rhodanus, Arar und Dubis – kamen sie nur langsam voran. Starke Regenfälle in den Alpen hatten den Wasserstand so stark steigen lassen, dass sie in Arelate ankerten, bis der Pegel um zehn Fuß gefallen war.

Das kostete sie einige Tage. Doch auch dann musste gegen eine immer noch starke Strömung angekämpft werden. Die Treidelmannschaften gaben ihr Bestes, mussten aber in kürzeren Abständen ausgewechselt werden. Ab Lugdunum besserte sich dann die Lage, denn im Einzugsgebiet des Arar hatte es weniger geregnet, die Verhältnisse waren fast normal.

Die Abende und Nächte verbrachten sie stets an Bord der Schiffe. Oppius untersagte abendliche Landgänge. Begründung:»Die Leute müssen absolut fit bleiben! Wir haben schon zu viel Zeit verloren.«

Die Männer murrten zwar hinter seinem Rücken, doch niemand wagte dem Befehl zuwiderzuhandeln. Im Übrigen hatte Oppius dafür gesorgt, dass eine, wie er meinte, angemessene Menge Wein an Bord zur Verfügung stand, um die Truppe bei Laune zu halten. Ein willkommener Nebeneffekt war, dass die Leute nach dem Genuss des Rotweins nachts gut schliefen. Zu bacchantischen Gelagen kam es dabei nicht, da pro Mann nur eine bestimmte Menge freigegeben wurde. Nur einmal machte Oppius eine Ausnahme: An seinem Geburtstag – er wurde dreiundvierzig – ließ er zwei Amphoren aus dem Frachtraum holen, die, wie er ausdrücklich betonte, einen acht Jahre alten Falerner* enthielten. Alle staunten. Wussten sie doch, dass dieser goldgelbe Wein neben dem Caecuber* der beste Italiens war, so teuer, dass ihr Sold nicht ausreichte, ihn sich täglich zu gönnen.

Sextus Pedius nutzte die gute Stimmung des Abends, um Oppius einige Einzelheiten über ihren Zielort an der Lagona zu entlocken:»Ich hätte da noch eine Frage, Centurio ...«

»Sprich!«

»Dieser Ort an der Lagona ... Wie heißt der eigentlich?«

»Gute Frage, Pedius.« Er kratzte sich am Hinterkopf.»Um ehrlich zu sein: Ich weiß es selbst nicht.«

Pedius starrte ihn überrascht an und meinte: »Das verstehe ich nicht. Jeder Ort, wo auch immer er liegt, hat doch einen Namen!«

»Korrekt. Aber der hat keinen – besser: noch keinen.«

»Noch keinen?«

»So ist es. Sagen wir einmal so: Der Platz ist erst seit Kurzem in unser Blickfeld geraten.«

»Und wieso das?«

»Nun …« Oppius beugte sich zu Pedius hin und fuhr leiser fort: »Soviel ich mitbekommen habe, soll dort ein neuer befestigter Platz entstehen.«

»Etwa ein weiteres Legionslager?«

»Nein, nein, kein Lager. Eine zivile Siedlung. Natürlich befestigt. Liegt ja mitten in der Wildnis. Natürlich mit einer kleineren militärischen Einheit. Zur Selbstverteidigung. Für alle Fälle. Man kann ja nie wissen. Obwohl die dortigen Stämme als friedlich gelten.«

»Und dafür … Versteh mich recht, Oppius: dafür diese prächtige Reiterstatue des Princeps?« Er wies mit der Hand auf die zehn Fuß hohe Kiste, die das Bronzepferd enthielt, und die kleinere, in der, mit Stroh, Decken, Bohlen und Balken gesichert, der kaiserliche Reiter steckte. »Sie würde doch wohl eher aufs Forum in Rom passen!«

»Das habe ich anfangs genauso gesehen, Pedius. Hab' mich aber belehren lassen. Von Leuten, die den Durchblick haben. Die Barbaren sollen von Anfang an mitbekommen, dass sie unter dem Schutz des Kaisers stehen. Wie du gesehen hast, hebt er die rechte Hand! Diese Geste hat bei allen Menschen die gleiche Bedeutung. Er grüßt! Mehr noch: Die Geste drückt aus: Ich halte meine Rechte über euch! Ihr alle steht unter meinem Schutz! Eine sehr friedliche Geste! Das ist erst der Anfang. Weitere Standbilder werden folgen.«

Als er sah, wie Pedius ihn immer noch verständnislos ansah, ergänzte er: »Das ist alles von langer Hand geplant. Und natürlich in Absprache zwischen dem Princeps und Tiberius. Und selbstverständlich ist Quinctilius Varus in das Projekt einbezogen.«

Pedius überlegte eine Weile. Dann fragte er: »Also könnte man sagen: Der erhabene Augustus legt an der Lagona die Keimzelle einer ... einer Provinzhauptstadt?«

Oppius nahm einen Schluck aus dem Silberbecher, wischte sich über den Mund und nickte eifrig:»Durchaus, ja. Könnte man sagen. Der Ort bietet eine Menge Vorteile. Er liegt verkehrsmäßig sehr günstig ...«

»Wegen des Flusses?«

»Sicher. Wie die Lupa* weiter im Norden ist die Lagona mit flachen Lastkähnen befahrbar. Im Unterschied zur Segaha*, deren starkes Gefälle das nicht zulässt. Außerdem kannst du von dort aus relativ schnell in die weiter nördlich gelegenen Gebiete gelangen.«

»Bis zur Visurgis*?«

»Sicher. Und noch weiter.«

»Ich verstehe.« Sextus Pedius dachte eine Weile über das Gehörte nach. Dann meinte er:»Und was ist mit den Standorten am Rhenus?«

»Die bleiben natürlich. Für alle Fälle. Weil es hinter dem Rhenus sicherer ist. Das wusste doch Caesar schon. Aber zu seiner Zeit war über das riesige Land im Nordosten kaum etwas bekannt. Das wenige, was er wusste, stammte aus den Berichten griechischer Autoren. Ich habe das mal nachgelesen ...«

»Wo?«

»Na, bei Caesar!«

»In den Commentarien?«

»Sicher.«

»Besitzt du sie etwa selbst?«

»So ist es.« Er nickte voller Stolz.»Haben mich mal verdammt viel gekostet. Wollte sie aber unbedingt haben. Sollte man allen Legaten, Tribunen und Centurionen zur Pflichtlektüre machen! Besonders einigen Legaten!« Wen er damit meinte, ließ er offen. Er schloss:»Und wie sich das im Osten weiterentwickelt, muss man abwarten.«

»Sieht zurzeit doch ganz gut aus – oder?«

»Durchaus, ja. Die Stämme sind friedlich. Daraus können und müssen wir unseren Nutzen ziehen.«

»Du meinst: ehe sie sich's anders überlegen.«

»Wie? – Allerdings! Sie sind für ihre Wankelmütigkeit bekannt.«

Sie wechselten das Thema und kamen auf persönliche Dinge zu sprechen …

An den folgenden Tagen hatte Sextus Pedius lange über das, was Oppius dargelegt hatte, nachgedacht. Auch ohne Caesars Exkurs über die Germanen gelesen zu haben, wusste er aus Erzählungen von Kameraden, die schon im Norden ihren Dienst geleistet hatten, einiges über Land und Leute. Man könne sie in keiner Weise mit Gallien und dessen Bewohnern vergleichen. In Germanien sei alles anders, primitiver, schroffer, lebensfeindlicher – kurz: gefährlicher. Die Führung in Rom musste sich sehr sicher fühlen, wenn sie zu diesem Zeitpunkt den Entschluss fasste, römische Zivilisation mitten in der unwegsamen Wildnis zu etablieren. Pedius konnte sich sehr gut vorstellen, dass es vor allem der Caesar Tiberius war, auf dessen Wort und Rat der Princeps baute. Er kannte die strategischen Bedingungen wie kein Zweiter. Und Tiberius war ein genialer Diplomat, der eine friedliche Einigung mit dem Feind jeder kämpferischen Auseinandersetzung vorzog. Kampf und Niederlage hatten beim Gegner immer Hass im Gefolge. Tiberius aber plante weit in die Zukunft. Außerdem betrachtete er diese Aufgabe als Familienerbe: Er musste zu Ende bringen, was sein Bruder Drusus begonnen hatte.

Das alles hatte sich bis nach Syrien herumgesprochen. Wer allerdings den Quinctilius Varus auserkoren hatte, quasi als kaiserlicher Statthalter in dem riesigen Gebiet zu fungieren, war Pedius schleierhaft. Er kannte ihn nur zu gut aus seiner Zeit in Syrien. Varus galt als scharfer Hund. Jedenfalls sahen ihn die Chargen unterhalb der Tribunen so. Auch Oppius. Das schien ihn wohl auch in den Augen des Princeps für den neuen Posten zu prädestinieren. Immerhin hatte er bei den Wirren nach dem Tode des Herodes hart und entschlossen durchgegriffen. Unruhen, die in Palaestina durch Thronstreitigkeiten und besonders durch das Vorgehen des Finanzprokurators Sabinus gegen die Juden ausbrachen, wurden von Varus mit Waffengewalt unterdrückt. Die Städte Sepphoris und Emmaus wurden niedergebrannt, Jerusalem besetzt. Er, Pedius, war nicht daran beteiligt, weil er damals noch nicht Soldat war. Aber das, was er später von älteren Kameraden über die brutalen römischen Aktionen hörte, ließ ihn im Nachhinein erschauern. Er dankte den Göttern, dass er bisher noch nicht bei solchen Operationen zum Einsatz gekommen war.

In den vergangenen Wochen war es des Öfteren zu ähnlichen Gesprächen mit Oppius gekommen. Stets abends, wenn sie ankerten. Dann redete man miteinander, denn die Nacht war lang. Dabei hatte Pedius zunehmend den Eindruck, dass Oppius den Quinctilius Varus durchaus kritischer sah, als er anfangs zuzugeben bereit war.

Einmal machte er sogar Andeutungen, Varus habe sich in Syrien privat bereichert. Er nannte zwar keine Einzelheiten, Pedius fragte auch nicht nach, doch sein Bild des kaiserlichen Legaten hatte Flecken bekommen. Oppius schloss eine solche Unterhaltung einmal mit dem Hinweis: »Ohne seine Verwandtschaft zum Kaiserhaus hätte er diesen Posten in Syrien wohl kaum bekommen. Aber so ist das nun mal. Wo immer möglich, besetzt der Erhabene die wichtigsten Posten mit Verwandten, direkten Mitgliedern seiner Familie oder Angeheirateten. Weil er ihnen blind vertraut. Das könnte sich noch als Fehler erweisen.«

Pedius war zwar nicht klar, was Oppius im Einzelnen damit meinte, stellte aber keine weiteren Fragen. Zu wenig verstand er von den großen Zusammenhängen. Außerdem – er kannte das aus langer Erfahrung – liebte es Oppius, zu allem und jedem ein rigoroses Urteil abzugeben, um seine Souveränität zum Ausdruck zu bringen. Dennoch war Pedius sich sicher, dass gerade ein Mann wie Quinctilius Varus in der Lage sein musste, das riesige Gebiet östlich des Rhenus zu beruhigen und nach römischen Vorstellungen zu formen.

Als Cambete in Sicht kam, atmeten alle auf. Das Umladen der Fracht verlief ohne Schwierigkeiten, da hier große Kräne zum Einsatz kamen. Endlich lagen die größten Anstrengungen hinter ihnen. Von nun an kamen sie entschieden schneller vorwärts. Auch der Pegel des Rhenus war gestiegen. Seine Strömungsgeschwindigkeit war ohnehin größer als die des Rhodanus. Hinzu kam, dass die Mannschaft nun Segel setzte, wodurch das Tempo erheblich gesteigert wurde.

Staunend nahm Pedius zur Kenntnis, wie der Fluss sich nach Aufnahme großer Nebenflüsse in einen immer breiteren majestätischen Strom verwandelte, wie er ihn noch nie gesehen hatte. Dagegen war der Tiber ein bescheidenes Gewässer. Selbst die Nebenflüsse waren hier größer als jener.

Solange der Rhenus durch die große obergermanische Ebene floss, mäanderte er in riesigen Schleifen. Manchmal floss er eine oder zwei Meilen zurück nach Süden, um sich dann in großen Bögen wieder nach Norden zu wenden. Die flachen Ufer auf beiden Seiten waren weithin überflutet. In dem Sumpfland lebten Unmengen großer Wasservögel und gingen im niedrigeren Uferwasser der Nahrungssuche nach.

Das stetige Mäandern des Flusses, das an manchen Stellen die gefahrene Strecke nach Norden mehr als verdoppelte, hörte erst auf, als sie sich Mogontiacum näherten und den von rechts einmündenden Moenus* aufgenommen hatten. Nach etwa zwanzig Meilen in westlicher Richtung wandte sich der Strom fast im rechten Winkel wieder nach Norden, floss nun zwischen steil aufragenden, dunkel bewaldeten Bergzügen, die nur an wenigen Stellen Platz für größere Siedlungen am Ufer ließen. An einer solchen Stelle ankerten sie.

Am nächsten Tag wechselten sie auf die rechte Stromseite. Sie hatten nun einen einheimischen Lotsen an Bord, einen gebürtigen Treverer*, der früher im Mündungsgebiet der Mosella bei Confluentes als Fischer sein Brot verdiente. Seit der Zunahme des römischen Frachtverkehrs auf dem Strom mit sich häufenden gefährlichen Karambolagen und Schiffsuntergängen hatte er den Beruf gewechselt und sich den meist unerfahrenen römischen Steuerleuten als Lotse angeboten. Das Geschäft gehe gut, antwortete er auf eine entsprechende Frage von Pedius. Keiner kenne so gut wie er die gefährlichen Riffe und Sandbänke im Fluss, besonders auf halber Strecke zwischen Mogontiacum und Confluentes. Bei den einheimischen Schiffern gehe die Rede von bösen Mächten, besonders einer Hexe, einer Art Circe, die die Männer von ihrem Geschäft ablenke und die Schiffe in gefährliche Strudel locke, wo sie in den Abgrund gerissen würden. Nur genaue Kenntnis der Riffe und Strudel verhindere weitere Unglücke. Am gefährlichsten sei die Fahrt bei beginnender Dunkelheit und im Nebel. Ja, er selbst habe die Frau schon im Dunst gesehen. Andere auch. Sie sei unberechenbar.

Pedius fiel auf, dass der Mann in einem flüssigen Latein redete. Freilich mit einem gewissen Singsang in der Stimme.

Am nächsten Tag erreichten sie die Stelle, an der die Lagona in den Rhenus mündete. Hier musste die Fracht erneut in flachere Kähne umgeladen werden, da die Lagona längst nicht den Tiefgang des Rhenus hatte. Das Treideln konnte beginnen.

Bis zum Ziel veranschlagte der Lotse fünf Tage – »… falls es trocken bleibt«. Bei Regen werde es länger dauern, weil der ausgetretene Treidelpfad dann an einigen Stellen glitschig werde. Es sei höchste Zeit, dass man solche lehmhaltigen Stellen mit Steinen und Kies sicherer mache. Das ging an Marcus Oppius, und der Centurio versprach, eine entsprechende Meldung nach oben weiterzuleiten.

Die nächsten Tage zogen sich quälend hin. Der Fluss glitt dunkel und träge an ihnen vorbei, gerahmt von ebenso dunklen Wäldern. Es war absolut still. Nur hin und wieder ein Kommando des Lotsen an die Steuerleute und Treidelknechte. Dann wieder Ruhe. Der Schrei eines Bussards. Oder war es ein Adler? Am Rande der wenigen germanischen Siedlungen, die sie passierten, versammelten sich die Bewohner und rätselten, was die großen Kisten wohl enthielten.

Es blieb trocken. Am späten Nachmittag des fünften Tages änderte sich das Bild. Die Berge traten zurück. Das Tal öffnete sich breit. Von Norden mündete ein kleiner Nebenfluss* in die Lagona, den die Treidelknechte auf einem massiv gebauten Steg überquerten. An den sanft ansteigenden Hängen Felder und Wiesen. Frauen und Männer bei der Arbeit. Ein Heuwagen wurde beladen. Am Fluss eine kleine Siedlung. Fischerhütten, kleine Gehöfte. Nach zwei, drei Meilen links auf einem Plateau, etwa zweihundert Fuß über dem Fluss, an mehreren Stellen Rauch.

Der Lotse wies mit der Hand in die Richtung: das Ziel!

Nach einer großen Flussschleife tauchte vor ihnen der Hafen auf. Die Anlegestelle aus massiven Eichenbohlen und -balken war tief in den Fluss gerammt. Der Kai mit Steinplatten belegt. Die Hölzer noch hell, kaum verwittert. Sie konnten noch nicht lange hier stehen. Zwei leere Frachtkähne, den ihren gleich, waren vertäut. Etwas weiter zwei große Kräne. Auch sie neu. Diese steuerte der Lotse an. Die Prozedur zog sich hin, weil die Zugseile über die Aufbauten der ankernden Kähne gehoben werden mussten. Die Besatzung der Boote legte mit Hand an. Dann war der freie Platz erreicht.

Marcus Oppius machte sich fertig für den Landgang, setzte den Helm auf, teilte Wachen ein und ging dann zusammen mit Pedius, dem Lotsen und einem Trupp Legionäre von Bord. Die Richtung war vorgegeben, denn eine Straße führte kerzengerade zum Plateau aufwärts. Sie passierten eine Querstraße, die den Windungen des Hanges folgte. Einheimische waren unterwegs mit Karren, Fuhrwerken oder zu Fuß. Einige schwenkten auf den Weg zur Siedlung ein. Die Wagen beladen mit Hölzern, Heu, Steinen und Säcken. Die Fuhrleute, an Kleidung, Gesichtsschnitt, Augen und Haaren als Germanen zu erkennen, grüßten freundlich und in keiner Weise verklemmt oder ängstlich. Einige sogar auf Latein. Oppius und seine Männer gaben den Gruß ebenso freundlich zurück.

Gespannt verfolgte Pedius, wie allmählich die Umwehrung der Siedlung in den Blick kam, eine Holz-Erde-Befestigung, deren Höhe er auf fünfzehn Fuß schätzte. Davor zwei tiefe, hintereinander gestaffelte Spitzgräben, der innere fast so tief, wie die Bewehrung dahinter hoch war. Er kannte solche Konstruktionen gut aus Syrien; Legionslager wurden so gesichert, wenn die Führung sich entschlossen hatte, die Truppe länger am Ort zu lagern. Später, wenn man das Umfeld befriedet hatte, wurden sie durch steinerne Anlagen ersetzt.

War hier etwa eine größere Einheit stationiert? Dagegen sprach, dass das östliche Tor, das sie bald erreichten, nur von zwei Legionären gesichert wurde. Es fehlte auch das Lagerdorf außerhalb der Palisade, es gab weder Buden oder Stände von Händlern noch Kneipen, in denen billiger Wein ausgeschenkt wurde. Man sah den Posten an, dass sie sich langweilten. Sie winkten die Ochsenkarren mit den einheimischen Führern einfach durch. Offenbar kannte man sich gut.

Bei Marcus Oppius und seinen Leuten war das zwar anders, aber die Posten hielten sich auch hier nicht mit einer längeren Kontrolle auf. Sie grüßten zackig und teilten den Neuankömmlingen mit, dass sie erwartet würden. Der Primuspilus Marcus Oppius machte in voller Montur gewaltigen Eindruck auf sie, zumal sein Brustpanzer mit allerlei Auszeichnungen bedeckt war.

»In Ordnung!«, brummte Oppius. »Dann bring uns zu deinem Chef! Wie heißt er?«

»Gaius Sabidius.«

»Ah-ja ...« Kannte er ihn? »Rang?«

»Praefectus.«

»Genauer!«

»Praefectus castrorum*.«

Pedius überlegte: In einer Legion war der Praefectus Castrorum der oberste Quartiermeister und als solcher für den gesamten inneren Dienst einschließlich des Wachdienstes und der Ausbildung zuständig; ihm oblag aber auch die Aufsicht über das Gerät, die Lagergebäude und die Baumaßnahmen.

Bei Pedius festigte sich der Eindruck, dass die gewaltige Siedlungsanlage, die hier gleichsam aus dem Boden gestampft wurde, von Militärs geplant, errichtet und von ihnen bis auf Weiteres kontrolliert wurde. Nur Soldaten verfügten über das nötige Fachwissen, die Erfahrung und den Blick für das Machbare, um ein solches Vorhaben in einer vorausschaubaren Zeit zu verwirklichen. Dennoch war Pedius klar geworden, dass hier keine größere Einheit stationiert war. Es musste sich um Abordnungen von Spezialkommandos aus verschiedenen Legionen handeln, die sich schon an anderen Orten bewährt hatten.

Sie schritten durchs Tor. Vor ihnen eine mit Kies und Erde gestampfte Straße, zwar nicht gepflastert, aber fest. In der Mitte ein Abwasserkanal, mit dicken Bohlen abgedeckt. Rechts und links Häuser mit Laubengängen. Viel Fachwerk. Nirgends Gebäude, die auf eine militärische Nutzung schließen ließen. Im Vorbeigehen registrierte Pedius links ein auffallend großes Gebäude, vielleicht ein Speicher. Dann Werkstätten, eine Schmiede, eine Tischlerei, ein Töpferladen.

Im Zentrum erreichten sie einen Vorplatz, in den von Süden eine weitere Straße mündete, auch sie mit einem überdeckten Abwassergraben versehen. Hier bog der Legionär, der sie führte, nach rechts auf einen Vorplatz ab. Dahinter die Front eines langgestreckten Gebäudes, dessen Breite Pedius auf 150 Fuß schätzte.* In der Mitte ein breiter Durchgang zum Innenhof, dem eigentlichen Forum.

Sie traten ein. Laubengänge an drei Seiten. Gegenüber eine Basilika. Zweistöckig und doppelt so hoch wie die drei Seitengebäude, nahm sie die ganze nördliche Front des Platzes ein. Die gesamte Wandfläche weiß verputzt und mit dunkelrot aufgemalten Fugen rechteckiger Quader versehen. Das Dach mit Schindeln gedeckt. Alles sah frisch und neu aus.

GLOSSAR

1 römische Meile entspricht 1,5 km. Die Gesamtstrecke von 1200 Meilen wären also 1800 km. – **Falernus ager**: das falernische Gebiet in der Campania, zwischen den Flüssen Savo u. Vulturnus, berühmt wegen des vortrefflichen Weines. – **Caecubum** oder **ager Caecubus**: sumpfige Landschaft im südlichen Latium am Kajetanischen Meerbusen, berühmt durch seinen vorzüglichen Wein. – **Lupa** ist die Lippe, **Segaha** die Sieg, **Visurgis** die Weser. – **Moenus**: der Main. – Die **Treverer**: ein germanisch-keltisches Mischvolk, lebten am Unterlauf der Mosel, seit Caesar mit engen Kontakten zu den Römern. Ihr Hauptort war Trier, die spätere *Augusta Treverorum*. – **Nebenfluss**: die Dill, von *Dilina*. – **Praefectus Castrorum**: wörtlich »der dem Lager Vorgesetzte«. – **Front** des lang gestreckten Gebäudes: Nach dem Grabungsbefund bedeckte die vierseitige Gebäudegruppe des Forums eine Fläche von 45x43 Metern.

Hinter zwei flachen Stufen drei hohe Durchgänge, die ins Innere der Halle führten. Etwa fünfzehn Fuß vor dem mittleren Eingang ein rechteckiges, etwa fünf Fuß hohes Podest. Das war wohl die Basis für das Reiterstandbild. Rechts und links daneben waren Legionäre zusammen mit einheimischen Arbeitern damit beschäftigt, weitere Podeste hochzuziehen.

Im ersten Augenblick wähnte Pedius sich im Zentrum einer italischen Kleinstadt – wären da nicht die durchweg germanisch gekleideten Menschen gewesen. Sie standen in Gruppen zusammen, redeten miteinander. Scherze wurden gemacht. Man lachte.

Aus dem linken Eingang trat eine Gruppe römischer Soldaten, in ihrer Mitte ein hoher Offizier. Das musste der Praefectus Castrorum Gaius Sabidius sein. Anscheinend war ihm die Ankunft von Marcus Oppius und seiner Begleitung gemeldet worden. Man grüßte einander militärisch, der Praefect erkundigte sich nach dem Verlauf der Reise und gab als Erstes Befehl, Bäder für die Ankömmlinge zu richten. Dann wies er mit der Hand auf das mittlere Podest und wandte sich an Oppius und Pedius: »Wie ihr seht, ist bereits alles vorbereitet. Wir können gleich morgen mit dem Einsetzen des Standbildes beginnen.«

Oppius und Pedius nickten. Sie waren sehr müde. Aber sie waren am Ziel. Eine schwere Last fiel von ihnen ab.

»Waldgirmes – Stadtgründung auf der grünen Wiese«[63]

Fragen an den Experten ...
Dr. Armin Becker (4. Juli 2008)

Waldgirmes ist ein hübsches hessisches Dorf wenige Kilometer oberhalb von Wetzlar. Es liegt auf einer Anhöhe über der Lahn – und es hat eine Attraktion zu bieten: Hier steht seit einiger Zeit die einzige Reiterstatue des Augustus nördlich der Alpen. Historisch interessierte Touristen aus ganz Deutschland und darüber hinaus pilgern hierher, um das Glanzstück zu bewundern. – Wie ist es dazu gekommen?

Ausschlaggebend war, dass eine ehrenamtliche Mitarbeiterin der Denkmalpflege, Frau Gerda Weller, am Nordwestrand von Waldgirmes die ersten Keramikscherben gefunden hat: handgemachte Keramik und auf Scheiben gedrehte römische Keramik. Dies führte dazu, dass seit 1993 hier gegraben wurde. Man vermutete zunächst, dass es sich um ein römisches Militärlager handelte, und erst nach und nach kam zutage, dass es sich hier um eine zivile Stadtgründung handelt. Das führte dann zu den weiteren Grabungen, die bis heute andauern.

Wie würden Sie die Siedlung von Waldgirmes klassifizieren: als »Oppidum«, »Vicus«, »Municipium« oder »Colonia«?

Es ist sehr schwierig, aus dem archäologischen Befund auf den Rechtsstatus einer Siedlung zu schließen. Alle vier Begriffe könnten zutreffen, würden durch das Forum möglich sein. Aber jetzt aufgrund des archäologischen Befundes zu sagen: Waldgirmes war eine Colonia – das tragen unsere Quellen nicht.

Der Status einer »Colonia«, also einer römischen Pflanzstadt, bedeutet ja zunächst einmal, dass sie zusammen mit dem umliegenden Territorium als Eigentum des römischen Volkes betrachtet wurde. Im Normalfall – etwa in Gallien – ließen sich römische Siedler dort nieder, nach und nach auch Angehörige der umliegen-

den indigenen Bevölkerung. Der »Colonia« wurde eine gewisse Autonomie, etwa in Fragen der Infrastruktur, zugestanden. Wie könnte das hier ausgesehen haben?

Die Gebäude, die wir bisher ausgegraben haben, insbesondere die Wohnbauten, zeigen italische Grundrisse, erinnern im Grundriss an Atriumhäuser. Das heißt, es waren römische Bauformen, die hier errichtet worden sind, und daher muss man davon ausgehen, dass hier auch überwiegend römische Bewohner lebten. Gleichzeitig finden wir im Fundmaterial einen ungewöhnlich hohen Anteil einheimischer Keramik, so dass wir davon ausgehen müssen, dass zwischen diesen primär römischen Bewohnern und der umliegenden einheimischen Bevölkerung ein sehr reger Kontakt bestand.

Bei Cassius Dio (56, 18, 2) ist die Rede von »Städten«, mit deren Errichtung man zu der Zeit, als Varus 7 n. Chr. das Kommando in Germanien übernahm, begonnen habe. Tacitus lässt Arminius in einer leidenschaftlich vorgetragenen Rede (Tac. ann. I, 59, 6) u. a. sagen: »Wenn sie das Vaterland, die Eltern, die alte Zeit mehr liebten als Zwingherren und neue Römerstädte – ›colonias novas‹ –, sollten sie doch lieber dem Arminius folgen, der sie zu Ruhm und Freiheit, als dem Segestes, der sie in schändliche Sklaverei führe!«
Die Tacitus-Stelle wäre dann doch eine Bestätigung der »Städte« des Cassius Dio, freilich noch präzisiert durch den speziellen Begriff »Colonia«. – Daraus ließe sich ableiten, dass Arminius eine sehr gute Kenntnis von der Anlage römischer »Coloniae« in Germanien gehabt hat, zum Beispiel auch von dieser Siedlung in Waldgirmes. Mehr noch: Da er im Akkusativ Plural von »colonias novas« spricht, muss es weitere Vorhaben dieser Art gegeben haben!

Aus Cassius Dio wird ja auch deutlich, dass die Gründung von Städten und die Einrichtung von Märkten für die Römer eines der Mittel war, diesen Raum zu beherrschen. Von daher muss man eigentlich vermuten, dass Waldgirmes kein Einzelprojekt war, sondern dass es, wenn man den Raum zwischen Rhein und Elbe beherrschen und auch verwalten wollte, mehr Pro-

jekte als Waldgirmes entweder schon gegeben haben muss –
oder es müssen zumindest weitere Stadtgründungen geplant
gewesen sein.

*Sie und Ihr Team, Herr Dr. Becker, haben auf dem Grabungs-
gelände u. a. die Fundamente von einem Getreidespeicher nachweisen können.*

Als die Stadt gegründet wurde, musste sie sicherlich zunächst
vom Rhein aus versorgt werden. Es gab noch kein Umland, das
eine autonome Versorgung sofort hätte sicherstellen können.
Der Getreidespeicher in Waldgirmes – im Gegensatz etwa zu
den Getreidespeichern, die in dem Militärlager von Rödgen
gefunden wurden – scheint jedoch eher so ausgelegt gewesen
zu sein, dass er die Versorgung von einer bestimmten Bevölkerung hier sicherstellen könnte, während Rödgen für die Versorgung ganzer Legionen ausreichend war.

*Je länger und intensiver man sich mit dem Thema »Rom und die
Provinzialisierung Germaniens« beschäftigt, umso mehr verdich-
ten sich die militärischen Probleme der Armeeführung in der Frage nach der Logistik. Das Land war ja selbst nicht in der Lage, ein
Heer von drei Legionen plus Auxiliartruppen zu ernähren. Wie
haben wir uns das praktisch vorzustellen?*

Rom musste eine Infrastruktur im Lande aufbauen, die genau
das gewährleisten konnte, das heißt seine konzentrierten Truppen zu versorgen. In Germanien selbst gab es jedoch nach
dem Niedergang der Latène-zeitlichen Oppida keine größeren
Zentralorte mehr, die eine solche logistische Vorleistung hätten erbringen können. Wollte Rom diesen Raum beherrschen,
musste es die nötige Infrastruktur selbst schaffen durch die
Gründung von Städten.

*Haupttransportweg für schwere Güter vom Rhein nach Wald-
grimes war ja wohl die Lahn. Wie aber sieht es mit den Straßen
aus, um von hier aus in den Norden und Osten zu gelangen?*

Waldgirmes liegt sehr günstig in einem – ich würde fast sagen: Kommunikationsnetz. Ein Kommunikationsstrang war sicherlich die Lahn, ein weiterer führte durch die Wetterau ins Rhein-Main-Gebiet und nach Mainz. Und dann ging es weiter nach Norden, die Lahn aufwärts, durch die niederhessische Senke bis in den Raum um Kassel. Und nicht überraschend gibt es römische Funde bei Hedemünden an einer Werrafurt unweit von Kassel. Diese Wegeführung macht deutlich, dass Waldgirmes sehr bewusst in ein Kommunikations- und Wegenetz eingebunden war.

Was meinen Sie: Ist es möglich, dass Quinctilius Varus einmal selbst der im Entstehen begriffenen Siedlung einen Besuch abgestattet hat? Zum Beispiel bei der offiziellen Feier zur Aufstellung und Weihung der Reiterstandbilder, bei der auch germanische Honoratioren aus der Umgebung anwesend waren?

Ja, ich denke, so etwas ist möglich. Da Waldgirmes bisher die einzige römische Siedlung ist, die wir östlich des Rheins kennen, würde ich es sogar für wahrscheinlich halten, dass ein römischer Statthalter diese Siedlung einmal aufgesucht hat. Belegen können wir einen solchen Besuch bisher jedoch nicht.

Es gibt einen seltsamen Schwebezustand, was die offizielle Titulatur von Varus angeht. Er ist zwar Oberkommandierender der drei Legionen, aber nirgendwo wird er in den Quellen als Statthalter bezeichnet, also als »Legatus Augusti Pro Praetore«. Könnte das heißen, dass er zu diesem Zeitpunkt ab 7 n. Chr. den Titel noch gar nicht besaß, oder heißt das, dass er zwar faktisch das Amt ausübt, auch wenn er offiziell noch nicht den Titel hat – oder haben die antiken Autoren vergessen, dies zu erwähnen? Das hängt direkt zusammen mit der Frage, ob Germanien zu dieser Zeit schon als Provinz gedacht werden kann.

Ich glaube, wir bewegen uns in so engen Zeiträumen in diesen Jahren zwischen 3 vor und längstens 9 nach Christus, dass sich aus solchen Unterscheidungen keine Schlüsse ableiten lassen. Varus' Provinz war der Operationsraum seines Heeres. Damit war er automatisch Statthalter. Ob dieses neu eroberte Gebiet in einem Übergangsstadium schon formal zur Provinz gemacht wurde, oder ob dies überhaupt gemacht werden musste, das ist in der Forschung umstritten. Die Gründung von römischen Siedlungen in diesem Raum legt jedoch nahe, dass der Prozess weiter fortgeschritten war, als man das bisher annahm.

Die Siedlung von Waldgirmes lag ja in relativer Nähe zum Rhein und somit auch im Umfeld von Mainz, dem römischen Mogontiacum. Große Teile der Ubier waren bereits unter Caesar (53 v. Chr.) und später Agrippa (38 v. Chr.) auf das linke Rheinufer umgesiedelt worden. Sind die hier im Umfeld siedelnden Chatten in die leeren Räume nachgerückt? – Worauf ich hinauswill: Waren durch die seit mehr als drei Generationen bestehenden Kontakte zur Großmacht im Westen die Verhältnisse an der mittleren Lahn friedlicher als im Norden? Etwa nach dem Motto: Handel ist besser als Krieg? Oder war das Kulturgefälle hier geringer als im nördlichen Germanien?

Das Latène-zeitliche Oppidum auf dem Dünsberg, das nur sieben Kilometer von Waldgirmes entfernt liegt, endet im 2. Jahrzehnt vor Christus. Die für dieses Oppidum charakteristische Münzprägung taucht danach am Rhein wieder auf. Das hat zu der Hypothese geführt, dass der Dünsberg ein Oppidum der Ubier war. Und für ein solches Szenario würde natürlich sprechen, dass Caesar den Ubiern einen höheren Zivilisationsgrad unterstellt. Gleichzeitig steht Waldgirmes in diesem Raum – im Rhein-Main-Gebiet, der Wetterau, bis hier an die Lahn – nicht mehr allein; denn auch bei der keltischen Saline bei Bad Nauheim gibt es erste Anzeichen für eine Kontinuität der Sole-Nutzung in römischer Zeit, so dass man sehr wohl davon ausgehen kann, dass in diesem Raum eine Bevölkerung lebte; und eine Umsiedlung in römischer Zeit ist ja nie ein kompletter Bevölkerungsaustausch, sondern hier müssen Bevölkerungsreste zurückgeblieben sein, die mit dem Konzept einer zentralörtlichen Siedlung, einer Stadt, mehr anfangen konnten als etwa die Bevölkerung in Westfalen oder in Niedersachsen. Und dies ist unserer Ansicht nach einer der wesentlichen Gründe dafür, warum man gerade hier eine erste Stadt gegründet hat.

Das würde dann doch bedeuten: Eine Rebellion wie die von Arminius ... sie wäre hier wohl nicht vorstellbar gewesen?

Das ist richtig.

Welche Rolle spielten in diesem Zusammenhang die Stammesführer der Chatten?

Wir müssen davon ausgehen, dass die germanischen Stämme untereinander stark verschwägert waren und dass die Fraktionen durch die Stämme liefen. Im Falle der Stammesführer der Chatten gibt es ein Indiz: Als Italicus, der Sohn von Arminius' Bruder, zum König der Cherusker berufen wird. Dort muss er sozusagen seine germanische Herkunft verteidigen. Und zum Zwecke dieser Verteidigung beruft er sich auf seinen chattischen Großvater. Das heißt, man muss davon ausgehen, dass ähnlich wie bei den Cheruskern Teile des chattischen Adels aufseiten des Arminius standen, andere Teile standen aufseiten des Segestes. Es handelt sich also um eine Parteinahme nicht entlang den Stämmen, sondern eher entlang den Verwandtschaftsgruppen im Adel.

Nehmen wir einmal an, es wäre nicht zu der Katastrophe im Norden gekommen: Wie hätte die zukünftige Entwicklung der Siedlung von Waldgirmes ausgesehen?

Vielleicht so wie die von Köln ... oder von Trier. Sicherlich muss man davon ausgehen, dass Waldgirmes gerade gegenüber diesen sich später zu großen Städten im römischen Reich entwickelnden Plätzen einen gewissen Startvorsprung gehabt hätte.

Was erwarten Sie und Ihr Team in Waldgirmes noch zu finden?

Waldgirmes hat bisher in den Grabungen so viele Über-
raschungen geboten, dass sich kaum eine Erwartung äußern
lässt. Was man sich erhoffen würde, wären natürlich weitere
Stücke der Statue … oder mal ein Inschrift-Fund oder Ähnliches, die es ermöglichen würden, tatsächlich den Namen
dieser Siedlung oder ihren Rechtsstatus genauer zu erfassen.
Aber ob diese Wünsche wahr werden … das kann man natürlich nicht sagen.

Herr Dr. Becker, ich danke Ihnen für das Gespräch.

Zur Person: Studium der Geschichte und Vor- und Frühgeschichte in Marburg und Göttingen. 1991 Promotion bei
Prof. Dr. Karl Christ mit dem Thema ›Rom und die Chatten‹.
Nach verschiedenen Tätigkeiten am Brandenburgischen Lan-
desamt für Denkmalpflege (1994) und am Kommissariat für
Archäologische Landesforschung in Hessen (1996–2002) seit
2002 Mitarbeiter am DFG-Projekt »Waldgirmes« der RKG
des Deutschen Archäologischen Instituts. Durchführung der
Grabungen in Waldgirmes seit 1996.

Gemeinhin gibt es in einem Forschungsbereich zwei Methoden, um ein Problem zu lösen.

Der normale Weg: Nach der Klärung bestimmter Grundfragen wird das jeweils nächste Ziel in den Blick genommen und Schritt für Schritt eine Annäherung versucht, die schließlich zur Lösung des Problems führt. Diese Methode wird vor allem in den Naturwissenschaften praktiziert. Sie ist aber ebenso im handwerklichen wie im künstlerischen Bereich möglich. Voraussetzung ist, dass man sich bereits vorher auf sicherem Boden befindet.

Der zweite Weg führt seltener zum Ziel, weil das Ergebnis weder voraussehbar, noch zu berechnen oder unmittelbar zu erwarten ist. Dabei können neue Fakten und Konstellationen entdeckt werden, nach denen eigentlich gar nicht gefragt wurde. Anders gesagt: Hier führt der Zufall Regie.

Es ist keineswegs verwunderlich, dass der zweite Fall gerade in der Archäologie häufiger vorkommt als in anderen angewandten Wissenschaften. Die Erklärung ist einfach: Überall dort, wo Menschen seit Jahrhunderten oder Jahrtausenden siedeln oder gesiedelt haben, hinterließen sie im Boden ihre Spuren. Das Problem ist freilich herauszufinden, an welchem Ort dies der Fall war. Wie oft schon haben Forscher oder an der Geschichte und Kultur unserer Vorfahren interessierte Laien den Blick über eine weite Landschaft schweifen lassen und sich gefragt, ob – und wenn ja, wo – denn da im Boden Reste von Mauern, Befestigungsanlagen, Utensilien, Keramik, Werkzeugen oder etwa Münzen verborgen liegen, die darauf warten, entdeckt zu werden.

Genau das geschah im Jahre 1993 in unmittelbarer Nähe des Ortes Waldgirmes an der Lahn, wenige Kilometer östlich von Wetzlar. Die Römisch-Germanische Kommission des Deutschen Archäologischen Instituts (Frankfurt) hatte Kenntnis davon erhalten, dass auf dem Terrain westlich von Waldgirmes von der einheimischen Hobbyarchäologin Gerda Weller antike Tonscherben vom Acker aufgesammelt worden waren. Da die Archäologen ohnehin damit beschäftigt waren, mögliche Kontakte zwischen den in der Wetterau im 2. und 3. Jahrhundert ansässigen Römern und den weiter nördlich lebenden Germanen zu sondieren, machten sie Frau Weller einen Besuch, betrachteten die Fundstücke und kamen aus dem Staunen nicht mehr heraus: Bei den römischen Fundstücken handelte es sich um solche aus der Zeit des Augustus!

Armin Becker, Grabungsleiter an der archäologischen Fundstelle, berichtet 2001 darüber: »Bei Geländebegehungen war in Waldgirmes auf einer hochwasserfreien Terrasse etwa 1300 m nördlich der Lahn seit 1990 germanische und römische Keramik aus der Zeit um Christi Geburt geborgen worden. Im Spätherbst 1993 führte die Römisch-Germanische Kommission des Deutschen

Archäologischen Instituts daraufhin eine Sondage-Grabung durch, in deren Verlauf erste Gruben aufgedeckt wurden. Eine geophysikalische Prospektion erbrachte im folgenden Jahr den leicht trapezoiden Umriss einer etwa 7,1 ha großen Befestigungsanlage mit abgerundeten Ecken …«[64]

2005 kann Becker schon mannigfache Details nennen: »Seit 1993 wird in Lahnau-Waldgirmes (Lahn-Dill-Kreis) eine knapp 8 ha große zivile Siedlung aus den Jahren um Christi Geburt ausgegraben. Die Anlage war mit einer Holz-Erde-Mauer und zwei vorgelagerten Spitzgräben befestigt und durch zwei Straßen gegliedert. Umwehrung und Straßenverlauf legten zunächst eine Interpretation als Militärlager nahe. Die seither freigelegte Innenbebauung und die geborgenen Funde führten in der Folge jedoch zu einer Deutung als zivile städtische Siedlung, wobei insbesondere das 2200 m² große Gebäude im Zentrum auf den urbanen Charakter des Platzes hindeutet.«[65] Was hier mit der sachlich-nüchternen Sprache des Archäologen festgestellt wird, war eine Sensation. Die Medien griffen das Thema sogleich auf, und prompt ging die Rede von einem »Rom an der Lahn«.[66]

Armin Becker selbst ist da entschieden vorsichtiger. Zwar ist mittlerweile eindeutig geklärt, dass es sich bei der entdeckten Siedlung in Waldgirmes um eine rein zivile Gründung handelt, aber die Folgerungen, die der kritische Wissenschaftler daraus zieht, sind sehr vorsichtig. Wie ja überhaupt gestandene Archäologen sich hüten, vorschnelle Endurteile von sich zu geben, weil sie stets von dem mehr oder weniger kargen Bodenbefund ausgehen – ausgehen müssen.

So zieht Armin Becker 2001 in einem seiner zahlreichen Aufsätze zum Thema dieses Fazit: »Die Gründung regelrechter Städte (auf germanischem, rechtsrheinischem Territorium, d. V.) wird bisher mangels eindeutiger Beweise meist bestritten … In Lahnau-Waldgirmes spricht die Anlage eines Forums sowie die übrige Bebauung zumindest für den Versuch einer Stadtgründung. Nur die möglichst vollständige Ausgrabung des Platzes wird zeigen, wie weit dieser Versuch im Jahre 9 n. Chr. bereits gediehen war.«[67] Im Jahre 2005 kann er schon sicherer resümieren: »Unabhängig von der rechtlichen Stellung der Siedlung von Waldgirmes, erscheint sie immer deutlicher als gelenktes ›Kolonisationsprojekt‹, als staatlich geförderter Aufbau einer Infrastruktur, mit deren Hilfe das neu eroberte Gebiet östlich des Rheins überhaupt erst verwaltet werden konnte.«[68]

Mittlerweile liegt eine Fülle neuer Erkenntnisse vor, die in mühseliger Kleinarbeit aus der Interpretation noch der unscheinbarsten Reste, die sich im Boden erhalten haben, gewonnen werden konnten. Dabei kamen modernste

Techniken aus der Dendrochronologie oder der Archäobotanik zur Anwendung. Ein Beispiel: Zum Abschluss der archäobotanischen Untersuchung der im Boden gefundenen Pflanzenreste heißt es in der nüchternen Sprache der Wissenschaft:

»Waldgirmes ist die bisher früheste römische Niederlassung, die in Hessen archäobotanisch untersucht werden kann. Dies unterstreicht die Bedeutung der Fundstelle, liefert sie doch erstmalig Informationen zur Konsolidierungsphase der Landwirtschaft und zur Versorgungslage im hessischen Raum unter frührömischer Herrschaft. Bereits untersuchte Fundstellen des 1. Jahrhunderts n. Chr. zeigen überraschend nur einen geringen (Groß-Gerau) oder keinen ›römischen‹ Niederschlag in den Pflanzenspektren. Allerdings handelt es sich dabei bisher um einfache ländliche Siedlungen. In Waldgirmes könnte die Situation anders aussehen, da diese verkehrsgünstig gelegene Niederlassung bereits in verschiedenen Bereichen der ergrabenen Flächen entsprechend wertvolles archäologisches Material – speziell unter den archäologischen Kleinfunden – geliefert hat, das weitreichende überregionale Beziehungen nahelegt …

Zu den Kulturpflanzen: In fünf von sechs Befunden fand sich Gerste, in Ofen 16 sogar in größerer Menge. Möglicherweise handelt es sich dort um Reste eines Darrvorganges. Weitere Getreide sind Emmer *Triticum dicoccum* und Echte Hirse *Panicum miliaceum*. Interessant ist das Vorkommen von Dinkel *Triticum spelta* und Nacktweizen …«[69]

Die archäobotanischen Untersuchungen sind noch nicht abgeschlossen; es bleibt abzuwarten, welche Folgerungen die Forscher daraus noch ziehen werden. Besonders interessant ist in diesem Zusammenhang die Entdeckung des Speichers unmittelbar vor dem Osttor, südlich der Ostwest-Achse. Armin Becker, der sich auch intensiv mit Fragen der militärischen Logistik beschäftigt, berechnete die Lagerkapazität des Speichers. Dabei war sein Ziel, die potenzielle Abhängigkeit der Siedlung von der lokalen Nahrungsmittelproduktion einschätzen zu können. Es handelt sich um das Gebäude 3 des Ausgrabungsplans. Er schreibt: »Der Bau besaß eine Grundfläche von 335,33 m². Zieht man davon einen an den Wänden umlaufenden Gang von 1,5 m Breite sowie einen Mittelgang von gleicher Breite ab, verbleiben 179,43 m² Lagerraum. Wurde der Speicher komplett zur Aufnahme von Getreide benutzt, so ergibt dies bei einer Lagerung in Säcken und einer Stapelhöhe von 1,5 m eine Kapazität von 212 Tonnen Getreide, bei loser Lagerung verbleiben immerhin noch 106 Tonnen. Damit konnten 1000 Personen 212 bzw. 106 Tage mit 1 kg Getreide täglich versorgt werden. Setzt man die Zahl der ursprünglichen Siedler geringer an, erhöht sich dieser Zeitraum entsprechend, woraus zumindest für die Getreidephase

von Waldgirmes eine beträchtliche Unabhängigkeit von der lokalen Nahrungsmittelproduktion zu erschließen ist.«[70]
Die Frage nach der Bevorratung von Lebensmitteln in großen Mengen spielt in
diesem Zusammenhang eine zentrale, ja die entscheidende Rolle – und zwar für
den heutigen Forscher nicht weniger wie für den römischen Strategen.
Warum?

Zur Logistik der augusteischen Germanenfeldzüge[71]

Livius überliefert einen Ausspruch des älteren Cato: *Bellum se ipsum alet* –
»der Krieg ernährt sich selbst«.[72] Er wird bis heute benutzt, um die flächen-
deckende Verwüstung ganzer Landstriche zu charakterisieren. Bevor wir uns
vorschnell dieser Maxime anschließen, sollten wir einen Blick auf den Kontext
werfen, in dem diese Behauptung steht. Die gesamte Stelle bei Livius lautet:
»Es war damals (195 v.Chr.) gerade die Jahreszeit, dass die Spanier das Getreide auf der Tenne hatten. Deshalb verbot er (Cato) den Lieferanten, Getreide zu kaufen, und entließ sie nach Rom mit den Worten: ›Der Krieg wird
sich selbst nähren.‹ Er brach von Emporiae auf, verbrannte und verwüstete
das Land der Feinde und erfüllte alles mit Flucht und Schrecken.«[73] Das setzt
logischerweise voraus, dass Cato für seine eigenen Leute über genügend Vorräte für die folgenden Tage und Wochen verfügt, während sich das *bellum se
ipse alet* eigentlich auf die spanische Getreidelieferung nach Rom bezieht. Im
Übrigen ist es kaum statthaft, eine Maxime aus den Zeiten der mittleren römischen Republik kritiklos auf die Verhältnisse in Germanien um Christi Geburt
zu übertragen.
Ein Vergleich mit der Kriegsführung Caesars in Gallien könnte uns weiterbringen. Dazu führt Armin Becker, der dieser Frage gründlich nachgegangen ist, aus:
»Das Hauptnahrungsmittel während eines Feldzugs war gedroschenes, jedoch
ungemahlenes Getreide. Bei Bedarf konnte es nach den lokalen Gegebenheiten
durch Fleisch, Hülsenfrüchte oder Gemüse ergänzt werden. Die Getreideration
musste von den Soldaten selbst zubereitet werden. Gegessen wurde sie meist in
Form eines Breis (*puls*) oder zu Brot gebacken. Das Brot konnte man ein zweites
Mal backen, wodurch haltbarer Zwieback entstand. Gleichzeitig war mit diesem
Verfahren eine Gewichtsreduktion verbunden. Die Tagesration Getreide des
Legionärs betrug zwischen 850 und 1000 Gramm. Aus Caesar geht hervor, dass
Verpflegung in halbmonatlichen Abständen an die Truppe ausgegeben wurde.
In der Regel geht man davon aus, dass jeder Legionär eine Ration für drei Tage,

bestehend hauptsächlich aus Zwieback, selbst trug, während der Rest der Verpflegung im Truppentross transportiert wurde.«[74]

War die neue Siedlung in Waldgirmes also auch als Getreidereservoir eingeplant, um durchziehende oder in der näheren und weiteren östlichen Umgebung operierende Truppen mit dem wichtigsten Nahrungsmittel – Getreide! – zu versorgen? Ein Vergleich zwischen der Situation in Gallien und Germanien bringt uns weiter. Im Ersten Buch seines ›Bellum Gallicum‹ notiert Caesar während des Helvetischen Krieges:»Es blieben im Ganzen nur noch zwei Tage bis zu dem Termin, an dem das Heer die Verpflegung erhalten musste, und Caesar war von Bibracte, der bei Weitem größten und mit Vorräten am reichlichsten versehenen Stadt der Häduer, noch 18 Meilen (27 km) entfernt. Da kehrte er tags darauf den Helvetiern den Rücken und marschierte schnell dorthin. Sah er es doch als wichtigste Aufgabe an, die Verproviantierung zu sichern.«[75]

Bei der Durchführung solcher Maßnahmen zur Proviantaufstockung müssen allerdings gewisse Bedingungen erfüllt sein:

– Der Feldherr muss abschätzen können, welche Mengen an Getreide oder anderen Nahrungsmitteln er für einen bestimmten Zeitraum zur Versorgung seiner Soldaten braucht.

– Er teilt den betroffenen Lieferanten – befreundeten, verbündeten oder unterworfenen Stämmen – mit, welche Menge an Getreide sie ihm zu liefern haben. Das setzt voraus, dass er möglichst genau über ihre Kapazitäten unterrichtet ist. – Er kann nicht mehr einfordern, als ihre Produktion hergibt.

– Er muss möglichst genaue Informationen darüber haben, wie groß zu einem bestimmten Zeitpunkt ihre Überschüsse sind.

– Er nennt ihnen den Ort, an den die Tonnagen zu liefern sind.

Die operative Durchführung dieser Maßnahmen liegt ganz bei den betroffenen Lieferanten. Den Feldherrn interessiert nur, dass die Lieferungen zu einem bestimmten Zeitpunkt am genannten Ort eintreffen:»Es blieben im Ganzen nur noch zwei Tage bis zu dem Termin, an dem das Heer die Verpflegung erhalten musste.« Aus verschiedenen Notizen Caesars geht hervor, dass diese großen Mengen an Getreide vornehmlich auf Flüssen transportiert wurden.[76] Ein Beispiel:»Das Getreide aber, das er (Caesar) zu Schiff auf der Saône hatte heranschaffen lassen ...«[77] Dazu Armin Becker: Es »sollte nicht übersehen werden, dass die soziale Organisation der gallischen Stämme das Einfordern von Getreideabgaben durch die führende Aristokratie erlaubte und die dichte Streuung der Oppida (der städtischen Siedlungen, d. V.) eine zentrale Sammlung und Lagerung solcher Abgaben ermöglichte. Gleichzeitig waren mit den Oppida

Mittelpunkte der sozialen und wirtschaftlichen Leistungsfähigkeit vorhanden, die Caesar den konzentrierten Zugriff auf den Reichtum Galliens erleichterten. Darüber hinaus ließen die günstigen naturräumlichen Bedingungen den Transport von Massengütern auf dem Flussweg zu. Diese Bedingungen erst erlaubten es Caesar, in Gallien einen Krieg zu führen, der sich über weite Strecken selbst ernährte.«[78]

Verglichen mit der Situation in Gallien boten die Verhältnisse in Germanien bei Weitem ungünstigere Transportmöglichkeiten. Es gab keine städtischen Zentren mit einer gegliederten Infrastruktur. Die germanischen Stämme lebten in schnell wechselnden Bündnissystemen. Das Erfassen der unsichtbaren Grenzverläufe setzte eine subtile Kenntnis der in Sippen organisierten Stämme voraus. Es gab keine festen Straßen. Die einzigen jederzeit zur Verfügung stehenden Verkehrswege, die großen Flüsse, verliefen in Süd-Nord-Richtung: Rhein, Ems, Weser und Elbe.

Nun legen die neuen Funde an Main (Marktbreit), Lahn (Waldgirmes), Lippe (Haltern und Anreppen) und Ems (Bentumersiel[79]) nahe, dass zumindest bis zu diesen Orten ein Frachtverkehr größeren Ausmaßes nach Osten möglich war. Doch was darüber hinausging, musste auf dem Landweg bewältigt werden. Bleibt also der Seeweg, um die genannten Schwierigkeiten im großen Bogen zu umgehen? Im Zusammenhang der Planung des Feldzugs 16 n. Chr. fasst Tacitus die Argumente des Germanicus zusammen, als Rechtfertigung gegenüber Tiberius, der argwöhnisch die wachsende Popularität des Neffen bei seinen Truppen beobachtet und ihm ein anderes Kommando übertragen will: »Doch jener (Germanicus) strebte, je leidenschaftlicher ihm die Zuneigung der Soldaten galt und je mehr sich des Onkels Wohlwollen von ihm wandte, desto eifriger einen raschen Sieg an. Er bedachte die Kampfesmethoden und was er, nun schon im dritten Jahr kriegführend, an Schrecklichem oder auch Erfreulichem erlebt habe. Geschlagen würden die Germanen in offener Schlacht und auf offenem Gelände, begünstigt aber durch Wälder und Sümpfe, durch den kurzen Sommer und den allzu frühen Winter; die eigenen Soldaten litten nicht sosehr unter den Wunden wie unter den weiten Märschen und dem mangelnden Nachschub an Waffen; erschöpft sei Gallien durch die Lieferung von Pferden; die Länge der Trosskolonne fördere Überfälle aus dem Hinterhalt und sei für die Verteidiger nachteilig. Wenn man dagegen den Seeweg einschlage, kämen sie selbst leicht zur Herrschaft über das Meer und ohne dass die Feinde davon wüssten. Zudem könne man den Krieg zeitiger beginnen und Legionen und Proviant zusammen befördern; ungeschwächt würden Reiter und Pferd nach der Fahrt durch Mündungen und Flussläufe mitten in Germanien stehen.«[80]

Sehr aufschlussreich ist in diesem Text der Hinweis, man könne *legionesque commeatus pariter vehi* – also »Legionen und Proviant zusammen befördern«. Becker leitet daraus ab, dass auch schon vorher des Öfteren der Seeweg für den Provianttransport genutzt wurde, auch wenn dies nicht ausdrücklich in den Quellen festgehalten wurde: »Zumindest waren die Transportschiffe fähig, unabhängig von dem Gros der Flotte zu operieren, denn sie wurden zu Beginn des Feldzugs den Truppentransportern vorausgeschickt.«[81]

Einige Kapitel weiter schildert Tacitus den Rückzug der Armee, wobei die Flotte in einen schweren Sturm gerät. Da man die Schiffe wegen der Sturmflut weder vor Anker legen noch die eindringenden Wassermassen ausschöpfen konnte, musste man sich von Teilen der Ladung trennen: »Pferde, Vieh, Gepäck, sogar Waffen warf man über Bord, um den Schiffsrumpf zu entlasten, der durch die lecken Bordwände und die über Bord schlagenden Fluten voll lief.«[82] Auch in diesem Zusammenhang werden keine Wagen genannt.

Das Fazit lautet also: Die Versorgung der römischen Truppen mit Proviant und Materialien ist in Germanien schwieriger als in Gallien, und sie fordert andere Lösungen. Caesar war es möglich, die verbündeten oder unterworfenen Stämme zur Bewältigung dieser Aufgaben effektiv heranzuziehen. So kann man mit Armin Becker sagen: »Gallien ernährte damit tatsächlich seine eigene Eroberung.«[83]

Die Situation in Germanien ist eine gänzlich andere:

Es wurden keine Nahrungsüberschüsse produziert, die sofort zur Verfügung standen und ausreichten, eine fremde Armee zu beköstigen.

Die soziale Struktur der germanischen Stämme dieser Zeit – um Christi Geburt – war nicht geeignet, Forderungen dieser Größenordnung überhaupt befriedigen zu können.

Es fehlten Zentren, an denen sich die politische, soziale und wirtschaftliche Macht konzentrierte.

Und das Schlimmste: Es fehlte ein befestigtes, gesichertes, wetterfestes Straßennetz, um den Transport mit Wagen und Tragtieren zu gewährleisten.

Armin Beckers Fazit lautet daher: »Insgesamt gesehen ergibt sich somit eher das Bild, dass Rom selbst die Eroberung Germaniens zu versorgen hatte.«[84] Wie haben wir uns das konkret vorzustellen? Etwa durch eine Vergrößerung des Heerestrosses? – Aus den kargen Angaben des Tacitus zu diesem Thema lässt sich das kaum ableiten. Eher spricht einiges dafür, dass die in den germanischen Weiten operierenden Legionen ihren Proviant und die militärtechnischen Utensilien und Geräte auf dem Rücken von Tragtieren befördert haben. Transportwagen bieten zwar den Vorteil der größeren und schwereren Beladung, doch sind sie – meist von Ochsen gezogen – langsamer als die trittsicheren Maultiere. Vor allem aber benötigen sie bessere, festere Wege.

Ein weiterer Gesichtspunkt ist in diesem Zusammenhang zu berücksichtigen: Die tatsächliche Größe des Trosses für eine oder mehrere Legionen wird begrenzt durch die realen Möglichkeiten, ihn im Fall eines Angriffs durch feindliche Truppen effektiv verteidigen zu können, ohne dabei die Sicherheit der eigenen Truppen aufs Spiel zu setzen. Nimmt man dies alles in den Blick, kommt man zu der Einsicht, dass die komplette Versorgung eines mehrmonatigen Feldzuges aus einem im Heer mitgeführten Tross kaum möglich ist. Jeder heutige Divisionskommandeur würde das bestätigen.

Es gibt nur zwei Alternativen:

a) Der benötigte Nachschub wird auf den schiffbaren rechtsrheinischen Nebenflüssen nach Osten transportiert und in speziell gegründeten befestigten Siedlungen gelagert.

b) Zum Transport der Güter in die nordgermanischen, küstennahen Regionen steht der Seeweg von der Rheinmündung Richtung Osten zur Verfügung, ganz im Sinne von Germanicus' Überlegungen: »Wenn man dagegen den Seeweg einschlage, kämen sie selbst leicht zur Herrschaft über das Meer und ohne dass die Feinde davon wüssten. Zudem könne man den Krieg zeitiger beginnen und Legionen und Proviant zusammen befördern; ungeschwächt würden Reiter und Pferd nach der Fahrt durch Mündungen und Flussläufe mitten in Germanien stehen.«

Das aber heißt: In beiden Fällen bleibt der Rhein mit seinen linksrheinischen festen Lagern während der gesamten Zeit zwischen 12 v. und 16 n. Chr. die Nachschubbasis.[85]

Wenn man von den Fluss-Stützpunkten Bentumersiel (Ems), Haltern/Anreppen (Lippe), Waldgirmes (Lahn) und Marktbreit (Main) jeweils einen Radius von 150 Kilometern schlägt, deckt man den Großteil des germanischen Raums östlich des Rheins ab. Bei einer täglichen Marschleistung von 15 bis 20 Kilometern wären entsprechende militärische Operationen in sieben bis zehn Tagen durchführbar. Freilich ist das alles Theorie. Bei Märschen mit Feindberührungen und Kämpfen auf schwierigem Terrain sähe das anders aus. »Eine durchschnittliche tägliche Marschleistung von 20 Kilometern Luftlinie durch unwegsames Gelände ist überdies eher zu hoch als zu niedrig angesetzt.«[86]

Damit sind wir an einem Punkt angelangt, der uns innehalten lässt, weil er Anlass zu einigen grundsätzlichen Fragen gibt:

- War die römische Siedlung an der Lahn als zivilisatorischer Vorposten ins Auge gefasst, als Handels- und Umschlagplatz von Waren und Gütern, um so auf friedlichem Wege dauerhafte Kontakte mit der einheimischen Bevölkerung zu knüpfen in dem Sinne: »Handel ist besser als Krieg«?
- Hoffte man, mit einer solchen »Entwicklungshilfe« die Abneigungen gegen die Hegemonialmacht westlich des Rheins auf friedlichem Wege zu mindern und schließlich zu überwinden?
- Schwebte den Initiatoren in Rom als Fernziel eine »*Colonia*« vor?
- Steht die Gründung der zivilen Siedlung in Waldgirmes in Zusammenhang mit einer großräumigen strategischen Planung, um die weiter östlich operierenden Truppen schneller, besser und sicherer mit Proviant und militärischer Ausrüstung zu versorgen?
- Gab es einen von langer Hand konzipierten Plan, das Gebiet zwischen Rhein, Elbe, Main und Nordseeküste durch gezielte Operationen zu erobern und zu romanisieren?
- Und schließlich: Kann man überhaupt von einer zielstrebigen, systematisch geplanten und energisch durchgeführten Germanienpolitik der römischen Führung sprechen – oder verzettelte man sich in unüberlegten Ad-hoc-Operationen und spontanen Reaktionen auf für nicht denkbar gehaltene Situationen?

In ihrem Buch ›Die römische Germanienpolitik – Von Caesar bis Commodus‹ bringt Ulrike Riemer es auf den Punkt: »Die Forschungsdiskussion dreht sich um die Frage einer offensiv oder defensiv ausgerichteten Strategie an der Rheingrenze.«[87] Der Rückgriff auf die zwei Rheinübergänge Caesars (55 und 53 v. Chr.) trägt ebenfalls kaum zur Klärung der Grundsatzfrage bei, da auch hier Caesars Intentionen letztlich nicht einsehbar sind. Das liegt an der vagen Umschreibung seines Handelns selbst, wenn es heißt: »Als Caesar ... all das durchgeführt hatte, weswegen er das Heer (über die in zehn Tagen errichtete Brücke) hinüberzusetzen beschlossen hatte, nämlich den Germanen Schrecken einzujagen ..., glaubte er nach einem achtzehntägigen Aufenthalt rechts des Rheins genug zu Ruhm und Nutzen getan zu haben, marschierte nach Gallien zurück und ließ die Brücke wieder abbrechen.«[88] Was den Herausgeber[89] zu der kritischen Wertung animiert: »Caesar verschleiert den Misserfolg seines Zuges.« Ulrike Riemer fasst die aktuellen Interpretationen so zusammen: »Die beiden Rheinübergänge Caesars werden in der Forschung heftig diskutiert. Für einige Forscher haben sie einzig und allein den Zweck gehabt, die rechtsrheinischen Völker einzuschüchtern und vor Übergriffen auf Gallien abzuschrecken.

Nebenbei sollte das Gebiet erkundet werden. Ziel sei es gewesen, den Rhein als natürliche Grenze anzuerkennen. Andere vertreten die Auffassung, Caesar habe nach der Besetzung Galliens die systematische Eroberung Britanniens und Germaniens geplant. Seine schwankende Position in Rom habe ihn dazu bewogen, dieses Unternehmen abzubrechen. Letzteres kann meines Erachtens aus der Quellenlage nicht bestätigt werden.«[90]

Es sei Caesar vielmehr darum gegangen, die Germanen mit dem Brückenbau abzuschrecken und zugleich durch das über alle bekannten Grenzen hinausgehende Ausgreifen Roms Herrschaftsanspruch prinzipiell zu verdeutlichen. Caesar selbst konnte und wollte mit militärischen Operationen nicht weiter ausgreifen, da die Übergänge über den Rhein ihm die Grenzen seiner bisher so erfolgreichen Feldzüge gezeigt hätten: »Die rechtsrheinischen Germanen kannten keine Siedlungen von der Größe gallischer *oppida*. Dadurch waren sie erheblich schlechter zu einer Schlacht zu stellen, sondern wichen bei römischen Angriffen geschickt in das Hinterland aus. Es war also mit einem erheblichen militärischen Aufwand zu rechnen, und wofür? Das rechtsrheinische Germanien bot aus römischer Sicht herzlich wenig, was eine kostspielige Eroberung gerechtfertigt hätte.«[91]

Das Phänomen Romanisierung

Nun stehen wir aber vor dem Faktum, dass wenige Jahre vor unserer Zeitrechnung an der mittleren Lahn – fünfzig Jahre nach Caesar und mitten in »Feindesland« – mit dem Bau einer römisch strukturierten Siedlung begonnen wurde, die sich von den Stützpunkten auf dem linken Rheinufer dadurch unterscheidet, dass sie gerade nicht als Basis großer militärischer Einheiten geplant wurde, sondern als zivile Niederlassung, Waldgirmes. Könnte dahinter die Überlegung stehen, Schritt für Schritt eine ähnliche Infrastruktur zu schaffen, wie sie sich in Gallien entwickelt hatte – hier aber in beschleunigender Aktion, sozusagen im Zeitraffer?

In diesem Zusammenhang sind Untersuchungen wichtig, die Dirk Krausse, Caty Schucany und andere unter dem Aspekt »Das Phänomen Romanisierung« durchgeführt haben, wobei sie kritische Fragen von einer höheren Ebene in den Blick nehmen. Verlauf und Geschwindigkeit der Romanisierung von ehemals nichtrömischen Territorien zu römischen Provinzen vollzogen sich nämlich in den jeweiligen Grenzregionen des Imperiums sehr unterschiedlich. Dabei stellt sich schließlich auch die Frage, ab wann ein solches Gebiet von der römischen Zentrale mit dem staatsrechtlichen Begriff »Provincia« bedacht wurde. Letzteres spielt in unserem Zusammenhang – der Romanisierung Germaniens rechts des Rheins – eine entscheidende Rolle.

Dirk Krausse[92] unterscheidet folgende Stadien von Akkulturationsprozessen: *Marginalisierung:* allmählicher Verlust der eigenen Kultur bei ausbleibender Anpassung an die Fremdkultur. Es wird kein Weg aus der Krise gefunden, vielmehr wird der Kontakt mit der überlegenen Fremdkultur dauerhaft als Konflikt und Verhaltensstress empfunden.

Separation: Bewahrung der eigenen Kultur durch Abgrenzung und Isolierung bei gleichzeitiger Ablehnung der Fremdkultur.

Integration: partielle Anpassung und Übernahme der Fremdkultur bei gleichzeitiger Bewahrung der kulturellen und ethnischen Identität.

Assimilation: vollständige Anpassung und Übernahme der Fremdkultur bei gleichzeitiger Aufgabe der eigenen Kultur.

Was heißt nun »Romanisierung«? Die Altertumswissenschaften verstehen darunter die Ausbreitung all dessen, was »das Römische« als solches kennzeichnet, also Sprache, Sitten, Gegenstände, Techniken oder Menschen. Verlauf und Intensität des Romanisierungsprozesses haben sich in den Provinzen des Reiches unterschiedlich vollzogen, denn sie hingen von den kulturellen Eigenarten der jeweiligen Gebiete ab. Freilich war die Einverleibung frisch annektierter Gebiete in keiner Weise mit einer egalitären Gleichschaltung verbunden. Stammestypische Eigenschaften, Traditionen und Sitten waren in den östlichen Provinzen vollkommen anders strukturiert als im Westen, Norden oder Süden. Ein Ägypter unterschied sich fundamental von einem Gallier oder Germanen. Man werfe nur einen Blick auf Sprache, Kleidung, Religion oder Stellung der Frau.

Ob der Romanisierungsprozess friedlich ablief oder erst mit brutaler Gewalt gegen erbitterten Widerstand durchgesetzt werden konnte, hing von sehr verschiedenen Voraussetzungen ab: der geografischen Lage, dem kulturellen Selbstbewusstsein und der Gesellschaftsstruktur der einheimischen Bevölkerung einerseits – und den machtpolitischen Interessen der römischen Führung andererseits. Beispiel Karthago: Hier prallten nicht nur wirtschaftliche Interessen unmittelbar aufeinander – es ging um die Kontrolle aller Randgebiete des westlichen Mittelmeers –, sondern hier standen sich zwei Kulturen gegenüber, die sich sprachlich, religiös und kriegstechnisch elementar voneinander unterschieden. War die römische Elite letztlich kontinental bäuerlichen Denkweisen verpflichtet, hatte sich der punische Staat als Handels- und Seemacht etabliert, die das jeweilige Hinterland unter kaufmännischem Aspekt betrachtete.

Es ist bezeichnend, dass der Konflikt mit Rom eskalierte, als Karthago sich daranmachte, in Spanien das riesige Binnenland zu »punisieren«. Als Rom dies erkannte, wurde mit allen Mitteln dagegen angekämpft. Aus römischer Sicht waren die Feldzüge Hannibals im Rückblick eine Episode, während sie für Karthago den Anfang vom Ende bedeuteten. Nach dem siegreichen Dritten Punischen Krieg wurde Karthago dem Erdboden gleichgemacht, die Bevölkerung versklavt, die gesamte Kultur zerstört, das literarische Erbe vernichtet und somit die eigene Erinnerung ausgelöscht.

Die Romanisierung in Gallien

In Gallien verlief der Prozess der Akkulturation anders. Schon lange vor dem militärischen Zugriff Roms auf das riesige Territorium bestanden Kontakte zwischen der ansässigen Bevölkerung und den mediterranen Hochkulturen, die sich nach der Einverleibung Spaniens durch Rom verstärkten. Dabei darf man sich die beginnende Vernetzung nicht als Kontakt und einseitigen Austausch »zwischen klar voneinander getrennten, einheitlichen Gesellschaftsblöcken vorstellen, sondern letztlich als Interaktion von Individuen, die je nach Erziehung, Alter, Geschlecht und sozialer Schichtzugehörigkeit unterschiedlich auf kulturelle Veränderungen reagieren«.[93] Von entscheidender Bedeutung erwies sich dabei die Rolle mächtiger, adliger Patrone und Fürsten, die sehr wohl die Vorteile erkannten, die mit einer Annäherung an die überlegene Zivilisation verbunden waren, da sie ihre eigene Stellung stärkte. Umgekehrt nutzte die Supermacht mit kluger, ja gerissener Intelligenz die gegebene Situation, die im Grunde eine Spiegelung ihrer eigenen Machtstrukturen auf niedrigerer Ebene war. Der berühmte Ausspruch Caesars, er wolle lieber in Gallien der Erste als in Rom der Zweite sein, ist auch ein Beleg dafür, dass der zur totalen Macht strebende Iulier sich in Gallien im Hinblick auf die gegebenen Machtstrukturen auf vertrautem Boden bewegte. Wie in Rom gab es Gefolgschaften und Zweckbündnisse, wie in Rom herrschten aristokratische Patrone über Klienten und Gefolgschaften, deren Zahl in die Tausende ging.

Hinzu kommt die Affinität der religiösen Vorstellungen. Gallische Gottheiten wurden von Caesar – und vorher schon von Poseidonius – uminterpretiert und römisch-griechischen Gottheiten gleichgestellt. Man kann geradezu von einer Kompatibilität beider Vorstellungen sprechen.[94]

Schließlich – wir wiesen schon darauf hin – fand der Eroberer in Gallien ähnliche Gegebenheiten der Infrastruktur vor: städtische Siedlungen mit spezialisierten

Handwerkern und Händlern, ähnliche Wirtschaftszweige, ein gut ausgebautes Straßennetz und schiffbare Flüsse aus und nach allen Himmelsrichtungen. Diese verkehrsgünstige Situation machte die notwendigen schnellen Truppenbewegungen in dem riesigen Territorium zwischen Mittelmeer- und Kanalküste, Atlantik, Rhein und Westalpen erst möglich.

In Caesars Integrationsplänen spielten intensive Kontakte und die darauf aufbauende Zusammenarbeit mit romfreundlichen Stammesführern eine ganz entscheidende Rolle. Hinzu kam die geschickte Strategie der römischen Okkupationspolitik. Dazu Dirk Krausse: »Wenn Caesar oder seine Legaten mit Heeresmacht ins Gebiet einer gallischen *civitas* eindrangen, forderten sie in aller Regel zunächst Kinder oder nahe Verwandte der führenden Adeligen als Geiseln. Aufgrund des ausgeprägten Patron-Klienten-Systems kontrollierten sie mit den Geiseln den gesamten Stamm, denn die politische Führungselite musste, um das Wohlergehen der Geiseln zu schützen, den militärischen Widerstand gegen Rom energisch unterbinden. Die bestehenden, funktionierenden Gesellschaftsstrukturen blieben dabei intakt und wurden als Ganzes in römische Herrschaft übernommen.«[95] Manche dieser hochgeborenen jungen Menschen wurden zudem nach Rom oder in andere Städte des Reiches gebracht, wo sie teilnahmen am örtlichen Leben, Einblick in die städtisch-römischen Strukturen bekamen und Freundschaften schlossen; wo sie lernten, die lateinische Sprache mündlich und schriftlich zu handhaben, ja römische und griechische Literatur studierten und sozusagen »eine zweite Erziehung«[96] genossen. Es liegt auf der Hand, dass sie, später in ihre angestammte Welt zurückgekehrt, bestrebt waren, das zivilisatorische Niveau ihrer Heimat nach römischem Vorbild anzuheben. Sie fungierten als Multiplikatoren der Romanisierung. Im umgekehrten Fall – der Weigerung eines gallischen Gegners, Geiseln zu stellen – ging Caesar mit härtesten militärischen Gegenmaßnahmen vor, die bis zur Ausrottung ganzer Stämme (z. B. der Eburonen) und der Versklavung der gesamten Einwohnerschaft von Städten eskalieren konnten.

Dieser Romanisierungsprozess wurde in der zweiten Hälfte des 1. Jahrhunderts n. Chr. unterbrochen, als es in Nordostgallien zu Aufständen kam. Gallische Druiden spielten dabei eine wesentliche Rolle. Sie waren unter Kaiser Claudius gezielt verfolgt worden. Die Überlebenden, die sich in die Verstecke unzugänglicher Wälder zurückgezogen hatten, weissagten nach der Entmachtung Neros und dem folgenden chaotischen Dreikaiserjahr 68/69, dass das Ende Roms gekommen sei. Das sei die Stunde der Befreiung vom römischen Joch. Dem Aufstand schlossen sich Teile der Treverer, die Bataver und weitere niederrheinische Völkerschaften an. Erst durch den Einsatz von zusätzlich in Eilmärschen herangeführten Legionen gelang es dem neuen Kaiser Vespasian, die Erhebung niederzuschlagen. Die überlebenden Anführer auf gallischer Seite gaben alles verloren und flüchteten über den Rhein nach Germanien.

»Dadurch« – so Dirk Krausse – »war der Weg frei für eine neue pro-römische Führungsschicht und für eine grundlegende ökonomische Neuorganisation Ostgalliens: Allerorten schossen daraufhin gegen Ende des 1. Jahrhunderts auf Überschussproduktion ausgerichtete Gutshöfe in Steinbauweise sowie Marktflecken – sog. *vici* – mit Werkstätten, Läden und Tempeln aus dem Boden. Erst jetzt erfasste die Romanisierung das Gros der Bevölkerung und veränderte die Lebensbedingungen auf dem Lande grundlegend. Verbesserungen im Bereich der Ernährung, Hygiene und der medizinischen Versorgung führten rasch zu Bevölkerungswachstum.«[97]

Zusammenfassend kann man also über den Romanisierungsprozess in Gallien sagen: Die Vorbedingungen für eine Inbesitznahme durch Rom waren überaus günstig. Abgesehen von lokalen Erhebungen gegen die Besatzungsmacht verlief die Entwicklung für die Großmacht günstig. Gallien etablierte sich schnell zu einer der reichsten und sichersten Provinzen des Imperiums. Von gallischer Seite betrachtet wurde dies erkauft mit dem völligen Niedergang des zuvor so wichtigen Druidentums und dem Verlust der eigenen Sprache.

Fehlgeschlagene Versuche der Romanisierung in Germanien

Kann man in Bezug auf Gallien geradezu von einem »Regelfall der Romanisierung«[98] sprechen, wie er für den gesamten Westen des Imperiums charakteristisch war, so stellt sich die Situation in Germanien völlig anders dar. Auf die mangelhafte zivilisatorische Infrastruktur haben wir schon hingewiesen. Doch spielten weitere, anders geartete Umstände eine Rolle.

Caesar selbst beschreibt im 6. Buch seines Kriegsberichtes die Volcer-Tectosagen, einen im Nordosten Galliens ansässigen gallischen Stamm: »Es gab einmal eine Zeit, in der die Gallier weit tapferer waren als die Germanen; die Gallier bekriegten sogar die Germanen und gründeten wegen Überbevölkerung und Landmangel auf der anderen Rheinseite Niederlassungen.« Das – so Caesar – habe sich mittlerweile geändert: »Dieses Volk sitzt bis heute (d. h. 53 v. Chr.) dort und gilt als sehr gerecht und kriegerisch. Jetzt aber, da die Germanen noch immer ebenso arm, bedürftig und genügsam leben wie früher, blieb ihnen dieselbe Lebensweise und Körperpflege eigentümlich; die Gallier dagegen erhielten durch die Nähe der römischen Provinzen und die Bekanntschaft mit überseeischen Waren vieles zu Besitz und Gebrauch. Allmählich haben sie sich daran gewöhnt, die Besiegten zu sein, und in vielen Kämpfen geschlagen, vergleichen sie sich (heute) mit den Germanen schon selbst nicht mehr, was die Tapferkeit angeht.«[99]

Ähnliches findet sich bei Tacitus, der sich ausdrücklich auf Caesar beruft: »Dass einstmals die Macht der Gallier überlegen war, überliefert der wichtigste meiner Gewährsmänner, der vergöttlichte Iulius (Caesar); und darum ist es glaubhaft, dass auch Gallier nach Germanien hinübergegangen sind.«[100] Und in einem Vergleich der Gallier mit den Bewohnern des südlichen Britanniens – deren Heimat Tacitus zufolge ebenfalls Gallien war – notiert er im ›Agricola‹: »... zeigen die Britannier trotzigeren Mut, weil sie ein langer Frieden noch nicht verweichlicht hat. Denn einst haben sich auch die Gallier glänzend in den Kriegen bewährt. Bald aber schlich sich mit der Waffenruhe auch Schlaffheit ein, und Tapferkeit und Freiheit gingen verloren.«[101]

Tacitus schreibt über fünf Generationen nach Caesar, hat aber ohne Frage Äußerungen und schriftliches Material seines Schwiegervaters Gnaeus Iulius Agricola verarbeitet, der von 77 bis 84 n. Chr. Statthalter von Britannien war. Mithin hat sich in der römischen Exekutive die Meinung verfestigt: Gallier sind verweichlicht, Germanen zäh, robust, ausdauernd. Dass Rom selbst für den Verlust von »Tapferkeit und Freiheit« verantwortlich war, wird natürlich verschwiegen.

Und noch einmal Caesar. Bei der Vorbereitung des Krieges gegen den germanischen Suebenkönig Ariovist lässt er Diviciacus, den mit Rom befreundeten Fürst und Druiden der Haeduer, sagen – hier in direkte Rede gesetzt: »Ariovist, der König der Germanen, hat sich in unserem Lande festgesetzt und bereits ein Drittel des sequanischen Landes, des besten von ganz Gallien, in Besitz genommen. Jetzt verlangt er von den Sequanern, das zweite Drittel zu räumen ... In wenigen Jahren wird es so weit sein, dass wir alle vom gallischen Boden vertrieben werden und alle Germanen den Rhein überschreiten. Das germanische Land kann man nämlich nicht mit dem gallischen vergleichen, ebenso wenig die hier in Gallien übliche Lebensweise mit der jener Menschen. Seit er die Gallier besiegt hat, übt Ariovist stolz und grausam seine Herrschaft aus ... Er ist ein unkultivierter, jähzorniger, verwegener Mensch. Wir können seine Herrschaft nicht länger ertragen!«[102] Im Original heißt es: »Hominem esse barbarum«, er sei ein *barbarischer* Mensch!

Natürlich muss man diese Argumentation Caesars unter dem Aspekt des Rechtfertigungsdrucks sehen: Er muss gegenüber der römischen Senatsführung glaubhafte Gründe für sein militärisches Ausgreifen außerhalb der ihm zugewiesenen *Provincia Narbonensis* nennen. Doch selbst wenn man ihm hier ein tendenziöses und gefärbtes Germanenbild unterstellt, sind die Äußerungen des Diviciacus bemerkenswert. Schließlich bedeuten sie: Gallier – zumindest die zentral siedelnden – betrachten Germanen als Barbaren! Anders gesagt: »Wir Gallier möchten mit ihnen nicht in einen Topf geworfen werden!« Im Übrigen bestätigt sich hier einmal mehr jenes Vorurteil, das sich quer durch die gesamte Geschichte wiederholt: Die östlich von uns Lebenden sind unkultivierter, barbarischer, gewalttätiger als wir.

In seinem berühmten Germanen-Exkurs – dem ersten eines römischen Autors – teilt Caesar prägnante Charakteristika mit, durch die sich die germanische von der gallischen Lebensweise unterscheidet: »Die Lebensweise der Germanen ist wesentlich anders. Sie haben weder Druiden, welche die gottesdienstlichen Einrichtungen beherrschen, noch hegen sie eine besondere Vorliebe für Opfer. Unter die Götter zählen sie nur die, die sie sichtbar wahrnehmen und deren Eingreifen sie augenscheinlich erfahren, nämlich die Sonne, das Feuer und den Mond. Die übrigen kennen sie nicht einmal vom Hörensagen.«[103]

Tacitus, der seine ›Germania‹ hundertfünfzig Jahre später (wahrscheinlich 98 n. Chr.) veröffentlichte, weiß natürlich mehr: »Unter den Göttern verehren sie am höchsten den Mercurius; sie halten es für geboten, ihm an bestimmten Festtagen sogar Menschenopfer darzubringen. Den Hercules und Mars suchen sie mit erlaubten Tieropfern huldvoll zu stimmen … Übrigens finden sie es unvereinbar mit der Erhabenheit der Himmlischen, die Götter in Wände einzuschließen und sie den Zügen des Menschenantlitzes irgendwie nachzubilden. Sie weihen ihnen Waldlichtungen und Haine und bezeichnen mit göttlichen Namen nur jenes geheimnisvolle Wesen, das sie allein in ihrer Ehrfurcht schauen.«[104]

Mercurius ist sicher Wodan, der mächtigste Gott der westgermanischen Stämme, denn der lateinische Wochentag *Mercurii dies* (ital. *mercoledi*, frz. *mercredi*) ist, als um 400 n. Chr. die siebentägige Woche eingeführt wurde, bei den Germanen als »Wodans-Tag« (engl. *Wednesday*) wiedergegeben worden. *Hercules* ist Donar (bei den Nordgermanen *Thor*), der Gewittergott (vgl. *Donnerstag*, engl. *Thursday*, schwed. *Torsdag*). *Mars* ist Ziu (altnordisch *Tyr*), der Gott des Krieges und des Rechtsstreits – die Gleichsetzung im Französischen ist *mardi*, im Italienischen *martedi*, im Englischen *Tuesday*, das deutsche *Dienstag* geht zurück auf *Dingstag*, also den Tag des Things, denn *Ziu* ist Herr des Things.

Nun kann man kritisch einwenden, dass Caesar hier keine *interpretatio romana* vornimmt, Tacitus dagegen doch! Dennoch sind die Äußerungen beider Autoren ähnlich. Für diese oberflächliche, ungenaue Sicht auf die germanische Religion gibt es eine Erklärung: Ein Römer, der in seiner Heimat die Hunderte von prächtigen, kostbar ausgestatteten Tempeln und Tausende von Götterbildern und Weihestatuen gesehen hatte und mit ihren differenzierten Riten von Kindheit an vertraut war, musste in Germanien den Eindruck bekommen, dass dies alles hier fehle. Nun war es ja gewiss so, dass der Germane seine Götter nicht in nach allen Regeln der Kunst errichteten Steinbauten – also in »Gotteshäusern« – verehrte, sondern an heiligen Plätzen, in der freien Natur in Wäldern oder auf Bergesgipfeln gelegen. Allenfalls ein Flechtwerkzaun oder eine Steinsetzung machten deutlich, wo der eigentliche heilige Bezirk begann. Gewiss stellte ein Germane sich seine Götter auch menschengestaltig vor; doch lebte er, wie seine Dichtung zeigt, darüber hinaus im Bannkreis höherer Mächte, die er sich nicht persönlich denken und daher kaum in eine sichtbare plastische Form zwingen konnte.

Schließlich muss man bei der Schilderung des germanischen Wesens durch Tacitus immer berücksichtigen, dass er mit dieser seinen römischen Zeitgenossen einen Spiegel vorhält: Von vergleichbarer Einfachheit und Bescheidenheit war einmal das Leben unserer bäuerlichen Vorfahren! Auch in der Religion! Das Erstaunlichste daran ist, dass diese Wertungen nicht vor, sondern nach der Varuskatastrophe niedergeschrieben wurden. Doch hätte sich ein Augustus wohl kaum von der pessimistischen Weltsicht eines Tacitus beeindrucken lassen. Ihm lagen mehr die hymnischen Lobfeiern eines Vergil.

Zusammenfassend kann man – modern ausgedrückt – von einer Inkompatibilität zwischen dem römisch-italischen und dem germanischen Kulturmilieu sprechen.[105] Das zivilisatorische Gefälle zwischen Rom und Germanien entspricht durchaus dem zwischen der amerikanischen Hochkultur an der Ostküste und den Indianerstämmen im Mittleren Westen der USA im 19. Jahrhundert. In beiden Fällen meint die militärisch überlegene und aggressive Großmacht ihren Hegemonialanspruch mit Mitteln der Gewalt durchsetzen zu können. In beiden Fällen sind die dafür Verantwortlichen überzeugt, von den Göttern bzw. von Gott dazu berufen zu sein, ihr Verständnis der PAX ROMANA respektive der PAX AMERICANA einer »barbarischen« oder »wilden« Urbevölkerung aufzwingen zu können. In beiden Fällen gibt es literarische Versuche, das einfache, bescheidenere, ungekünstelte und darum echtere Leben der Ureinwohner in einem Spiegel den Angehörigen der sich elitär gerierenden Hochkultur vor Augen zu führen. So James Fenimore Cooper mit ›Lederstrumpf‹ und Tacitus mit seiner ›Germania‹.

Die einzige Toleranz, die Rom bereit ist zu gewähren, ist die in religiösen Fragen. Das gilt aber nur im Hinblick auf die Gottheiten des polytheistischen Pantheons der Germanen. Rom ist seit jeher gegenüber Göttern anderer Kulturen gleichgültig – es sei denn, die Adaption eines fremden Kultes brächte Vorteile. Rom forderte von unterworfenen Völkern keine bedingungslose Verehrung seiner Gottheiten, wohl aber die uneingeschränkte Respektierung des Staatskults in der Person des Kaisers, oft verbunden mit der Verehrung der Stadtgöttin Roma oder dem Genius des römischen Volkes. Während Augustus sich die Errichtung eines Tempels zu seiner Verehrung in der Hauptstadt verbat – er wäre unvereinbar mit den Eigenschaften gewesen, die er als Princeps in der Öffentlichkeit darstellte –, gestattete er sie in den Provinzen unter der Bedingung, dass der Kult seiner Person mit dem der Roma verbunden werde. In logischer Konsequenz durften römische Bürger am neuen Kult nicht teilnehmen.

Im Jahre 12 v. Chr. weihte Drusus in Lyon (Lugdunum) den von den »Drei Gallien« errichteten Altar der Roma und des Augustus ein. Er wurde zum Zentrum der jährlich stattfindenden Landtage. Es folgte Köln mit der »Ara Ubiorum«. Der Genius des Kaisers wurde auch in die Eidesformel übernommen, das Kaiserbild wurde Gegenstand kultischer Verehrung. (Da die Christen dies nicht mit ihren religiösen Prinzipien vereinbaren konnten, lehnten sie zwangsläufig diesen Kult ab. Dies wurde zur Grundlage ihrer Verfolgung.)

Damit kehren wir nach Waldgirmes zurück …

Wenn also die römische Führung wenige Jahre vor der Zeitenwende in Italien ein kaiserliches Reiterstandbild mit den Zügen des Augustus in Auftrag gibt, in Bronze gießen und vergolden lässt, Ross und Reiter in Einzelteilen auf die lange Reise über Land und zu Schiff nach Norden transportiert und es von Fachleuten auf dem Forum der neuen Siedlung aufstellen lässt, dann wirft dieses generalstabsmäßig geplante und durchgeführte Unternehmen viele Fragen auf, die nicht alle befriedigend zu beantworten sind.

Mit der nüchternen Vorsicht der Archäologin folgert Gabriele Rasbach, die in Waldgirmes mit Armin Becker zusammenarbeitet: »Die Statue weist auf die besondere Stellung hin, die Waldgirmes für die Römer einnehmen sollte. Vermutlich stand dieses Denkmal auf einem von fünf Postamenten im Innenhof des *forum*. Anzunehmen ist, dass es sich um ein Abbild des Kaisers Augustus handelte, dessen Statue den römischen Anspruch auf die Region verdeutlichen sollte … Das *forum* war die Zentrale der Verwaltung wie auch des politischen Lebens und damit der ideale Platz, um den Anspruch auf die umliegenden Territorien zu demonstrieren. Auf die Einheimischen, die uns durch Funde ihrer Trachtbestandteile und auch ihrer Keramik entgegentreten, muss das Bild des fernen Herrschers einen enormen Eindruck gemacht haben, denn eine Bildnistradition lebender Herrscher gab es bei der indigenen Bevölkerung nicht, zumindest ist uns dazu nichts überliefert.«[106]

Es folgt der Hinweis, dass das römische Waldgirmes am Kreuzungspunkt verschiedener alter Wege gegründet wurde, die bereits in der Vorgeschichte benutzt wurden. Zwar sind diese alten Routen nicht mit ausgebauten römischen Straßen zu vergleichen, aber sie verbanden das Rhein-Main-Gebiet mit dem Lahntal und nach Westen hin über die Höhen mit dem mittleren Rheintal. Beide Wege trafen sich zwischen Wetzlar und Gießen an einer bei Waldgirmes belegten alten Furt über die Lahn.[107] Noch heute kann man diese günstige Verkehrslage nachvollziehen, wenn man mit dem Auto aus der Niddasenke über die A 45 Richtung Wetzlar fährt. »Neben dem Fluss als Transportweg für schwere und fragile Güter« – fasst Gabriele Rasbach zusammen – »besaß das Gebiet um Waldgirmes also eine für die Infrastruktur und Kontrolle der Region herausragende Bedeutung. Hinweise für die verkehrsgünstige Lage von Waldgirmes lassen sich auch aus den Kleinfunden gewinnen.«[108]

Kehren wir zurück zu den »Inkompatibilitäten«: Dass das zivilisatorische und kulturelle Gefälle zwischen Rom und Germanien entschieden größer war als das zwischen Rom und Gallien, war den Militärs und Beamten aus eigenem Erleben bekannt. Entsprechende Berichte und Schilderungen – seien sie nun offiziell oder privat zu Papier gebracht worden – waren der Führung in Rom bekannt. Einen Drusus, Tiberius, Germanicus oder Caecina brauchte man nicht erst lange darüber aufzuklären. Bei ihren jahrelangen Aufenthalten hatten sie Lebensumstände, Arbeitsweisen, Sitten, Religion, Kriegführung ebenso kennengelernt wie die Zersplitterung in Stämme, Sippen und Familien, die es den Einwohnern offenbar unmöglich machte, in einem größeren Verbund aufzugehen. Dass dies einem Marbod gelungen war, hatte andere Gründe: Der Markomannenfürst hatte bei Römern gelebt, hatte ihre Kriegstechnik scharf beobachtet und sich angeeignet und – ein wichtiger Punkt – sich als Heerkönig eines Volkes bewährt, das unterwegs gewesen war. Außerdem muss er eine große charismatische Ausstrahlung besessen haben.

Wenn also Augustus trotz der ihm bekannten Schwierigkeiten und der Komplexität der logistisch zu bewältigenden Aufgaben die Weisung ausgab, an der mittleren Lahn eine Siedlung nach üblicher römischer Vorgehensweise zu gründen, gibt es dafür nur eine Erklärung: Er muss sich vollkommen sicher gewesen sein, dass dieses Unternehmen zum Erfolg führt. Das ist insofern erstaunlich, als der kräftezehrende und kostbare Ressourcen verschlingende Konflikt auf dem Balkan noch längst nicht zur Ruhe gekommen war. Der Kaiser ging aufgrund der bisherigen Erfahrungen im germanischen Großraum wohl davon aus, zunächst mit friedlichen Mitteln an einer strategisch und verkehrstechnisch sehr günstigen Stelle Fuß zu fassen, um anschließend von dieser Basis aus das Hinterland im Osten und Norden unter römische Kontrolle zu bringen. Ebenso dürfen wir davon ausgehen, dass für die nähere Zukunft die Anlage von befestigten Straßen geplant war, versehen mit Militärstationen, Kontroll- und Beobachtungspunkten, sicheren Brücken und *mansiones* (Gasthäusern und Herbergen).

Bei diesen Überlegungen muss eine entscheidende Rolle gespielt haben, dass die indigene Bevölkerung vom mittleren Lahntal bis zum Rhein als romfreundlich galt. Die einst hier ansässigen Ubier waren – mit deren Einverständnis – in die Kölner Bucht umgesiedelt worden und stellten nun das Gros der Bevölkerung des *Oppidum Ubiorum*, das schon fünfzig Jahre später (50 n. Chr.) zur *Colonia Claudia Ara Agrippinensium* avancierte und Sitz des Statthalters von Niedergermanien wurde. Da drängt sich geradezu der Gedanke auf, dass einige der in das vormalig ubische Territorium nachrückenden Sippen zu den benachbarten Chatten gehörten, deren Führer in der friedlichen Zusammenarbeit mit der Großmacht die größeren Vorteile sahen. Außerdem werden die Beziehungen zu den moselländischen Treverern eine Rolle gespielt haben. Schon seit Caesar stellten sie ihre schlagkräftige Reiterei den Legionen als Auxiliartruppen zur Verfügung. Zwar sprachen sie – übrigens bis ins 4. Jahrhundert n. Chr.! – ein keltisches Idiom, rühmten sich aber laut Tacitus ihrer germanischen Abkunft: »Die Treverer sind bezüglich ihres Anspruchs auf germanische Herkunft von geradezu prahlerischem Ehrgeiz besessen, weil sie sich angeblich durch eine solch ruhmvolle Abstammung von der Ähnlichkeit mit den tatenlosen Galliern abheben.«[109]

Was selbstverständlich ist, wird nicht schriftlich festgehalten: Es hat zwischen diesen Stämmen, die in den Tälern von Mosel und Lahn und den benachbarten fruchtbaren Mittelgebirgslandschaften lebten, intensive Kontakte gegeben. An den Ufern der Lahn nahm man auch interessiert zur Kenntnis, dass die Treverer den römischen Plan unterstützten, unterhalb der Saarmündung eine befestigte Siedlung anzulegen. Die Gründung der Stadt *Colonia Augusta Treverorum* – des heutigen Trier – auf einer von Steilhängen begrenzten, flach geneigten Ebene wird mit der Anwesenheit des Augustus 16–13 v. Chr. in Gallien in Verbindung gebracht. Man begann also mit dem Bau nur wenige Jahre vor der Gründung einer befestigten Siedlung in Waldgirmes. Schon in diesen wenigen Jahren konnte man staunend verfolgen, wie ein geordnetes, rechtwinklig angelegtes Straßensystem entstand, das 80 bis 120 Meter breite Insulae bildete, die von großflächigen Villen eingenommen wurden; wie Pfeilerlauben die Straßen begleiteten; wie Trinkwasserzuleitungen und Kanalisation das Leben angenehmer und gesünder machten. Dass dahinter auf römischer Seite die strategische Überlegung stand, in sicherer Entfernung zum Rhein einen gesicherten Hauptort für eine Offensive gegen Germanien zur Verfügung zu haben, dürfte – zumindest zu diesem frühen Zeitpunkt – bei der Beurteilung durch Bewohner des Lahntals keine große Rolle gespielt haben. Ganz anders sollte dies in wenigen Jahren von Arminius und seinen Anhängern eingeschätzt werden. Zu diesem Zeitpunkt aber – dreizehn, vierzehn Jahre vor der Varuskatastrophe – verfestigt sich der Eindruck, dass es an der Lahn zu einer friedlichen Koexistenz zwischen Rom und der ansässigen Bevölkerung gekommen war. Zusammenfassend konstatiert Dirk Krausse über die Siedlung in Waldgirmes: »Nach Ausweis der archäologischen Funde dürften in dieser neu gegründeten Stadt für einige Jahre einheimische Germanen und römische Militärs und unter ihrem Schutz stehende Handwerker und Händler friedlich koexistiert haben.«[110]

Wie wir schon früher vermutet haben, ist es denkbar, dass es auch in anderen Teilen Germaniens zwischen Rhein und Elbe vergleichbare friedliche Versuche gegeben hat, punktuell Fuß zu fassen. Es bleibt zu hoffen, dass in den nächsten Jahren und Jahrzehnten entsprechende Funde gemacht werden.

Diese aus römischer Sicht positive Ausgangslage muss Augustus und seine Berater veranlasst haben, das Gebiet zwischen Rhein und Elbe ebenfalls dauerhaft zu okkupieren. Allerdings befand sich Tiberius nicht darunter: Von 6 v. Chr. bis 2 n. Chr. lebte er zurückgezogen im selbst gewählten Exil auf Rhodos, und auch nach seiner Rückkehr war er zunächst, wie wir sahen, zur Passivität verurteilt. Er wurde erst wieder dringend gebraucht, als es darum ging, den Karren aus dem Dreck zu ziehen.

Tiberius wäre sehr wohl aufgrund seiner jahrelangen Erfahrungen in Germanien in der Lage gewesen, in mehrfacher Weise zu differenzieren und seine Sicht der realen Verhältnisse zu verdeutlichen: Gallien ist nicht Germanien! Germanen an der Lahn sind anders strukturiert als jene an Ems, Weser und Elbe! Letztere beharren entschiedener auf ihrer Tradition, Rechtsvorstellung, Lebensweise und Autarkie als Ubier und Treverer!

Wie aktuell die hier angesprochenen Phänomene sind, zeigt ein Blick auf die Thesen der vergleichenden Universalgeschichte. Wir können hier nur einige Akzente setzen, um zu verdeutlichen, wie zeitnah diese Probleme sind. In der älteren Forschung wurden sie vernachlässigt, ja übersehen; erst die stetig voranschreitende Globalisierung unserer Welt rückt sie geradezu zwingend in den Blick. In seiner glänzend geschriebenen Analyse ›Imperien‹ schlägt Herfried Münkler Brücken zwischen und über alle Epochen. Schon der Untertitel ist Programm: »Die Logik der Weltherrschaft – vom Alten Rom bis zu den Vereinigten Staaten«. Im Kapitel »Zivilisierung und Barbarengrenze: Merkmale und Aufgaben imperialer Ordnung« finden sich Gedanken von fundamentaler

Bedeutung: »Alle Imperien mit längerem Bestand haben sich als Zweck und Rechtfertigung ihrer Existenz eine weltgeschichtliche Aufgabe gewählt, eine Mission, die kosmologische oder heilsgeschichtliche Bedeutung für das Imperium reklamierte.«[111]

Münkler unterscheidet zwischen Imperien und Hegemonialmächten und stellt fest, dass Letztere keine Mission brauchen, während Imperien ohne sie nicht auskommen. Hegemonialmächte müssen in der Auseinandersetzung mit ihren Konkurrenten ihre Position ständig behaupten, wobei durchaus ideologischer Einfluss zum Einsatz kommt, vor allem in der Außenpolitik. – »Die imperiale Mission dagegen wendet sich an die Menschen innerhalb des Imperiums, vor allem an die in seinem Zentrum. Mehr als alles andere aber ist sie eine Autosuggestion der politischen Eliten, aus der diese die Überzeugung und Energie zur Fortführung des imperialen Projekts beziehen.«[112]

Und schließlich: »Die imperiale Mission ist mehr als die Selbstlegitimation eines Weltreichs, wenngleich sie diese Aufgabe durchaus miterfüllt. Pointiert formuliert: Durch die imperiale Mission verwandelt sich die Selbstlegitimation eines Imperiums in dessen Selbstsakralisierung.«[113] In Rom vollzog sich diese Entwicklung ganz allmählich, fand ihre ersten Höhepunkte in den drei Kriegen gegen Karthago und kulminierte schließlich unter Augustus, der die »Pax Romana« zu einem gottgegebenen Ordnungsprinzip erhob und ihr mit der Errichtung der »Ara Pacis«, dem Altar des Friedens, sichtbar Gestalt gab. Darin kam zum Ausdruck:

– Die römische Herrschaft über die bekannte Welt ist gerechtfertigt, weil sie den Weltfrieden sichert.
– Die Integration ins Reich eröffnet die Teilhabe an den Segnungen der Zivilisation.
– Außerhalb der Reichsgrenzen herrscht Barbarei.
– Außerhalb der Reichsgrenzen wüten Krieg und Vernichtung.
– Innerhalb der sicheren Grenzen herrschen Friede, Wohlstand, Gerechtigkeit.[114]

Die »Ara Pacis Augustae« wurde 1568 an der Via Flaminia, unter der heutigen Via in Lucina, entdeckt. 1903 und 1937/38 folgten systematische Grabungen. Die Umfriedung bildet annähernd ein Quadrat von 11,5 x 10,5 Metern, die Höhe des Reliefbandes beträgt 1,55 Meter. Der Altar wurde 13 v. Chr. gelobt, 9 v. Chr. eingeweiht. Sie ist in der irrationalen Weise der augusteischen Malerei verziert mit Reliefdarstellungen eines heiligen Haines und Girlanden, die eine Prozession der kaiserlichen Familie und des römischen Adels bei der Stiftung des Altars säumen; dazu kommen Allegorien der Erdmutter und der Roma, Romulus und

Remus mit der Wölfin und eine Darstellung des Aeneas, der sein erstes Opfer in Italien vollzieht. Die gesamte Anlage wird zum Inbegriff der weihevollen, durch den Kaiser gesetzten Ordnung, wie sie in den Werken von Vergil und Horaz gefeiert wird.

Kehren wir zur Anfangsfrage zurück: Was also kann es in diesem Zusammenhang bedeuten, wenn der gealterte und kränkelnde Augustus zur gleichen Zeit, da in Rom die »Ara Pacis« in Auftrag gegeben wird, den Auftrag zum Bau einer befestigten Niederlassung an der mittleren Lahn gibt, die schon in erstaunlich kurzer Zeit den Charakter einer städtischen Siedlung nach italischem Vorbild annimmt?

Solange wir uns nicht auf ähnlich gelagerte Funde in Germanien stützen können, sind alle Antworten vage, und wir müssen größte Vorsicht walten lassen. Darum noch einmal die ernüchternde Wertung von Ulrike Riemer, Autorin von ›Die römische Germanienpolitik‹: »Es war also mit einem erheblichen militärischen Aufwand zu rechnen, und wofür? Das rechtsrheinische Germanien bot aus römischer Sicht herzlich wenig, was eine kostspielige Eroberung gerechtfertigt hätte.«[115] Die Gegenposition vertritt Siegmar von Schnurbein, bis 2006 Erster Dirktor der Römisch-Germanischen Kommission des Deutschen Archäologischen Instituts, der in Zusammenhang mit der in Resten geborgenen Reiterstatue folgert: »Es kann sich dabei wohl nur um eine Statue des Augustus gehandelt haben, mit der Rom seinen Herrschaftsanspruch den im Lahntal lebenden Germanen deutlich vor Augen führte. Hier herrschte Frieden und das *Germaniam Pacavi* des Augustus [»Ich habe Germanien befriedet«, aus dem Monumentum Ancyranum, dem Tatenbericht des Kaisers, d. V.] hatte im weiten Vorfeld von Mogontiacum (Mainz) in doppeltem Sinn ein solides Fundament. Nur den Fehlern des Varus ist es zuzuschreiben, dass sich hier kein Zentrum in der geplanten Provinz Germanien entwickeln konnte.«[116]

In einer seiner letzten Abhandlungen widmete sich auch der Nestor der Althistoriker, Karl Christ, diesen Fragen, vor allem mit Blick auf Cassius Dio und dessen Sicht der Lage in Germanien vor der Varuskatastrophe. Dabei bezieht er vor allem jene Stelle Dios in seine Überlegungen ein, an der sich die Geister scheiden: »In eben jener Zeit« – d. h. während der Amtszeit des Varus – »hatten sich nämlich in Germanien folgende Ereignisse abgespielt: Die Römer hatten gewisse Teile davon in Besitz, nicht zusammenhängende Gebiete, sondern nur solche Bezirke, wie sie gerade unterworfen worden waren, weshalb dann auch hiervon keine Erwähnung [d. h. in der historischen Überlieferung, d. V.] geschah. Und römische Soldaten lagen dort in Winterquartieren, und man begann mit der Anlage von Städten ... Die Barbaren selbst passten sich den neuen Sitten [d. h. der römischen Lebensweise, d. V.] an, gewöhnten sich an die Abhaltung von Märkten und trafen sich zu friedlichen Zusammenkünften.«[117]

Kurz darauf folgen die konkreten Vorwürfe gegen Varus: »Varus behielt daher seine Legionen nicht, wie es in einem Feindesland richtig gewesen wäre, beisammen, sondern verteilte viele seiner Soldaten an schwache Gemeinwesen, die ihn darum baten, angeblich zu dem Zweck, entweder verschiedene Punkte zu bewachen oder Räuber festzunehmen oder gewisse Lebensmitteltransporte zu geleiten.«[118]

Nach Christ ist Cassius Dios Gesamtbild erstaunlich differenziert; es biete eine Skizze germanischer Akkulturation in einer Vorbereitungsphase der Provinzialisierung im engeren staatsrechtlichen Sinne. Noch immer sei die Armee der Hauptfaktor des Geschehens, selbst der logistische Aspekt tauche auf. Man könne durchaus das erwähnte *poleis* – die »Städte« – in Verbindung mit Waldgirmes bringen; umgekehrt sei es aber ziemlich unwahrscheinlich, dass Cassius Dio bei seiner Formulierung gerade diesen Raum an der mittleren Lahn im Auge gehabt habe.[119]

»Eine Skizze germanischer Akkulturation in einer Vorbereitungsphase der Provinzialisierung« – mehr kann der kritisch und äußerst vorsichtig urteilende Althistoriker nicht erkennen, aber auch nicht weniger. Damit sind wir beim Kernproblem angelangt, der Frage nach der »Provinz Germanien«. Karl Christ dazu: »Was immer die weiteren Ausgrabungen in Waldgirmes ergeben mögen, schon heute steht fest, dass der Fundplatz für die Beurteilung der Situation im rechtsrheinischen Germanien vor und während der Statthalterschaft des P. Quinctilius Varus von grundlegender Bedeutung ist. Das Problem spitzt sich vor allem auf die Frage zu, ob «Germanien» unter Augustus bereits römische Provinz im staatsrechtlich-administrativen Sinne gewesen ist.«[120]

Was ist eine römische Provinz?

»Provincia« meint ursprünglich den übertragenen Geschäfts- und Wirkungskreis, die Aufgabe, den Auftrag, die aufgetragene Verrichtung, die Geschäfte (Amtsgeschäfte), den Dienst, das Amt.[121] Der Begriff bezeichnet also sachlich und räumlich den Geschäftsbereich eines römischen Magistrats, so die *provincia urbana* die Kompetenz des *praetor urbanus* für die Rechtswahrung unter den Bürgern, die *provincia peregrina* die entsprechende des *praetor peregrinus* zu den nichtrömischen »Fremden« oder die *provincia Liguria* die dem Consul übertragenen Amtsgeschäfte im Krieg gegen die Ligurier.

Mit dem Erwerb von Sizilien und Sardinien wurde »provincia« seit 227 v. Chr. für ein außeritalisches Untertanengebiet verwendet, das von einem römischen Statthalter mit »imperium« regiert wurde. Die Provinz erhielt ein vom Feldherrn und einer Senatskommission entworfenes und vom Senat bestätigtes Statut – eine »lex provincialis« –, das dem Kulturstand des Landes und der Art der Erwerbung entsprach. Die Provinzialen hatten als *peregrini* (Fremde) feste Abgaben in Geld oder Naturalien, Zölle und Aufwendungen für den Statthalter zu leisten. Die lokale Verwaltung und die niedere Gerichtsbarkeit blieben den Gemeinden überlassen. Die Steuern wurden auf verschiedene Weise eingezogen: in Sizilien z. B. über private Steuerpächter, in der Provinz Asia durch die *publicani*, anderwärts durch die Statthalter. (Die *publicani* waren Ritter, die die Staatseinnahmen pachteten, dem Fiscus die erwarteten Einnahmen vorauszahlten und anschließend diese Abgaben für sich selbst wieder einzogen.)

Ein römischer Statthalter muss sich mit verwaltungsmäßigem Kleinkram herumschlagen, er muss äußerst vorsichtig mit den ritterlichen Steuerpächtern umgehen, die mimosenhaft empfindlich den Gang ihrer Geschäfte verfolgen. Hinzu kommt der Umgang mit besonderen Gruppen, etwa den Griechen, die in Kilikien einen bedeutsamen Teil der Bevölkerung stellen und auf gewissen Sonderrechten wie ihrer Autonomie bestehen. Dabei wird deutlich, dass die Wahrung gewisser Traditionen in der Verwaltung zwingend ist. Die Hinweise Ciceros etwa, der (50 v. Chr.) als Proconsul von Kilikien (heute südliche Türkei) auf die Geschäftspraktiken benachbarter bzw. vorheriger Magistrate Bezug nimmt, sind eindeutig. Ebenso die Gemeindehoheit der mit Rom verbündeten Städte innerhalb der Provinz. Hier durfte er nicht eingreifen. Wir werden im Zusammenhang mit Varus' Verwaltungspraxis in Germanien noch auf die hier genannten Einzelheiten näher eingehen und einen kritischen Vergleich ziehen.

Hier weitere allgemeingültige Besonderheiten, die eine römische Provinz als solche kennzeichnen:

Erstens: Es gibt – bis in die Zeit des Augustus – einen beachtlichen Unterschied zwischen einem römischen Consul und dem Proconsul einer Provinz: Letzterer hat keinen Kollegen, der ihm dreinreden, mehr noch, der jede seiner Anordnungen am folgenden Tag außer Kraft setzen konnte, da die Amtsgewalt der beiden obersten Exekutivbeamten in Rom – wie auch bei einem Feldzug – offiziell täglich wechselte. Da war Konsens gefordert, und das war ursprünglich in den Anfangsjahren der Republik auch bewusst so ins Auge gefasst. Von vornherein sollte damit der Tyrannei eines Einzelnen vorgebeugt werden. Ein Proconsul dagegen amtiert, verwaltet, handelt und befiehlt in seiner Provinz allein. Man könnte sagen: Er ist in seiner Provinz König. Freilich kann er später zur Rechenschaft gezogen werden, doch zunächst einmal gilt das, was er ad hoc entschieden hat. Erschwerend kamen die langen Kommunikationswege hinzu. Es konnte Wochen dauern, bis eine Beschwerde in Rom eintraf und eine neue Order aus der Hauptstadt in der Provinz eintraf. Hier war natürlich einem unseriösen Geschäftsgebaren Tür und Tor geöffnet. Es hing von der Rechtschaffenheit, der Charakterstärke und dem Pflichtbewusstsein des jeweiligen Statthalters ab, ob die ihm direkt Untergebenen mit seinem Regiment zufrieden sein konnten. Cicero war übrigens einer der wenigen Staatsbeamten, die sich nicht korrumpieren ließen.

Zweitens: Selbst wenn beide Consuln in Rom am gleichen Strang zogen, konnten ihre Maßnahmen durch das Veto eines *tribunus plebis*, eines Volkstribunen, für nichtig erklärt werden. Dieses Interzessionsrecht – das berühmte »Veto!« = »Ich erhebe Einspruch!« – kam in den revolutionären Wirren der späten Republik immer wieder zur Anwendung, mit schlimmen, zunehmend destabilisierenden Folgen für das Ganze.

Drittens: Um Consul zu werden, musste ein Kandidat in Rom während des Wahlkampfs erhebliche Aufwendungen machen: für Propaganda, Spiele, Wahlgeschenke an seine Anhänger und vor allem an jene, die er auf seine Seite ziehen wollte. Viele Kandidaten verschuldeten sich gewaltig. Wurden sie gewählt, bestand die Aussicht, in fünf Jahren in der ihnen vom Senat zugewiesenen Provinz diese Summen beiseitezuschaffen und als reicher Mann nach Rom zurückzukehren. Trotz mehrerer Gesetze gegen diese Erpressung der Provinzbewohner gelang es nicht, das Übel zu beseitigen. Das sollte sich erst unter Augustus nach dessen Errichtung des Principats ändern. Zum einen, weil er die Vergabe von Provinzstatthalterschaften kontrollierte, zum andern, weil er selbst die *tribunicia potestas* eines Volkstribunen innehatte. (Doch auch dann noch hieß es von manchem Statthalter, er habe sich erheblich bereichert, so von Varus: Er habe als armer Mann die reiche Provinz Syrien betreten, habe aber als reicher Mann ein armes Syrien verlassen. Ob es sich hier um eine posthume Verunglimpfung handelt, wird später noch zu prüfen sein.)

Im Jahre 27 v. Chr. war das Reich in kaiserliche und senatorische Provinzen geteilt worden. Augustus selbst übernahm als Proconsul jene Provinzen, die durch die Armee geschützt werden mussten. Da er natürlich nicht selbst bei Bedarf am Ort nach dem Rechten sehen konnte, ließ er sie durch von ihm ernannte *legati Augusti pro praetore* verwalten, also von »Bevollmächtigten des Augustus mit praetorischem Rang«. Senatorische Provinzen waren etwa Sicilia, Sardinia, Corsica, Narbonensis (Südfrankreich), Numidia, Africa, Cyrenaica, Baetica (in Spanien), Achaia (Griechenland), Macedonia, Asia (Westtürkei), Bithynia et

Pontus (Nordtürkei am Schwarzen Meer). Zu den kaiserlichen Provinzen gehörten Gallia (mit Aquitania, Lugdunensis, Belgica), Raetia, Pannonia, Illyricum, Cilicia, Syria, Iudaea, Aegyptus. Im Unterschied zu den senatorischen Proconsuln blieben die kaiserlichen Statthalter oft mehrere Jahre in ihrer Provinz, und zwar unabhängig davon, ob sie in Rom den Rang von Consuln oder Praetoren bekleidet hatten.

Die Zuordnung der Provinzen zum Senat oder Kaiser wechselte bisweilen. Kleinere kaiserliche Provinzen unterstanden einem *Procurator* oder einem *Praefectus*, so z. B. Iudaea dem *Procurator* Pontius Pilatus, der aber an die Weisungen des ihm übergeordneten Statthalters der Provinz Syria gebunden war. Eine Sonderstellung hatte Ägypten. Als wichtigster Kornlieferant war es vom normalen System der Provinzverwaltung ausgenommen und wurde von einem *praefectus Aegypti* regiert, der unmittelbar dem Kaiser unterstand. Senatoren durften Ägypten nicht betreten.

Die wichtigsten Maßnahmen unter Augustus waren:

– Der Kaiser übte durch sein imperium proconsulare maius auch die Aufsicht über die senatorischen Provinzen aus.
– Die Statthalter bezogen nun ein festes Gehalt.
– Provinziallandtage konnten Beschwerden über Maßnahmen des Statthalters beim Kaiser erheben.
– Der neu eingeführte Provinzialzensus und die Aufgabe der Steuerverpachtung an die publicani minderte die Ausbeutung der Provinzialen.
– Das Strafverfahren gegen mögliche Erpressungen wurde verschärft.

So wurde die Provinzverwaltung der Kaiserzeit »die sauberste und anständigste, die bisher in der Regierung großer Gebiete verwirklicht worden war«.[122] Das kulturelle und religiöse Leben wurde nicht angetastet. Die Verleihung des römischen Bürgerrechts an die sozial führenden Schichten und des Stadtrechts der Municipien und Kolonien (wie Köln) an nichtrömische Siedlungen, dazu die Verschmelzung örtlicher Rechtsgrundsätze mit dem römischen Recht hatten eine mehr oder weniger starke Romanisierung zur Folge. Die nach wie vor bestehenden Rechtsunterschiede in der Bevölkerung wurden von Caracalla, wie schon erwähnt, im Jahre 212 n. Chr. endgültig durch die Constitutio Antoniniana beseitigt.

ABKOMMANDIERT NACH NORDEN

— SZENE 6 —

Es war warm, sehr warm. Und schwül. Sextus Pedius wälzte sich auf seinem Lager. Er hatte schlecht geschlafen. Zur Schwüle waren die Mücken gekommen. Sie brüteten zu Myriaden in den stillen Seitenwassern der Lagona. Nachts schwärmten sie aus, angelockt von den Feuerstellen im Oppidum.

Pedius drehte sich auf die linke Seite, zog die Beine etwas an. Versuchte weiterzuschlafen. Doch es gelang nicht. Diese Schwüle! Er war schweißgebadet. Er öffnete das rechte Auge und blinzelte zu dem kleinen Fenster hin. Kein Lufthauch bewegte den Stofflappen, der als Vorhang diente. Also wieder so ein quälender Tag, der einen lähmte und sich aufs Gemüt legte. Heute stand nichts Besonderes an. Der übliche Kram. Gestern waren drei Kähne mit Marmor- und Travertinplatten eingetroffen. Zur Verschönerung der Basilica. Also stand das Kontrollieren der Frachtlisten an. Dann der Transport der Steine vom Hafen ins Oppidum. Das war Knochenarbeit! Nicht für ihn selbst, aber für die Besatzung und die abkommandierten Soldaten. Da hieß es aufpassen. Beim letzten Mal, vor acht Wochen, war es zu einem schweren Unfall gekommen. Ein Toter. Drei Verletzte. Die Ladung war an der steilsten Stelle der Straße verrutscht. Seile waren gerissen. Die Platten hatten einen Mann unter sich begraben. Furchtbar! Noch heute hörte er den Todesschrei. Ein Glück, dass er nicht die Aufsicht geführt hatte. Der dafür Verantwortliche war vor ein Kriegsgericht gestellt worden. Gaius Sabidius, der Praefectus Castrorum, hatte als höchster anwesender Dienstgrad die Untersuchung geleitet. Dem Mann konnte zwar kein Versagen nachgewiesen werden, aber seit damals war er nicht wiederzuerkennen.

Er überlegte: Am Abend konnte er einen Brief an die Lieben zu Hause schreiben. Ob der Großvater noch lebte? Er sah ihn vor sich. Vor einem Jahr war er noch sehr rüstig. Aber das konnte sich in seinem Alter sehr schnell ändern. Eine Erkältung im Winter ... eine körperliche Überanstrengung ... ein eiternder Zahn ...

Er wurde in seinen schweifenden Gedanken gestört. Es klopfte.

»*Intra! –* Komm herein!«

Es war einer von Sabidius' Leuten: »Befehl vom Praefecten: In einer halben Stunde bei ihm melden!«

»Weißt du, warum?«

»Nein, Optio!«

»In Ordnung. Ich komme.«

Er erhob sich vom Lager, reckte sich und gähnte. Seltsam. Wenn Sabidius ihn schon am frühen Morgen zu sich beorderte, musste es sich um eine außergewöhnlich wichtige Sache handeln. Eigentlich war alles für den Tag geplant. Und Sabidius war nicht der Mann, der sich wichtigmachte. Darin unterschied er sich wohltuend von anderen Stabsoffizieren, die er, Pedius, kannte. Besonders von den Militärtribunen, diesen Wichtigtuern. Übten nur ein, zwei Jahre ihren Job aus, den sie nur aufgrund ihrer adligen Abstammung und der Beziehungen ihrer Väter bekommen hatten. Ohne die Unterstützung ihrer fähigen Centurionen wären sie nicht in der Lage, wichtige Entscheidungen richtig zu fällen. Sicher, es gab Ausnahmen. Aber man konnte sie an einer Hand abzählen.

Er überlegte, ob er sich rasieren sollte. Fuhr sich mit der Hand über die Stoppeln seines Dreitagebartes. Unsinn! Sabidius selbst lief mit einem silbergrauen Stoppelgesicht herum. Er tastete die Kinnspitze ab, wo er sich beim letzten Mal geschnitten hatte. Die Wunde schmerzte immer noch. Er würde die dünne Kruste wieder mit dem Messer aufreißen. Es würde stark bluten. Eine längere Entzündung drohte. Und die wollte er vermeiden. Also machte er sich an die Morgentoilette, urinierte in den Eimer, brachte ihn nach draußen und entleerte ihn in der Gosse. Dann ging er zum nächsten Brunnen, wusch sich Oberkörper, Haare, Gesicht und Hals und trocknete sich ab. Das kalte Wasser aus der Tiefe machte ihn wach. Er blickte um sich, bemerkte aber nichts Außergewöhnliches. Nach und nach trotteten Kameraden aus ihren Unterkünften herbei, um sich ebenfalls für den Tag frisch zu machen. Die üblichen flachsenden Bemerkungen am frühen Morgen. Keine Vorgesetzten darunter. Nur deren Burschen, die ihnen das Wasser auf ihr Zimmer brachten.

Eine Viertelstunde später machte er sich auf den Weg. Er fand den Praefecten in seinem Amtsraum auf der linken Seite der Basilica. Sabidius war das, was man einen alten Hasen nannte. Viele Dienstjahre auf verschiedenen Kommandos hatten ihn geprägt. Er arbeitete nach dem Prinzip: »Nach dem Befehl ist vor dem Befehl!« Er gab diesen Satz auch des Öfteren von sich. Damit kam treffend zum Ausdruck, dass die täglich zu bewältigenden Dienstvorgänge in einem Lager nie zu einem befriedigenden Ende führten. War ein Problem gemeistert, wurde es vom nächsten abgelöst. Erfahrene Armeeführer und Legaten hatten einen sehr guten Blick dafür, was für ein Mann für diese Aufgabe geeignet war. Nervöse, eitle, allzu ehrgeizige Naturen kamen nicht infrage. Ruhe des Gemüts war gefordert. Sein Amtsbereich war vergleichsweise sehr ausgedehnt: Neben gelegentlichen taktischen Aufgaben überwachte er im Normalfall den Dienstbetrieb, den Wachtdienst, die Anlage und Instandsetzung des Lagers, den Tross, das Sanitätswesen und das Arsenal eines großen Truppenlagers. Obwohl die Praefecti Castrorum sich durchweg aus dem Ritterstand rekrutierten, hatten sie aufgrund ihrer meist langjährigen Tätigkeit etwas von einem gestandenen Centurio, der sich über lange Jahre hochgedient hatte. Auch sie, die Praefecten, blieben länger auf ihren Posten als die übrigen Stabsoffiziere. Ihr Rat hatte beim jeweiligen Vorgesetzten – meist dem Legaten – stets Gewicht.

Als Pedius den Amtsraum des Praefecten betrat, saß Sabidius hinter einem Berg von Akten: Schriftrollen, Stapel von Papyrusblättern, Wachstafeln.

»Ah, Pedius! Gut, dass du da bist ...«

Pedius hob die Rechte und grüßte – nicht übertrieben zackig.

Sabidius legte den Stift hin, erhob sich, dehnte den Brustkorb und stieß laut die Luft aus.

Er sieht für seine fünfundvierzig Jahre erstaunlich gut aus, dachte Pedius und registrierte befriedigt, dass sich Sabidius auch nicht rasiert hatte. Er fragte: »Was Wichtiges?«

»Wie? – Durchaus, ja. Das da ...« – der Praefect wies auf die Schriftrolle, mit der er sich beschäftigt hatte – »Es betrifft auch dich. Setz dich!«

Er nahm wieder hinter seinem Arbeitstisch Platz, entrollte das Schreiben und beschwerte die Enden rechts und links mit Holzstäben.

Pedius erkannte am Ende des Textes ein dunkelrotes Siegel und fragte: »Aus Rom?«

»Nein. Aus dem Norden.«

»Varus?«

»*Ita'st* – So ist es.«

Also vom Oberbefehlshaber!

»Ist was passiert?«

»Nein, nein. Du und einige andere, ihr seid abkommandiert.«

»Abkommandiert? Wohin denn das?«

»Ins Sommerlager an der Visurgis*.«

»Und wozu? Haben sie zu wenig Leute?«

»Nein. Es fehlt an Spezialisten.«

Seit wann war er, der Optio Sextus Pedius, ein Spezialist? »Was denn für Spezialisten?«, fragte er.

»Nun ...« Sabidius lehnte sich zurück. »Männer, die Erfahrung im Umgang mit Germanen haben. So wie du und Marcus Oppius.«

»Na, ich gehe mal davon aus, dass die Kameraden da oben das auch haben!«

»Nicht unbedingt, Sextus. Du zum Beispiel hast in dem

Jahr, seit du hier bist, hervorragend die Sprache der Germanen gelernt! Du bist durchaus in der Lage, dich mit ihnen zu unterhalten.«

»Das mag schon sein, Praefect. Aber …«

»Ja?«

»Woher wissen die das?«

Sabidius grinste vielsagend: »Na, von wem wohl?«

»Verstehe.« Also musste Sabidius in seinen routinemäßig ausgestellten Beurteilungen seiner Soldaten darüber berichtet haben.

»Aber«, wandte Pedius ein, »ich gehe doch davon aus, dass die Leute hier an der Lagona einen anderen Sermon reden als die im Norden!«

»Nun, das mag bei spezifischen örtlichen Wendungen der Fall sein. Aber im Großen und Ganzen sind die Unterschiede nicht so groß, wie man es vermuten würde. Ich spreche da aus Erfahrung.«

»Warst du denn schon mal da?«

»Durchaus, ja. Ist allerdings lange her. War noch unter Drusus. Beim Hercules, waren das Zeiten!« Er nickte vor sich hin.

Pedius betrachtete ihn, sein hartes, männliches Gesicht, den energischen Mund, die grauen Bartstoppeln, aber auch die Lachfältchen der Augen. Wie so viele der älteren Armeeangehörigen vergoldete auch Sabidius in seiner Erinnerung die frühen Jahre. Und alle schwärmten sie von Drusus, dem Bruder des Caesar Tiberius.

Der Praefect wies auf das Siegel und schaute Pedius bedeutsam an: »Das kommt übrigens von Varus persönlich! Daran erkennst du, welches Gewicht die Sache hat.«

Pedius dazu, nach einer kurzen Pause: »Kann man daraus

GLOSSAR

Visurgis ist die Weser; das Sommerlager der XVII., XVIII. und XIX. Legion befand sich in der Nähe von Minden.

ableiten, dass er – ich meine Varus – auf gute Kontakte zu den Barbaren Wert legt?«

»Das mag schon sein, muss es aber nicht. So viel ist sicher: Es kann für ihn und unsere Sache nur von Vorteil sein, wenn wir über Männer mit germanischen Sprachkenntnissen verfügen. Du verstehst?«

»Sicher.«

»Na, dann ...« Er erhob sich.

In diesem Augenblick klopfte es an der Tür.

»*Intra!*«

Ein Uniformierter kam herein und grüßte zackig. Pedius kannte ihn nicht. Er mochte in seinem Alter sein.

»Darf ich bekannt machen ...« Sabidius kam um den Tisch herum. »Optio Lucius Artorius ... Optio Sextus Pedius!«

Sie begrüßten sich. Sabidius fuhr fort: »Artorius war der Überbringer dieses Schreibens. Er wird dich auch nach Norden begleiten.«

»Wann brechen wir auf?«, wollte Pedius wissen.

Und Sabidius: »Morgen früh. Du solltest noch deinen Nachfolger einweisen. Danach kannst du dich ans Packen machen. Den Rest des Tages bist du dienstfrei. Und denk daran!«

»Sicher. Nach dem Befehl ist vor dem Befehl!«

»*Ita'st.*« Dazu grinste Sabidius breit.

Die beiden Optiones grüßten und verließen den Raum. Draußen sagte Pedius: »Wenn du nichts Besseres vorhast, lade ich dich für heute Abend zum Essen ein. Es gibt hier eine Kneipe, die gute italische Weine zu bieten hat.«

»Gern. Danke!«

Sie trennten sich.

Auf dem Weg zu seiner Unterkunft kam ihm Marcus Oppius, der Primus Pilus, entgegen. Er blieb stehen und meinte: »Na, dann sehen wir uns doch morgen früh!«

»Du auch?«

»Sicher. Sie wollen schließlich nicht auf meine Kenntnisse verzichten.« Er grinste.

»Germanisch?«

Oppius öffnete den Mund. »Woher weißt du das?«

»Na, steht wohl auch in dem Schreiben.«
»Hast du's gelesen?«
»Nein. Aber ich kann bis drei zählen.«
Sie trennten sich.

— SZENE 7 —

Pedius kümmerte sich dann doch noch selbst um den Transport des Marmors und der Travertinplatten vom Hafen in die Siedlung. Da er akribisch kontrollierte, ob die Gesteinsmassen mit derben Seilen verzurrt und mit Keilhölzern gespannt waren, kam es auf dem ansteigenden Fahrweg zu keinen Komplikationen. Er legte seinem Nachfolger dringend ans Herz, bei diesen Vorgängen die strengsten Sicherheitsmaßnahmen einzuhalten, und berichtete ihm von dem Unfall. Der Mann, ebenfalls Optio, nickte zu allem und versprach hoch und heilig, darauf zu achten.

Gegen Mittag machte er sich ans Packen. Es war lange her, dass er all die Utensilien, Waffen und kleinen Werkzeuge in seinem stabilen, wetterfesten Leinensack verstaut hatte. Doch nach alter Gewohnheit ging es ihm schnell von der Hand. Er wusste genau, in welchen Regalen, Truhen und Hängeschränkchen er die Dinge im Zimmer deponiert hatte.

Dabei wurde er gestört. Es klopfte.

»Intra!«

Ein Soldat betrat forsch den Raum, grüßte zackig und brüllte: »Der Gregarius* Gaius Sempronius wie befohlen zum Dienst!«

Pedius stutzte. Offensichtlich hatte Sabidius ihm einen Burschen zugeteilt. Das war eine Auszeichnung. Gemeinhin hatte ein Optio keinen eigenen Burschen.

Zur Sicherheit fragte er nach: »Wer schickt dich?«

Erneutes Gebrüll: »Der Praefectus Castrorum Gaius Sabidius, Optio!« Zack! Die Rechte flog nach oben, er stand wie ein Baum.

»Aha.« Pedius betrachtete den Burschen, den er auf siebzehn schätzte, lächelnd, dann hieß es:»Herhören! Ab sofort wirst du dich, so du dich bei mir meldest, eines entschieden leiseren Tones befleißigen!«

»Jawohl!« Man sah ihm an, dass er sich über diese durchaus etwas gestelzte Art, in der sein neuer unmittelbarer Vorgesetzter mit ihm redete, wunderte.

»Wie alt bist du?«

»Siebzehn, Optio.«

»Woher?«

»Aus Rom, Optio.«

»Oh, aus Rom …« Er nickte bedächtig.»Ich dachte immer, da gibt es keine Rekruten mehr.«

»Das ist richtig, Optio. Aber …«

»Ja?«

»Mein Vater …«

»Dein Vater …?«

»Mein Vater war Centurio.«

»War?«

»Jawohl. Er fiel vor einigen Jahren in Pannonien.«

»Verstehe«, sagte Pedius. Und er fügte hinzu:»Das tut mir leid, Gaius.«

Gaius Sempronius nickte und schluckte. Offenbar hielt er es für seine Pflicht, in die Fußstapfen des Vaters zu treten. Pedius kannte viele, deren Väter schon in der Armee gedient hatten.

»Also, Sempronius … Ich habe im Augenblick nichts zu tun für dich. Kümmere dich um deine eigenen Sachen. Du meldest dich morgen früh bei Sonnenaufgang. Wegtreten!«

Gaius Sempronius wiederholte den Befehl, grüßte und verließ den Raum. Er lächelte, denn er war sehr zufrieden mit seinem neuen unmittelbaren Vorgesetzten.

Pedius nutzte die verbleibende Zeit und schrieb einen Brief an seine Lieben in Caere. Der Großvater war der Einzige in der Familie, der lesen und schreiben konnte. Also würde er den Bericht den andern vorlesen. Wahrscheinlich mehrmals. Pedius teilte ihnen mit, welche Veränderung sich für ihn ergeben hatte, dass er vollkommen gesund sei und dass er sich auf die neue Aufgabe freue. Die Germania Magna* sei vollkommen ruhig, es gebe keine Anzeichen für eine Verschlechterung der Lage im Allgemeinen – und somit auch nicht für ihn im Besonderen. Aus der neuen Aufgabe, die ihm übertragen werde, sei vielmehr abzuleiten, dass die militärische Führung sich zum Ziel gesetzt habe, Land und Leute mit friedlichen Mitteln davon zu überzeugen, dass es für sie nur von Vorteil sein könne, die bereits bestehenden Kontakte zu und die Zusammenarbeit mit Rom zu intensivieren.

Etwa gegen Ende der 11. Stunde* nahm er an seinem Stammtisch im »Siebengestirn« Platz. Gaius Caninius Rufus, der Wirt, war ein ehemaliger Centurio, hatte nach seinem Ausscheiden aus dem aktiven Dienst vor zwei Jahren die Gelegenheit beim Schopf gepackt und mit einem ganz geringen Teil seiner Abfindung in unmittelbarer Nähe des Forums ein Haus gepachtet. In nur sechs Wochen hatte er darin eine Kneipe eingerichtet, die sofort zum beliebtesten Etablissement der Siedlung und ihrer Umgebung avancierte. Er bot nicht nur heimischen Met und gallische Cervisia an, sondern aufgrund seiner alten Beziehungen gelang es ihm, stets einen ansehnlichen Vorrat an italischen Weinen im Angebot zu haben. Besonders Letzterem sprachen abends nur zu gerne die mittleren und höheren Chargen des Militärs zu. Hinzu kam, dass die weibliche Bedienung sich nicht nur um Speisen und Getränke kümmerte, sondern, wenn gewünscht, auch um die sexuellen Bedürfnisse der männlichen Gäste. Die Mädchen stammten nicht aus der Gegend – die germanischen Sitten hätten derlei Freizügigkeiten verboten –, sondern aus linksrheinischen Dörfern und Siedlungen, einige sogar aus Italien und Griechenland. Pedius hatte in den vergangenen Monaten ein durchaus persönliches Verhältnis zu Tillia aufgebaut, einer Sklavin, die Caninius Rufus aus Italien mitgebracht hatte. Für dessen Frau, Tochter eines Gastwirts aus dem römischen Argiletum*, war das alles völlig normal, da sie ähnliche Verhältnisse aus dem Gasthaus ihres Vaters in Rom kannte.

Pedius hatte kaum Platz genommen, als Tillia schon erschien und ihn nach seinen Wünschen fragte. Er bestellte Gebratenes vom Schwein, Lauch und Brot, dazu einen Roten aus der römischen Campania. Er war nicht so teuer wie der aus der Campania Felix bei Neapel.

»Du trinkst heute Wein?« Tillia wunderte sich, weil er meist Cervisia zu sich nahm. Und mit der Selbstverständlichkeit eines Menschen, der den anderen seit Langem kennt, fügte sie hinzu: »Gibt es Grund zum Feiern?«

»Das kann man so sagen«, antwortete er und lächelte verhalten. Dann erklärte er ihr mit wenigen Worten, dass er morgen in den Norden aufbreche, dass dies durchaus eine Auszeichnung sei und dass er vielleicht schon mit einer baldigen Beförderung rechnen könne. Sehr schnell fügte er hinzu: »Du kannst gleich noch zwei weitere Becher bringen. Oppius und Artorius kommen noch dazu.«

Und sie, nachdem sie ihn eine Weile ernst angesehen hatte: »Schade.«

»Ja, schade.« Er schaute sie an. »Hast mir immer gefallen, Tillia.«

»Du mir auch.«

»Vielleicht sieht man sich ja wieder. Irgendwann … Irgendwo …«

»Sicher. Irgendwann … Irgendwo …«

Sie putzte mit einem Tuch über die Tischplatte und ging den Wein holen. Keine Geste, kein Wort verriet, dass sie von der Nachricht betroffen war. Sie musste mit solchen Situationen immer rechnen. Hatte es schon mehrmals erlebt.

Wenige Augenblicke später erschienen Oppius und Artorius in der Tür, orientierten sich kurz und steuerten auf den Tisch zu, an dem Pedius sich bereits einladend erhoben hatte.

Nachdem der Wein serviert und in die Becher gefüllt, das Essen bestellt, Löffel und Messer bereit waren, kamen sie sofort zum Thema.

»Sag mal, wie lange …«, wandte sich Pedius an Artorius, »wie lange bist du eigentlich schon da oben?«

Und Artorius: »Da oben? Du meinst da unten!«

»Ja, ist doch wurscht. Für mich ist das da oben. – Also …?«

»Seit einem Jahr.«

»An der Visurgis?«

»Auch. Im Sommer.«

»Und sonst?«

»In Castra Vetera. Am Rhenus.«

»Und wie lange seid ihr im Sommerlager?«

»Bis September.«

»Und danach? Bleibt das Lager im Winter leer?«

»Nein, natürlich nicht. Eine Stammbesatzung überwintert dort.«

»Und das klappt? Ich meine: Hat es da nie Übergriffe von Germanen gegeben?«

»Bis jetzt nicht. Und ich denke, das wird auch so bleiben.«

»Warum bist du da so sicher?«

Artorius lehnte sich zurück. »Weil … Es gibt bei den Cheruskern – und in deren Gebiet liegt das Lager – zwei Gruppen. Ich meine, unter den Stammesführern. Die einen sind für eine enge Zusammenarbeit mit uns. Die andern sind vorsichtiger. Sie zögern. Aber die Romfreunde sind in der Mehrheit. Die anderen repräsentieren nur eine winzige Minderheit.«

»Hast du welche kennengelernt?«

»Sicher. Sie sagen dir das natürlich nicht ins Gesicht. Aber du merkst an ihren Reaktionen, an hingeworfenen kritischen Bemerkungen, was sie wirklich denken.«

Marcus Oppius warf ein: »Aber diese Leute haben doch auch ihre Anhänger, die du *nicht* kennst!«

GLOSSAR

Gregarius: Gemeiner Soldat, der noch keinen Mannschaftsdienstgrad erreicht hat. – **Germania Magna:** Groß-Germanien; mit diesem geografischen Begriff kennzeichneten die Römer das riesige Gebiet nördlich der Donau, das ja offiziell noch keine Provinz war. – **Ende der 11. Stunde:** Gegen 18 Uhr nach unserer Zeit. Genaue Zeitangaben waren in der Antike nicht möglich, da die Wasser- bzw. Sanduhren nicht genau gingen. Folge: Das Einhalten genauer Zeitpunkte war nicht möglich. – **Argiletum:** Dicht bevölkertes Stadtviertel in Rom nordöstlich des Forums.

»Schon, aber diese Leute sind durchaus fähig, die Vorteile zu erkennen, die eine Zusammenarbeit mit uns bringt. Hier, an der Lagona, ist das doch nicht anders!«

Und Oppius: »Das kann man wohl kaum vergleichen. Die Ubier und die Treverer sind schon seit Caesar den Einflüssen aus dem Westen und Süden ausgesetzt. Und die Chatten? Mir scheint, für eine Einschätzung ihrer wahren Denkweise ist es viel zu früh. Und vergiss nicht: Zwischen den Stammesführern da oben und hier dürfte es sehr wohl geheime Verbindungen, wenn nicht Absprachen geben, die wir nicht kennen.«

»Aber dann reden wir über ungelegte Eier«, erklärte Artorius. »Ihr werdet euch schon euer eigenes Bild machen, wenn ihr die Verhältnisse an der Visurgis und in den benachbarten Gebieten kennenlernt.«

Der Disput wurde unterbrochen, denn Tillia servierte das Essen. Danach wandten sie sich privaten und familiären Themen zu.

— SZENE 8 —

Die Route, die die Einheit am nächsten Morgen einschlug, war nur Lucius Artorius und den Männern seiner Begleitung bekannt. Alle anderen betraten Neuland. Insgesamt waren sie dreißig, alle beritten, dazu zwei germanische Kundschafter, die die Dialekte der Gegenden, durch die sie ritten, kannten. Sie waren absolut vertrauenswürdig, da ihre Familien im Oppidum unter römischer Aufsicht zurückblieben. Zehn Maultiere trugen die Zelte und deren Zubehör, den Proviant und das notwendigste Werkzeug, das man vielleicht unterwegs brauchte. Wasser gab es überall. So konnten sie täglich ihre Schläuche nachfüllen.

Die bis in die Niederungen dicht bewaldeten Gebirge ließen sie links oder rechts liegen und folgten auf uralten, ausgetretenen Pfaden einer breiten Senke, immer wieder von Bächen und Wasserläufen durchzogen, deren Namen sie nicht kannten. Hin und wieder einige Gehöfte. Keine größeren Siedlungen. Es begegnete ihnen auch niemand, weder Reiter noch zu Fuß Reisende.

Am zehnten Tag erreichten sie einen größeren Fluss. Das Wasser war glasklar. Während die Pferde und Maultiere tranken, wies Artorius zum Wasser:»Die Adrana*. Sie mündet einige Meilen weiter flussabwärts in die Fuldaha*. Und die ist einer der Quellflüsse der Visurgis.«

Pedius staunte über seine Kenntnisse:»Du sprichst die Namen so aus, als ob du ihre Bedeutung kennst.«

»*Ita'st.*« Artorius lächelte geschmeichelt.»Viele Flüsse hier haben die Endung -a im Namen, oder -aha. Das ist ein germanisches Wort und bedeutet so viel wie Wasser. Und *fulta*, *folda* oder *fulda* bedeutet Land oder Feld. Fuldaha ist also ganz einfach der Landfluss.«

Pedius nickte und ergänzte:»Bei den Chatten klingt das alles sehr ähnlich. Du musst mir, wenn wir da sind, unbedingt die Besonderheiten beibringen. Vor allem die Aussprache.«

»Das lernst du schnell, du hast ja schon eine Menge bei den Chatten gelernt. Im Übrigen verstehen die einzelnen Stämme sich gut untereinander, da die verschiedenen Aussprachen ja im Grunde vom gleichen Wort ausgeht.«

Weiter flussabwärts trafen sie auf kleinere Siedlungen. Bei den hier ansässigen Fischern und Bauern konnten sie ihre Nahrungsmittel durch frische ergänzen: Brot, Fleisch, Fisch und Obst. Sie bezahlten mit römischen Münzen, die von den Bauern gern angenommen wurden. Offenbar hatten sie öfters Kontakt mit durchziehenden Einheiten oder Händlern und waren es gewohnt, dass die Fremden bar bezahlten.

Auf eine entsprechende Bemerkung von Pedius meinte Artorius:»Das ist nur hier so. Sobald du dich abseits der Hauptwege befindest, ist das anders.«

»Und wie bezahlst du dann?«

»Überhaupt nicht – oder durch Tausch.«

»Überhaupt nicht?«

»Nun, wenn sie dir wohlgesonnen sind, bist du ihr Gast. Dann bekommst du das beste Stück Fleisch, den Ehrenplatz bei Tisch und das beste Nachtlager. Du lebst wie ein König. Denn wenn sie dich als Gast betrachten, bist du für den Hausherrn sakrosankt.«

»Und wenn sie misstrauisch reagieren?«

»Dann musst du irgendwas, das sie brauchen können, eintauschen. Zum Beispiel ein Messer mit guter Stahlklinge. Solche Dinge stehen bei ihnen hoch im Kurs, da sie selbst nicht in der Lage sind, qualitativ guten Stahl herzustellen.«

»Moment mal!«, rief Pedius. »Ist das nicht verboten?«

»Sicher. Offiziell. Aber wenn du dringend was zum Knabbern brauchst, kommst du nicht umhin, dich darüber hinwegzusetzen. – Übrigens ...«

»Ja?«

»Dabei macht es sich gut, wenn du dich mit ihnen in ihrer Sprache verständigen kannst.«

Pedius nickte. Er kannte ähnliche Fälle aus Syrien. Wenn man mit einem Araber in seiner Sprache radebrechte, fühlte er sich geschmeichelt, ja, er reagierte bisweilen geradezu geehrt. Das schaffte bei allen Fremden Vertrauen.

Da sie in wenigen Tagen das Lager an der Visurgis erreichen würden, schlugen sie ihr Nachtlager früher als sonst auf einer leichten Anhöhe oberhalb der Fuldaha auf. Als die Zelte standen und Marcus Oppius die Wachen eingeteilt hatte, trat er neben Pedius und reichte ihm eine Textrolle.

Erstaunt fragte Pedius, ob er was schreiben solle.

»Nein. Du sollst es lesen.«

»Was ist das?«

»Das sechste Buch aus Caesars Kommentarien zum Gallischen Krieg.«

»Aha.« Pedius wusste, dass Oppius seinen Caesar stets dabeihatte. »Und warum?«

»Nun, ich denke, es wird dich interessieren. Ich habe an die Stelle ein Lesezeichen gesetzt.« Er reichte die Rolle Pedius. »Lies es gleich, in einer halben Stunde beginnt es zu dämmern.«

Pedius blickte sich suchend um, ging zu einem gestürzten toten Baum und setzte sich in eine Astgabel. Vorsichtig öffnete er die Rolle und überflog den Text.

»Du solltest hier anfangen«, sagte Oppius und zeigte auf einen Kapitelanfang: »Die Lebensweise der Germanen ... Er vergleicht sie mit jener der Gallier. Sehr interessant!«

Er entfernte sich.

Pedius begann mit der Lektüre:

Die Lebensweise der Germanen ist wesentlich anders. Sie haben weder Druiden, welche die gottesdienstlichen Einrichtungen beherrschen, noch hegen sie besondere Vorliebe für Opfer. Unter die Götter zählen sie nur die, die sie sichtbar wahrnehmen und deren Eingreifen sie augenscheinlich erfahren, nämlich die Sonne, das Feuer und den Mond. Die Übrigen kennen sie nicht einmal vom Hörensagen. Ihr ganzes Leben besteht aus Jagd und kriegerischem Treiben. Von klein auf sind sie auf Strapazen und Abhärtung bedacht. Wer am längsten keusch bleibt, erntet bei ihnen den höchsten Ruhm. Hierdurch werde der Wuchs gefördert, wüchsen die Kräfte und würden die Muskeln gestärkt. Vor dem 20. Lebensjahr Umgang mit einer Frau zu haben, halten sie für die größte Schande. Dabei gibt es in dieser Beziehung kein Verheimlichen, weil man in den Flüssen gemeinsam badet und nur Felle oder kleine Pelzüberwürfe trägt, wobei ein großer Teil des Körpers unbedeckt bleibt.

Pedius zog die Stirn in Falten: Hier irrte Caesar! Er, Pedius, hatte sehr wohl Germanen mit Stoffen aus gewebter Wolle gesehen, geschmückt mit kunstvollen farbigen Mustern. Doch die geschilderte Freizügigkeit stimmte: Er hatte sie selbst oft bei den Menschen der Lagona und der Umgebung beobachtet.

Er las weiter:

Ackerbau betreiben sie nicht sonderlich eifrig, und der größere Teil ihrer Nahrung besteht aus Milch, Käse und Fleisch ...

»Stimmt nicht!«, murmelte Pedius. Korn, in Fladen gebacken oder als Brei zubereitet, war ein Hauptnahrungsmittel, »ganz wie bei uns!«, nickte er.

Keiner hat einen abgegrenzten Grundbesitz oder eigene Felder, sondern die Behörden und Fürsten teilen immer für ein Jahr den

Sippen und Geschlechtern und anderen Genossenschaften so viel Acker und an der Stelle zu, wie sie für gut befinden, und zwingen sie, ein Jahr später anderswo hinzuziehen.

Pedius dachte über die letzten Sätze nach. Das hier Geschilderte konnte er nicht beurteilen. Ah! Der Autor reichte die Erklärung nach:

Hierfür führen sie viele Gründe an: Sie sollen nicht, durch anhaltende Gewohnheit verleitet, das Kriegshandwerk gegen den Ackerbau eintauschen, sollen nicht danach streben, sich große Ländereien anzueignen, und die Mächtigeren sollen nicht die Schwächeren aus ihrem Besitz vertreiben.

Sie sollen ferner nicht mit zu großem Bedacht Häuser als Schutz gegen Kälte und Hitze bauen.

»Das ist Unsinn!«, stieß Pedius leise hervor. Schon oft war er in den wetterfesten großen Häusern von Bauern, Fischern und Hirten gewesen, an der Lagona, in Seitentälern und auf den angrenzenden Höhen des Taunus. Ohne sie konnte man weder einen strengen Januar noch einen nasskalten Februar überleben. Er hatte es vor einem halben Jahr selbst erfahren, als er bei den Chatten unterwegs war.

Er las weiter: *Es soll auch keine Geldgier groß werden, die Quelle von Parteiungen und Spaltungen. Man will das Volk durch Genügsamkeit zusammenhalten, dadurch, dass jeder sieht, dass sein Besitz dem der Mächtigsten gleicht.*

Das Folgende war sehr merkwürdig:

Es gilt für die Stämme als höchster Ruhm, möglichst weite Landstriche in ihrem Umkreis zu verwüsten und dort Ödland zu haben. Sie halten es für einen Beweis von Tapferkeit, wenn die Nachbarn, aus ihrem Lande vertrieben, das Feld räumen und niemand wagt, sich in der Nähe anzusiedeln.

Pedius überlegte und schüttelte den Kopf. Dergleichen hatte er, seit er in Germanien war, nie gesehen noch davon gehört. Wann hatte Caesar diesen Text geschrieben? Er rechnete zurück: Das musste vor über sechzig Jahren gewesen sein. Soviel er wusste, war Caesar damals mit Teilen seiner Gallienarmee über den Rhenus gesetzt und hatte sich nur kurze Zeit auf dem anderen Ufer aufgehalten. Wie kam er zu solchen Behauptungen? Pedius nahm sich vor, Oppius danach zu fragen.

Er las weiter:

Zugleich glauben sie, dadurch in größerer Sicherheit zu sein, wenn ihnen die Furcht vor einem plötzlichen Einfall genommen sei. Wenn ein Stamm einen Verteidigungs- oder Angriffskrieg führt, werden Obrigkeiten gewählt mit dem Auftrag, die Führung in diesem Krieg zu übernehmen und Gewalt über Leben und Tod zu üben. In Friedenszeiten gibt es keine gemeinsame Staatsbehörde, sondern die Häuptlinge der Bezirke und Gaue sprechen unter ihren Leuten Recht und legen Streitigkeiten bei. Raubzüge außerhalb der Grenzen eines Stammes ziehen keine Schande nach sich, und sie prahlen damit, dass sie zur Übung der Jugend und zur Bekämpfung des Müßiggangs unternommen würden. Wenn einer von den Vornehmen im Thing erklärt, er werde die Führung übernehmen, und die, welche ihm folgen wollen, aufruft, da erheben sich die, die am Unternehmen und am Manne Gefallen finden, sagen ihre Hilfe zu und finden den Beifall der Menge. Wer von ihnen dann nicht Gefolgschaft leistet, gilt als fahnenflüchtig und Verräter und verliert das Vertrauen in allem.

Pedius nickte. Ähnliches hatte er schon gehört. Ja, das Niveau des germanischen Ehrenkodexes war sehr hoch.

Auch dem Folgenden konnte nur zustimmen:

Einen Gast zu verletzen halten sie für eine Verletzung göttlichen Gesetzes. Wer aus irgendeinem Anlass, welcher es auch sei, zu ihnen kommt, den schützen sie vor Gewalttat und halten ihn für unverletzlich. Ihm steht das Haus aller offen, und man teilt mit ihm die Nahrung.

»Na, was sagst du dazu?« Marcus Oppius schaute ihm von hinten über die Schulter und wies auf die Rolle.

Pedius erhob sich und gab dem Centurio die Rolle zurück. Er dachte kurz nach und sagte: »Nun, soweit ich das beurteilen kann …«

»Ja?«

»Einiges stimmt, anderes stimmt nicht.«

»Zum Beispiel?« Oppius grinste bereits in Erwartung der Einwände.

»Na, das mit dem Zerstören der umliegenden Gegenden!«

»Korrekt!«

»Aber wie kommt er dazu?«

Und Oppius: »Das kann ich dir sagen, Sextus. Was der große Caesar da schreibt, bezieht sich wohl auf gewisse Reaktionen der Leute unmittelbar auf dem rechten Ufer des Rhenus. Er ist ja nicht tief in das Land eingedrungen. Im Übrigen …«

Oppius setzte sich neben Pedius auf den Stamm. »Es kann durchaus sein, dass er einfach fremde Textstellen übernommen und eingebaut hat.«

»Von wem?«

»Zum Beispiel von …« Oppius öffnete die Rolle, suchte und fand die Passage: »Hier! Nach dem Exkurs über die Germanen heißt es im Zusammenhang mit dem Hercynischen Waldgebirge*: *Es kennen es vom Hörensagen, wie ich sehe, Eratosthenes* und andere griechische Schriftsteller und nennen es das Hercynische Waldgebirge* … Hier, lies selbst!«

Er hielt den Zeigefinger auf die Stelle, und Pedius las sie. Sein Respekt vor diesem Centurio stieg gewaltig. Er hatte noch nie einen Centurio kennengelernt, der in einer solchen Weise in den Feinheiten historischer Schriften bewandert war. Schreiben und Lesen konnten sie alle, es war eine der Voraussetzungen für die militärische Karriere. Er, Pedius, strebte ja dasselbe an. Aber ein Mann mit einer solchen Kenntnis war ihm noch nicht vorgekommen. Ein Centurio!

Oppius kam nun richtig in Fahrt: »Ich beschäftige mich ja schon lange mit diesem Text und den Ungereimtheiten, die immer mal wieder auftauchen. Dabei musst du natürlich dies in Rechnung stellen: Britannien und Germanien betrat Caesar nur je zweimal – und beide Male nur für wenige Tage. Aus eigener Anschauung konnte er also nur wenig berichten. Andererseits waren seine Leser brennend daran interessiert, mehr über diese Barbaren zu erfahren. Zumal – und das darf man dabei nicht vergessen – gerade die Germanen in unserer Erinnerung als die Bösewichte schlechthin erscheinen. Ich meine den Einfall der Kimbern und Teutonen in Gallien. Hätte Marius sie damals nicht im letzten Moment zum Stehen gebracht, wären sie mit Sicherheit in Italien eingefallen. Das alles weiß natürlich auch Caesar. Also greift er auf die

Darstellungen der Griechen zurück, neben Eratosthenes vor allem auf Poseidonius*. Und gerade auf ihm fußt Caesars Bericht über die Germanen.«

»Hast du den etwa auch?«, fragte Pedius.

»Nein, natürlich nicht. Wo denkst du hin? Der ist zu teuer! Aber ich habe bei römischen Buchhändlern einmal die einschlägigen Stellen gelesen.«

»Und? Was hast du festgestellt?«

»Nun, Poseidonius betont zum Beispiel die Verwandtschaft zwischen den Galliern und den Germanen. Caesar dagegen weist auf die Unterschiede hin. Der Grieche spricht auch von einer gewissen Ähnlichkeit der Gottesvorstellungen beider

GLOSSAR

Adrana ist die Eder. – **Fuldaha** ist die Fulda. – **Hercynisches Waldgebirge**: *Hercynia Silva*, zu dieser Zeit Gesamtbezeichnung für die nördlich der Donau gelegenen Waldgebirge. Bei Caesar (B. G. 6, 24) genauer angegeben: vom Rhein bis zum Gebiet der Daker, Jazygen und Sarmaten reichend. Mit dem Vordringen der Römer werden auch die Namen einzelner Gebirgsstöcke bekannt: *saltus Teutoburgiensis, mons Taunus, mons Abnoba* (Schwarzwald), *silva Bacenis* (Thüringer Wald, Erzgebirge, Sudetenland). – **Eratosthenes**: lebte 275–195 in Kyrene (Nordafrika; daher *Cyrenaica*) und Alexandria, war dort Leiter der königlichen Bibliothek. E. war einer der vielseitigsten griechischen Wissenschaftler. Er ist der Begründer der mathematischen Geografie (Erdkugelmessung). – **Poseidonius**: etwa 135–50 v. Chr., aus Apameia in Syrien, griechischer Historiker, Naturforscher und Philosoph, unternahm Forschungsreisen in die Länder um das westliche Mittelmeer, kam in Rom mit dem Adel in Verbindung. In einem Geschichtswerk von 52 Büchern behandelte er die Zeit von 144 bis 85. Im Jahre 78 v. Chr. besuchte Cicero in Rhodos die Vorträge des Poseidonius. Vor allem wurde Poseidonius ein Freund und Anhänger des Pompeius, dessen Politik er nachdrücklich verteidigte. P. verband mit seinen geologischen und geografischen Untersuchungen aufs Engste die Beobachtung fremder Völker – nicht nur der Bewohner der iberischen Halbinsel, die er selbst besuchte, sondern auch der Germanen und Kelten. Vieles spricht dafür, dass die Aufzeichnungen des Poseidonius Caesar und Tacitus beeinflusst haben – bis zu welchem Grad deren Schilderungen auf Poseidonis beruhen, ist jedoch noch nicht geklärt.

Völker, Caesar aber weist auch hier wieder auf grundsätzliche Unterschiede hin.«

»Und was ist deine Meinung?«

»Nun, ich ... eh ...« Oppius betrachtete seine Hände. »Ich denke, Caesar macht es sich da zu einfach. Es ist unwahrscheinlich, dass ein Volk innerhalb weniger Jahrzehnte seinen Götterglauben grundlegend ändert. Zumal unsere eigenen Beobachtungen, deine wie meine, uns eines Besseren belehren.«

»Mit anderen Worten«, fasste Pedius zusammen, »du willst damit sagen: Caesar ist unglaubwürdig.«

»So ist es. Aber nur in diesen Dingen. Und diese Exkurse sind ja – wenn man das ganze Werk ins Auge fasst – nebensächlich.«

Der Centurio erhob sich, und auch Pedius schoss in die Höhe. Abschließend meinte er:»Bei deinem Wissen, Centurio, wäre es doch denkbar, dass du selbst dich einmal zu all diesen Fragen äußerst ... Ich meine, schriftlich.«

Oppius legte ihm die Hand auf die Schulter, grinste und sagte leise:»Vielleicht, Pedius, vielleicht. Wenn die Götter mich so lange leben lassen. In zehn Jahren vielleicht. Komm, gehen wir zurück zu den anderen. Jetzt ist das Hier und Heute wichtiger.«

Vier Tage später erreichten sie das Sommerlager an der Visurgis.

Ein römisches Kriegslager an der Weser

Wir besitzen zwar keine genauen archäologischen Befunde darüber, wie das Sommerlager des Varus an der Weser en détail ausgesehen hat, aber das ist – einmal abgesehen von fehlenden Bezugspunkten zur Person des Oberbefehlshabers, seinem Stab und dem Personal der drei Legionen – weniger schmerzlich, als man auf den ersten Blick vermuten könnte. Der Grund: Prinzipiell sind alle Militärlager dieser Zeit nach dem gleichen Muster konzipiert und errichtet worden.

Besonderheiten, die durch die außergewöhnliche Situation bedingt sind, spielen natürlich eine Rolle, aber auch sie lassen sich indirekt aus der Lage mitten in Germanien an einem schiffbaren Fluss, der in die Nordsee fließt, erklären. Dazu gehören die Transportmöglichkeiten zu Wasser und zu Lande, die klimatischen Verhältnisse, die Kommunikationswege, die Binnenschifffahrt auf Weser, Ems und Lippe und das Wichtigste: die Versorgung der Armee mit Nahrungsmitteln, Waffen, Geräten und all den tausend Materialien, die man braucht, die aber am Ort nicht aufzutreiben sind.

Betrachtet man die Lage des Sommerlagers der XVII., XVIII. und XIX. Legion bei Minden auf der Karte, springt geradezu ins Auge, dass der Standort mitten in der Germania Magna liegt. Die Entfernungen bis zur Mündung der Weser im Norden, zur Elbe im Osten, zum Main im Süden und zum Rhein im Westen sind in etwa gleich: ca. 200 km Luftlinie.

Ist das nun viel oder wenig? Das hängt ganz davon ab, welche strategischen Ziele man der römischen Armeeführung in den Jahren um Christi Geburt unterstellt. Wenn wir von einer friedlichen Expansion nach Osten – im Sinne einer Infiltration – ausgehen, ist es viel. Hier hätte sich ein Stützpunkt in größerer Nähe zum Rhein angeboten, wie gerade das Oppidum von Waldgirmes zeigt, das ja auch kein großes Militärlager einbezog. Hinzu kommen bei Waldgirmes die besseren Verkehrsverbindungen und Transportmöglichkeiten auf der Lahn.

Das Lager an der Weser ist aber keine Zivilsiedlung, sondern ein gewaltiger Militärstützpunkt. Drei voll ausgerüstete Legionen plus Hilfstruppen sprechen eine beredte Sprache: Von hier aus konnte man – wenn es denn so beabsichtigt war – Schritt für Schritt das barbarische Land nach allen Seiten in Besitz nehmen und romanisieren. Man wusste von den Exkursionen des Drusus und Tiberius, dass das Gebiet sehr dünn besiedelt war, und leitete daraus ab, dass man kaum auf größeren Widerstand stoßen würde, zumal die Zerstrittenheit der einzelnen Stämme als geradezu sprichwörtlich galt.

Bei solchen Voraussetzungen gab es freilich einen kritischen Punkt, der bei allen

Schwierigkeiten, die er im Gefolge hatte, penibel und in großer Verantwortung zu lösen war: Wie gelangte der Nachschub über diese Entfernung sicher an den Ort, um die Truppen zu versorgen? Die Lage des Stützpunktes bot dafür zwei Möglichkeiten an, eine dritte ist zwar prinzipiell denkbar, aber in der Praxis kaum durchführbar:

1. Transport teils zu Wasser, teils auf dem Landweg
2. Transport zu Wasser
3. Transport auf dem Landweg

Zu 1.: Hier bietet sich eine Route an, die von allen die sicherste und kürzeste war: Bei Castra Vetera (Xanten) setzte man über den Rhein auf das rechte Ufer in unmittelbarer Nähe der Lippemündung. Von dort auf getreidelten Kähnen die Lippe aufwärts über den Stützpunkt Haltern bis nach Anreppen. Dort Umladen der Güter auf Karren und Tragtiere und auf dem Landweg zunächst nach Norden bis zum Osning (Teutoburger Wald), vielleicht bei der Dörenschlucht über das Gebirge und in nordöstlicher Richtung über das heutige Herford und Rehme bei der Else-Mündung an die Weser, durch die Porta Westfalica zum Lager in Barkhausen südlich von Minden.

Zu 2.: Von Castra Vetera rheinabwärts, über einen Verbindungskanal in den Lacus Flevo (Zuider See), von dort in die Nordsee und entlang der friesischen Küste bis zur Wesermündung, dann flussaufwärts bis zur Porta Westfalica. Diese Strecke ist zwar die längste (ca. 600 km), aber – vorausgesetzt, das Meer ist ruhig und die Flüsse führen kein Hochwasser – eine sehr sichere. Sie erlaubt vor allem den Transport schwererer Lasten und größerer Mengen an Gütern.

Zu 3.: Hier könnte man eine Route annehmen, die, von Mainz ausgehend, über den Rhein setzt, ab Höchst der Niddasenke nach Norden folgt, bei Waldgirmes die Lahn überquert und – wie in der Szene beschrieben – auf dem Landweg das Lager an der Weser erreicht. Diese Strecke wäre für Schwertransporte kaum verwendbar, es mangelte an festen Straßen und Wegen. Lediglich geeignet für leicht bewegliche Einheiten. Um relativ ungefährdet in den Raum nördlich der Lippe zu gelangen, bietet sich als weitere Route das Einschwenken von der Nordsee in die Emsmündung an, von dort mit Kähnen und größeren Binnenschiffen flussaufwärts ins Grenzgebiet zwischen Brukterern und Cheruskern. Germanicus hat davon, wie wir sahen, Gebrauch gemacht.

Bei allen antiken Kriegen galt die Regel: Im Winter wird nicht gekämpft. Die unerfreulichen Witterungsverhältnisse machten es unmöglich, die strategischen Ziele eines Feldzugs erfolgreich umzusetzen, weil der Nachschub auf vereisten

Wegen und verschneiten Straßen nicht transportiert werden konnte. Ganz zu schweigen von den Schwierigkeiten, unter solchen Voraussetzungen zu kämpfen. Natürlich gab es Ausnahmen von der Regel: Der Marsch ins Land der Arverner über die verschneiten Cevennen mitten im Winter (Frühjahr 52 v. Chr.) gehört mit zu den kühnsten Unternehmungen Caesars.[123] Aus den gleichen Gründen ruhte in der kalten, stürmischen Jahreszeit die Hochseeschifffahrt. Wer sich aus zwingenden Gründen auf See begab, musste damit rechnen, dass seine Flotte auseinandergetrieben, manövrierunfähig oder vernichtet wurde.

Wo eben möglich, quartierte man große Truppeneinheiten im Laufe eines Jahres an zwei verschiedenen Orten: im sichereren Winter- und im Sommerlager. So wurde es auch mit der XVII., XVIII. und XIX. Legion gehandhabt. Den Winter verbrachte die Armee im stark befestigten Standlager von Castra Vetera, den Sommer an der Weser.

Die Entwicklung konnte im günstigsten Fall so ablaufen:

1. Besetzung eines Stückes Land und Bau eines temporären Marschlagers, das nur für kurze Zeit (Tage) existierte. Die Auswahl des Platzes hing von taktischen Überlegungen während eines Kriegszuges oder eines Anmarsches ab: gute Verteidigungsmöglichkeit, Verfügbarkeit über Trinkwasser, gute Sicht über das äußere Terrain, evtl. die Möglichkeit zum sicheren Rückzug. Alles zum Bau notwendige Material wurde mitgeführt (Schanzpfähle, Stricke, Gerät zur Bodenbearbeitung) oder konnte in unmittelbarer Nähe besorgt werden (Hölzer, Erde, Rasensoden).

2. Wenn der Ort geeignete Voraussetzungen für die Beherrschung eines größeren Territoriums über einen längeren Zeitraum bot, stieg die Qualität der Baumaßnahmen entsprechend an: Gräben und Wälle wurden größer, stabiler, haltbarer errichtet. Die temporären Baumaßnahmen aus vergänglichen Materialien wurden ersetzt durch qualitativ bessere, die Umwallung etwa durch mehrere Meter hohe Holz-Erde-Konstruktionen, die Zugänge konnten mit Toren abgeriegelt werden.

3. Hatte dieses Lager über mehrere Monate oder Jahre Bestand, siedelten sich vor den Toren Händler, Wirte, Handwerker an, die wiederum Einheimische anlockten, so dass nach und nach die »canabae« entstanden: Eine *canaba* ist ursprünglich ein leichtes, für kürzere oder längere Zeit errichtetes Gebäude, ein Stadel oder Schuppen außerhalb des Hauses für Vorräte, auch für Wein in Fässern und Krügen, das auch als Verkaufslokal oder Weinschenke diente. Der Begriff wurde auf die außerhalb des Lagers aufgeschlagene Bude eines dem Heer folgenden Händlers übertragen. Man benutzte den Begriff schließlich in der Mehrzahl, weil sich immer mehr Krämer vor dem Lager

niederließen: *canabae* bedeutete dann das Krämerrevier, der Krämerbezirk. Das Wort umfasste schließlich die Gesamtheit des »Budendorfes« mit Marketendern, Händlern und käuflichen Frauen. In der frühen Kaiserzeit – also dem Zeitraum unserer Darstellung – erfuhren die *canabae legionis* bei den Legionslagern eine Ausweitung: Sie umfassten nun Peregrine (Fremde) und römische Bürger, vor allem Veteranen, Großhändler, Landwirte, Handwerker usw. Das heißt, in den *canabae* war alles konzentriert, was für die Bewirtschaftung des Lagerterritoriums und für die Bedürfnisse der Besatzung erforderlich war. Diese Ausdehnung erforderte schließlich eine quasimunizipale Verwaltung, die wie das militärische Lagerterritorium dem Kommandanten unterstand.

4. Hatte das Lager längere Zeit (Jahre, Jahrzehnte) Bestand, wurde die gesamte Anlage in Stein umgebaut. Ebenso die *canabae.* Form und Bauweise der nun ebenfalls in Stein errichteten zivilen Gebäude unterlagen strengen Vorgaben. In jedem fünften Jahr erfolgte eine kritische Bestandsaufnahme. Auf diese Weise sind Städte wie Straßburg, Mainz, Koblenz, Bonn und Köln entstanden, die bis heute dokumentieren, dass der Rhein einmal eine strategische Grenze war. Wurde der Prozess durch kriegerische Ereignisse unterbrochen, verschwanden auch die *canabae,* aus ihnen konnten keine Landstädte (Municipia und Coloniae) entstehen. Die Siedlung von Waldgirmes ist dafür ein Beispiel.

Römische Lager waren stets nach dem gleichen Schema angelegt, und dies unabhängig davon, ob sie als temporäres Marschlager oder als permanentes Standlager konzipiert wurden. »Dabei« – so Marcus Junkelmann[124] – »bewies man in der frühen Kaiserzeit noch ziemlich viel Flexibilität. Augusteische Lager zeigen sowohl in der Größe wie im Grundriss viel erheblichere Abweichungen voneinander, als das in der Zeit der auf Dauer angelegten *castra* der Fall sein sollte. Letztere begünstigten eben den Zug zur Normierung und Schematisierung. Im Allgemeinen hatten die Lager einen rechteckigen, seltener einen quadratischen oder rhombischen Grundriss, stets mit abgerundeten Ecken. Die genaue Formgebung hing von den Geländegegebenheiten ab.«

Da wir, bei aller Vorsicht, davon ausgehen können, dass der Stützpunkt an der Weser als Basis weiterer Operationen gen Osten dienen sollte, dürfte es sich bei den Befestigungsanlagen und Bewehrungen zunächst um eine halbpermanente Befestigung gehandelt haben, wie wir sie auch vom Legionslager Haltern an der Lippe kennen. Auch das Oppidum von Waldgirmes war unmittelbar nach seiner Gründung in dieser Bauweise konzipiert. Hätte das Lager an der Weser länger bestanden, wäre es, wie auch Waldgirmes, durch eine gemauerte Befestigung emanzipiert worden.

Im Lager an der Weser waren drei Legionen plus Auxiliartruppen stationiert, folglich hatte das belegte Gelände eine entsprechend größere Ausdehnung. Da sich der Stützpunkt außerdem mitten in Germanien befand, wird er nach außen mit einem Doppelgraben gesichert gewesen sein, wie wir es vom halbpermanenten Lager in Haltern kennen (vgl. Abb. 13). Wie dieses wird es eine hölzerne Brustwehr besessen haben mit einer Gesamthöhe von ca. 5,5 m. Die hölzerne Brustwehr war mit etwa 0,7 m hohen Zinnen versehen, so dass die Verteidiger aus etwa 3,2 m Höhe ihre Abwehrmaßnahmen gegen feindliche Truppen ergreifen konnten. Diese Konstruktion aus Balken, Brettern und Erdfüllung war von feindlichen Kräften sehr schwer zu nehmen, da sie erst den Doppelgraben überwinden mussten. Der äußere Graben war ca. 2,4 m tief, der innere 2,9 m. Die Abstände zwischen den Wallspitzen betrugen außen ca. 5 m, innen 6,10 m. Es waren also insgesamt mindestens 11,10 m zu überwinden. Wollten die Angreifer bis zur Brustwehr vordringen, mussten sie zunächst versuchen, die Gräben mit Erdreich, Geäst und anderen Materialien zu füllen, was nur unter großen Verlusten möglich war, da sie unter dauerndem Beschuss von oben standen.

Ein Vergleich: Das Marschlager Caecinas (vgl. S. 8) hatte, wenn überhaupt, nur einen Graben, und die Schanzpfähle erreichten oberirdisch eine maximale Höhe von ca. 1,0 m. Trotzdem waren seine Legionen darin vor den Angriffen der Germanen unter Arminius sicher genug verschanzt, um den feindlichen Angriffen standhalten zu können. Wie viel mehr musste das bei Weitem größere und besser geschützte Lager an der Weser mögliche Feinde abschrecken. Selbst in den Wintermonaten der Jahre 7 bis 8 herrschte Ruhe, und dies, obwohl nur eine stark reduzierte Notbesatzung dort überwinterte. Im Zusammenhang mit Arminius, seinem Denken, Planen und seiner Strategie ist dieses Faktum von größter Bedeutung: Er hat in den Wintermonaten der Jahre 7 und 8 n. Chr. nicht zugeschlagen und das Lager unter seine Kontrolle gebracht! Es wäre ihm ein Leichtes gewesen. Auf die Gründe kommen wir weiter unten zu sprechen.

Für die römische Militärführung jedenfalls musste es sich so darstellen: Der erste Schritt ist durchaus erfolgreich, wir sind auf dem richtigen Wege. Weiter so! Wie in den Stützpunkten an Rhein, Lippe und Lahn wird das große, stark befestigte und ruhige Lager für drei Legionen und Hilfstruppen an der Weser sehr schnell Händler, Lieferanten, Handwerker, Wirte, Frauen usw. angezogen haben, und wir dürfen davon ausgehen, dass die *Canabae* Konjunktur hatten. Wäre es nicht zur

Katastrophe gekommen, wäre an den Ufern der Weser in den folgenden Jahrzehnten eine große städtische Siedlung entstanden, die schließlich das Niveau einer *Colonia Claudia Ara Agrippinensium* (Köln) erreicht und sie – als zentrale römische Stadt in Germanien – wohl überflügelt hätte.

— SZENE 9 —

Sextus Pedius hatte an den ersten beiden Tagen einige Schwierigkeiten, sich auf die neuen Verhältnisse im Lager einzustellen. Das Leben in der Etappe an der Lagona war verglichen damit geradezu gemütlich gewesen. Jeder kannte jeden, der Umgangston war, bei aller Discipliniertheit, lockerer. Hinzu kam, dass die Mehrzahl der Bewohner Zivilisten waren. Eine bunt gemischte Gruppe aus Chatten, einigen Ubiern, Tencterern und Treverern, dazu gallische und römische Händler, Handwerker und Bootsleute. Das Militär war klar in der Minderzahl. Ganz allmählich hatten sich freundschaftliche Beziehungen entwickelt. Man lernte einheimische Familien kennen, wurde als gern gesehener Gast bewirtet und lernte diese Menschen, ihre Geradheit, ihren Stolz schätzen. Niemals wäre Pedius auf den Gedanken gekommen, sie mit Barbaren gleichzusetzen. Es war das alte Lied: Was man nicht kannte, verunsicherte und ließ Befürchtungen hochkommen. Der Fremde war nicht einzuschätzen, verunsicherte, machte Angst. Der Freund schuf eine Atmosphäre des Vertrauens, man sprach in Augenhöhe miteinander.

Ganz anders dieses riesige Lager mit einer Besatzung, die in Italien der Bevölkerung einer größeren Landstadt entsprochen hätte. Pedius schätzte, dass hier – die Hilfstruppen mit eingerechnet – an die 20 000 Mann auf engstem Raum versammelt waren. Der zivile war vom militärischen Bereich strikt getrennt. Innerhalb des Lagers galt der Befehl und seine unmittelbare Ausführung. Schlamperei wurde unverzüglich geahndet. Und immer musste der Dienstweg eingehalten werden. Niemand hätte sich herausgenommen, einen Principalis* oder rangniedrigeren Centurio zu überspringen und sich unmittelbar an den Primus Pilus der Cohorte zu wenden, um eine Beschwerde vorzubringen.

In den Canabae war das anders. Zwar unterstand auch der vor den Toren entstandene Vicus* der Befehlsgewalt des Oberkommandierenden, doch hier vermischte sich Militärisches mit Zivilem. Soldaten gaben sich bürgerlich, Zivilisten fielen bisweilen ironisch in die Kommandosprache und gerierten sich spaßhaft als Vorgesetzter. Hier musste man vor allem aufpassen, nicht von cleveren Händlern, Verkäufern, Wirten und Huren übervorteilt zu werden. Allerdings hing es von der Sach- und Menschenkenntnis des Befehlshabers ab, ob er übereifrigen Geschäftemachern auf die Finger schaute. Und in diesen Dingen verstand Quinctilius Varus keinen Spaß. Pedius hatte das schon in Syrien mitbekommen, als griechische Händler halb verdorbene Früchte an den Mann bringen wollten – und das zu horrenden Preisen. Als Varus davon erfuhr, wurden die Gauner auf der Stelle mit einem Strafgeld belegt und des Landes verwiesen. Das sprach sich herum, und es kam danach zu keinen ähnlichen Fällen mehr. Schon bei seinem ersten Gang durch die Canabae hatte Pedius festgestellt, dass hier Ordnung herrschte.

Hatte er anfangs erwartet, dass man ihn bis auf weiteres in eine normale Kampfeinheit steckte, so war er überrascht, als schon am ersten Morgen nach seiner Ankunft ein Soldat bei ihm erschien und ihm mitteilte, er habe sich sofort bei Gnaeus Lerius Flaccus zu melden.

»Wer ist das?«

»Militärtribun der Ersten Cohorte der Neunzehnten Legion.«

Pedius bestätigte den Befehl. Er kannte diesen Tribun nicht. Aus der Mitteilung, dass Lerius Flaccus der Ersten Cohorte zugeteilt war, leitete er ab, dass der Offizier aus dem Senatorenstand kam und als Stellvertreter des Legionskommandeurs agierte. Dann musste er ein tribunus laticlavius* sein. Pedius nahm sich vor, Artorius über den Mann zu befragen, Artorius musste ihn kennen.

Pedius ging mit dem Soldaten nach draußen. Sie folgten

der Via Praetoria bis zum Forum, passierten das Zelt des Legaten, dann den Altar der Legion und bogen nach links in die Via Principalis ein. Das Zelt des Tribunen befand sich unmittelbar an der Kreuzung der beiden Hauptachsen des Lagers.

Der Soldat gab Pedius mit der Hand das Zeichen zu warten und betrat das Innere des Zeltes. Schon nach wenigen Augenblicken hörte Pedius von drinnen den Befehl:»Soll reinkommen!«

Hatte Pedius erwartet, auf einen jungen Mann von zwanzig bis zweiundzwanzig Jahren zu treffen, so registrierte er überrascht, dass Lerius Flaccus älter war, vielleicht dreißig. Das deckte sich mit einer Äußerung von Marcus Oppius, der einmal während eines Gesprächs bemerkte, dass die Armeeführung auf Weisung des Princeps von der noch aus republikanischen Zeiten stammenden Praxis Abstand genommen habe, diese jungen Adligen ein, zwei Jahre dem Legionskommandeur als Adlatus zu unterstellen, sie dann nach Hause zu schicken, damit sie ihre politische Laufbahn in Rom beginnen konnten. − ›Er ist zwar auf Grund seines Standes theoretisch der Stellvertreter des Legaten; in Wirklichkeit ist er jedoch nur dabei, um zuzuschauen und zu lernen. Das kann sich Augustus nicht mehr leisten. Das ist pure Verschwendung. Begabte, pflichtbewusste Senatorensöhne werden jetzt, wenn sie sich bewähren, gezielt ausgewählt und gefördert. Wurde auch Zeit, verdammt noch mal! Schon Caesar machte sich über die früheren Muttersöhnchen lustig ...‹ Diesen Äußerungen folgten, wie immer, Szenen aus Caesars ›Bellum Gallicum‹, in denen sich der Iulier lustig machte über die ängstlichen, verweichlichten Sprösslinge alter Familien.

»Komm näher, Pedius!«

Der Tribun prüfte mit erfahrenem Blick das Äußere des Mannes, mit dem er ab sofort zusammenarbeiten sollte. Pedius spürte, dass das Ergebnis zufriedenstellend ausfiel.

»Wie war die Anreise? Gab es Probleme?«

»Nein, Tribun.«

»Gut.« Er ging auf Pedius zu und reichte ihm die Hand.

»Auf gute Zusammenarbeit!« Der Händedruck war fest und warm. »Bitte!« Lerius wies zu den Klappstühlen am großen Tisch. Sie nahmen beide gegenüber Platz.

Dann kam er unverzüglich zur Sache: »Ich habe deine Akte eingesehen.« Er zeigte auf den Stapel Papyrusblätter, die auf dem Tisch lagen. »Gefällt mir. Gute Dienstauffassung, exzellente Führung, keine Vergehen, mehrere Auszeichnungen. Wenn du so weitermachst, dürfte in zwei, drei Jahren die Beförderung zum Centurio erfolgen. Was mich aber besonders interessiert, sind deine Kenntnisse der germanischen Sprache sowie deine Vertrautheit mit den speziellen – nun, sagen wir: Lebensformen der Landesbewohner.«

Hellwach registrierte Pedius, dass er von *Landesbewohnern* und nicht von *Barbaren* sprach. Und das ohne jede Ironie.

»Und das«, fuhr Lerius fort, »ist denn auch der Hauptgrund, warum du hierher versetzt wurdest. Die Situation hier in Germanien hat sich nämlich sehr positiv entwickelt, und zwar in einer Weise, dass wir – ähnlich wie an der Lagona – eine friedliche Zusammenarbeit erwarten können, die beide Seiten einander näherbringt und von Dauer ist. Wenn ich ›wir‹ sage, meine ich damit nicht nur die Auffassung des Legatus Pro Praetore Quinctilius Varus und seiner Legionskommandeure, sondern – und das betone ich ausdrücklich – die Weisungen der Militärführung in Rom, also den Princeps.«

GLOSSAR

Principalis (Plur. *Principales*): Unteroffizier. – **Vicus**: Der Begriff kann Verschiedenes bedeuten: Dorf, Gehöft, Stadtteil, Quartier, Straße oder Gasse als Häuserreihe – und eben auch die Gesamtheit der zivilen Siedlung außerhalb des Lagers, in dem sich auch die *Canabae* befinden. – **Tribunus militum laticlavius**: »Militärtribun mit breitem Streifen (an der Tunica)«; nur Angehörige aus dem Senatorenstand durften den »breiten (Purpur-)Streifen« tragen. Daran waren sie kenntlich und unterschieden sich von den übrigen Militärtribunen, die als Nichtadlige den Titel »tribuni angusticlavii« (Tribunen mit dem schmalen Streifen) führten.

Der Tribun sah Pedius an, erwartete wohl eine Reaktion, und Pedius nickte zweimal bedeutsam. Aber er fragte sich, worin denn seine Tätigkeit im Einzelnen bestehen könnte.

Lerius, der die unausgesprochene Frage im Gesicht des Optio ablas, fuhr darum fort:»Du fragst dich natürlich, was du dabei zu tun hast. Sagen wir es so: Du wirst in den kommenden Tagen und Wochen kleinere Truppeneinheiten begleiten, die germanische Siedlungen im näheren oder auch weiteren Umkreis aufsuchen, und bei Gesprächen mit germanischen Führern dabei sein.«

»Als Dolmetscher?«, fragte Pedius.

»Nein, das eben nicht. Dafür haben wir andere Leute. Meist Germanen, die in unseren Diensten stehen. – Nein, du wirst deine Ohren spitzen und besonders auf das achten, was unsere germanischen Gesprächspartner untereinander austauschen. Du kannst dich auch absondern und dich unter sie mischen. Dabei wirst du so tun, als ob du nur einige Brocken ihrer Sprache verstehst.«

Pedius verstand:»Als Spion also!«

»Genau das. Wenn es sich allerdings ergibt oder wenn du meinst, direkte Fragen führen schneller zum Ziel, kannst du dich durchaus in ein längeres Gespräch einlassen. Achte dabei besonders auf die Zwischentöne, auf negative Äußerungen, auf kritische Untertöne. Ich glaube, du verstehst, was ich meine.«

»Ich verstehe, Tribun. – Erlaube eine Frage ...«

»Sprich!«

»Ist das auch Teil der Weisung aus Rom?«

Lerius Flaccus betrachtete seine Hände, grinste und erklärte:»Nein. So weit gehen die Befehle nicht.«

Pedius wollte mehr wissen und wagte die Frage:»Varus selbst?«

»Nein. Er unterstützt die Sache aber, nachdem ich ihn von der Notwendigkeit einer – nun, sagen wir: von der notwendigen Aufklärungsarbeit überzeugt habe.«

Pedius nickte, sah ihn an und meinte einen sorgenvollen Zug in seinem Gesicht zu erkennen.

»Wir dürfen jetzt keine Fehler machen! Es steht zu viel auf dem Spiel.«

Wieder nickte Pedius. Offenbar gehörte Lerius Flaccus zu den wenigen Köpfen, die längst nicht mit allem einverstanden waren, was ihnen an Weisungen aus Rom auf den Tisch kam. Und wahrscheinlich war er nicht der Einzige im höheren Offizierskorps, der diese Skrupel teilte.

Der Tribun erhob sich, Pedius schoss in die Höhe.

»Du meldest dich morgen hier bei Dienstbeginn!«

»Jawohl!«

»Du hast heute Zeit, deine Sachen zu ordnen. Deinen Burschen kannst du mitnehmen. Im Übrigen halte dich an Artorius. Er ist mit von der Partie. Ihr kennt euch ja.«

»Jawohl.«

»Gut. Dann bis morgen früh.«

Pedius stand stramm, grüßte und verließ das Zelt.

— SZENE 10 —

Am Abend traf sich Pedius mit Artorius in einer der Schenken im Vicus vor der Porta Principalis Dextra.* Dabei erfuhr er zu seiner Überraschung, dass »ein hochgestellter Germane« sie bei ihren Besuchen der germanischen Siedlungen begleiten werde.

»Wer?«, fragte Pedius.

»Arminius.«

»Wer ist das?«

»Der älteste Sohn des Segimer.«

»Und wer ist das?«

»Ein Fürst.«

»Welcher Stamm?«

»Cherusker.«

»Und was ist das Besondere daran?«

»Das Besondere …?«

Während Artorius nachdachte, nahm Pedius einen Schluck

vom Rotwein, verzog das Gesicht und machte Anstalten, ihn wieder auszuspucken. »Beim Bacchus! Ein furchtbares Gesöff! Da hatten wir an der Lagona doch was anderes!«

»Dafür ist der hier auch billiger«, meinte Artorius. »Immer noch besser als Wasser.«

Er trank nun ebenfalls und fuhr dann fort: »Das Besondere ... Na, so wie die Dinge liegen, ist Arminius unser wertvollster Verbündeter.«

»Unser wertvollster ... warum denn das?«

»Nun höre und staune: Er ist römischer Bürger!«

»Nein!«

»Aber ja.«

Pedius wischte sich über den Mund und erklärte: »Ich habe noch nie gehört, dass ein Germane das römische Bürgerrecht besitzt!«

»Hat er aber! Mehr noch: Er hat den Rang eines römischen Ritters!«

»Nein!«

»Sicher.«

»Das musst du erklären.«

»Nun, viel weiß ich nicht über die Vorgeschichte. Aber hier heißt es, er sei als Kind nach Rom gebracht und auf dem Palatin erzogen worden ...«

»Auf dem Palatin? Etwa im Haus des Princeps?«

»Kann sein. Was weiß ich. So heißt es jedenfalls.«

»Und sein Name, der ist doch nicht germanisch!«

»Wahrscheinlich nicht. Er könnte ähnlich wie der seines Vaters sein. Vielleicht Segifredus ... oder so ähnlich. Was spielt das für eine Rolle. Hier ist er nur bekannt als Arminius.«

Pedius sah Artorius eindringlich an und fragte noch einmal: »Das Besondere ... was ist das Besondere?«

»Nun, er hat im römischen Heer als Tribun gedient und war unter Tiberius Führer der Hilfstruppen, also seiner Landsleute. Na ja, und für seine Verdienste bekam er dann das römische Bürgerrecht und den Ritterrang.«

»Und das unter Tiberius?«

»Ja, warum fragst du?«

»Ach, nur so ...« Aber Pedius überlegte: Wenn der äußerst

vorsichtige, ja misstrauische und kritische Tiberius den Mann unter seine Fittiche genommen hatte, dann musste dieser allerdings über herausragende Qualitäten verfügen. Und das alles war nur mit Zustimmung des Kaisers möglich. Oder ging es gar auf dessen Weisung zurück?

Artorius wechselte das Thema: »Du warst bei Lerius Flaccus?«

»Ja, heute Morgen. Er teilte mir mit, worum es geht.«

Artorius grinste. »Ließ er durchblicken, dass die entsprechenden Weisungen direkt aus Rom kämen?«

»*Ita'st.* – Warum grinst du?«

»Das erzählt er jedem.« Artorius wurde wieder ernst. »Aber davon abgesehen …«

»Ja?«

»Von allen Tribunen, die ich kenne, ist er der fähigste. Er ist nicht nur äußerst kompetent, sondern ein ehrlicher, redlicher Mann. Und überhaupt nicht eingebildet auf seine senatorische Abstammung.«

Und Pedius dazu: »Habe noch nie von einem Senator Lerius gehört.«

»Mag sein. Es gibt ja auch einige Hundert. Die Familie stammt aus Umbrien, genauer aus Fulginiae. Dort allerdings gehört sie zu denen, die das Sagen haben. Na, du kennst das doch! Bei euch in Caere ist das doch nicht anders!«

Pedius nickte und fragte: »Sag mal, wohin geht es denn morgen?«

»Zu einem der festen Plätze des Segestes.«

»Wer ist das?«

»Auch ein Stammesführer der Cherusker.«

»Moment mal! Ich denke, Segimer ist der Fürst!«

»Langsam, Junge. Wir nennen sie zwar ›Fürst‹, aber das sind sie jeweils nur in einem Teilstamm.«

GLOSSAR

Porta Principalis Dextra: das rechte Lagertor.

»Also haben sie keinen obersten Führer oder König?«

»Nein. Und das bringt uns Vorteile.«

»Wir können sie und ihre Interessen gegeneinander ausspielen ...«

»Genau. Es kann durchaus sein, dass du schon morgen etwas von ihrem unterschiedlichen Lavieren mitkriegst. Halte die Ohren steif!«

Pedius nickte. »Wie weit ist es? Mehr als ein Tag?«

»Nein, es ist in der Nähe.«

— SZENE 11 —

Als Pedius sich am nächsten Morgen zusammen mit seinem Burschen Sempronius auf den Weg zum Zelt des Tribunen machte, ging gerade die Sonne auf. Es war immer besser, eine Viertelstunde vor der befohlenen Zeit am Ort zu sein. Das machte stets einen guten Eindruck auf den Vorgesetzten; außerdem war er neugierig, ob dieser Arminius mit seiner Begleitung ebenfalls schon da war. Sempronius hatte es sich nicht nehmen lassen, vor dem Aufbruch einen Getreidebrei zuzubereiten: Pedius hatte ihn dafür gelobt, und Sempronius strahlte. Pedius war sehr zufrieden mit ihm.

Schon von Weitem sahen sie, dass sich vor dem Zelt des Tribunen eine Gruppe von Reitern versammelt hatte. Obwohl alle nach römischer Art bekleidet und ausgerüstet waren, erkannte Pedius an Haartracht und Größe, dass es sich bei der Hälfte um Germanen handelte. Wahrscheinlich eine Abteilung der Auxiliar-Reiterei. Die Männer waren abgesessen, einige nestelten am Zaumzeug ihrer Pferde. Unmittelbar daneben eine Gruppe Römer, ebenfalls mit Pferden. Unter ihnen der Primus Pilus Marcus Oppius und Lucius Artorius. Die Übrigen kannte er nicht. Er schätzte die Gesamtstärke des gemischten Kommandos auf dreißig Mann. Das erschien ihm angemessen, handelte es sich doch um ein freundschaftliches Unternehmen.

Artorius bemerkte ihn und winkte eifrig. Sie gingen zu ihm.

»Hier!« Er reichte ihm die Zügel eines Pferdes. »Für dich! Eine sanfte Stute. Aber sehr ausdauernd. Wie alle Pferde unserer Freunde.«

Einige Germanen in der Nähe grinsten. Sie verstanden und sprachen also Latein. Ein gutes Zeichen.

»Name?«, fragte Pedius und zeigte auf das Pferd.

»Aurora. Vier Jahre alt.«

»Gefällt mir.«

Pedius betrachtete das Pferd mit Kennerblick. Diese Rasse war etwas kleiner als die der Araber in Syrien, dafür gröber im Bau, mit struppigerem Fell. Sie galt als trittfester in schwierigem Gelände und war auch in dramatischen Situationen belastbarer.

Pedius holte ein Stück Brot aus seinem Beutel und hielt es dem Tier ans Maul, wo es sofort verschwand. Dann strich er ihm sanft über die Nüstern, beugte sich zu seinen Ohren und redete leise mit ihm. Augenblicklich richteten sich die Ohren auf den Sprecher. Er tätschelte ihm die Flanke. Sie würden gut miteinander auskommen.

Gaius Sempronius bekam ebenfalls ein Pferd.

»Kannst du reiten?«, fragte ihn Artorius.

»Jawohl! Wir haben zu Hause Pferde, Optio!«

»Sehr gut.« Artorius reichte Sempronius die Zügel, und die Prozedur mit Brot, Ansprache und Streicheln wiederholte sich. Man sah dem Burschen an, wie er sich freute. Wusste er doch: Nur bevorzugte Leute durften reiten. Und er befand sich eigentlich am untersten Ende der militärischen Hierarchie.

Am Zelteingang entstand Bewegung. Gnaeus Lerius Flaccus trat aus dem Eingang. Er war in voller Montur. Über der weißen, mit Goldfäden verzierten Tunica trug er einen versilberten Brustpanzer. Die bis über die Knie reichenden Beinschienen waren ebenfalls versilbert. Der breite Purpurstreifen am unteren Gewandsaum und an den kurzen Ärmeln der Tunica kennzeichnete ihn als Tribunus Laticlavius. Der ebenfalls silberne Helm trug einen langen, weißen Busch aus

Pferdehaar, der bei jedem Schritt die Bewegung aufnahm und wippte. Er machte den Mann größer, als er war.

Unmittelbar hinter Lerius folgte ein groß gewachsener Germane. Anders als die germanischen Reiter trug er keinen römischen Habit, sondern war nach Art seiner Landsleute gekleidet mit Hose, tunica-artigem Hemd und einem Überwurf, der auf der Brust mit einer goldenen Fibel zusammengehalten wurde. Am Gürtel hingen ein mittellanges Schwert und ein Dolch. Der Mann war etwas größer als Lerius, Pedius schätzte ihn auf knapp sechs Fuß. Der Körper war muskulös, aber schlank, Gesicht, Glieder und Hände gebräunt. Er musste sich oft im Freien aufhalten. Die dunkelblonden Haare trug er am Hinterkopf gebündelt. Außergewöhnlich die Augen! Sie strahlten eine Helligkeit aus, wie sie Pedius selten bei einem Mann gesehen hatte. Dabei war schwer zu entscheiden, ob der Blick eher gelassen, selbstbewusst oder arrogant wirkte. Zumal der Mund einen ironischen Zug hatte, der lediglich durch feine Lachfältchen an den Augen gemildert wurde. Aber es war ein kühles Lächeln, das nicht unbedingt für ihn einnahm.

Pedius wurde aus seinen Betrachtungen gerissen, denn Lerius Flaccus wandte sich an Marcus Oppius: »Teile den Männern kurz mit, worum es heute geht!«

»Jawohl!«

Der Primus Pilus reckte sich, maß die Versammelten mit kritischem Blick und begann mit Stentorstimme:

»Herhören! Wir folgen heute der Einladung eines unserer treuesten Verbündeten, Segestes! Es handelt sich um einen freundschaftlichen Besuch beim Fürsten. Ich erwarte tadelloses Betragen, dem Rang und der Würde des Gastgebers angemessen! Disziplinloses Verhalten wird nicht geduldet. An der Teilnahme des Tribuns der Ersten Cohorte Gnaeus Lerius Flaccus erkennt ihr, welche Bedeutung wir diesem Besuch beimessen. Ebenso an der Anwesenheit des Tribuns Arminius, Sohn des Segimerus! Wir werden den Hof des Fürsten gegen Abend erreichen. Die Führer sind eingewiesen.«

Zwei Germanen nickten.

»Gut. Noch Fragen?«

Als sich niemand meldete, hieß es: »Aufsitzen! Formation einnehmen!«

Das geschah mit der oft geübten Schnelligkeit. Der Zug formierte sich in Doppelreihe, vorneweg die germanischen Reiter, in der Mitte die römischen Offiziere und Unteroffiziere, die römischen Reiter am Schluss.

»Artorius!«

»Centurio?!«

»Du übernimmst das Kommando!«

»Jawohl! Kommando übernehmen!« Er grüßte mit erhobener Rechter, ritt an die Spitze des Zuges und befahl: »Marsch!«

Pedius hatte erwartet, der Zug würde sich in Richtung auf das westliche Bergland* bewegen, da er davon ausging, der Fürst wohne auf einer Bergfestung in der Nachbarschaft. Doch sie blieben in der Nähe der Visurgis*. Der unbefestigte Weg war trocken, fest und eben. Er folgte in größerem Abstand dem Lauf des Flusses nach Süden, bog mit ihm nach Westen ab, schlug dann einen großen Bogen nach Süden. Diesen Wegabschnitt hatten Pedius, Artorius, Marcus Oppius und ihre Begleitmannschaft schon vor zwei Tagen in der entgegengesetzten Richtung genommen, als sie aus den Bergen* in die Ebene kamen. Doch nun folgten sie dem stark mäandernden Strom flussaufwärts, nach Osten. Immer wieder tauchten tote Wasserarme in der Ebene auf, die Ufer mit hohem Schilf, Weiden, Pappeln und Erlen bewachsen. Ein reich gedeckter Tisch für Reiher, Kraniche, Kormorane, Gänse, Enten und andere Wasservögel. Ein Seeadler stürzte sich ins Wasser und tauchte mit einem zappelnden Fisch in den Fängen wieder auf.

Weit und breit keine Siedlung.

Die Höhenzüge traten allmählich zurück, das Tal weitete sich und erreichte eine Breite von mehr als einer Meile*. Nach starken Regenfällen musste hier alles unter Wasser stehen und eine riesige Seenlandschaft bilden. Kein vernünftiger Mensch würde hier sein Haus bauen.

Sie überquerten mehrere Bäche, die von rechts, aus den südlichen Bergen, kamen. Sie führten zu dieser Jahreszeit kaum Wasser, die Pferde konnten sie ohne Schwierigkeiten durchschreiten. Der Weg, auf dem sie ritten, hielt sich stets oberhalb einer Linie, über die das Wasser nicht stieg. Seit Generationen wusste man, dass dies noch nie eingetreten war. Weiter unten erkannte Pedius an liegen gebliebenem Geäst, Reisig, einigen Tuchfetzen und Sand, dass dort die Grenze des höchsten Wasserstands gelegen hatte.

Allmählich rückte der Fluss auf dieser Seite näher ans Gebirge heran. Das Ufer wurde steiler, doch der Weg blieb auf der gewohnten Höhe. Man hatte ihn hier in die schräge Uferböschung geschlagen. Daraus schloss Pedius, dass er für die hier lebenden Menschen eine fundamentale Bedeutung haben musste.

Dann, endlich, tauchte hinter einer Baumgruppe eine Siedlung auf, nach außen geschützt durch hohe Palisaden. An dieser Stelle musste der Fluss vor Urzeiten Sand und Geröll zu einem Plateau abgelagert haben. Es lag, völlig plan, oberhalb der Hochwassergrenze.

Und Menschen! Endlich! Eine Gruppe von mehreren Männern war damit beschäftigt, ein etwa fünfundzwanzig Fuß* langes Boot auf Rundhölzern zum Fluss zu schaffen. Kinder standen drum herum und verfolgten gespannt das Manöver. Schon aus dieser Entfernung konnte Pedius erkennen, dass es sich um einen Einbaum handelte. Wahrscheinlich aus dem Stamm einer Eiche herausgearbeitet. Einer der Männer blickte hoch, bemerkte den Reitertrupp und machte die anderen darauf aufmerksam. Alle unterbrachen ihre Arbeit und schauten neugierig herüber. Ein anderer eilte zum offen stehenden Tor, um den Chef zu benachrichtigen.

Schon wenige Augenblicke später trat ein älterer Mann nach draußen, ihm war offensichtlich die Ankunft des römisch-germanischen Kommandos für diese Zeit angekündigt worden, und er rechnete jederzeit mit dessen Erscheinen.

Das musste Segestes sein. Pedius betrachtete ihn neugierig, und was er sah, gefiel ihm: große, muskulöse Gestalt. Schütteres dunkelblondes, an den Schläfen ergrautes Haar. Die Haltung kerzengerade. Graublaue, kluge Augen. Energischer Mund. Scharfe senkrechte Falten rechts und links. Deren

Strenge wurde gemildert von ausgeprägten Lachfältchen an den Augen. Pedius schätzte ihn auf Mitte fünfzig, er konnte freilich auch älter sein.

Als die Reiter heran waren, ritt der Tribun zusammen mit Arminius nach vorne, hob grüßend die Rechte und sagte:

»Ich grüße meinen alten Freund Segestes, den Fürsten der Cherusker! Mögen die Götter dir langes Leben, Gesundheit und Wohlergehen schenken!«

Lerius ließ sich vom Pferd gleiten, ging auf den Germanen zu und umarmte ihn. Arminius tat es ihm gleich. Dabei fiel Pedius auf, dass die Umarmung nun durchaus inniger ausfiel. Sie mussten sich gut und lange kennen.

Nach und nach traten weitere Bewohner der Siedlung ins Freie und betrachteten die Ankömmlinge. Dabei verzogen sie keine Miene, ja, ihre Gesichter blieben seltsam ausdruckslos. Pedius war bei »seinen« Germanen an der Lagona anderes gewöhnt. Hier fehlte jede Herzlichkeit. Sprach das von Ablehnung? Oder waren diese Menschen nur scheuer gegenüber den Fremden? Segestes war der Einzige, der eine gewisse Herzlichkeit ausstrahlte. Er schien sich wirklich zu freuen.

Nun fühlte er sich genötigt, einige Worte an die Gäste zu richten:

»Es ist einige Wochen her, seit wir uns zuletzt gesehen haben …«

Er sprach ein einfaches, einigermaßen korrektes Latein, das bisweilen freilich mit falschen Wortendungen und Verbformen daherkam, die von den Römern unter den Ankömmlingen mit verschmitztem Lächeln registriert wurden. Arminius sah sich lediglich zu einem ironischen Grinsen veranlasst.

»Ich freue mich ganz besonders«, fuhr Segestes fort, »euch mit einem alten Freund bekanntzumachen. Da kommt er!«

Ein weiterer Germane trat aus dem Tor, und er tat es mit jugendlichem Schwung. Pedius schätzte ihn auf Ende zwanzig, Anfang dreißig. Also die Generation von Arminius.

»Oh, wir kennen uns, wir kennen uns gut!«, rief Lerius und ließ seine Wort von Artorius übersetzen. »Der junge Boiocales, Fürst der Ampsivarier. Ich freue mich, dich hier zu sehen. Und ich denke, wir haben eine Menge miteinander zu besprechen.«

Lerius grüßte ihn militärisch, und Boiocales machte eine leichte, höfliche Verbeugung.

Pedius war gespannt, wie der Ampsivarier sich gegenüber Arminius verhalten würde: Er trat zu ihm und reichte ihm die Hand. Keine Umarmung. Sie blickten sich kurz an. Boiocales lächelnd, Arminius ohne weitere Regung.

›Interessant!‹, dachte Pedius. ›So gut scheinen sie sich nicht zu kennen. Oder doch? – Dann könnte eine gewisse Antipathie zwischen ihnen herrschen.‹

Segestes lud die Gäste mit einer Handbewegung ein, das Innere der Siedlung zu betreten. Sofort kümmerten sich einige Knechte um die Versorgung der Pferde, brachten sie zur Seite, tränkten und fütterten sie. Die germanischen und römischen Reiter blieben in der Nähe, doch man gab ihnen zu verstehen, mit den übrigen Gästen in eines der großen Langhäuser einzutreten.

Pedius kannte ähnliche Gebäude von den Chatten, nur war dieses hier größer: Mächtige Eichenbalken trugen das Dach, das mit Schilf gedeckt war. Dreieckskonstruktionen stabilisierten das Ganze. Der Raum zwischen dem Gebälk war frisch mit Lehm verputzt, nirgendwo war die Deckschicht abgeblättert und zeigte das darunterliegende Gewundene. Überhaupt machten alle Gebäude den Eindruck, als ob sie erst vor Kurzem renoviert oder neu errichtet worden wären. Aus Gesprächen mit befreundeten Chatten wusste er, dass diese Häuser schon nach zehn Jahren anfingen zu verfallen. Steinwände waren unbekannt. Allenfalls die Sockel bestanden aus geschichteten Steinen. Schutz gegen Holz fressende Schädlinge gab es ebenso wenig wie Mittel gegen Fäulnis, Algen oder Pilze. Eiche wurde bevorzugt, weil sie von allen heimischen Hölzern am widerstandsfähigsten war.

Das Innere dieses Hauses erwies sich als eine riesige Halle, offenbar zu dem Zweck errichtet, eine größere Gruppe von Menschen aufzunehmen, die etwas miteinander zu besprechen hatten. An einer Seite brannte auf einem wuchtigen Steinfundament ein offenes Feuer, dessen Rauch durch eine

Öffnung im Dach ins Freie entwich. Der Raum war dreischiffig angelegt, Doppelreihen von Ständern trugen das Dachgebälk, die Sparren und Hölzer, auf denen das Schilf auflag. An jedem Ständer steckten in eisernen Klammern Kienspäne, die gerade so viel Licht brachten, dass man sich gegenseitig erkennen konnte. Am hellsten war es in der Nähe des offenen Feuers.

Am Kopfende und an den Längsseiten wuchtige Tische, bereits gedeckt mit Brot, kaltem Braten und Käse auf Holzbrettchen, daneben standen Milch und Met in Krügen bereit, aus denen sich jeder nach Wunsch in die Zinnbecher gießen konnte. An jedem Platz ein weißes Leinentuch zum Säubern von Mund und Händen. Hinter und vor den Tischen derbe Holzbänke ohne Lehne. Frauen verschiedenen Alters standen schon bereit, die Gäste zu bedienen.

Segestes geleitete Gnaeus Lerius, Marcus Oppius, Arminius und Boiocales zum Kopfende und bot ihnen neben sich Plätze an. Er selbst würde in der Mitte sitzen, rechts neben ihm der Tribun und Marcus Oppius, links Arminius und Boiocales. Pedius war gespannt, wo man ihn platzieren würde. Wie erwartet, bekamen er und Artorius die ersten beiden Plätze an der linken Längsseite, vom Kopfende aus gesehen.

Segestes erhob sich und setzte zu einer kurzen Begrüßungsansprache auf Latein an. Sie enthielt die in solchen Fällen üblichen Floskeln, und Pedius achtete nicht weiter darauf. Er kannte ähnliche Pflichtübungen von der Lagona, wenn man einen chattischen Führer besuchte. Etwas anderes interessierte ihn mehr: wie sich Arminius und Boiocales verhielten. Da er, Pedius, in unmittelbarer Nähe zu den beiden saß, konnte er sie und ihr Verhalten genau studieren. Während

GLOSSAR

Westliches Bergland: die Ausläufer des heutigen Wiehengebirges in der Nähe der Porta Westfalica. – **Visurgis**: Weser. – **Aus den Bergen**: südlich von Vlotho. – **1 Meile**: 1,5 km. – **25 Fuß**: etwa 7,50 Meter.

der Ampsivarier ganz Ohr war, sich teilnehmend zu Segestes neigte, freundlich lächelte und mehrmals beifällig mit dem Kopf nickte, saß Arminius bewegungslos da, die Arme vor der Brust verschränkt. Keine Regung seines Gesichts verriet, was er über das, was er hörte, dachte. Sein Blick wanderte langsam durch die Halle, scheinbar teilnahmslos, doch es schien ihm nichts zu entgehen. Er wirkte so wie jemand, der etwas suchte. Und dann huschte unvermittelt ein Lächeln über sein Gesicht. Pedius schaute in die Richtung des Blicks und sah eine junge Frau, die an einem der Tische einen Krug absetzte und kurz herüberblickte. Auch sie lächelte, nur kurz und beinahe verschämt, doch es war klar, dass sie den Cherusker meinte.

Als Pedius den Blick zurückwandte, starrte Arminius ihn an: lauernd, herrisch. Pedius erschrak vor der Härte, die ganz kurz in den hellen, blauen Augen aufblitzte. Der Mann fühlte sich ertappt. Dieser Sichtkontakt währte nur einen Wimpernschlag. Auf Pedius wirkte er wie eine Drohung. Er hätte ihm standhalten können, doch er hielt es für besser, zum Gesicht des Redners zu wechseln, der gerade zum Schluss seiner Ausführungen kam, den Krug hob und mit einem »Prosit!« auf die römisch-germanische Freundschaft anstieß.

Darauf hatte man im Saal gewartet. Mit Heißhunger machten sich die Männer über das Essen her. Die Frauen gingen von Tisch zu Tisch, füllten die Krüge neu, sorgten dafür, dass Fleisch, Käse und Brot nicht ausgingen.

Zwischen zwei Bissen beugte sich Pedius zu Artorius und fragte leise, wer diese junge Frau da drüben sei – er blickte in die Richtung.

Artorius schaute hin, verstand, kam ganz nahe an Pedius' Ohr und sagte ebenso leise: »Das ist Thusnelda, eine Tochter des Segestes. Warum willst du das wissen?«

»Ach, nur so …«

Artorius sah ihn kritisch an: »Du hast doch wohl nicht vor …?«

»Davor sei Apollon! Reg dich ab!«

»Vorsicht, mein Junge! Auf die hat nämlich unser Armi-

nius ein Auge geworfen.« Er kam noch näher. »Und das, obwohl sie vom Vater schon einem andern versprochen ist.«

»Ah-ja? – Woher weißt du das?«

»Habe da so meine Informanten.«

»Cherusker?«

Artorius nickte. Pedius aber registrierte mit einer gewissen
Genugtuung, dass es auch hier die gleichen Komplikationen
im Leben der Geschlechter gab wie in Rom. Er widmete sich
wieder seinem Essen.

Die römische Legion

Bevor wir uns mit der Biografie des Arminius bis zu diesem Zeitpunkt beschäftigen, sollten wir einen Blick auf Entstehung, Entwicklung und Funktionen dieser Kampfeinheit werfen, die wie kaum eine andere Institution das Bild von Rom in unseren Köpfen geprägt hat. Seit der Erfindung des Buchdrucks gehen die Abhandlungen darüber in die Tausende. Die Faszination, die von Rom bis heute ausgeht, gründet neben seinen zivilisatorischen und kulturellen Errungenschaften vor allem auf seinem Militärapparat, denn er war es, der die Gründung eines imperialen Weltreiches erst möglich machte und seinen Bestand über Jahrhunderte sicherte. Große Gegner Roms wie Hannibal, Mithridates, Pyrrhus und Vercingetorix sind daran gescheitert.

a) Königszeit: In der Frühzeit des römischen Milizheeres vor der Entstehung der Republik entsprach die *legio* dem Gesamtaufgebot des römischen Staates und war mit *exercitus* (Heer, Armee) identisch. Das Wort stammt aus dem Bedeutungsfeld des Verbs *legere* (lesen, auslesen, auswählen) und meint also »die auserlesene ... die auserwählte Schar« – durchaus mit dem Beigeschmack von »Elite«, das im Französischen ebenfalls von *eligere, electus* (auswählen, auserwählt) abstammt. Diese frühe *legio* umfasste wahrscheinlich 84 Centurien (Hundertschaften) Infanterie, 5 Centurien Spezialisten und 6 Centurien Reiter.

b) Republik: Mit der Republik kam es zur Teilung dieses Aufgebots in zwei, von je einem Consul befehligte Legionen. Im 3. Jahrhundert v. Chr. kommandierte jeder Consul 2 Legionen. Die Infanterie setzte sich aus Patriziern und Plebejern zusammen, die Kavallerie aus Patriziern allein. In Kriegszeiten wurde die Zahl der Legionen entsprechend den Anforderungen erhöht.

Die ursprüngliche Gliederung wurde bis in die Kaiserzeit beibehalten:

1 Legion = 10 Cohorten
1 Cohorte = 3 Manipel
1 Manipel = 2 Centurien

Die Zahlenangaben über die nominelle Stärke dieser Einheiten schwankte zu allen Zeiten, da sie von verschiedenen Voraussetzungen abhängig war: der tatsächlich möglichen Rekrutierung, den Ausfällen durch Tod und Verwundung und den ad hoc zur Verfügung stehenden Geldern. Die gewünschte Sollstärke der Legion lag offiziell bei 6000 Mann. In der Realität war sie immer kleiner. Sie schwankte zwischen 4200 und 6000. Vorbedingung für die Aufnahme in die Armee war das römische Bürgerrecht.

c) Neuerungen durch Augustus: Er setzte 28 v. Chr. durch, dass die Gesamtzahl aller Legionen auf den Princeps vereidigt wurde. Und dies galt nicht nur in Kriegszeiten, sondern auch im Frieden. Damit wurde den Machtgelüsten einzelner Heerführer ein Riegel vorgeschoben. Hinzu kam, dass er sie mit einem festen Gehalt ausstattete und so der Ausbeutung von Provinzen gegensteuerte. Er vergrößerte die Zahl der Legionen nach der Varuskatastrophe auf 25, und – adäquat dazu – auch die der Auxiliartruppen. Das bedeutete, dass im Nominalfall 300 000 Mann unter Waffen standen. Die Belastung der Staatskasse war natürlich enorm, aber nur so konnte die innere und äußere Sicherheit des Reiches gewährleistet werden. Nun waren die Verbände ausschließlich an den Außengrenzen des Reiches stationiert. Ausnahme: die kaiserliche Garde der Praetorianer, die in Rom stationiert war.

Oberbefehlshaber aller Legionen und Hilfstruppen war der Princeps. Als sein Stellvertreter fungierte in einer Provinz der vom Kaiser eingesetzte Statthalter. Er war zugleich Befehlshaber der Legion – falls nur eine stationiert ist. Handelte es sich um mehrere, war ein *legatus* Befehlshaber je einer Legion. In besonderen Fällen konnte er, wie das Beispiel von Caecina zeigt, auch das Kommando über mehrere Legionen innehaben. Dann lag es im Ermessen des Oberbefehlshabers in der Provinz – oder dem Kampfgebiet –, die Befehlskette anders zu ordnen. Germanicus machte Gebrauch davon. Mit anderen Worten: Auch und gerade in der Militärorganisation zeigt sich das große pragmatische Talent der römischen Führung. So wie es ja auch keine geschriebene Verfassung gab, an die man sich über die Zeiten hielt, konnte die Kommandostruktur immer den gegebenen Verhältnissen angepasst werden. Caesar war hier das große, nachahmenswerte Vorbild.

Die Legionskommandeure waren nichtmagistratische, senatorische Offiziere, in unserer Zeit dem Kommandierenden General einer Division vergleichbar. Sie mussten das senatorische Adelsprädikat vorweisen können. Lediglich für die Provinz Ägypten galt die besondere Regelung, dass sie aus dem Ritterstand kommen mussten. Stellvertreter des Legionslegaten war der ranghöchste der sechs Legionstribunen. Er war immer senatorischer Abkunft. Seine fünf Kollegen kamen aus dem Ritterstand.

Da das höhere Offizierskorps der Legaten, Militärtribunen und Praefecten sich aus der römischen Oberschicht senatorischer und ritterlicher Familien rekrutierte, gab es ein Problem: Die Zahl der zu besetzenden Kommandostellen stand in einem ungünstigen Verhältnis zu den tatsächlich vorhandenen Adressaten, besonders im Hinblick auf die Legaten, die senatorische Abkunft nachweisen mussten. Hinzu kam, dass diese Männer den Militärdienst nur für eine relativ kurze Zeit ausübten, als Vorstufe ihrer anschließenden magistralen Laufbahn in Rom und/ oder den Provinzen. Eine Übersicht mag das verdeutlichen:

Militärischer Rang:	Stand:	Dienstzeit:	Alter:
Legionslegat	senatorisch	2 oder mehr Jahre	30 bis 35 Jahre
Provinzlegat	senatorisch	2 oder mehr Jahre	30 bis 45 Jahre
Tribunus laticlavius	senatorisch	mindestens 2 Jahre	ab 20 Jahre
Tribunus angusticlavius	ritterlich	2 bis 3 Jahre	ab 20 Jahre

Bei solchen Voraussetzungen wundert man sich, dass »krasses Versagen nicht häufiger der Fall war«.[125] Im Übrigen hatte der römische Senat zur Zeit des Augustus nur 300 Mitglieder; und wenn man die vorhandenen Inschriften daraufhin untersucht, muss jeder Zweite von ihnen in jungen Jahren den Posten eines Legaten bekleidet haben.[126]

Weiter oben haben wir schon darauf hingewiesen: Bei dem permanenten Bedarf an wirklich erfahrenen Kommandeuren in diesen kriegerischen Zeiten mussten der Kaiser und seine Berater geradezu zwingend ein Interesse daran haben, junge Männer senatorischen Standes mit militärischer Begabung zu entdecken, zu fördern und mit immer größeren Führungsaufgaben zu betrauen, bis hin zum Statthalter einer Provinz.

Das Rückgrat der Legion: die Centurionen

Immer wieder findet man in der Literatur die Gleichsetzung eines Centurio mit einem neuzeitlichen Kompaniechef, dem Hauptmann. Diese Parallele ist freilich nur in einem Punkt gegeben: Beide Offiziere kommandieren eine Einheit, deren Stärke sich etwa zwischen 80 und 120 Mann bewegt. Ursprünglich eine Hundertschaft (*centum* = 100), betrug die Stärke einer *centuria* im Normalfall 80 Mann. Der Aufgabenbereich eines Hauptmanns als Kompaniechef in unserer Zeit unterscheidet sich jedoch in einigen Punkten wesentlich von dem eines römischen Centurio aus der frühen Kaiserzeit:

– Qualifikation:

Hauptmann: Voraussetzung für den Offiziersberuf ist heute das Abitur. Offiziersanwärter erhalten ihre theoretische Ausbildung an entsprechenden, meist zur Armee gehörenden Schulen/Universitäten. Solche Kurse begleiten auch den weiteren Beförderungsweg bis zum General.

Centurio: Für die Beförderung zum Centurio spielen theoretische Gesichtspunkte keine Rolle. Die Beförderung liegt ganz in der Hand des *legatus legionis*. Die Centurionen gehen gewöhnlich aus dem Mannschaftsstand hervor. Es gibt keine Bildungsstätten für Centurionen.

– Hierarchie:

Hauptmann: Er praktiziert einige Zeit als Kompaniechef und kann bei entsprechender Bewährung weiter aufsteigen (Major, Oberstleutnant, Oberst, General). Diese Stufen können im Normalfall nicht übersprungen werden.

Centurio: Theoretisch durchläuft ein Centurio alle 59 Centurien in den 10 Cohorten aufwärts, um schließlich den Rang eines Primus Pilus der Ersten Cohorte zu erreichen. Da dieses Procedere praktisch nicht möglich war – bei jährlicher Beförderung hätte es 59 Jahre gedauert –, übersprang er viele Stufen. Es hing vom Können des jeweiligen Centurio, den vorhandenen unbesetzten Stellen und dem Wohlwollen des Legaten ab, ob und in welcher Zeit ein Centurio avancierte. Doch auch im Normalfall dauerte es Jahrzehnte, bis es jemand bis zum Primus Pilus schaffte. Den meisten Soldaten, auch den Centurionen, war der Rang unerreichbar. Der Primus Pilus blieb nur ein Jahr auf seinem Posten, danach ging er entweder in den Ruhestand oder erreichte noch den Rang eines Praefectus Castrorum (oberster Quartiermeister einer oder mehrerer Legionen, im Rang einem heutigen Brigadegeneral vergleichbar).

Aus Inschriften und verstreuten Notizen antiker Autoren wissen wir, dass es dreizehn bis 20 Jahre dauerte, bis der Rang eines Centurio erreicht wurde. Meist blieb der Mann bis zu seinem Tod im aktiven Dienst, allerdings selten in der gleichen Legion. Je nach Bedarf wurde er zwischen den Einheiten hin und her versetzt. Den obersten Rang eines Centurio als Primus Pilus konnten nur wenige erreichen, da es in jeder Legion nur einen einzigen gab. Der Posten war der Traum eines jeden Soldaten.

Das Gros der Centurionen verrichtete auf mittlerer Ebene den Dienst in der Legion. Seine Aufgaben waren vielfältig:

– Er war taktischer Führer seiner Centurie.
– Er fungierte als Disziplinarvorgesetzter seiner Einheit.
– Er regelte den Dienstbetrieb.
– Er leitete und kontrollierte die Ausbildung seiner Truppe.
– Die Lebensqualität des einfachen Soldaten hing ganz von Charakter und Persönlichkeit seines Centurionen ab. Mit ihm, nicht mit den jungen, meist unerfahrenen Stabsoffizieren, hatte er täglichen Kontakt.
– Symbol dieser Autorität war die *vitis*, der knorrige Stock einer Weinrebe.

In diesem Zusammenhang müssen wir auf eine Besonderheit der Kommandohoheit in den Untereinheiten einer römischen Legion hinweisen, die sich während einer Schlacht positiv wie negativ auswirken konnte. In einer modernen Armee ist der Befehlsweg von oben nach unten klar vorgegeben. Nehmen wir an, ein Divisionsgeneral erhält von dem ihm übergeordneten Corps den Befehl, eine bestimmte Brücke zu nehmen, auf dem gegenüberliegenden Ufer einen Brückenkopf zu bilden, ihn zu befestigen und Teile seiner Truppe hinüberzuführen, während andere Einheiten den Fluss auf Booten überqueren und im Schutz von nahe gelegenen Hügeln befestigte Plätze anlegen sollen. Der Divisionsgeneral trifft, beraten von seinen Stabsoffizieren und meist im Einklang mit ihnen, seine Entscheidung. Sie geht als Befehl weiter an die ihm unterstellten Bataillonskommandeure. Diese fächern die möglichen Maßnahmen auf und instruieren per Funk, durch Gespräch oder Meldegänger ihre Kompaniechefs. Diese Offiziere, im Normalfall Hauptleute, differenzieren die ihnen übertragenen Aufgaben und teilen zu deren Durchführung ihre Zugführer – Leutnants oder bewährte Feldwebel – ein, die ihre kleinen Kampfkommandos instruieren und an den befohlenen Plätzen zum Einsatz bringen.

Mit anderen Worten: Ausgehend von einer strategischen großen Lage verästeln und verfeinern sich die militärischen Maßnahmen zu immer kleineren taktischen Aktionen, die ein Spiegelbild der hierarchischen Gliederung darstellen. Auf jeder Stufe trägt der sie leitende Dienstgrad die volle Verantwortung, die, falls etwas durch sein Vorgehen schiefgeht, eine Untersuchung nach sich zieht (bis zum Kriegsgericht).

Auf den ersten Blick stellt sich dieser Ablauf innerhalb einer Legion gleich dar, doch bei näherem Hinsehen fallen Unterschiede ins Auge. Die sechs Centurien einer Cohorte waren in drei Manipeln zusammengefasst. Diese »Doppel-Kompanien« hatten keine administrativen und nur sehr geringe taktische Funktionen. Sie wurden immer von dem *Centurio Prior*, dem ranghöheren Centurio beider Centurien, kommandiert. Ebenso wenig wie die drei Manipel stand die Cohorte (= 3 Manipel = 6 Centurien), die von der Größe her einem modernen Bataillon entspricht, unter dem Gesamtkommando eines Offiziers mit herausgehobener Befehlsgewalt, sie hatte auch keinen eigenen Stab. Auch die Cohorte hatte rein taktische Aufgaben, das heißt, sie war auf eine berechnende, zweckbestimmte Kampfweise im Gefecht aus- und festgelegt.

Der englische Militärhistoriker Ross Cowan bringt es auf den Punkt: »Traditionellerweise wird die Cohorte als die wichtigste taktische Einheit der Legion betrachtet. Diesen Eindruck vermitteln auf jeden Fall Caesar und Tacitus, die von Formationen und Taktiken berichten, die sich auf die Cohorte beziehen. Es ist jedoch darauf hingewiesen worden, dass die Cohorte nicht als taktische Einheit fungieren konnte, da sie keinen eigenen Befehlshaber und offensichtlich kein eigenes Feldzeichen besaß, so dass nur die Centurie als bedeutende taktische Einheit infrage kommt. Der Centurio war deshalb der entscheidende Berufsoffizier in der Legion; es gab zwischen ihm und dem Legaten, dessen Amtszeit auf nur ca. drei Jahre begrenzt sein konnte, keinen ständigen Kommandanten einer Untereinheit der Legion, die größer war als die Centurie. Die Centurien waren die wichtigsten taktischen Einheiten der Legion, die ihrerseits eine Massenverwaltungseinheit war. Wenn Caesar und Tacitus von Cohorten sprechen, die sich im Gefecht bewegen, sollten wir sie als Centurionenverbünde betrachten, die sich im Kampf gegenseitig unterstützen.«[127]

Was sind die Folgen dieser unterschiedlichen Führungsmodalitäten? Zunächst einmal dies: In einer normalen Gefechtssituation auf freiem Feld, bei der sich eine Legion voll in der Breite entfalten kann, wird sich die relative Selbstständigkeit der Manipel/Centurien positiv auswirken. Die Centurionen kennen seit Jahren, manchmal Jahrzehnten, die tausendfach geübten Maßnahmen, um den Feind zu attackieren, in seine Reihen einzubrechen und die gegnerischen Formationen zu zerstören. Es gibt in der römischen Militärgeschichte nur wenige Beispiele dafür, dass diese Offensivtechnik versagt hat. Das berühmteste Beispiel ist die Schlacht bei Cannae, als es Hannibal trotz zahlenmäßig bei Weitem unterlegenen eigenen Truppen gelang, das römische Heer vernichtend zu schlagen. Anders sieht die Situation aus, wenn diese Entfaltungsmöglichkeit nicht gegeben ist. Wenn ein Heer von drei, vier Legionen aufgrund der Geländeverhältnisse nur auf eingeengtem Terrain operieren kann, ist die Kunst des Feldherrn gefragt, um der Lage Herr zu werden und zu bleiben. Das Beispiel Caecinas (vgl. oben) zeigt, dass auch dies möglich war.

Wir werden bei der Katastrophe des Varus und seiner drei Legionen sehen, dass Arminius, geschult in römischer Strategie und Taktik, gerade dies in seine Überlegungen einbezieht. Er kennt die Stärken wie die Schwächen römischer Kriegsführung.

Nun besteht eine Legion nicht nur aus römischen Soldaten. Zur kämpfenden Fußtruppe kommt weiteres Personal:

– Gefolge der hohen Offiziere (*Legatus, Tribuni, Praefecti*) mit Wagen und Tieren: ca. 400 Mann mit wenigstens 300 Reit-, Zug- und Tragtieren. Dies sind moderne Schätzungen, genaue Zahlen gibt es nicht.[128]
– 120 Legionsreiter
– 4800 Mann schwere Infanterie
– 500 Dienstgrade vom *Immunis* (Gefreiten) bis zum Legaten
– 1000 Burschen und Maultiertreiber (in der Regel Sklaven)

Das heißt: Die Legion umfasst ca. 6500 Mann mit über 1200 Reit-, Zug- und Tragtieren; davon 5300 eigentliche Kombattanten.

Hochgerechnet auf die drei Legionen des Varus (XVII., XVIII. und XIX. Legion) ergibt das eine Gesamtzahl von 19 500 Menschen, davon 15 900 Soldaten. Inwieweit zusätzlich Frauen und Marketender mit der Armee unterwegs waren, werden wir noch zu klären haben. Wenn wir uns die weiter oben geschilderten Versorgungsprobleme einer Armee in Germanien in Erinnerung rufen, können wir nur staunen, dass es nicht öfter zu Engpässen in der Verprovantierung gekommen ist. Jedenfalls hatten erfahrene Praktiker wie Caesar, Tiberius oder Caecina die Probleme im Griff.

Arminius: Sein Werdegang bis zum Jahr 7 n. Chr.

Im neuesten dreibändigen Brockhaus finden wir über Arminius: »Arminius, verdeutscht Hermann, Fürst der Cherusker. *um 16 v. Chr., † um 21 n. Chr.; schlug 9 n. Chr. die Römer (unter Varus) im Teutoburger Wald (nach neuen Ausgrabungen lag der Schlachtort in der Kalkrieser Senke beim Wiehengebirge); um 21 n. Chr. von Verwandten ermordet.«[129] Zwar ist die neueste archäologische Kampagne bei Kalkriese berücksichtigt – sie beansprucht fast die Hälfte des kurzen Textes –, doch an persönlichen Daten werden nur Geburt- und Todesjahr, die Schlacht gegen Varus und sein gewaltsamer Tod genannt.

Also greifen wir zu dem weitverbreiteten ›Lexikon der Alten Welt‹, um mehr zu finden. Wir lesen: »Arminius (19 v. – 19 n. Chr.), Sohn des Cheruskerfürsten Segimer, röm. Bürger und Ritter, Kriegsgefährte des → Velleius Paterculus. Organisiert 9 n. Chr. einen Aufstand der Germanen, vernichtet im Teutoburger Wald (Stelle umstritten) das Heer des P. Quinctilius → Varus (3 Legionen, 3 Alen und 6 Kohorten). 15 Kampf gegen seinen Schwiegervater Segestes, dem → Germanicus zu Hilfe eilt. 17 mit Sueben, Semnonen und Langobarden gegen → Marbod; i. J. 19 von Verwandten beseitigt. *Liberator haud dubie Germaniae* (Ohne Zweifel der Befreier Germaniens, d. V.) nennt ihn Tacitus (ann. 2,88,3).«

Das ist zwar schon etwas mehr, aber wir hätten mehr erwartet. Abgesehen davon fallen abweichende Zeitangaben zum Brockhaus-Eintrag auf. Kein Wort darüber, wieso dieser Germane römischer Bürger und Ritter ist.

Halten wir uns also an das umfangreichste deutschsprachige Universallexikon der Antike ›Paulys Real-Encyclopädie der Classischen Alterthumswissenschaft‹, das in 84 Bänden fast alles enthält, was im Lauf von hundert Jahren – so lange währte es bis zum Abschluss des gigantischen Kompendiums – zusammengetragen wurde. Im Band II,1 von 1895 finden wir auf den Spalten 1191 f. über »Jugend und Verwandtschaft« des Arminius folgende Angaben; der besseren Lesbarkeit halber lassen wir die Belegstellen der antiken Autoren weg:

»III. Jugend und Verwandtschaft: Arminius stammte aus dem vornehmsten Geschlecht der Cherusker (*stirps regia* [= königliche Abkunft, d. V.]) und wurde entweder im Jahre 18 oder 16 v. Chr. geboren. Sein Vater, der Fürst Sigimer, ist zu unterscheiden von dem Bruder des Segestes und dem Genossen des Arminius, *Segimer*. Der Name der Mutter, die noch im Jahre 16 n. Chr. lebte, wird nicht genannt. Ein Bruder seines Vaters hieß Inguiomer, sein eigener Bruder Flavus, dessen Sohn Italicus. Ebenso wie sein Bruder diente auch Arminius als Führer germanischer Hilfsvölker längere Zeit im römischen Heer, sicher in den Jahren 4–6 n. Chr., in die die *prior militia* [d. h. der frühere Kriegsdienst, d. V.] des Velleius zu setzen ist. Während dieser Zeit erwarb er außer dem römischen Bürgerrecht auch den Ritterrang und erlernte die lateinische Sprache. Etwa im Jahre 7 n. Chr., vielleicht aus Anlass des Todes seines Vaters, kehrte er in seine Heimat zurück, während sein Bruder weiter diente ...« Auch das ist, gemessen an der Bedeutung des Mannes, enttäuschend wenig. Nun könnte man einwenden, 1895, also am Ende des 19. Jahrhundert, habe man nicht mehr über die frühen Jahre des Cheruskerfürsten gewusst, während man in unserer Zeit doch wohl erheblich mehr habe zusammentragen können.

Letzter Versuch mit ›Der Kleine Pauly‹, einem fünfbändigen Extrakt der großen ›Encyclopädie‹, der aber die neuesten Forschungsergebnisse aus Alter Geschichte, Archäologie und Altphilologie zwischen 1964 und 1975 in die fünf erschienenen Bände eingearbeitet hat. Doch auch hier finden wir prinzipiell das Gleiche wie in den anderen Werken, nur an einer Stelle ergänzt durch diesen Hinweis: »Vielleicht schon 8 v. Chr. nach Rom gebracht und auf dem Palatin erzogen.«[130] Diese Mitteilung nimmt Bezug auf einen Artikel von Ernst Hohl in der »Historischen Zeitschrift« von 1942.[131] Doch ihre Faktizität lässt sich nicht endgültig beweisen. Dass Arminius als Geisel in Rom war, ist in der Forschung unbestritten, nicht aber die Folgerung, dass er auf dem Palatin gelebt und gewohnt habe. Es gibt Argumente, die dagegen –, aber auch solche, die dafür sprechen. Vor allem stellt sich in diesem Zusammenhang die Frage: Wo auf dem Palatin könnte er denn gelebt haben? In einem Privathaus? Oder etwa bei einem Angehörigen der kaiserlichen Familie? Bei wem denn?

Als Fazit unserer kleinen tour d'horizon stellen wir ernüchtert fest: Es finden sich keine konkreten Angaben über die frühen Jahre des Arminius bis zur Auseinandersetzung mit Quinctilius Varus. Der Grund ist schlicht und einfach: Es gibt sie nicht! Kein römischer, schon gar kein griechischer Autor hat sich detailliert zu diesem Thema geäußert. Jedenfalls liegen uns entsprechende Textstellen nicht – oder nicht mehr – vor. Die Germanen haben selbst nichts Schriftliches hinterlassen. Nur mit subtiler, geduldiger Kleinarbeit lässt sich der eine oder andere Aspekt durch vorsichtige analoge Rückschlüsse rekonstruieren. Etwa die Annahme, dass Arminius aus Anlass des Todes seines Vaters Segimer 7 n. Chr. in die Heimat zurückkehrte, um die Führung des Stammes oder Teilstammes der Cherusker zu übernehmen.

Wir wissen auch nicht, wie er ausgesehen hat, ob er hellblondes, dunkelblondes oder rötliches Haar hatte, ob er außergewöhnlich groß, muskulös, kräftig – oder feingliedrig und schlank war. Hier bewegen wir uns auf unsicherem Boden. Alles, was über diese Dispositionen gesagt wird, bleibt Vermutung und für alle Zeiten fragwürdig. Lediglich seinen Stammbaum können wir anhand der antiken Autoren erstellen:

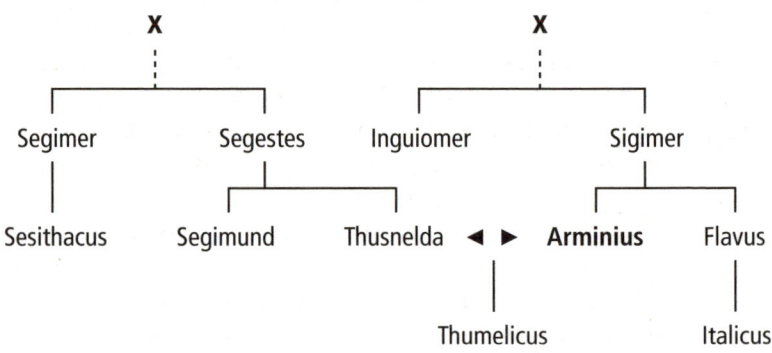

Besonders über den Namen »Arminius«, seine Herkunft und Bedeutung ist immer wieder spekuliert worden. Bei Strabon, einem in Pontus (im Norden der heutigen Türkei) lebenden griechischen Geografen und Historiker (63 v. bis 19 n. Chr.), lautet der Name *Ἀρμένιος*, (Arm-e-nios), während Cassius Dio ihn *Ἀρμίνιος* (Arm-i-nios) nennt. Die Schreibung Strabons *Ἀρμένιος* (Armenios) führte zu der Vermutung, Arminius habe möglicherweise in Armenien gekämpft und wegen seiner Verdienste das römische Cognomen »Armenius« erhalten. Dabei wurde betont, dass Strabon ja Zeitgenosse gewesen sei und es als solcher durchaus habe wissen müssen – zumal Armenien von Pontus nicht weit entfernt sei. Vermutungen in diese Richtung sind spekulativ und lassen sich durch keinerlei Fakten belegen.

Wenn dagegen Dio von *Ἀρμίνιος* (Arminios) spricht, handelt es sich einfach um die gräzisierte Form von »Arminius«, denn diese Schreibweise fand er in seinen Quellen vor. Bei allen römischen Autoren lautet der Name eben »Arminius«.

Dann wurde für möglich gehalten, der Name könne doch germanischen Ursprungs sein. Doch das bleibt zweifelhaft, denn aus dem bisher bekannten Germanischen lässt er sich nicht ableiten. Und mit »Hermann« hat er nun wahrlich nichts zu tun. Selbst die akrobatischsten Überlegungen führen nicht zum Ziel. Wenn etwa P. Höfer 1885 Arminius als »Ar-meini« = »Adlergesinnt« deutet[132] oder G. Kossinna wenige Jahre später argumentiert, Arminius sei eine römisch-gallische Wiedergabe des germanischen Namens »Ermin«[133].

Wenn es um Arminius' einheimischen Namen – der uns ja unbekannt ist – geht, ist es am ehesten denkbar, dass dieser wie der seines Vaters und anderer männlicher Verwandter mit *Segi* (Sieg) zusammengesetzt war. Somit könnte er mit dem *Siegfried* der Sage interpretiert werden.

Unlängst tauchte eine neue Spekulation auf: Der Name Arminius könne abgeleitet sein von »Armenium« – dem lateinischen Namen für ein blau leuchtendes Mineral.[134] Das könnte zu den überlieferten »strahlenden Augen« passen, die wohl blau waren. Und dazu, dass sein Bruder den Namen *Flavus* (der Blonde) trug.

Das nüchterne Fazit lautet: Wir können uns nur an die Mitteilungen der römischen Autoren halten, und bei ihnen heißt er »Arminius«. Da Arminius das römische Bürgerrecht erhielt und damit einen römischen Vor- und Geschlechtsnamen angenommen haben muss, so kann der Name Arminius sein Beiname gewesen sein, dem vielleicht sein einheimischer Name zugrunde lag. Wenn der Name aber römischen Ursprungs ist, dann könnte Arminius ihn als Geschlechtsnamen nach einem Angehörigen der *Gens Armenia* bei der Erteilung des Bürgerrechts erhalten haben. Das ist freilich kaum wahrscheinlich, weil die Armenier um Christi Geburt eine subalterne Rolle gespielt haben; der zeitlich am nächsten liegende *Armenius Brocchus* war unter Domitian Proconsul von Bithynien (oder Achaia).

Selbst Velleius Paterculus, der einzige Zeitgenosse unter den römischen Autoren, die über Arminius berichten, geht mit keinem Wort auf die Frage nach dem Namen ein, er ist aber der Einzige, der eine Personenskizze entwirft: »Es gab damals [d.h. zur Zeit, als Varus das Kommando in Germanien übernahm, d. V.] einen jungen Mann aus vornehmem Geschlecht, der tüchtig im Kampf und rasch in seinem Denken war, ein beweglicherer Geist, als es die Barbaren gewöhnlich sind. Er hieß Arminius und war der Sohn des Sigimer, eines Fürsten jenes Volkes. In seiner Miene und in seinen Augen spiegelte sich ein feuriger Geist. Im letzten Feldzug hatte er beständig auf unserer Seite gekämpft und hatte mit dem römischen Bürgerrecht auch den Rang eines römischen Ritters erlangt. Nun machte er sich die Indolenz unseres Feldherrn für ein Verbrechen zunutze. Es war kein dummer Gedanke von ihm, dass niemand leichter zu fassen ist als ein Nichtsahnender, und dass das Unglück meistens dann beginnt, wenn man sich ganz sicher fühlt …«[135]

Aus dieser Mitteilung lässt sich ohne Weiteres ableiten, dass Velleius den jungen Cheruskerfürsten gekannt haben muss. Mehr noch: Dann war er auch für Tiberius, den Oberkommandierenden, kein unbeschriebenes Blatt. Ja, es ist daraus sogar zu folgern, dass es gerade Tiberius war, der – schriftlich oder mündlich – seinen Stiefvater Augustus darauf aufmerksam machte, es könne nur von Vorteil sein, diesem jungen Barbarenfürsten, der in Rom erzogen und gebildet wurde, der sich in mehreren Feldzügen bewährt hatte, auch offiziell das römische Bürgerrecht zu verleihen, ganz im Sinne von: »Er ist einer von uns!«

Zum Schluss dieses Exkurses müssen wir auf eine Stelle besonders hinweisen: Arminius – so hält Velleius ausdrücklich fest – sei »ein beweglicherer Geist, als es die Barbaren gewöhnlich sind …«.

Ein ähnliches Statement taucht in einem ganz anderen Zusammenhang auf, wenn Plutarch zu Beginn seiner Schilderung des großen Sklavenkriegs über Spartacus festhält: »… und sie wählten drei Anführer, von denen der eine Spartacus war, ein Thraker aus dem Stamme der Maider, der nicht nur einen kühnen Mut und große Körperkraft besaß, sondern sich auch durch Verstand und Sanftmut weit über seinen Stand [als Sklave, d. V.] erhob und mehr griechische Bildung besaß, als sich von seiner Geburt erwarten ließ …«[136]

In beiden Fällen handelt es sich um junge Männer, die die Weltmacht Rom herausforderten, freilich mit dem Unterschied, dass Spartacus in der letzten, der Entscheidungsschlacht gegen Crassus in Süditalien unterging, während Arminius als Sieger vom Schlachtfeld heimkehrte. Davon abgesehen, ist die Vorgeschichte beider Gegner Roms ähnlich: Sie kennen die römischen Verhältnisse aus eigener Anschauung und Erfahrung, beide sind sie Söhne von Fürsten, beide haben das Waffenhandwerk gelernt, der eine als Gladiator, der andere als Krieger in römischem Dienst. Und in beiden Fällen fühlt sich der Chronist – hier der hochgebildete Priester von Delphi, Romfreund und Wahlrömer Plutarch, dort der im aktiven Militärdienst aufgestiegene römische Offizier Velleius – veranlasst, die besonderen körperlichen und geistigen Qualitäten beider Kombattanten so auffällig hervorzuheben, dass man fragen muss: warum?

Es gibt zwei, vielleicht drei Antworten:

Erstens: Jemand, der die römische Militärmacht total herausfordert, muss einfach über Eigenschaften verfügen wie »Herkunft aus vornehmem Geschlecht«, »feurigen Geist in Auge und Miene«, »Tüchtigkeit im Kampf und Raschheit in seinem Denken«, »beweglichen Geist«, »kühnen Mut«, »große Körperkraft«,

»Verstand« und »Bildung«. Es sind die sozusagen natürlichen Voraussetzungen für ein Gelingen der Auflehnung.

Zweitens: Für einen Römer wie Velleius Paterculus oder einen romanisierten Griechen wie Plutarch, die sich als Angehörige der überlegenen »Leitkultur« Roms verstehen, müssen die körperlichen und geistigen Qualitäten des »barbarischen« Gegners einfach phänomenal sein. Wie wäre es sonst möglich, dass ein Sklave oder ein Germane die Weltmacht Rom an den Rand des Abgrunds bringen kann. Anders gesagt: Ein Gegner, der das bis dato Unvorstellbare möglich machte, muss für einen römischen Berichterstatter mit fast übermenschlichen Fähigkeiten ausgestattet sein, sonst wäre der eigene Gesichtsverlust noch weniger zu ertragen.

Drittens: Die Eigenschaften, die Velleius dem Arminius und Plutarch dem Spartacus zuschreiben, sind in der Tat vorhanden. In beiden Fällen wird allerdings verschwiegen, dass die Rebellen erst durch ihre Kenntnis römischer Strategie und Taktik in die Lage versetzt wurden, die Schwachstellen des Systems zu erkennen, sie zu analysieren und ihre Folgerungen daraus zu ziehen. Bei Arminius wird noch darüber zu reden sein.

Fassen wir zusammen: Über die Lebensumstände des Arminius liegen für die Zeit vor der Varusschlacht erstaunlich wenige Nachrichten vor. Und diese sind meist so summarisch, oberflächlich oder peripher, dass es einfach nicht möglich ist, daraus Näheres über den Werdegang dieses Mannes zu erfahren, der immerhin Weltpolitik gemacht hat. Wieder müssen wir uns daran erinnern, dass Details aus der Biografie eines »Barbaren« für das römische Lesepublikum nicht wert waren, schriftlich festgehalten zu werden. Wenn auch diese Leser meist der aristokratischen Oberschicht sowie gebildeten Aufsteigern zuzurechnen sind, haben sie nicht das Bedürfnis oder Interesse, sich näher über fremdartige Personen zu informieren, die für sie weit weg an der nördlichen Peripherie des Imperiums agierten. Die Parallele zum Hier und Heute drängt sich einmal mehr auf: Durchschnittsamerikaner aus dem Mittleren Westen haben nur geringe Kenntnisse über das Leben im »Alten Europa«. Man mag das – besonders als Europäer – bedauern, ändern kann man es nicht.

Natürlich gab es damals Leute, die all das, was wir vermissen, bis in die kleinsten Details gewusst haben. Hier wäre an erster Stelle Tiberius selbst zu nennen, der jahrelang in den riesigen Räumen des Nordens unterwegs war, der Land und Leute wie kein Zweiter kannte, der als Truppenführer Arminius und andere in ähnlicher Ausgangsposition selbst gefördert hat und in dessen offiziellen Akten entsprechende Dossiers darüber abgelegt wurden. Dann natürlich der Kaiser selbst, in dessen Kanzlei alle Korrespondenz, alle wichtigen Beurteilungen,

Stellungnahmen und Diagnosen gesammelt, geordnet und jederzeit zugänglich waren. Mit Sicherheit müsste ein Teil dieser Geschichte neu geschrieben werden, wenn wir darin Einblick nehmen könnten. Ein breites Publikum, wie wir es kennen, gab es nicht. Nur wenige konnten lesen und schreiben. Auflagen publizierter Texte gingen allenfalls in die Hunderte. Als Rolle veröffentlichte Texte erreichten nur einen elitären Bruchteil der Bevölkerung. Was beim Gros der Bevölkerung ankam, war meist ein Ondit, waren märchenhaft ausgeschmückte oder grausig übertriebene Berichte und Gruselgeschichten aus zweiter und dritter Hand. Und die wenigen Soldaten, die irgendwann heimkehrten, interessierten sich für das, was sie selbst erlebt und erlitten hatten. Hintergrundinformationen – allein das Wort wäre ihnen fremd gewesen – zu einem Germanen wussten auch sie nicht zu bieten. Solche Denkweisen lagen außerhalb ihres Blickfelds.

— SZENE 12 —

Das Essen hatte sich über eine Stunde hingezogen. Waren die Platten und Brettchen auf dem Tisch leer, wurden sie unverzüglich durch neue, volle ersetzt. Segestes legte offenbar größten Wert darauf, dass seine Gäste sich wohlfühlten. Der Met floss in Strömen und zeigte bei einigen seine entspannende, auch enthemmende Wirkung. Die Gespräche wurden lauter, Gelächter hier und da, der Geräuschpegel nahm zu, mit der Folge, dass man sich mit seinem Nachbarn noch lauter unterhielt, um sich verständlich zu machen.

Lediglich vorne, am quer stehenden Präsidiumstisch, ging es leiser zu. Sowohl Segestes als auch seine römischen Gäste gaben sich betont kultiviert. Segestes sprach Latein. Und wenn ihm hin und wieder nicht das passende Wort einfiel, kamen ihm entweder Lerius Flaccus oder Arminius zu Hilfe. Dabei entging Pedius nicht, dass besonders Arminius sich sehr sicher und subtil auszudrücken vermochte. Er musste in Rom gute Lehrer gehabt haben.

Boiocales hielt sich mehr an die neben ihm sitzenden Römer als an seinen Nachbarn Arminius. Ihre Unterhaltung – falls man das kurze Hin und Her von Frage und Antwort überhaupt so nennen konnte – beschränkte sich durchweg aufs Essen:»Kannst du mir bitte mal den Krug reichen ...«,»Der Braten ist wirklich ausgezeichnet, nicht wahr ...« oder»Seine Frau macht den besten Met weit und breit ...«

Äußerungen von Boiocales wurden von Arminius lediglich lakonisch mit»Durchaus, ja ...«,»*Ita'st* ...« oder nur mit einem Kopfnicken bestätigt. Er antwortete stets auf Latein. Warum? Aus Höflichkeit gegenüber den römischen Tischnachbarn? Oder wollte er damit zu verstehen geben, dass er hier ganz eindeutig als Römer auftrat? Wenn ja, dann spielte er seine Rolle gut. Niemand seiner Stammesgenossen schien daran Anstoß zu nehmen. Schon gar nicht Segestes.

Während Pedius noch darüber nachdachte, in welchem Verhältnis Arminius zu Segestes stand, erhob sich jener und sagte:»Ich muss mal an die frische Luft.«

»Ich auch«, schloss sich Boiocales an und stand ebenfalls auf.

»Kommt gesund wieder!«, rief ihnen Segestes gutgelaunt zu und setzte sein Gespräch mit Lerius Flaccus fort.

Pedius beugte sich zu Artorius und sagte leise:»Ich muss auch mal raus.«

Der Blick, mit dem ihm Artorius antwortete, war eindeutig: Spitz die Ohren!

Auch andere fanden es an der Zeit, draußen frische Luft zu schnappen, denn der Rauch von Feuer und Kienspänen, die Ausdünstungen der Menschen und der säuerliche Geruch des Mets ergaben eine Mischung, deren Impertinenz kaum zu ertragen war.

Die Luft war klar und kühl, der Himmel leicht bewölkt, hin und wieder trat der Vollmond hervor. Pedius atmete tief durch und ließ seinen Blick über den großen Innenhof schweifen. Hier und da Gruppen von Männern, die miteinander palaverten. Arminius und Boiocales nicht darunter. Es war noch hell genug, um einzelne Personen unterscheiden zu können. Also nahm Pedius an, dass die beiden durch das Tor nach draußen gegangen waren, wo sie ungestört miteinander reden konnten.

Er schlenderte gemächlich zum Tor. Es war geschlossen, doch eine kleine Seitentür stand offen. Die Posten, zwei Germanen, nickten ihm zu und ließen ihn passieren. Wer nach draußen wollte, war ungefährlich.

Im Vorbeigehen machte er eine freundliche Bemerkung über das gute Wetter, und da er dies flüssig in ihrer Sprache tat, wurde sie ebenso freundlich erwidert. Aus langer Erfahrung wusste er, wie sehr Fremdstämmige es schätzten, wenn ein Römer mit ihnen in ihrer Sprache kommunizierte. Das galt für alle, seien sie nun Araber, Gallier oder Germanen.

Pedius trat ins Freie, reckte sich und atmete mehrmals tief durch. Dabei blickte er sich unauffällig um. Der Weg, auf dem sie am Tage gekommen waren, lag leer vor ihm. Wären Arminius und Boiocales ihn gegangen, müsste er sie sehen. Also konnten sie sich nur zum Fluss hin entfernt haben.

Er blickte in die Richtung und überlegte: Wenn er als Einzelner zum Fluss schlenderte und von den beiden beobachtet wurde, dürfte es kaum ihr Misstrauen wecken. Was hatten sie von ihm zu befürchten? Und was er von ihnen? Er war Römer und unterstand nicht ihrem Kommando, sondern dem des Tribunen Lerius Flaccus. Also schlenderte er langsam weiter, die Augen konzentriert auf das Ufer gerichtet. Er konnte niemanden erkennen, die Schatten einiger Bäume und Büsche verschluckten jede Einzelheit einer menschlichen Gestalt. Langsam ging er weiter, darauf bedacht, nicht auf trockenes Geäst zu treten oder über einen herumliegenden Stein zu stolpern. Legte Pausen ein und lauschte. Nichts.

Dann hörte er es. Weiter voraus, wohl unmittelbar am Flussufer, sprach jemand. Dann ein anderer. Tonfall, Lautstärke und Intensität wechselten in Rede und Gegenrede, mal sich steigernd, dann wieder leiser, aber nicht weniger eindringlich. Verstehen konnte er nichts.

Er musste näher heran. Mit äußerster Vorsicht setzte er die Schritte, denn es war klar, dass die beiden mitten in einer hitzigen Auseinandersetzung waren. Wenn man ihn jetzt bemerkte, konnte es böse Folgen haben. Links vom Weg, den er im zunehmenden Dunkel des Abends kaum noch wahrnahm, dichtes Gebüsch. Vielleicht konnte er sich darin verbergen. Aber er musste näher heran, um zu verstehen, was gesagt wurde. Sie sprachen germanisch, natürlich, was denn sonst! Das erschwerte die Deutung des Gehörten.

Er wagte sich langsam noch weiter vor, machte nach zehn Schritten halt. Lauschte.

»Und ich sage dir, und dies nicht zum ersten Mal: Du bist zu gutgläubig!«

Es war die Stimme des Cheruskers.

»Ich? Gutgläubig?«, entgegnete Boiocales aufgebracht. »Wieso denn das?«

Und Arminius: »Dass man dich in deinem Gebiet frei schalten und walten lässt, ist kein Zeichen ihrer Toleranz! Das hat doch Methode!«

»Das musst du mir erklären!«

»Ganz einfach: Du und deine Ampsivarier, ihr liegt unmittelbar im Aufmarschgebiet. Sie benutzen die Amisia* als bequemen Transportweg, um schwere Güter hierher, bis in die Mitte unseres Landes zu schaffen. Also sind sie darauf bedacht, euer Wohlverhalten zu erkaufen. Und wie man das macht, muss ich dir wohl nicht erklären. Dein Haus ist voll mit teuren Gegenständen aus Italien, die du nicht hättest, wenn du ihnen nicht in allem zu Willen wärst.«

»Langsam! Ich habe dafür bezahlt!«

»Mag sein. Aber zu einem Preis, der in keiner Weise ihrem Marktwert im Süden entspricht.«

Nach einer kurzen Pause entgegnete Boiocales: »Ja, sag mal, worauf willst du eigentlich hinaus? Du bist römischer Bürger! Mehr noch: Du bist römischer Ritter! Du redest aber wie jemand, der … der auf der anderen Seite der Albis* lebt! Da hassen sie alles, was aus dem Westen kommt! Ich verstehe dich nicht, Arminius. Nein, ich kann dir nicht folgen. Du redest wie ein Feind Roms!«

Pedius atmete ganz langsam, denn die Antwort des Cheruskers durfte ihm auf keinen Fall entgehen. Er hatte mit einigem gerechnet, doch nicht mit solch ketzerischen Auslassungen. Hatte sich etwa Arminius' Einstellung zu Rom geändert? Wenn ja, warum? Warum jetzt? Galt er doch bei allen Angehörigen der Armee als kluger, treuer, zuverlässiger Verfechter römischer Interessen und römischer Politik. Er, Pedius, konnte sich vorstellen, dass dieser Mann eine große Zukunft vor sich hatte, so wie Herodes in Iudaea. Er hatte das Zeug dafür, nicht nur seinen und die benachbarten Stämme voll auf die Seite der Pax Romana zu ziehen, sondern – Pedius traute es ihm zu – das ganze Land bis an die Albis. Wenn ihm das gelänge, wäre er nach dem Statthalter der zweite Mann.

Endlich antwortete Arminius: »Ich bin kein Feind Roms. Ich bewundere ihre *cultura,* wenn du verstehst, was ich meine.«

Pedius lächelte, denn er hatte das lateinische Wort benutzt, da es im Germanischen keine Entsprechung gab. Er konnte sich mühelos zwischen beiden Sprachen bewegen.

»Nein, nicht ganz«, entgegnete Boiocales, der nur über geringe Kenntnisse der fremden Sprache verfügte.

»Mit *cultura*«, fuhr Arminius fort, »bezeichnen sie verschiedene Dinge. Es kann die Arbeit eines Bauern beschreiben, die Bearbeitung des Bodens und die Pflege der Pflanzen, doch ebenso die Pflege und Ausbildung des Geistes …«

»Nein, das wusste ich nicht«, bekannte Boiocales. »Aber du hast damit nicht meinen Einwurf beantwortet.«

Und Arminius, nun sehr ruhig: »Natürlich bin ich nach ihren Gesetzen römischer Bürger und römischer Ritter. Aber ich habe nie vergessen, woher ich gekommen bin. Anders gesagt: Ich kann wie ein Römer auf Germanien blicken und das, was sie barbarisch nennen, durchaus als solches erkennen. Aber ebenso sehe und erkenne ich mit germanischen Augen die Schwachstellen Roms.«

»Also bewegst du dich zwischen beiden Welten …«

»So ungefähr. Aber je länger ich nach dem Tode meines Vaters wieder hier bin, wird mir immer deutlicher, dass die römische Führung Fehler macht. Viele Fehler!«

»Wie meinst du das?«

»Na, ich brauche dir doch nicht lang und breit zu erklären, mit welchem Hochmut, mit welcher Arroganz gewisse Offiziere auf unsere Landsleute herabsehen und ihre Verachtung unserer Lebensweise deutlich zu erkennen geben, die sie barbarisch nennen.«

»Das sind Einzelne.«

»Keineswegs. Sogar mir gegenüber meinen sich hochwohlgeborene Tribunen einen herrschaftlichen Ton herausnehmen zu dürfen.«

Boiocales lachte auf und meinte: »Da kommen sie aber bei dir an den Falschen!«

»Sicher. Aber ich registriere es sehr wohl. Und zwar häufiger, als du es dir vorstellen kannst. – Gut, das ist mein Problem und ich kann damit leben, weil ich weiß, wie wertvoll ich ihnen bin. Aber unsere Landsleute, die einfachen, rechtschaffenen Bauern und Fischer, Handwerker und Händler, die sind ihnen nicht gewachsen.«

Beide schwiegen eine Weile. Dann fuhr Arminius fort: »Ganz abgesehen von diesen Dingen machen sie einen Fehler, den ich für den entscheidenden halte …«

»Was meinst du?«, fragte Boiocales, und die Art und Weise, wie er fragte, zeigte, dass er nachdenklich geworden war.

»Sie glauben, mit unseren Leuten leichtes Spiel zu haben, weil sie davon ausgehen, ihre der unsrigen hoch überlegene *cultura* werde den Anpassungsprozess der Unsrigen an diese beschleunigen. Sie scheinen vergessen zu haben, dass die Gallier, besonders die südlichen Arverner, sich gegen Caesar erhoben und den Feldherrn in die Enge getrieben haben! Bei Alesia* stand es auf des Messers Schneide! Dazu musst du wissen, dass das südliche Gallien damals schon seit Jahrzehnten dem römischen Einfluss ausgesetzt war. Trotzdem haben sie sich erhoben.«

»Warst du denn schon mal da – ich meine im Süden Galliens?«

»Nein. Aber ich habe in Rom mit Männern gesprochen, die bestens informiert waren, weil ihre Großväter dabei waren. Unter ihnen waren auch Gallier.«

»Gut, aber du kannst doch Gallien nicht mit uns vergleichen!«

»Eben! Genau das ist der Punkt! Germanen und Römer unterscheiden sich bei Weitem mehr voneinander als Gallier und

Römer. Für unsere Leute sind Römer so fremd wie Bewohner von der anderen Seite des Erdkreises! Und nun schicken sie sich an, uns ihre Art zu leben nicht nur anzubieten, sondern mit Gewalt aufzuzwingen. Was bei den Galliern hundert und mehr Jahre dauerte, soll nun im Hauruckverfahren in wenigen Jahren erzwungen werden. Das geht mir zu schnell. Und Quinctilius Varus ist, soweit ich ihn kenne, nicht der Mann, der Argumenten der Vernunft zugänglich ist. Nein, nein, mein Freund, ich bin kein Feind der Römer, aber ...«

»Ja?«

»Sie machen zu viele Fehler! Ich sehe schwere Zeiten auf uns – und auf sie zukommen!«

Wieder schwiegen sie eine Weile. Dann sagte Boiocales: »Aber du! Du hast doch Einfluss! Du könntest sie doch ...«

Und Arminius: »Ich tue, was ich kann. Aber in Rom ...«

»Ja?«

»Die Hauptverantwortlichen sitzen in Rom! Der Princeps und seine Berater. Sie haben keine Ahnung, was sich hier abspielt, wahrscheinlich wollen sie es gar nicht wissen ...«

»Kennst du den Princeps? Ich meine, hast du ihn ...?«

»Ja, ich kenne ihn. Jetzt ist er ein alter, kranker Mann, der sich an das Erreichte klammert und es nicht mehr aus der Hand geben will. Und er hat entschieden, Germanien dem Imperium einzuverleiben. Aber es wird ihm im Halse stecken bleiben.«

»Das klingt so, als ob du das wünschst, Arminius.«

»Nein, das nicht. Aber wir müssen es abwarten. Dir aber empfehle ich, vorsichtiger zu sein. Wenn du ihnen den kleinen Finger reichst, greifen sie nach der ganzen Hand. Vergiss es nie!«

»Ich werde darüber nachdenken.«

Als Pedius am nächsten Morgen – sie waren wieder im Lager – bei Gnaeus Lerius Flaccus zum Rapport erschien, machte dieser einen sehr aufgeräumten Eindruck. Offenbar war er mit den Gesprächen bei Segestes sehr zufrieden.

»Nun, was hast du zu berichten, Pedius? Du hast etwas beobachten können, was für uns wichtig ist?«

»Jawohl.«

»Dann schieß los!«

Er bot ihm an einem seitlichen Tisch Platz an und setzte sich ihm gegenüber.

Pedius begann: »Ich hielt es für notwendig, Tribun, dich über ein Gespräch in Kenntnis zu setzen ...«

»Ein Gespräch. Aha. Zwischen wem?«

»Zwischen Arminius und Boiocales.«

Lerius grinste. »Oh, seit wann reden die denn miteinander?«

Offenbar gab es zwischen den beiden Animositäten, deren Ursache Pedius nicht kannte. Er sagte: »Das kann ich nicht beurteilen, Tribun. Ich kann nur wiedergeben, was ich hörte.«

»In Ordnung. Aber wieso warst du in der Lage, sie zu belauschen?«

Pedius beschrieb ihm die Umstände, dass er am Ende des Essens beobachtet hatte, wie die beiden nach draußen gingen, dass er ihnen nach einer Weile gefolgt sei und sich ihnen im Dunkeln genähert hatte. Dann gab er das Gespräch wieder. Lerius Flaccus hörte aufmerksam zu.

»Nannte er Namen?«, fragte Lerius Flaccus, während Pedius berichtete.

»Nein. Aber dann kam er auf einen Punkt, den ich für wesentlich halte, Tribun ...«

»Sprich!«

»Er verglich Gallien mit Germanien. Was bei den Galliern über hundert Jahre gedauert habe, solle nun im Hauruckverfahren bei den Germanen in wenigen Jahren erzwungen werden. Das, so Arminius, gehe ihm zu schnell. Und dann kam er in diesem Zusammenhang auf den Feldherrn zu sprechen ...«

»Auf Varus?«

»Ja. Wörtlich sagte er: Quinctilius Varus sei, soweit er ihn kenne, nicht der Mann, der Argumenten der Vernunft zugänglich sei.«

Pedius hielt, in Erwartung eines Einwurfs, inne. Doch der Tribun schwieg, starrte ihn mit energisch geschlossenem Mund an. Pedius spürte, dass er bei seinem Vorgesetzten ins Schwarze getroffen hatte. Doch Lerius würde sich hüten, ihm gegenüber dazu Stellung zu nehmen.

»Weiter!«, sagte Lerius. »Oder war das alles?«

»Nein, Tribun. Zum Schluss kam er auf die, wie er sagte, Hauptverantwortlichen zu sprechen.«

»Und wer ist das?«

»Der Princeps und seine Berater. Sie hätten keine Ahnung, was sich hier abspiele. Wahrscheinlich wollten sie es gar nicht wissen. Der Princeps sei ein alter, kranker Mann. Er klammere sich an das Erreichte und wolle es nicht mehr aus der Hand geben. Und er habe nun einmal entschieden, Germanien dem Imperium einzuverleiben. Und Arminius schloss mit dem Satz: *Aber es wird ihm im Halse stecken bleiben!*«

Wieder starrte Lerius ihn eine Weile an. Schließlich fragte er: »Wie reagierte Boiocales?«

»Nun, er meinte – und es klang sehr vorwurfsvoll –, das höre sich so an, als ob er, Arminius, es sich wünsche.«

»Und? Weiter!«

»Das verneinte Arminius.«

»Energisch?«

Pedius überlegte: »Ja, ziemlich.«

»Sonst nichts?«

»Doch. Man müsse die Entwicklung abwarten. Dem Boiocales empfahl er eindringlich, vorsichtiger zu sein. Er schloss mit diesem Satz: *Wenn du ihnen den kleinen Finger reichst, greifen sie nach der ganzen Hand.*«

»Das hat er wirklich gesagt?«

»Ja, Tribun. Genau das sagte er.«

Lerius Flaccus erhob sich, und Pedius schoss in die Höhe. Der Tribun fixierte ihn mit einem eindringlichen Blick und sagte: »Gute Arbeit, Optio!«

Pedius nickte beifällig.

Lerius fuhr fort: »Hast du mit jemandem darüber gesprochen? Zum Beispiel mit Artorius oder Marcus Oppius?«

»Nein, Tribun.«

»Das ist gut. Du wirst auch in Zukunft mit niemandem hier im Lager darüber reden. Das ist ein Befehl!«

»Jawohl!«

»Ich bin sehr zufrieden mit dir. Du wirst dich weiter für ähnliche Sonderaufgaben zur Verfügung halten.«

»Jawohl.«

»Hast du dir schriftliche Aufzeichnungen von diesem Gespräch gemacht?«

»Ja, einige.«

»Gut. Dann wirst du jetzt meinem Schreiber einen Bericht diktieren. Er ist zu absolutem Stillschweigen verpflichtet.« Wieder nickte Pedius.

Lerius rief nach dem Schreiber, informierte ihn über das, was Pedius ihm diktieren werde, und schloss: »Du wirst diesen Text anschließend verschlüsseln* und das Original vernichten.«

GLOSSAR

Amisia ist die Ems. – **Albis** ist die Elbe. – Bei **Alesia**, einem *oppidum* der Mandubier in der Gallia Celtica (heute Alise-Sainte-Reine am Mont Auxois in der Côte-d'Or) kam es 52 v. Chr. zum Entscheidungskampf zwischen Caesar und den Truppen der unter Vercingetorix vereinigten Gallier. Vercingetorix wurde dort von Caesar belagert und musste trotz des Eingreifens eines gallischen Entsatzheeres kapitulieren. – **Verschlüsseln**: Es war durchaus gebräuchlich, Texte, die nicht für fremde Augen bestimmt waren, zu chiffrieren. Schon Caesar benutzte diese Methode, um sicherzustellen, dass persönliche Stellungnahmen von ihm von Fremden nicht gelesen werden konnten. Dabei handelte es sich um einfache oder auch komplizierte Vertauschungen von Buchstaben. Absender und Empfänger mussten natürlich diese Verschlüsselungstabellen besitzen. Ferner gab es unsichtbar werdende Tinten, die erst mit besonderen Chemikalien oder/und durch Erhitzen sichtbar gemacht werden konnten. Über Caesars Verschlüsselungsmethode heißt es bei Sueton (Caes. 56, 6 f.): »Auch seine Briefe an den Senat gibt es noch. Hierbei scheint er zum ersten Mal eine neue Form gewählt zu haben … Darin hat er das, was wirklich geheim an sein Ziel kommen sollte, in Chiffren geschrieben, d. h. die Reihenfolge der Buchstaben war stets so, dass sie kein Wort ergaben: sollte jemand hinter die Nachricht kommen und sie fließend lesen wollen, so muss er immer den vierten Buchstaben des Alphabets, also D für A austauschen, entsprechendes gilt für den Rest des Alphabets.« Und über August berichtet Sueton (Aug. 88): »Wenn Augustus aber chiffriert ein Schreiben abfasst, setzt er ein B für A, ein C für B und so fort die folgenden Buchstaben des Alphabets, und für ein X setzt er ein doppeltes A.«

Pedius folgte dem Schreiber in einen anderen, vom Zelt getrennten Raum. Ein Trupp von zehn Soldaten hatte im Abstand von etwa zwanzig Schritt um das Zelt Position einzunehmen, mit dem strikten Befehl, niemanden über diese Grenze durchzulassen. Pedius verstand: Der Inhalt dessen, was er zu sagen hatte, durfte auf keinen Fall in fremde Ohren gelangen.

Als er eine halbe Stunde später in Richtung zu seinem Zelt ging, begegnete ihm Artorius, der fragte:
»Alles klar?«
»Sicher.«
»Was konntest du denn gestern …?«
»Nichts von Bedeutung.«
»Bist du sicher?«
»Absolut.«
Es entging ihm nicht, dass Artorius breit grinste – und schwieg. Offensichtlich war ihm das Prozedere bei Unternehmungen dieser Art sehr bekannt. Aber er drang nicht weiter in ihn.

Eine vielversprechende Karriere:
Der Aufstieg des Publius Quinctilius Varus

Wir haben wiederholt bedauernd darauf hingewiesen, dass die Biografie des Arminius bis zu den Wochen, vielleicht Monaten unmittelbar vor den militärischen Ereignissen nur in sporadischen Mitteilungen antiker Autoren fassbar wird. Über den Großteil dieser zweieinhalb Jahrzehnte liegen keine Nachrichten vor, dieser Lebenslauf besteht weithin aus weißen Flecken.

Dass sich dies bei Varus anders darstellt, hat verschiedene Gründe:

– Varus hat die größte Niederlage Roms nach Cannae zu verantworten. Sie ist unter seinem Namen in die antike und spätere Geschichte eingegangen als die »Varusschlacht«. Es lag auf der Hand, sich mit ihm kritisch zu beschäftigen.

– Varus entstammte einem alten patrizischen Geschlecht, der *Gens Quinctilia*, über die ohnehin Nachrichten aus republikanischer Zeit vorliegen.

– Rom verfügt seit Jahrhunderten über eine Schriftkultur. Wichtige Nachrichten über besondere Ereignisse und Personen wurden schriftlich festgehalten auf Papyrus, Pergament oder Stein.

– Spätere Autoren konnten auf das vorliegende Material zurückgreifen, es ergänzen, interpretieren oder verändern.

– All dies war im Falle Arminius' nicht gegeben, da wir keine germanischen Historiker kennen. Was wir über Arminius wissen, stammt immer aus der Feder griechisch-römischer Autoren.

Vertreter der *Gens Quinctilia* finden sich in den Quellen bis ins 5. Jahrhundert v. Chr. zurückreichend. Doch die Familie ist älter. Immer noch findet man in modernen Darstellungen zwei Schreibweisen des Gentilnamens:»Quinctilius« und auch »Quintilius«. Das hängt mit der antiken Überlieferung zusammen. Auf Inschriften und noch stärker in der handschriftlichen Überlieferung kommt häufig die Schreibweise »Quintilius« vor. Ihr gab die ältere Forschung den Vorzug. Hier lag die gleiche Abschleifung vor wie bei »Quinctius« ➞ »Quintus« oder »Quinctilianus« ➞ »Quintilianus«. Es handelt sich um eine mit dem Suffix (Nachsilbe) *-ilius* erfolgte Weiterbildung des Namens *Quinctius,* der durch das Zugehörigkeits-Suffix *-ius* aus dem Praenomen »Quintus« (der Fünfte) gebildet ist, ganz ähnlich wie »Sextus« ➞ »Sextius« ➞ »Sextilius«.

Das Wichtigste zur Familiengeschichte, soweit dies aus der zum Teil kargen Quellenlage möglich ist: Die *Gens Quinctilia* gehörte zu den ältesten patrizischen Geschlechtern Roms. Die spätere Legendenbildung nennt sie zusammen mit den Fabiern unter den Begleitern des Romgründers Romulus. Dionysios von Halikarnassos, ein Rhetoriker und Zeitgenosse des Quinctilius Varus, zählt die Quinctilier zusammen mit den Iuliern, Serviliern, Curiatiern und anderen zu jenen albanischen Gentes, die angeblich unter Tullus Hostilius (dem 3. König von Rom, 672–640 v. Chr.) nach Rom übergesiedelt seien.[137] Die Quinctilier stehen hier an vierter Stelle hinter den Curatiern. In einer zweiten noch vorhandenen Liste des Historikers Livius, die eine Zusammenstellung des aus Alba stammenden Adels enthält, werden die Quinctilier an dritter Stelle genannt.[138]

Diese Mitteilungen sind deswegen so wichtig, weil wir aus der Reihenfolge auf das außerordentlich hohe Ansehen schließen können, das die Gens Quinctilia zumindest in der Betrachtung des ausgehenden 1. Jahrhunderts v. Chr. genoss. Aus dem 5. Jahrhundert v. Chr. sind sechs Namensträger belegt, darunter ein Sex. Quinctilius Varus, der 453 v. Chr. als einziges Familienmitglied vor Publius Quinctilius das Consulat erreichte. Danach tritt das Geschlecht – übrigens wie die Iulier – völlig zurück und wird erst ab dem 2. Jahrhundert wieder fassbar. Zwei Quinctilii erreichten die Praetur. Einer, Sex. Quinctilius Varus, wurde Pontifex. (Die Pontifices waren nicht Priester besonderer Götter, sondern hatten die Aufsicht über Religion und Kultus überhaupt. Unter Sulla wurde ihre Zahl auf 15 erhöht. Das *collegium pontificum* unterstand dem Pontifex Maximus, der über alle Staatspriester, auch die Vestalinnen, die Oberaufsicht innehatte.) Der Vater von Publius Quinctilius, ebenfalls mit dem Praenomen Sextus, brachte es lediglich bis zum Quaestor. Wir kommen auf ihn noch zurück.

Das heißt also, dass die Gens Quinctilia im Verlauf des 1. Jahrhunderts v. Chr. allmählich wieder aufsteigt, bis zum berühmtesten – besser berüchtigten – Vertreter Publius Quinctilius Varus, der die Niederlage in Germanien zu verantworten hat.

Bis auf wenige Ausnahmen besitzen die Quinctilier in republikanischer Zeit das Cognomen Varus. Zugrunde liegt das sehr alte Adjektiv »varus« (auseinandergebogen, gekrümmt, krummbeinig), das verwandt ist mit dem Verb »vacillare« (wanken, schwanken, auf schwachen Füßen stehen, unzuverlässig sein). Es ist durchaus vorstellbar, dass Kritiker des Varus nach der Katastrophe zynisch abwertende Bemerkungen im Sinne von *nomen est omen* von sich gegeben haben. Interessant ist in diesem Zusammenhang die Rolle, die ein Verwandter des Publius für den jungen Mann gespielt haben kann: Quinctilius Varus Cremonensis, womit gesagt wird, dass er aus Cremona stammt. Dieser Mann aus einer Seitenlinie der Quinctilier gehörte dem Ritterstand an, war also nicht Mitglied des Senats. Er muss seit seiner Kindheit mit Vergil eng befreundet gewesen sein, denn auch Vergil ist vor seinem fünfzehnten Lebensjahr in Cremona, der Vaterstadt des Cremonensis, zur Schule gegangen. Auf jeden Fall erscheint er unter den engen Freunden des Vergil.[139] Daraus darf man schließen, dass Quinctilius Cremonensis etwa gleichaltrig mit Vergil gewesen sein muss. Er wird um 70 v. Chr. geboren sein.

In Carmen 24 des Horaz, einer Totenklage auf Quinctilius Cremonensis, die dem Vergil gewidmet ist, heißt es:

»Also ewiger Schlaf schläft nun Quintilius!
Wann wird Adel der Seele und unbestechliche
Treu, die Schwester des Rechts, offene Wahrheit wann
Seinesgleichen auf Erden sehn?

Ja, manch Trefflicher weint innig dem Toten nach,
Niemand inniger denn du, o Vergilius!
Doch dein treues Gebet fordert umsonst den Freund –
Den du Göttern vertraut – zurück.«[140]

Es gibt bei Horaz noch eine zweite Stelle, die auf Quinctilius Cremonensis hinweist; in Carmen 18 des Ersten Buches heißt es gleich in der ersten Zeile:

»Varus, baue mir nicht ander Gewächs, hörst du, auf Tiburs Hang,
Eh nicht heiligen Weins Rebe im Schutz alten Gemäuers glüht ...«[141]

Warum beschäftigen wir uns mit solchen weit hergeholten Details, die auf den ersten Blick herzlich wenig mit unserem Thema zu tun haben? Die Antwort lautet: Weil wir nur auf diesem Umweg etwas erfahren bzw. vermuten können, das uns näher an Kindheit, Jugend und frühe Erwachsenenjahre von Publius Quinctilius Varus heranführen kann. Zwar fließen die Quellen für die Zeit nach seinem Consulat 13 v. Chr. recht gut, doch über die frühen Jahre schweigen sie. Wir stehen hier einmal mehr vor der Tatsache, dass nur ein Bruchteil der schriftlichen Zeugnisse dieser Epoche auf uns gekommen ist.

Aber auch das wenige, was wir kennen, ist an vielen Stellen fragwürdig, weil der exakte Kontext fehlt. Anders gesagt: Man kann die kargen Nachrichten so oder so interpretieren, es kommt auf den Blickwinkel und die Fragestellung an. Fakt ist: Sextus Quinctilius Varus, der Quaestor des Jahres 49 v. Chr., ist der Vater von Publius. Über seine Herkunft und Jugend liegen keine Nachrichten vor. Als Quaestor unterstand er dem Proconsul Lucius Domitius Ahenobarbus. Die Quaestur war die unterste Stufe, mit der ein römischer Magistrat seine Ämterlaufbahn begann, und dies nicht vor dem 28. Lebensjahr. Sein Ziel war das Erreichen des Consulats und der lebenslängliche Sitz im Senat.

Ursprünglich war der *quaestor paricidii* als »Aufspürer des Mordes« ein Untersuchungsrichter für Gewaltverbrechen mit Todesfolge. Später waren die Quaestoren als *quaestores urbani* (d.h. als städtische Quaestoren) oder *quaestores aerarii* (des Staatsschatzes) zuständig für die Finanzen des Staates, durchaus vergleichbar unseren Finanzbeamten. Im Kriegsfall zogen sie mit den Consuln als Truppenzahlmeister ins Feld, standen auch in Friedenszeiten den Statthaltern bei der Erhebung der Abgaben und Leistung der Zahlungen zur Verfügung. Wenn also Sex. Quinctilius Varus im Jahre 49 Quaestor unter Domitius Ahenobarbus war, muss er 77 v. Chr. geboren sein und war bei der Geburt von Publius 31 Jahre alt.

Wir befinden uns am Anfang der Auseinandersetzungen zwischen Caesar und seinen optimatischen Gegnern: Am 10. Januar 49 hatte Caesar den Rubico überschritten. Damit begann der Bürgerkrieg (49–45), der zunächst gegen Pompeius, den Vormann der Senatspartei, geführt wurde. Zunächst ging es um den Besitz Norditaliens. Doch schon am 21. Februar kapitulierten die Verteidiger von Corfinium. Damit war für Caesar der Weg nach Süden frei, zumal Pompeius bereits am 17. März auf den Balkan übersetzte. Unter denen, die Caesar in die Hand fielen, befanden sich Domitius Ahenobarbus und auch Sex. Quinctilius. In einem geschickten Schachzug lässt Caesar die Gefangenen senatorischen Standes unmittelbar darauf wieder frei; später wird man von der *clementia Caesaris,* der Milde Caesars, sprechen, die geradezu sprichwörtlich wurde.

Doch ebenso wie die anderen Senatoren nutzte Sex. Quinctilius schon die nächste Gelegenheit, um sich wieder auf die Seite des Pompeius zu schlagen. Er taucht dann erst wieder bei den Kämpfen vor Utica (Nordafrika) auf. Dazu notiert Caesar in ›De bello civili‹: »Im Heere des Varus diente Sextus Quintilius Varus ...« Mit *Varus* ist Publius Attius Varus gemeint, nicht verwandt mit den Quinctiliern. Der ehemalige Praetor (i. J. 53) wurde zu Beginn des Bürgerkriegs Anhänger des Pompeius und blieb dies bis zu seinem Tode (45 in der Schlacht bei Munda, Spanien). Im Jahre 49 nahm er eigenmächtig die Provinz Africa in Besitz und besiegte Scribonius Curio. Wir verzichten hier darauf, die komplizierten Verhältnisse des Bürgerkriegs minutiös nachzuzeichnen, uns kommt es auf das Verhalten von Sex. Quinctilius an:

»... diente Sextus Quintilius Varus, der, wie berichtet wurde, Corfinium mitgemacht hatte. Von Caesar entlassen, war er nach Africa gekommen. Curio aber hatte die Legionen, die damals [am 15. Februar, d. V.] Caesar aus Corfinium übernommen hatte, so unverändert nach Africa hinübergesetzt, dass nach Umbesetzung nur weniger Hauptmannsstellen [gemeint sind Centurionen, d. V.] die Centurien und Manipel in derselben Zusammenstellung blieben.

Diesen Umstand nutzte Quintilius zu einer Ansprache aus und machte sich daran, in der Kampfesfront Curios von einem zum anderen zu gehen und die Leute zu beschwören, die Erinnerung an den ersten Eid, den sie vor Domitius (Ahenobarbus) und ihm als Quaestor geleistet hätten, nicht preiszugeben und nicht gegen die zu der Waffe zu greifen, die mit ihnen dasselbe Schicksal und das gleiche Los bei der Belagerung (Corfiniums) geteilt hätten, und nicht für die zu kämpfen, von denen sie höhnisch Überläufer genannt würden. Dazu fügte er einiges, was ihnen Hoffnungen auf Schenkungen machte, die sie von seiner Freigebigkeit erwarten dürften, wenn sie sich ihm und Attius anschlössen.

Trotz seiner Lockungen verriet sich keinerlei Neigung im Heere Curios, sich für die eine oder andere Partei zu entscheiden. So führten beide Anführer ihre Truppen zurück.«[142]

Schließlich finden wir ihn sieben Jahre später noch einmal bei Philippi, dem Schauplatz des Sieges von Marcus Antonius und Octavianus über die Caesarmörder Brutus und Cassius im Oktober 42 v. Chr. Velleius Paterculus klagt:»Kein anderer Krieg kostete jemals Leben und Blut so vieler berühmter Männer.« Es war eben ein Bürgerkrieg, der schrecklichste aller Waffengänge! Unter den»berühmten Männern« befindet sich auch Sextus Quintilius Varus:»Livius Drusus, der Vater der Iulia Augusta (der Kaiserin Livia), und Quintilius Varus verschmähten einen Appell an das Mitleid ihres Gegners (Octavianus): Der eine tötete sich in seinem Zelt, Varus aber wurde, im Schmuck seiner Rang- und Ehrenzeichen, auf eigenen Befehl von einem Freigelassenen getötet.«[143] Er starb im Alter von 31 Jahren. Sein Sohn Publius Quinctilius Varus war jetzt fünf Jahre alt.

Was können wir mit diesen kargen Nachrichten im Hinblick auf den Werdegang und das Selbstverständnis des jungen Publius anfangen? Zunächst einmal dies: Er stammt aus einer der ältesten patrizischen Adelsfamilien Roms. In Rang und Ansehen steht die Gens Quinctilia auf der gleichen Stufe wie die Iulier, Domitier oder Claudier. Wollten wir eine neuzeitliche Analogie wagen, würde das bedeuten, ein Adliger des 18./19. Jahrhundert könnte sich auf die Abstammung von Karl dem Großen berufen und sie in direkter genealogischer Linie nachweisen. Entsprechend konservativ ist in solchen Fällen das Bewusstsein, zur absoluten Elite der Gesellschaft zu gehören.

Er wächst ohne Vater auf. Es gibt vielleicht einen älteren Bruder, der das Praenomen des Vaters, Sextus, trägt. Außer seinem Namen ist nichts über ihn bekannt. Eine jüngere Schwester, Quinctilia, heiratete später den Lucius Nonius Asprenas, mit dem wir uns noch zu beschäftigen haben. Aus dieser Verbindung gingen zwei Söhne hervor, Lucius Nonius Asprenas und Sextus Nonius Quinctilianus. Mit ihnen stirbt das Geschlecht aus. Eine zweite Schwester Quinctilia heiratete einen Cornelius Dolabella, der noch eine unrühmliche Rolle in einem Prozess gegen die letzten Nachkommen der Familie unter Tiberius spielen sollte.

Nach den Erkenntnissen der mit Bienenfleiß forschenden Philologen nahm sich der Verwandte Quinctilius Varus Cremonensis (vgl. oben) des jungen Publius an. Das würde bedeuten, dass er seine Kindheit und Jugendjahre in dessen Villa in der Nähe von Tibur (heute Tivoli) verbracht hat. Im Geburtsjahr von Publius war Cremonensis 24 Jahre alt. Wie lange Publius sich dort aufgehalten hat, wissen wir nicht. Wichtiger ist, dass er später im Haushalt des kinderlosen Verwandten und Schöngeistes dessen »Salon« kennengelernt hat: Horaz, Vergil und andere Intellektuelle, darunter vielleicht auch der Historiker Livius, gingen hier ein und aus. Cremonensis, der an Publius Vaterstelle vertrat, wird dafür gesorgt haben, dass der Junge von besten Hauslehrern unterrichtet wurde. Mehr noch, wir dürfen annehmen, dass er später als atemlos lauschender Zuhörer dabei war, wenn etwa Horaz oder Vergil aus ihren aktuellen Werken vortrugen. Wie dies auf den Jüngling gewirkt hat, wissen wir nicht. Als Horaz mit der Arbeit an seinen Satiren begann (37 v. Chr.), war Publius zehn, als Vergil sich mit der Niederschrift der ›Aeneis‹ beschäftigte (ab 29 v. Chr.), war er 18 Jahre alt. Ein Alter, in dem man sehr empfänglich ist für das staatstragende, mythische Pathos, das Vergil in diesem Werk ausbreitete. Vergils Loblied auf Octavianus/Augustus als den von den Göttern selbst berufenen Vollender der römischen Geschichte wird Publius nicht entgangen sein.

Vergessen wir in diesem Zusammenhang nicht, dass des Publius Vater seinem Leben bei Philippi ein Ende setzte. Und: Er starb als Feind des Octavianus! Die Tatsache, dass Vergil im Hause des Cremonensis regelmäßig verkehrte, ja dass er ein guter, vertrauter Freund des Hausherrn war, dürfte bei Publius Spuren hinterlassen haben. Sein Pflegevater wird ein Übriges getan haben, die herausragende staatspolitische Bedeutung des zum Princeps und Augustus avancierten Octavianus immer wieder zu betonen. Damals war Publius 20 Jahre alt.

Freilich sind das Spekulationen, die sich nicht beweisen lassen. Ebenso wäre denkbar, dass Publius in Opposition zu seinem Pflegevater stand, dass es zu harten Auseinandersetzungen kam, wobei er den Caesarerben Octavianus für den Tod des Vaters verantwortlich machte. Doch dagegen spricht, dass Publius schon wenige Jahre später zum engeren Gefolge des Augustus gehörte. Walther John bemerkt dazu: Daraus »darf man schließen, dass er trotz der politischen

Gegnerschaft seines Vaters sich damals schon nicht bloß als das Glied einer ehrwürdigen gens Albana, sondern auch aus persönlicher Wertschätzung der besonderen Gunst des Augustus erfreute.«[144]

Nun hatte Augustus stets seine Reputation im Auge. In den Jahren nach dem schrecklichen Bürgerkrieg und den Opfern auf senatorischer Seite musste er darauf bedacht sein, möglichst viele Mitglieder der alten Gentes, besonders jener, die sich rühmten, aus Alba Longa zu stammen, auf seine Seite zu ziehen. Der junge Mann aus der patrizischen Gens Quinctilia sollte dazugehören. Dass dieser mitspielte, zeigt, dass die Ereignisse von Philippi für ihn historisch, also abgeschlossen waren. Sein Ehrgeiz zielte darauf ab, in der neuen Zeit, die nun anbrach, eine wichtige Rolle zu spielen.

Aus den wenigen Belegen, die wir haben, lässt sich ableiten, dass Publius zielsicher und protegiert von Augustus seinen »cursus honorum« absolvierte. Verschiedene Ehreninschriften aus dem östlichen Raum des Imperiums nennen ihn als Quaestor. Einige Forscher nehmen an, dass er den Kaiser als »Quaestor Augusti« auf dessen Orientreise in den Jahren 22 bis 19 v. Chr. begleitet hat. Zu Beginn dieser Unternehmung war er 25, der Kaiser 41 Jahre alt.[145]

Für die folgenden neun Jahre fehlt wieder jeder Nachweis der weiteren Stufen seiner Ämterlaufbahn, also über die Aedilität und die Praetur. Das erste feste Datum in seinem Leben bildet sein Consulat des Jahres 13 v. Chr. Dies aber zeigt schlagartig die Bedeutung, die der nun Vierunddreißigjährige für den fünfzigjährigen Kaiser gewonnen hat. Immerhin amtiert er zusammen mit dem fünf Jahre jüngeren Stiefsohn des Princeps, Tiberius, dessen erstes Consulat dies war: »… eine sehr hohe und sicherlich von dem Willen des Augustus nicht unabhängige Auszeichnung.«[146]

Es gab einige bedeutsame Programmpunkte:

– In diesem Jahr war die Rückkehr des Kaisers aus Gallien zu erwarten.
– Die Weihung der Ara Pacis wurde beschlossen.
– Zusammen mit Tiberius hatte Varus die dem Iupiter für eine glückliche Rückkehr des Kaisers gelobten Spiele durchzuführen.

Alles in allem muss Publius Quinctilius Varus sich so sehr im Sinne der neuen Ordnung des Principats bewährt haben, dass Augustus schließlich noch einen Schritt weiterging. Immer war er bestrebt, in seinem Sinne verdienstvolle Männer nicht nur zu fördern, sondern sie an seine Familie zu binden. War er doch der festen Überzeugung, dass dies die beste Methode sei, das Erreichte zu sichern.

In diesem Fall schickte sich Publius an, ins Zentrum der kaiserlichen Familie aufzusteigen. Natürlich ging die Initiative nicht von ihm aus. Augustus wählte als Gattin die Enkelin seiner Schwester Octavia: Claudia Pulchra, also seine Großnichte. Auch hier wurde und wird gerätselt, wann das geschehen sein kann. Claudia Pulchra dürfte etwa 25 v.Chr. geboren sein.[147] Damals war Varus 22 Jahre alt. Wenn – wie oben beschrieben – Varus schon als »Quaestor Augusti« im Jahre 21 v.Chr. zur engsten Umgebung des Kaisers gehörte, könnte ihm schon damals die Großnichte des Kaisers versprochen worden sein. Es war durchaus üblich, Mädchen im Alter von fünfzehn, sechzehn Jahren zu verheiraten; dann wäre die Verbindung frühestens 10 v.Chr. geschlossen worden, wahrscheinlich aber einige Jahre später, da der Sohn Quinctilius Varus – sein Vorname ist nicht bekannt – 2 oder 3 n.Chr. geboren wurde.

Durch diese Ehe wurde Varus nicht nur in die Familie des Herrschers eingebunden. Claudia Pulchras Mutter Claudia Marcella war eine Tochter des C. Claudius Marcellus, eines zunächst energischen Gegners Caesars, dessen Abberufung aus Gallien er betrieb – freilich erfolglos. Im Bürgerkrieg stand er auf der Seite des Pompeius, zog sich aber mehr und mehr ins Private zurück. Er war mit Cicero und Atticus befreundet. Der junge Publius Quinctilius Varus wird durch diese Ehe eingebunden in einige der wichtigsten Familien Roms, die sämtlich aus dem patrizischen Uradel stammen. Keine Frage, dass auch dies im Interesse des clever taktierenden Princeps liegt, der sich nach allen Seiten absichert. Diese Familien spielen nach wie vor im Senat eine wichtige Rolle. Ihr Wohlwollen ist unabdingbare Voraussetzung für das Funktionieren des neuen Systems.

Wo Varus sich in dieser Zeit aufhielt, wissen wir nicht. Es spricht einiges dafür, dass er die Villa seines kinderlos verstorbenen Pflegevaters bei Tivoli übernommen hat, ja dass er der Haupterbe des Cremonensis wurde. Ob aus der Ehe mit Claudia Pulchra außer dem genannten Sohn noch weitere Kinder hervorgegangen sind, ist unbekannt. Sicher ist dagegen, dass er den Sohn seiner Schwester Quinctilia, Lucius Nonius Asprenas, gefördert hat. Über ihn und seine Ämterlaufbahn ist für die Zeit vor seinem Consulat (6 n.Chr.) nichts bekannt. Die Laufbahn des Asprenas zeigt aber, dass das Wohlwollen des Kaisers nicht nur auf Publius Varus, sondern auf weiteren Mitgliedern der Familie ruhte. Sie gehörte nun zum inneren Kreis an der Staatsspitze.

Das schlägt sich besonders darin nieder, dass Publius nach seinem Consulat, das er zusammen mit Tiberius 13 v.Chr. innehatte, in den Jahren 7/6 v.Chr. als Statthalter die Provinz Africa verwaltete. Dabei handelte es sich immerhin um die nach Asien vornehmste senatorische Provinz, zu der das heutige Libyen und Tunesien gehörten. Wir sind über diese Fakten nur durch Münzen unterrichtet, die Publius in Achulla und Hadrumetum prägen ließ – leider ohne jede Datie-

[1] »Germanicus bestattet die unter Varus gefallenen Legionen«, Holzstich 1855 nach einer Zeichnung von Theodor Grosse (1829–1891)

[2] Büste des Augustus

[3] Porträtbüste des jugendlichen Tiberius,
Herstellungsjahr 14 v. Chr.

[4] Teil eines Standbilds
des Germanicus

[5] Augustusstatue von Prima Porta

[6] Porträtbüste des Tiberius in älteren Jahren,
Herstellungsjahr 20 n. Chr.

[7] Porträtbüste der Livia Drusilla,
Herstellungsjahr 20 v. Chr.

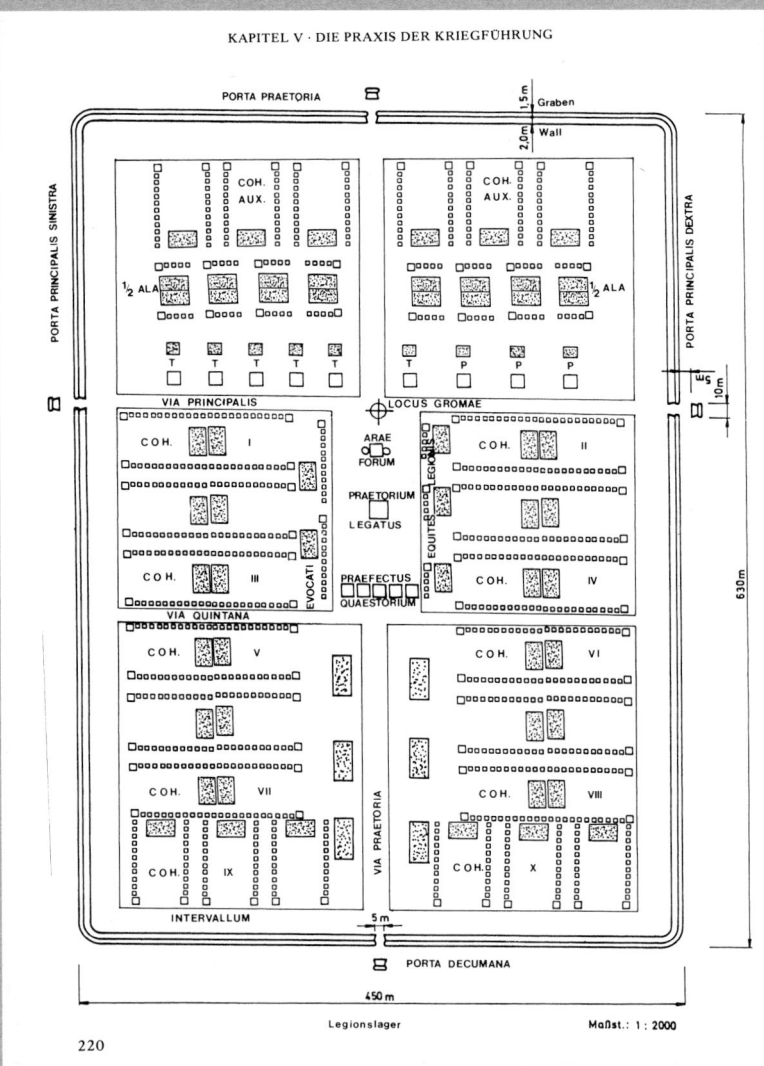

Legionslager   Maßst.: 1 : 2000

220

[8] Plan eines frühkaiserzeitlichen Marschlagers für eine durch eine Ala und zwei Auxiliarcohorten verstärkte Legion (Schema).

[9] Römische Militäranlagen im gallisch-germanischen Grenzraum in augusteisch-tiberischer Zeit.

[10] Rekonstruktion der Römersiedlung Waldgirmes.

[11] Reiterstandbild Waldgirmes

[12] Rekonstruktion des Westtors der Römersiedlung Waldgirmes.

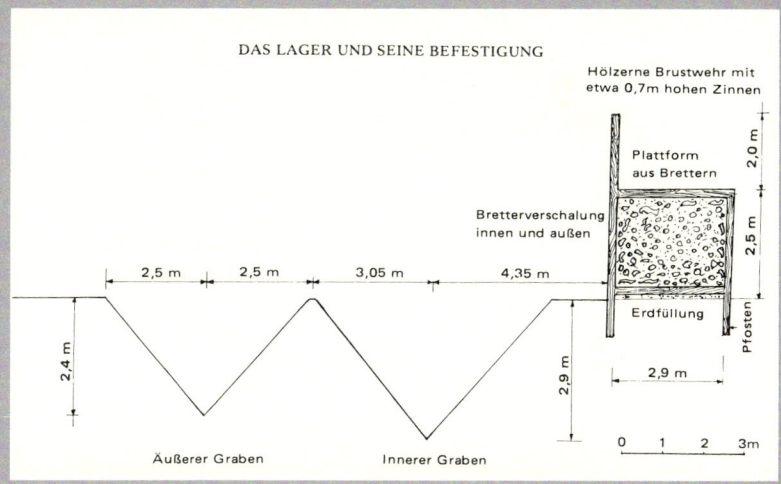

DAS LAGER UND SEINE BEFESTIGUNG

Hölzerne Brustwehr mit etwa 0,7m hohen Zinnen

2,0 m

Plattform aus Brettern

Bretterverschalung innen und außen

2,5 m

2,5 m   2,5 m   3,05 m   4,35 m

Erdfüllung

Pfosten

2,4 m

2,9 m

2,9 m

Äußerer Graben   Innerer Graben

0   1   2   3m

[13] Querschnitt durch die Befestigung des augusteischen Legionslagers Haltern.

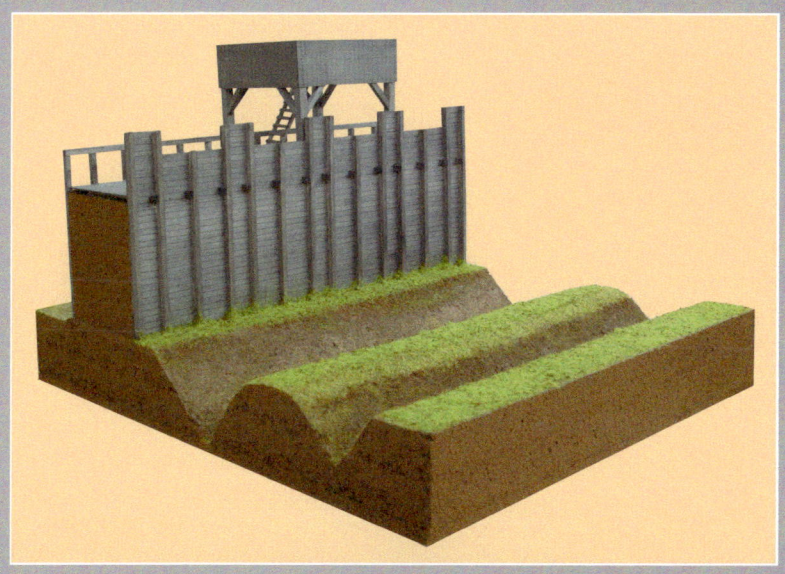

[14] Rekonstruktion der Umwehrung der Römersiedlung Waldgirmes.

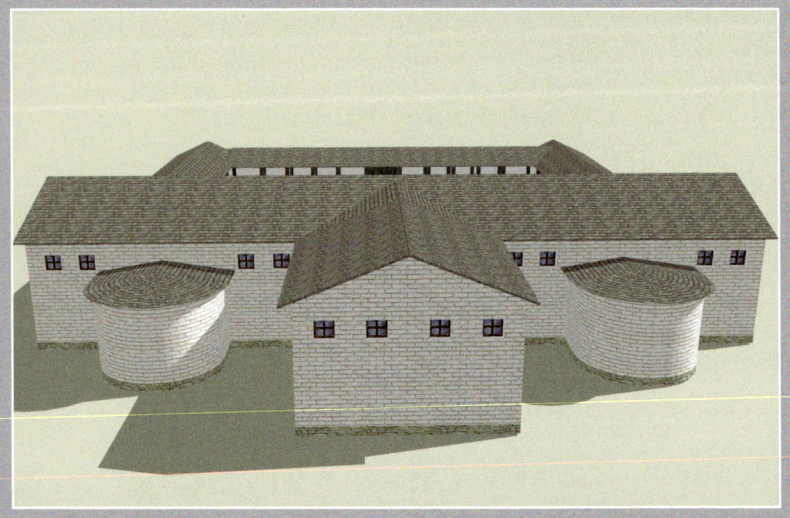

[15] Rekonstruktion der Rückseite des Forums der Römersiedlung Waldgirmes.

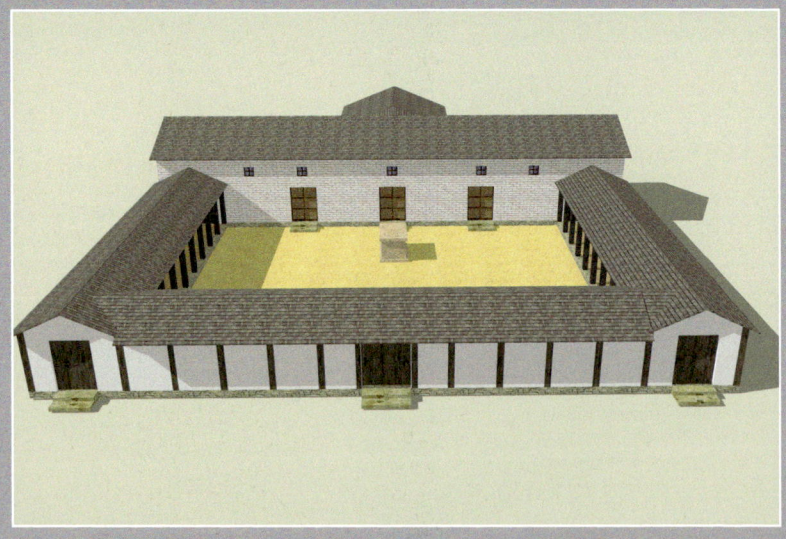

[16] Rekonstruktion der Vorderseite des Forums der Römersiedlung Waldgirmes.

[**17**] Seitenansicht der Römersiedlung Waldgirmes.

[**18**] Frontansicht der Römersiedlung Waldgirmes.

[**19**] Aktuelle Grabung in Porta Westfalica.

[**20**] Aktuelle Grabung in Porta Westfalica.

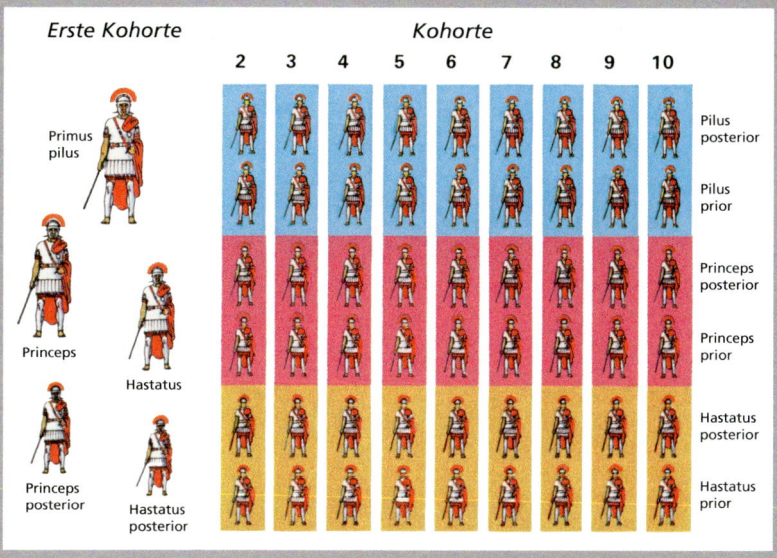

Erste Kohorte

Kohorte

2 3 4 5 6 7 8 9 10

Primus pilus

Princeps

Hastatus

Princeps posterior

Hastatus posterior

Pilus posterior
Pilus prior
Princeps posterior
Princeps prior
Hastatus posterior
Hastatus prior

[21] Das Centurionat.

[22] Testudo, »Die Schildkröte«: Formation des römischen Heeres.

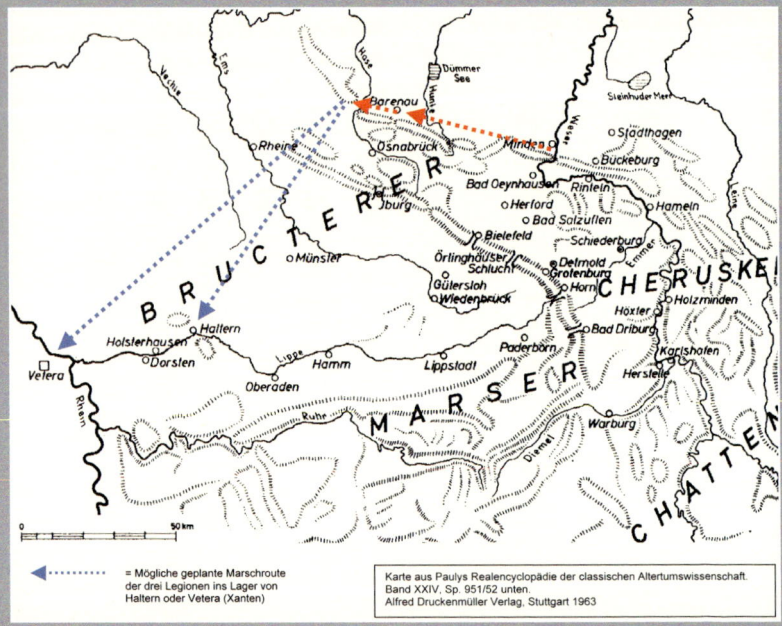

[23] Mögliche geplante Marschroute der drei Legionen vom Sommerlager (in Porta Westfalica) nach Westen in das Lager Xanten (Vetera) oder Haltern.

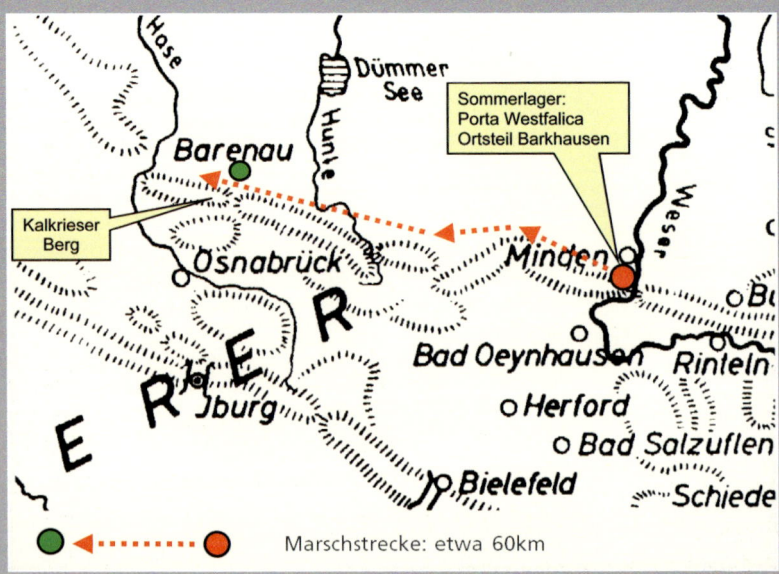

[24] Marschroute von der Weser zum Kalkrieser Berg

[25] Situierung des Lagers in der heutigen Stadt Porta Westfalica.

[26] Die heutige Kreisstraße, die am Fuße des Wiehengebirges entlangführt: diese Route haben die Legionen Richtung Westen genommen.

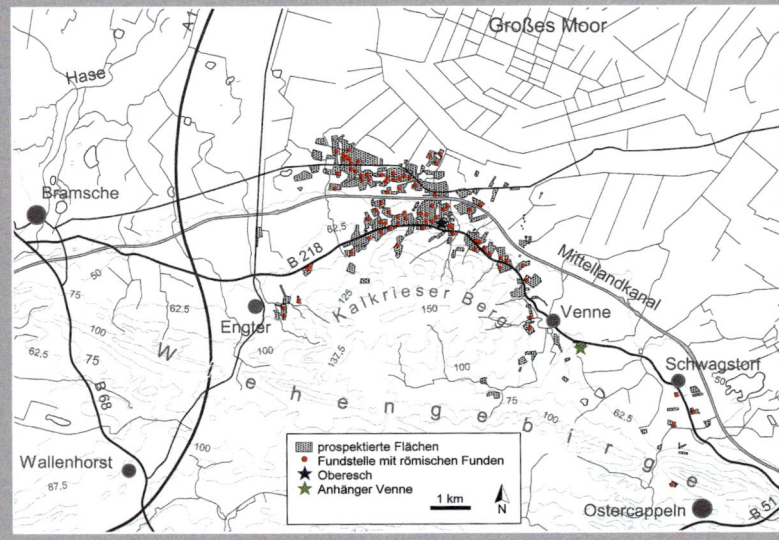

[27] Darstellung des Kampfareals rund um Kalkriese.

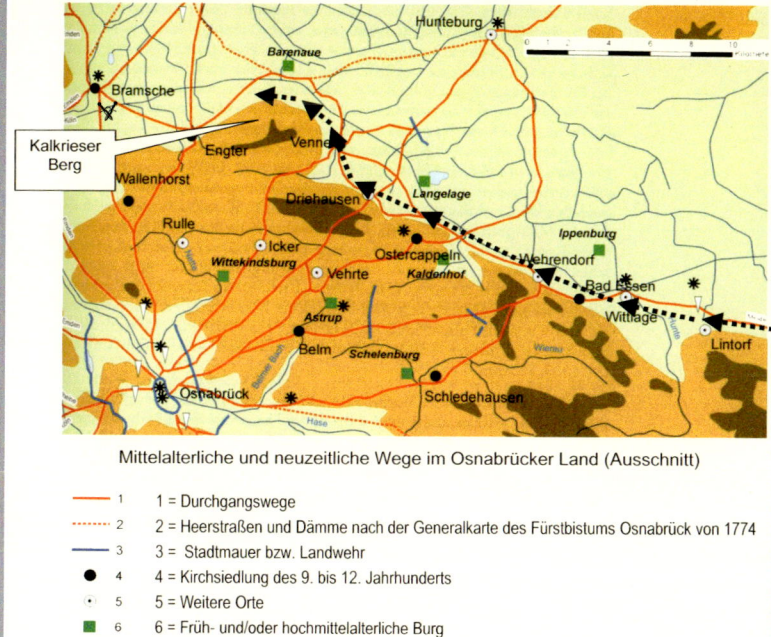

Mittelalterliche und neuzeitliche Wege im Osnabrücker Land (Ausschnitt)

———	1	1 = Durchgangswege
·········	2	2 = Heerstraßen und Dämme nach der Generalkarte des Fürstbistums Osnabrück von 1774
———	3	3 = Stadtmauer bzw. Landwehr
●	4	4 = Kirchsiedlung des 9. bis 12. Jahrhunderts
⊙	5	5 = Weitere Orte
■	6	6 = Früh- und/oder hochmittelalterliche Burg
✳	7	7 = Gerichtsplatz
	8	8 = Hinrichtungsstätte
◀·········		= Marschroute am Nordhang des Wiehengebirges (ergänzt)

Nach: Wolfgang Schlüter: Das Osnabrücker Land im Fernwegenetz Nordwestdeutschlands. In: Rätsel Schnippenburg – Sagenhafte Schätze aus der Keltenzeit, hg. von Sebastian Möllers u. Bodo Zehn, Bonn 2007 (Verlag Dr. Rudolf Habelt), S. 72–73 (Vom Autor ergänzte Marschroute)

[28] Marschroute der Legionen am Nordhang des Wiehengebirges

[29] Archäozoologen graben Maultierknochen in Kalkriese aus.

[30] Münze mit Gegenstempel des Varus'

[31] Hortfund aus Kalkriese: 19 römische Münzen
(15 Denare, 3 Quinare und 1 Aureus)

[32] Grabstein des Centurios Marcus Caelius
(*Bononia (Bologna) 44 v. Chr. – † 9 n. Chr. in der Varusschlacht, Centurio ersten
Ranges in der XVIII. Legion), sein Bruder hat ihm den Grabstein errichtet. Er bildet
die bislang einzige archäologisch-epigrafische Quelle dafür, dass die Varusschlacht
tatsächlich stattgefunden hat.

[33] Reste von römischen Sandalen, gefunden in Kalkriese.

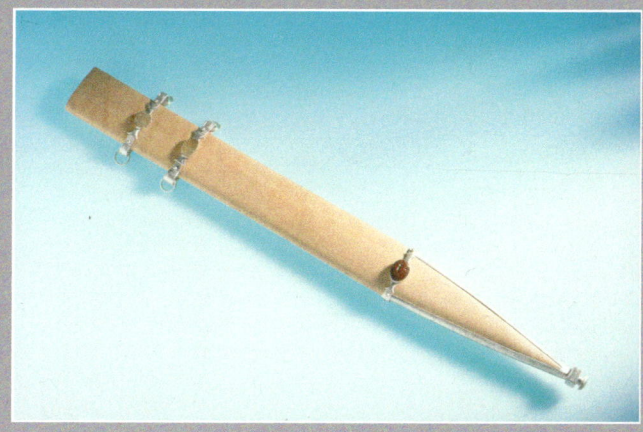

[34] Teile einer römischen Schwertscheide,
gefunden in Kalkriese.

[35] Hermannsdenkmal im südlichen Teutoburger Wald.
Erbaut 1838 – 1875 nach Entwürfen von Ernst von Bandel.

rung. Doch mit allerlei Analogieschlüssen legte sich die Forschung seit Mommsen auf dieses Datum fest. Dass Publius als Statthalter fungierte, geht klar aus der Umschrift der Rückseite hervor: P. QUINTILI VARUS. Die Vorderseite zeigt den Kopf des Sonnengottes Helios mit Strahlenkranz, dahinter ein Dreizack, davor HADRUME.

Nachrichten über seine Tätigkeit in Africa liegen nicht vor. Um so mehr dann über die Amtsführung in Syrien. Wir könnten hier einige Seiten damit füllen, wollen uns aber auf das Wesentliche beschränken – das heißt auf das, was vielleicht mit den späteren Ereignissen in Germanien in Beziehung stehen könnte.

Aus Münzprägungen des Varus in Antiochia, der Provinzhauptstadt am Orontes, geht hervor, dass er unmittelbar nach Ablauf des Proconsulates in Africa als »Legatus Augusti Pro Praetore« mit der Statthalterschaft der kaiserlichen Provinz Syria betraut wurde.[148] Fest steht ferner, dass er auch noch nach dem Tode des Herodes, der 4 v. Chr. starb, dort im Amt war: von 7/6 bis 5/4 v. Chr.

Damit gleiten wir schon mitten hinein in die üble Nachrede, die Varus nach der Katastrophe in Germanien zuteil wurde. Bei Velleius Paterculus findet sich dieser Satz: »Dass er (Varus) kein Verächter des Geldes war, beweist seine Statthalterschaft in Syrien: Als armer Mann betrat er das reiche Syrien, und als reicher Mann verließ er das arme Syrien.« Einige Gelehrte schlossen sich diesem Diktum an. Doch W. John nennt dies einen »billigen, auf die Worte des Velleius gegründeten Vorwurf, Varus habe sein Münzaufsichtsrecht nur missbraucht, um sich persönlich dabei schamlos zu bereichern ...«[149] Dies lasse sich aufgrund der gegebenen Tatsachen keineswegs rechtfertigen, da ja auch spätere Statthalter von Syrien ebensolche Münzen hätten prägen lassen, und man dürfe auch nicht ohne Weiteres folgern, dass Varus als Münzherr in Berytos (heute Beirut) dort mit ergiebigem Profit für die eigene Tasche die Kupfermünzen habe schlagen lassen, die auf der Vorderseite das Bild des Augustus zeigen »IMP. CAESAR AVGVSTVS« und auf der Rückseite »P. QVINCTILIVS VARVS« als Umschrift um zwei Legionsadler und zwei Feldzeichen. Da diese Prägungen außerdem grobe orthografische Fehler enthalten, wurde vermutet, dass sie offenbar rasch und flüchtig hergestellt wurden und auf einen plötzlich eingetretenen Geldbedarf schließen lassen. Dabei denkt man an die Strafexpedition des Varus gegen Palästina nach dem Tod des Herodes 4 v. Chr.

Unabhängig von solchen Überlegungen sprechen vor allem drei Argumente gegen die Behauptung des Velleius:

1. Es ist keineswegs ausgemacht, dass Varus ein »armer Mann« war. Es ist vielmehr anzunehmen, dass er als wahrscheinlicher Erbe des kinderlos verstorbenen Cremonensis über die Mittel verfügte, ein standesgemäßes Leben zu

führen. Ferner ist anzunehmen, dass er auch ohne diese Dotierung mit einem angemessenen Familienvermögen ausgestattet war, und zwar von väterlicher wie von mütterlicher Seite.

2. Das Diktum von Velleius muss im Kontext mit der faktischen *damnatio memoriae* gelesen werden, der »Tilgung (wörtlich: Verdammung) aus dem Gedächtnis«, der Varus nach der Katastrophe anheimfiel. Es wurde ihm zwar nicht, wie bei späteren Kaisern bisweilen praktiziert, ein posthumer senatorischer Prozess zuteil, in dem er wie etwa Nero (68 n. Chr.) zum Landesfeind erklärt wurde, aber praktisch lief es auf dasselbe hinaus. Mit Varus stand sehr bequem der Sündenbock bereit, den man für alles im Zusammenhang mit der katastrophalen Niederlage verantwortlich machen konnte. Die Behauptung von Velleius ist auch insofern aberwitzig, als sie impliziert, Varus habe sich auf die gleiche skrupellose Weise wie in Syrien auch in Germanien bereichern wollen. Ja, wie denn? Geld war in Germanien kein gebräuchliches Zahlungsmittel.

3. Das wichtigste Gegenargument: Publius Quinctilius Varus war als junger Mann von Augustus persönlich entdeckt, gefördert und mit höchsten Staatsämtern bedacht worden, wobei er sich so sehr im Sinne des Princeps bewährte, dass dieser den Abkömmling hochadliger Patrizier schließlich auch familiär an sich binden wollte, indem er ihm seine Großnichte zur Frau gab. Es ist völlig undenkbar, dass Varus als Münzherr in Syrien es gewagt haben sollte, einen Teil der neu geprägten Münzen für private Zwecke beiseitezuschaffen. Wie alle amtierenden Statthalter wusste auch Varus, dass der Kaiser besonders den Geldverkehr der öffentlichen Hand penibel und streng kontrollierte. Sollte in Syrien etwas falsch gelaufen sein, wäre es sofort nach oben gemeldet worden. Ein solcher Diebstahl von Staatsgeldern hätte nicht vertuscht werden können, da an der Buchführung zu viele Fachleute beteiligt waren.

Unausgesprochen und daher unbeabsichtigt enthält der Tadel des Velleius allerdings einen bedeutsamen Hinweis: Indem er seine böswillige Behauptung über den als korrupt geschilderten Charakter des Varus unmittelbar im Zusammenhang mit dessen Aufgaben als »Oberbefehlshaber des Heeres in Germanien« (wörtlich: *is cum exercitui, qui erat in Germania, praeesset* = als er das Heer, das in Germanien stand, befehligte) notiert, setzt er die syrische Amtstätigkeit unmittelbar in Parallele mit den Aufgaben in Germanien. Anders gesagt: Auch wenn nirgendwo der Terminus »Statthalter« benutzt wird, war es für Velleius klar, dass Varus als solcher berufen worden war, um das riesige Gebiet zwischen Rhein und Elbe zur Superprovinz »Germania Magna« zu formen. In Erinnerung an die kritischen Stimmen zu diesem Punkt, die weiter oben zur Sprache kamen, kann auch dies nur bedeuten: Augustus hat sehr wohl geplant, den Großraum zu romanisieren.

Augustus muss mit der Amtsführung von Varus in Syrien zufrieden gewesen sein. Handelte es sich doch um einen schwelenden Unruheherd, der immer wieder das Eingreifen der römischen Zentrale erforderte. Hier nur das Wichtigste: Als »Legatus Pro Praetore Provinciae Syriae« hatte er auf Bitten des Vasallenkönigs Herodes den Vorsitz im Prozess gegen dessen Sohn Antipatros zu führen, der des geplanten Vatermordes beschuldigt wurde. Antipatros wurde hingerichtet. Fünf Tage später starb Herodes.

In Palaestina brachen Unruhen aus, unter anderem wegen der Thronstreitigkeiten, vor allem aber durch das Vorgehen des Finanzprocurators Sabinus. Er versuchte nach dem Tode des Herodes den königlichen Besitz einzuziehen und Herodes Archelaos an der Erbfolge zu verhindern. Er verleumdete Archelaos bei Augustus und trat für dessen Bruder Herodes Antipas ein. Daraufhin belagerten die aufgebrachten Juden Sabinus in der Königsburg von Jerusalem. Als Varus in Antiochia davon erfuhr, rückte er mit einer starken Heeresabteilung in Jerusalem ein und befreite Sabinus aus seiner Lage.

Was hier stark gerafft notiert ist, liest sich bei Flavius Iosephus in dessen historischem Hauptwerk ›De Bello Iudaico‹ (Der Jüdische Krieg)[150] natürlich detaillierter. Diese Passage ist deswegen für unser Thema so bedeutsam, weil sie als einzige Quelle wichtige Informationen über die Art und Weise schildert, wie Varus Herr der Probleme wird. Hinzu kommt, dass Iosephus dabei in keiner Weise vorhat, über den Mann, der die Katastrophe in Germanien zu verantworten hatte, den Stab zu brechen. Iosephus schreibt 66 Jahre nach der Varusschlacht (ab 75 n. Chr.).

Flavius Iosephus zeigt einen Varus, der die gefährliche Lage sofort erfasst und Gegenmaßnahmen in die Wege leitet: »Varus wurde durch den Eingang der Briefe von Sabinus und den Truppenbefehlshabern davon überzeugt, dass er für die Legion [in Jerusalem] alles befürchten und ihr schleunigst zu Hilfe kommen müsse. Mit den beiden übrigen Legionen [wie später in Germanien standen ihm drei Legionen zur Verfügung, d. V.] und den vier dazugehörigen Reiterabteilungen marschierte er nach Ptolemais … Er verstärkte beim Durchmarsch durch Berytos [Beirut] sein Heer um 1500 Schwerbewaffnete aus der Stadt.«[151] Zunächst besetzt und beruhigt er Galiläa, zieht weiter nach Samaria, schont die Stadt jedoch, da sie während der Unruhen in den anderen Siedlungen ruhig geblieben war. Mit ihm verbündete arabische Einheiten plündern in der Umgebung liegende Ortschaften, wobei Varus sie gewähren lässt. »Mit Brand und Mord war alles erfüllt, und nichts widerstand den Räubereien der Araber. Auch

Emmaus wurde niedergebrannt, seine Einwohner flohen, weil Varus es so befohlen hatte.«[152]
Dann erreicht er Jerusalem.»Und allein sein Erscheinen mit dem Heer zerstreute die Kriegslager der Juden. Ihre Besatzungen liefen davon und flohen aufs offene Land. Die Einwohner der Stadt jedoch nahmen Varus auf und suchten die Schuld am Aufstand abzustreiten.« Und dann folgt ein sehr aufschlussreicher Satz:»Sabinus hatte es nämlich nicht gewagt, dem Varus vor Augen zu treten, sondern war vorher schon von der Stadt ans Meer abgereist.«[153] Wir kommen gleich darauf zurück.
»Varus schickte nun einen Teil des Heeres in Streifscharen gegen die Urheber des Aufruhrs über Land. Viele (der Aufrührer) wurden eingebracht, und diejenigen, deren Beteiligung am Aufstand weniger erheblich zu sein schien, ließ er gefangen setzen, die Hauptschuldigen aber, an die 2000, ließ er kreuzigen.« Als er die Meldung erhielt, dass in Idumaea – dem südlichen Landesteil Palaestinas zwischen Hebron und der Isthmuswüste – noch 10 000 Bewaffnete stünden, zog er mit seinen Legionen eilends gegen die Aufständischen. Die Araber hatte er vorher entlassen.»Fand er doch, dass sie nicht die Art von Bundesgenossen hätten, sondern den Krieg nur nach eigener Begierde führten und aus Hass gegen Herodes das Land weit über seine eigene Absicht hinaus schädigten.«[154]
Die Aufständischen ergaben sich, ehe es zu einem Zusammenstoß kam. »Varus begnadigte die Menge, die Rädelsführer aber sandte er zur weiteren Verantwortung zum Kaiser. Der Kaiser gewährte den meisten Verzeihung, nur einige, die aus der Verwandtschaft des Königs waren … ließ er bestrafen, weil sie gegen den König aus eigener Familie zu Felde gezogen waren. Varus stellte also auf diese Weise die Ordnung in Jerusalem wieder her und ließ als Besatzung die schon vorher dort eingesetzte Legion zurück. Darauf reiste er nach Antiochia.«[155]
Liest man den Bericht des Iosephus, drängt sich der Eindruck auf: der kaiserliche Statthalter Varus handelt aus der Sicht des Reichsregiments verantwortungsvoll, energisch und angemessen. Selbst die auf uns Heutige ungeheuer grausam wirkende Kreuzigung war die damals für solche Fälle vorgesehene und übliche Strafe. (70 Jahre früher hatte Crassus 20 000 Überlebende des Spartacus-Aufstandes entlang der Via Appia in Süditalien kreuzigen lassen.)
Andererseits schickt der Befehlshaber die arabischen Hilfstruppen in die Wüste, da sie das Land »weit über seine eigene Absicht hinaus schädigten«. Er weiß zu differenzieren. Und schließlich überlässt er dem Kaiser selbst die Entscheidung darüber, wie mit den gefangenen Rädelsführern aus der Verwandtschaft des Herodes zu verfahren sei. Auch dieses Prozedere ist legitim – ja legal. An keiner

Stelle entsteht der Eindruck, Varus habe die falschen Maßnahmen zur falschen Zeit getroffen. Im Gegenteil.

In diesem Zusammenhang ist auch der bereits oben zitierte Satz zu lesen: »Sabinus hatte es nämlich nicht gewagt, dem Varus vor Augen zu treten, sondern war vorher schon von der Stadt ans Meer abgereist.« Auch dies ist ein Beleg dafür, dass Varus seine Amtsführung äußerst korrekt ausgeübt hat; sein Quaestor Sabinus musste befürchten, von seinem Vorgesetzten peinlich befragt und zur Verantwortung gezogen zu werden. Wie die Geschichte ausging, wissen wir nicht, dürfen aber vermuten, dass über die selbstherrliche Aktion des Sabinus eine entsprechende Aktennotiz in der statthalterlichen Kanzlei angelegt und der Fall nach Rom gemeldet wurde. Für die weitere Karriere des Sabinus wird es negative Folgen gehabt haben.

Auch bei den sich anschließenden juristischen Streitereien der Herodeserben und den damit verbundenen militärischen Aktionen in Palaestina leistet Varus gute Vorarbeit und erleichtert dem Kaiser die Entscheidungen. Augustus muss mit seinem syrischen Statthalter sehr zufrieden gewesen sein und hält ihn in Reserve für zukünftige Aufgaben. Das heißt konkret: Im Frühjahr 7 n. Chr. übernimmt er das Kommando in Germanien. Welche Aufgaben er in den dazwischenliegenden Jahren (von 4/3 v. Chr. bis 7 n. Chr.) übernahm, wissen wir nicht. Wenn er in Rom war – und dafür spricht einiges –, wurde er Zeuge der Schicksalsschläge, die die subtil eingefädelte Nachfolgeregelung des Kaisers über den Haufen warfen. Als eingeheiratetes Familienmitglied dürfte er im Hause des Augustus ein- und ausgegangen sein und über den Stand der weiteren Entwicklung auf dem Laufenden geblieben sein. Genauso wird er durch seine eigene patrizische Verwandtschaft über die Stimmung in den führenden Familien unterrichtet gewesen sein.

Da mittlerweile der verlorene Sohn Tiberius nach Rom zurückgekehrt und mit neuen militärischen Aufgaben betraut worden war, ist anzunehmen, dass der zum Reichsgeneral avancierte Tiberius bei der Besetzung des Postens in Germanien ein wichtiges, vielleicht das entscheidende Wort mitzureden hatte. Für ihn wie für den Kaiser stellte es sich so dar: Germanien braucht einen Mann, der Erfahrungen in der Führung einer schwierigen Provinz besitzt. Es muss jemand sein, der gegebenenfalls hart durchgreift. Ferner muss er absolut loyal gegenüber dem Princeps und der neuen Ordnung sein. Außerdem gehört Varus zur Familie. W. John dazu: »Im Zusammenhang mit den militärischen Erfolgen des Tiberius war die weitere friedliche Gewinnung der germanischen Stämme die Aufgabe des (Befehlshabers in Gallien) Sentius Saturninus gewesen; und erst recht sah – wohl auf ausdrückliche Weisung des Augustus – Varus hierin seine vornehmste Aufgabe, zumal die schweren Kämpfe zur Niederringung des pannonisch-dalmatischen Aufstandes jegliche militärische Provokation in Germanien erst recht untunlich erscheinen mussten.«[156]

Wenn wir die wesentlichen Stationen der Karriere von Publius Quinctilius Varus bis zu seiner Versetzung in den Norden zusammenfassen, handelt es sich um diese Punkte:

- Er stammt aus einer der ältesten patrizischen Familien Roms und kommt dem Bestreben des Augustus entgegen, zu diesen Optimaten Brücken zu schlagen.
- Unabhängig davon bewährt er sich auf den unteren Stufen der Ämterlaufbahn, so dass Augustus selbst einen wohlwollenden Blick auf ihn richtet.
- Nicht unterschätzt werden darf in diesem Zusammenhang, dass der junge Varus in Kontakt zu den von Augustus bewunderten und geförderten Poeten Vergil und Horaz steht, die im Hause seines Pflegevaters Cremonensis verkehrten.
- Schlaglichtartig zeigt die Erhebung zum Consul 13 v. Chr. – und dies mit Tiberius als Kollege! – die Bedeutung und das politische Gewicht, das Varus mittlerweile erreicht hat.
- Die Übertragung der Statthalterschaft in der vornehmen senatorischen Provinz Africa ist ein weiterer Beleg der Wertschätzung durch den Kaiser. Es hätten auch Mitglieder anderer hochadliger Familien zur Verfügung gestanden.
- Persönlicher Höhepunkt seines bisherigen Lebens war sicher die Vermählung mit Claudia Pulchra, der Großnichte des Augustus. Damit wurde er zum Mitglied der kaiserlichen Familie.
- Die unmittelbar an Africa anschließende Verwaltung der großen und reichen Provinz Syria setzt voraus, dass man Varus zutraute, mit Fingerspitzengefühl, Klugheit, Erfahrung, Menschenkenntnis und – wenn nötig – mit gebotener Härte und dem Einsatz militärischer Mittel vorzugehen, um Ruhe und Ordnung in dieser wohl schwierigsten, weil heterogensten Provinz des Reiches aufrechtzuerhalten bzw. wiederherzustellen. Auch dies gelang ihm.
- Dass die Reichsführung ihn schließlich auserkor, Germanien zu einem festen Bestandteil des Imperiums zu machen, ist eine logische Folge der Bewertung seiner bisherigen Amtstätigkeit. Dass gerade dieser Plan fehlschlug und warum Varus hier scheiterte – das wird uns im nächsten Abschnitt beschäftigen.

VOR DEM STURM

— SZENE 13 —

Wenn Pedius in den nächsten Tagen mit Lucius Artorius oder Marcus Oppius zusammentraf, spürte er, dass beide geradezu auf der Lauer lagen, etwas über sein Gespräch mit dem Tribunen zu erfahren. Doch er hielt sich an die Anweisung von Lerius Flaccus, mit niemandem, auch nicht mit dem Centurio, darüber zu reden.

Umgekehrt war er selbst in einer durchaus ähnlichen Lage. Er wusste zu wenig über die genaue Machtverteilung in den Teilstämmen der Cherusker. Oder waren es nur einzelne Sippen, Großfamilien, unter denen eine große Konkurrenz herrschte? Schon an der Lagona hatte er immer wieder beobachten können, dass diese Menschen einen persönlichen Stolz pflegten, wie er unter den Völkern des Mittelmeers nicht vorstellbar war. Allenfalls Araber konnte man mit ihnen vergleichen. Doch selbst bei diesen war es möglich, dass ein gutes Geschäft wichtiger sein konnte als bedingungslose Loyalität gegenüber Verwandten oder eigenmächtig operierenden Stammesführern. Er wusste es aus Erzählungen von Kameraden in Syrien, die zu berichten wussten, wie Quinctilius Varus sie gegeneinander auszuspielen verstand, nicht einmal, zweimal, sondern immer wieder.

Doch hier war das anders. Es gab solche, die Rom als übergeordnete Macht akzeptierten und die größeren Vorteile in der Zusammenarbeit sahen. Dazu gehörte Segestes, aber auch der junge Fürst der Ampsivarier, Boiocales. Wahrscheinlich war diese Gruppe größer, als man sich das allgemein vorstellte. Es war sogar denkbar, dass sich unter den Führern anderer Sippen, die als romkritisch bekannt waren, Männer befanden, die heimlich mit Rom zusammenarbeiteten, dies aber aus Angst vor Diskriminierungen nicht offen bekannten.

War es umgekehrt denkbar, dass sich unter jenen, die lauthals für die Kollaboration mit Rom sprachen, die gefährlichsten Feinde befanden? Er sah die Gesichter von Segestes und auch Boiocales vor sich, bemühte sich dahinterzuschauen. Doch der sympathische Eindruck blieb.

Pedius war der Ansicht, dass es für den neuen Befehlshaber Varus hier entschieden schwieriger war als in Syrien, die unterschwelligen Strömungen, die unsichtbaren Verbindungen und Interessen jener einheimischen Führer zu erkennen, auf die es ankam.

Er hatte den Feldherrn in den letzten Tagen des Öfteren gesehen, hier und da im Vorbeigehen, wenn er zusammen mit einigen Tribunen einen Gang durchs Lager machte und prüfte, ob alles seine Ordnung hatte. Er machte nicht den Eindruck eines Mannes, den seine Arbeit überforderte. Im Gegenteil, Pedius meinte durchaus erkennen zu können, dass die gewaltige Aufgabe, die ihm wahrscheinlich vom Kaiser persönlich übertragen worden war, mit seinen eigenen Vorstellungen zur Deckung kam.

Dennoch dachte Pedius abends, auf dem Lager kurz vor dem Einschlafen, darüber nach, ob und wie sich Quinctilius Varus verändert hatte. Er kannte ihn ja noch aus Syrien. Damals — es war zehn, elf Jahre her — war er, Pedius, noch ein junger, unerfahrener Hund. Für ihn, den einfachen Soldaten, der vom Lande kam, schwebte ein Mann wie Quinctilius Varus in unerreichbarer Höhe über ihm. Ganz allmählich lernte er, dass auch Abkömmlinge der ältesten Patrizierfamilien Menschen waren wie er selbst, mit Stärken und Schwächen, sympathischen und unangenehmen Zügen. Dass Varus als arrogant galt, konnte er weder bestätigen noch verneinen. Der Abstand zu ihm war zu groß. Und er wusste, dass vieles von dem, was in der Truppe hinter der Hand über den Legaten weitergegeben wurde, nicht nachprüfbar war. Soldaten meckerten immer über Vorgesetzte. Freilich meistens über diejenigen, die ihnen unmittelbar vorgesetzt waren, die Centurionen.

Seit er nun selbst Befehlsgewalt innehatte und der tägliche Umgang mit Centurionen zu seinem dienstlichen Alltag gehörte, änderte sich die Situation – freilich nun so, dass sich das Ganze um mehrere Stufen nach oben verlagert hatte. Er selbst gehörte nun zu denen, über die weiter unten gemeckert wurde.

Wenn er den heutigen Varus mit dem verglich, den er aus Syrien kannte, meinte er gewisse Unterschiede ausmachen zu können. Damals, in Syrien, wirkte er nervöser, ruheloser, auch unzugänglicher. Wie jemand, der ununterbrochen damit beschäftigt ist, den Auftrag seines kaiserlichen Herrn absolut korrekt zu erfüllen. Der Varus, den er hier, mitten in Germanien, beobachtete, schien sich verändert zu haben. Auch äußerlich. Er war fülliger geworden, ohne freilich seine flinken Bewegungen abzulegen. Das einst dunkle Haar war an den Schläfen ergraut und insgesamt schütterer. Sein Blick ruhiger, nicht mehr so gehetzt wie damals, wenn unangenehme Entscheidungen zu fällen und durchzuführen waren. Eines hatte er, wie Pedius mehrmals beobachten konnte, beibehalten: Wenn jemand mit ihm sprach, nickte er mehrmals und schnell, dies immer wieder, so dass der Gesprächspartner den Eindruck bekommen musste, er solle sich beeilen oder auch, er, Varus, sei mit allem, was er hörte, voll und ganz einverstanden.

In den nächsten Wochen begleitete Pedius mehrmals römische Abordnungen, die untergeordnete Stammesführer aufsuchten, um ihnen die aktuellen Anordnungen des Legaten zu übermitteln. Dabei fungierte er offen als Dolmetscher, wenn – was meist der Fall war – den römischen Dienstgraden die einheimische Sprache nur rudimentär geläufig war. Meist ging es um Abgaben an Materialien und landwirtschaftlichen Produkten. Immer handelte es sich um die alte Forderung, Getreide zur Verfügung zu stellen, und immer kam die gleiche Antwort: Man habe noch nicht einmal genug für den Eigenbedarf. Andererseits bot man gerne Felle an, Felle von Bären, Mardern, Dachsen sowie Rindsleder. Hatte sich doch herumgesprochen, dass die Römer diese Dinge für sich privat kauften und dabei mit barer Münze zahlten. Dieses Geld nahm man gerne entgegen, weil man damit in den Canabae des Lagers an der Weser Dinge kaufen konnte, die man entweder selbst nicht herstellte oder deren Qualität die der Eigenprodukte weit überstiegen: Töpfe, Siebe, Pfannen aus Eisen oder Bronze, eiserne Sägen, kleine Messer, Hämmer, Zangen und Ähnliches mehr. Der Kauf bzw. Verkauf von römischen Kriegswaffen war untersagt. Doch Pedius war sich sicher, dass römische Legionäre es verstanden, unter der Hand auch diese Dinge an den Mann zu bringen. Er wusste aus Syrien, dass mit Arabern genauso verfahren wurde, freilich mit dem Unterschied, dass sie – und zwar nicht wenig – in barer Münze zahlten.

In einem Punkt gab es freilich keinen Dispens: Es galt der strikte Befehl, sich von germanischen Frauen und Mädchen fernzuhalten. Zur Verdeutlichung der Anordnung wurden bei allen Einheiten Informationskurse eingerichtet. Er, Pedius selbst, gehörte zu den ausgesuchten Dienstgraden, die solche Informationskurse in den Centurien seiner Legion durchzuführen hatten. Die Gesamtleitung hatte Varus dem Centurio Marcus Oppius übertragen, dessen Aufgabe als Primuspilus ohnehin endete. Oppius sollte in Kürze sein neues Amt als Praefectus Castrum antreten, musste bis dahin aber mit einer sinn- und verantwortungsvollen Aufgabe beschäftigt werden.

So gingen Wochen hin. Der Sommer wurde sehr feucht. Manchmal regnete es tagelang. Dann war Gaius Sempronius, sein Bursche, stundenlang damit beschäftigt, Kleidung und Waffen seines Optio und seine eigenen Ausrüstungsgegenstände in Ordnung zu halten. Das war für den täglichen Dienst von Pedius eigentlich nicht notwendig, da er zunehmend mit schriftlichen Arbeiten befasst und als immunis vom militärischen Routinedienst befreit war. Doch als alter Soldat wusste er, dass Müßiggang bei Untergebenen stets von Übel war. Gaius hingegen setzte seinen ganzen Ehrgeiz darein, es seinem Optio in allem recht zu machen. Dabei wusste Pedius, dass es auch der Ehrgeiz des jungen Mannes war, so schnell wie möglich aus dem Mannschaftsdienstgrad aufzusteigen. Das aber war nur über eine entsprechend positive Beurteilung durch den unmittelbaren Vorgesetzten möglich.

Die Zahl der Texte, die Pedius erstellte, wuchs unaufhörlich, und die gestapelten Codices und Rollen wurden so umfangreich, dass er neue Regale beantragte und sie auch prompt genehmigt bekam. Es handelte sich dabei nicht nur um die Wiedergabe von Gesprächen, die Übertragung germanischer Stellungnahmen, Wünsche und Statements ins Lateinische, sondern auch um seine eigenen schriftlichen Interpretationen der Vorgänge. Der Tribun Gnaeus Lerius Flaccus, sein unmittelbarer Vorgesetzter, wusste seine Arbeit mehr und mehr zu schätzen und setzte es durch, dass Pedius zwei eigene Schreiber bekam.

Sein Verhältnis zu Gn. Lerius Flaccus behielt den Status bei, der sich schon bei ihrem ersten Zusammentreffen ergeben hatte. Nie ließ sich der Tribun gegenüber Pedius zu einer abfälligen Bemerkung über höhergestellte Germanen hinreißen, die in dessen Dossiers als kritische Personen gekennzeichnet wurden, die nicht unbedingt gewillt waren, die römischen Vorgaben bedingungslos zu erfüllen. Doch Pedius war sich vollkommen sicher, dass das, was er beobachtet, gehört und schriftlich festgehalten hatte, von Lerius genauestens geprüft, überdacht und wahrscheinlich mit weiteren Mitteln recherchiert wurde. Was davon er anschließend dem Legaten berichtete und ob er dies überhaupt in Erwägung zog – darüber hüllte er sich in Schweigen.

Arminius spielte in diesen Überlegungen zurzeit keine Rolle. Soweit Pedius es überhaupt aus seinem subalternen Winkel beurteilen konnte, gab es mit dem Kommandeur der germanischen Hilfstruppen keine Probleme.

Ganz anders stellte sich das allerdings dar, wenn Marcus Oppius sich dazu äußerte. Wenn Pedius mit dem Centurio zusammen war, meist nach Dienstschluss in ihrer Stammkneipe im Vicus, ließ Oppius immer mal wieder durchblicken, wie kritisch er die Gesamtlage in »diesem verdammten Germanien« sah. Seit ihrem gemeinsamen Aufbruch aus Rom, dem beschwerlichen Transport der kaiserlichen Reiterstatue an die Lagona und den anschließend dort gemeinsam verbrachten Wochen hatte sich zwischen ihnen ein sehr nahes Verhältnis entwickelt, das man durchaus freundschaftlich nennen konnte. Während Oppius sehr beeindruckt war von den Sprachkenntnissen und Formulierungskünsten des Optio, bewunderte Pedius an dem älteren Karriere-Offizier dessen enorme Bildung, die weit über das hinausging, was bei einem Centurio üblich war. Das zeigte sich besonders darin, wie er komplizierte Zusammenhänge mit wenigen Worten auf den Punkt bringen konnte, wobei seine Beurteilung sehr wohl unabhängig von eigenen Positionen und Interessen war.

Ohne dass bei einem dieser Gespräche zuvor schon der Name Arminius gefallen war, erklärte Oppius unvermittelt: »Aus einem werde ich nicht ganz schlau.«

»Wen meinst du?«, fragte Pedius.

»Arminius.«

»Hm…« Wollte er ihn aushorchen? Er musste doch wissen, dass er, Pedius, sich strikt an die Weisung von Lerius zu halten hatte, mit niemandem über seine Erkenntnisse zu reden.

Oppius sah ihn ernst an, nahm einen Schluck Wein aus dem Becher und fuhr fort: »Keine Sorge, mein Junge, ich habe nicht vor, gewisse Informationen aus dir herauszuquetschen …«

Pedius grinste: »… die du auch nicht bekommen würdest!«

»In Ordnung. Aber ich sehe das alles ja wohl aus einem anderen, größeren Blickwinkel als du. Versteh mich nicht falsch, Sextus: Du erledigst sehr gewissenhaft deine Arbeit und erhältst eine Menge Informationen über das, was dieser und jener Älteste über uns denkt. Aber …«

»Ja?«

»Nun, ich will es einmal so sagen: Was der wichtigste Mann denkt, erfährst du dabei nicht.«

»Du meinst Arminius?«

»Wen sonst? Ich habe oft mit ihm zu tun. War zusammen mit ihm unterwegs. Schätze seine Führungsstärke, seine Intelligenz, wenn du willst: sein Charisma ...«

»Aber ...?«

»Da bleibt eine unsichtbare Mauer, ein Schild, den du nicht durchdringst!«

Pedius nickte langsam, dachte über das Gehörte nach und meinte schließlich:»Ich weiß, was du meinst, Marcus*. Mir ging es ähnlich. Aber könnte das nicht mit seinem Vorleben zu erklären sein?«

»Mit seinem Vorleben? Wie meinst du das?«

»Nun, in kindlichem Alter bringt man ihn als Geisel nach Rom. Man bildet ihn dort geistig und körperlich aus. Er wird zu einem halben Römer. Spricht und schreibt perfekt unsere Sprache. Weiß die Zugehörigkeit zur überlegenen Kultur Roms zu schätzen. Möchte sie wahrscheinlich nicht mehr missen! Aber seit er wieder hier, im Land seiner Väter ist, steht er vor einer ganz neuen Situation: Einerseits ist er durch Eid an die römische Armee und somit an den Kaiser gebunden, hat also dessen Interessen wahrzunehmen. Andererseits ist er durchaus dem Druck von Verwandten ausgesetzt, die befürchten, auf lange Sicht ihre Identität zu verlieren. Ich würde mich nicht wundern, wenn diese Leute ihn einen Verräter am eigenen Volk nennen.«

Pedius war sich sehr wohl bewusst, dass er mit solchen Sätzen indirekt etwas von dem preisgab, was er erfahren hatte. Doch es war so allgemein gehalten, dass man ihm daraus in keiner Weise den Vorwurf machen konnte, gegen die Weisung des Tribuns verstoßen zu haben.

Oppius sah ihn an, und ein feines Lächeln zog über sein Gesicht. Er hatte verstanden. Er sagte:»Ja, damit könntest du recht haben. Er ist ja ohnehin ein sehr ernster Mann. Allerdings glaube ich nicht, dass er in einer stillen Stunde den Gedanken in Erwägung zieht, sich auf die Seite dieser Ewiggestrigen zu schlagen. Was hätte er davon? Wie du schon sagtest: Er ist mehr Römer als Germane. Und als solcher wird ihm bei seiner unbestreitbar hohen Intelligenz klar sein, dass er seinen Ehrgeiz nur auf unserer Seite befriedigen kann.

Was hätten ihm denn seine Landsleute zu bieten?« Er sah Pedius herausfordernd an. »Nein, ich meine das im Ernst, Sextus! Kannst du dir etwa vorstellen, dass er den Posten eines barbarischen Stammesführers anstrebt? Verbunden mit den ewigen Eifersüchteleien unter diesen Leuten? – Niemals!« Pedius nickte.

»Im Übrigen …«, schloss Oppius seine Bewertung ab, »dürfte er genau wissen, dass er in den nächsten Jahren, wenn aus diesem wilden Land eine große, geordnete Provinz geworden ist, zu einer Art Vizekönig aufsteigen kann. Wie die Dinge nun einmal liegen, sind wir auf ihn angewiesen. Er ist sozusagen unser Auge und Ohr in diesem riesigen, unüberschaubaren Gebiet. Jetzt sowieso – und später nicht weniger! Und das weiß er. Also wird er immer bestrebt sein, daraus seinen Nutzen zu ziehen.«

GLOSSAR

Marcus: Das Lateinische kennt nicht unsere Anredeform »Sie«. Man redet jeden, auch den Kaiser, mit »Du« an. Trotzdem gibt es sehr feine Unterschiede, die klarmachen, wie gut man miteinander bekannt ist bzw. in welchem gesellschaftlichen Verhältnis man zum Gegenüber steht. Das respektvolle oder Distanz schaffende »Sie« des Deutschen oder Französischen kann ein Römer umschreiben. Ein Sklave hat durchweg jeden Freien mit »Herr« anzureden. Ein römischer Bürger wird dies nie tun, auch nicht im Gespräch mit dem Kaiser. Augustus hätte sich dies ohnehin verbeten. Erst spätere Nachfolger wie Caligula und Domitian ließen sich auch von einem freien Römer mit »Dominus« (Herr) anreden. Wollten wir die Anrede des Augustus im Deutschen wiedergeben, dann eben mit der Übersetzung »Erhabener«. Gaius Iulius Caesar redet ein Fremder mit »Iulius« an, wenn er ihn besser kennt, mit »Caesar«. Nur einem Freund ist es gestattet, ihn mit dem vertraulichen »Gaius« beim Vornamen anzusprechen, was unserem »Du« entspricht. – Wenn also Sextus Pedius und Marcus Oppius sich gegenseitig mit dem Vornamen anreden, setzt dies ein vertrautes Verhältnis voraus, in dem sich beide trotz des unterschiedlichen militärischen Rangs auf gleicher Ebene begegnen. Es entspricht unserem »Du«.

Wie sah es in Germanien kurz vor dem Aufstand aus?

Was sich in den beiden Jahren von 7 bis 9 n. Chr. im Einzelnen abgespielt hat, wissen wir nicht. Es ist noch nicht einmal sicher, ob Arminius schon im Jahre 7 in seine Heimat zurückgekehrt ist oder erst zwei Jahre später. Wieder können wir nur Vermutungen anstellen:

- Es ist kaum denkbar, dass es Arminius im Sommer des Jahres 9 gelungen sein könnte, in vier bis sechs Wochen den Aufstand gegen die römische Besatzungsmacht in die Wege zu leiten. Wie die archäologischen Befunde von Kalkriese belegen, war hier eine groß angelegte, weiträumig planende strategische Konzeption notwendig, um das vorhandene Gelände so zu präparieren, dass überhaupt eine Aussicht auf Erfolg bestand, das durchziehende römische Heer zu vernichten. Arminius musste wissen, dass es nur diesen einen Versuch gab. Wenn etwas aus dem Ruder lief, gab es keinen zweiten. Rom hätte bald darauf mit der geballten militärischen Kraft der Rheinarmee zurückgeschlagen.
- Eine so großräumige Planung und deren Umsetzung setzten außerdem voraus, dass einige Hundert Männer mit Werkzeug und Transportfahrzeugen bereitstanden, um die Wälle, Schanzen und Flechtwerke zu errichten sowie die Umleitung von Bachläufen durchzuführen. Das ließ sich nicht auf Dauer geheim halten. Es sei denn, es handelte sich um eine verschworene Gemeinschaft. Eine solche war aber nicht in kurzer Zeit zu bilden.
- Arminius musste also über einen größeren Zeitraum hinweg alle daran Beteiligten auf seine Seite ziehen. In wenigen Wochen war das einfach nicht machbar.
- Schließlich er selbst: Falls er erst im Sommer 9 im Gebiet der Cherusker eingetroffen wäre, müsste er bereits mit dem festen Vorsatz erschienen sein, gegen Varus und seine Legionen vorzugehen. Das ist unwahrscheinlich.
- Hinzu kommt, dass sich die Stimmung der Bevölkerung erst allmählich in dem Maße verschlechterte, je länger Varus sein Amt ausübte.

Wenn wir diese Argumente in die Waagschale legen, spricht alles dafür, dass die Maßnahmen nicht erst im Sommer 9, sondern mindestens ein Jahr vorher vorbereitet, vielleicht sogar schon im Sommer/Herbst des Jahres 7 n. Chr. in Erwägung gezogen wurden. Arminius kannte die Stärken und Schwächen beider Seiten, da er in beiden Welten lebte. Gewiss wird er vertrauenswürdige Freunde gehabt haben, mit denen er sich im Stillen austauschen konnte – wissend, dass kein Wort nach draußen gelangte. In solchen Gesprächen wird das Für und

Wider erörtert worden sein, besonders die Folgen der zunehmend rigorosen Besatzungspolitik des Varus. Was man von ihm zu erwarten hatte, wussten Kenner seiner Person nur zu gut. Und Arminius gehörte dazu, sehr wahrscheinlich auch andere hochrangige Truppenführer der germanischen Auxiliartruppen, deren Befehlshaber Arminius war. Zunächst aber musste man abwarten, den neuen Mann sehr genau beobachten und herausfinden, was er vorhatte und was er in die Wege leitete. Das brauchte seine Zeit.

Wir müssen noch einmal auf den Bericht zurückkommen, den Cassius Dio in seiner Römischen Geschichte über die Anfänge des Varus in Germanien gibt, weil er wichtige Punkte aufzeigt und Fragen aufwirft, deren Beantwortung uns vielleicht weiterbringen kann:»In eben jener Zeit [d. h. Anfang 7 n. Chr.] hatten sich nämlich in Germanien folgende Ereignisse abgespielt: Die Römer hatten gewisse Teile davon in Besitz, nicht zusammenhängende Gebiete, sondern nur solche Bezirke, wie sie gerade unterworfen worden waren, weshalb dann auch hiervon keine Erwähnung geschah ...«[157]

Dieses»keine Erwähnung geschah« bezieht sich auf die dem Historiker zur Verfügung stehenden Quellen; ob es vorher welche zu diesen Details gab, bleibt unklar. Es könnte also bedeuten, dass unmittelbar nach der Zeitenwende ein komplizierter Prozess in Gang war, über den es keine zeitgenössischen Eintragungen gab, weil er eben noch nicht abgeschlossen war. (Er wurde dann ja auch durch die Katastrophe abrupt unterbrochen.) Später gab es für die römischen Berichterstatter keinen Grund mehr, auf diesen seltsamen Schwebezustand einzugehen, weil ein schicksalhafter Schnitt vollzogen worden war, der neue Tatsachen geschaffen hatte.

Dio fährt fort:»Und römische Soldaten lagen dort in den Winterquartieren ...« Das klingt so, als ob es neben den Lagern an der Lippe noch weitere Stützpunkte gegeben hätte, in denen die Truppe überwinterte. Das Lager an der Weser kann es nicht sein, weil es jeweils im Herbst vom Gros der Armee verlassen wurde. Nun folgt einer der wichtigsten Sätze Dios in diesem Zusammenhang: »... und man begann eben mit der Anlage von Städten.«[158]

Wir haben weiter oben schon auf den schillernden Begriff»Städte« hingewiesen. Wie Tacitus hält es auch Cassius Dio nicht für notwendig, hier differenzierte Angaben zu machen mit Nennung von Namen und geografischer Lage. Wieder können wir nur den gleichen Schluss ziehen: Dio – wie auch seine Vorgänger – sieht keinen Anlass, über etwas zu berichten, das sozusagen über den embryonalen Zustand nicht hinauskam. Dass es freilich groß geplante Siedlungsprojekte gegeben hat, beweist nicht zuletzt die Anlage des Municipiums von

Waldgirmes, dessen Höhepunkt die Aufstellung der Reiterstatue des Augustus darstellt. In diesem Zusammenhang wiesen wir schon auf die Gründung der »Augusta Treverorum« an der Mosel hin, die etwa zur gleichen Zeit erfolgte. Vor der Entdeckung der Siedlung an der Lahn hätte kaum jemand deren Existenz für möglich gehalten.

Eine außerordentlich wichtige Frage hierbei ist: War Varus selbst an der Auswahl des Platzes und der Planung dieser »Städte« beteiligt? Dies wiederum hängt davon ab, ob er seit der Übernahme des Kommandos über die drei Legionen nach römischem Staatsrecht als »Legatus Augusti Pro Praetore«, also als »Statthalter des Kaisers« mit den gleichen Vollmachten ausgestattet war, die er in Syrien und Africa innehatte. Selbst wenn dies (noch) nicht seine offizielle Stellung war, wäre es naiv anzunehmen, er hätte bei der Projektion kein Mitspracherecht gehabt.

Prof. Dr. Siegmar von Schnurbein (10. Juni 2008)

In den letzten zehn, fünfzehn Jahren hat sich im Hinblick auf die Varusschlacht einiges verändert. Sie, Herr Professor von Schnurbein, waren maßgeblich daran beteiligt.

Ich nenne zwei Punkte:
- *Die Örtlichkeit der Varusschlacht*
- *Die Bewertung und historische Einordnung der römischen Niederlage unter europäischen bzw. universalhistorischen Aspekten.*

Stichwort »Kalkriese«: Haben wir endlich den Ort der Katastrophe gefunden?

Ich weiß es nicht ... Denn in der Archäologie können wir eine solche Frage nicht mit der im naturwissenschaftlichen Sinne sicheren Art und Weise beweisen. Wir können nur Indizien sammeln. Denn ein Ortsschild oder irgendetwas Ähnliches gibt es dort nicht. Was wir haben, das sind Tausende von römischen Metallgegenständen der augusteischen Zeit, militärische Dinge, vor allem aber Münzen, die uns bei der Datierung sehr gut helfen – und daraus kann man mit guten Gründen ableiten, dass dieser Platz Kalkriese mit der Niederlage im Teutoburger Wald 9 n. Chr. in Verbindung gebracht werden kann. Ein wirklicher Beweis wird wohl niemals möglich sein.

Es gibt Gegenstimmen, die die Beweislage als nicht ausreichend ansehen ...

Das ist in der Wissenschaft etwas vollkommen Normales. Immer dann, wenn man nur mit Wahrscheinlichkeiten argumentieren kann – und das ist ja bei uns der Fall –, ist es selbstverständlich, dass Gegenstimmen auf der Grundlage der nicht sicher zu beantwortenden Fragen andere Meinungen vertreten. Wir diskutieren das im Kollegenkreise nach allen Regeln der Methodik und kommen in den Schwerpunkten der Antworten stärker zu einem Ja oder stärker zu einem Vielleicht oder stärker zu einem Nein. Das ist ein normaler Prozess. Nach meiner Beobachtung ist der größere Teil der Kollegen allerdings der Meinung, dass Kalkriese mit dem Schlachtfeld des Jahres 9 n. Chr. verbunden werden darf.

Von Tacitus (Ann. I 60 ff.) wissen wir, dass Germanicus sieben Jahre später das Schlachtfeld in Augenschein genommen hat. Er ließ die Gebeine der Gefallenen einsammeln und ehrenvoll bestatten. Reichen die Funde von Kalkriese aus, um auch dies zu bestätigen?

Nicht hundertprozentig, denn der Grabhügel, den Germanicus hat errichten lassen, ist ja, wie wir bei Tacitus hören, anschließend von den Germanen wieder eingeebnet worden. Aber es sind die berühmten Knochengruben in Kalkriese am Bergfuß zutage gekommen, und in diesen Knochengruben konnte nun festgestellt werden, dass sowohl Menschenknochen als auch Tierknochen bereits in angewittertem Zustand und zum Teil von Tieren angenagt waren, als sie in die Gruben gekommen sind. Diese Knochen waren zum Teil noch im losen Verband, so dass also Teile eines Skelettes noch herumgelegen haben, als sie von irgendjemandem in diese Gruben gepackt worden sind. Und dieser Befund passt doch recht gut zu der Schilderung des Tacitus für den Aufenthalt des Germanicus und die Bestattung der herumliegenden Gebeine.

In der Altertumsforschung, besonders der deutschen, gibt es einen alten Streit um die Frage: Hatte die römische Führung – also Augustus und seine Berater – von Anfang an vor, zwischen Rhein und Elbe, Main und Nordsee eine Provinz Großgermanien zu etablieren? Oder handelte es sich bei den wiederholten Vorstößen in den Nordosten um vorbereitende Operationen, von deren Ausgang es abhängen würde, eine Großprovinz »Germania Magna« in Erwägung zu ziehen? John führt dazu in der RE XXIV (von 1963) aus: »Die Sommerfeldzüge des Varus – von denen vor dem Jahr der clades Variana nichts überliefert ist – waren also lediglich eine vorsichtige Demonstration der römischen Waffenmacht und keine eigentlichen Kriegszüge ...« Hat diese Sicht heute noch Bestand? Vor allem, wenn man die Entdeckung der römischen

Siedlung in Waldgirmes an der Lahn in diese Überlegungen ein-
bezieht?

Diese Überlegung ... oder diese Darstellung von vor einigen
Jahrzehnten hat heute keinen Bestand mehr. Der Erste, der das
mit sehr guten Argumenten schon vor einigen Jahrzehnten
aufgegriffen hat, war Dieter Timpe. Und in der Zwischenzeit
hat sich doch durchgesetzt, dass man damit rechnen muss:
Rom wollte bereits nach den Jahren des Drusus dort eine Provinz vorbereiten. Die neue Fundstelle bei Hedemünden an der
Werra gibt dazu noch nichts Konkretes her, aber die Funde
sprechen eindeutig dafür, dass das Heer dort, aus welchen
Gründen und in welchem Zusammenhang auch immer, längere
Zeit zugebracht hat, und es ist für mich nur eine Frage der Zeit,
bis weitere Stützpunkte oder Marschlager bis zur Elbe hin entdeckt werden.

Rom hat die Elbe mehrfach erreicht, und es ist überhaupt
kein Zweifel für mich, dass diese Provinz entstehen sollte.
Und nachdem wir nun die Siedlung in Waldgirmes haben, eine
römische Stadt mit allem Drum und Dran, was zu einer Stadt
gehört, in erster Linie einem bereits in Stein fundamentierten
Forumsgebäude, dem Herzen einer römischen Stadt, da kann
für mich kein Zweifel bestehen, dass Rom bereits alles darangesetzt hat, hier eine neue römische Provinz zu schaffen.

Es gibt die vieldiskutierte Stelle bei Cassius Dio (56, 18, 2):
»... und man begann eben mit der Anlage von Städten.« Dieses
»eben« bezieht sich auf die Zeit, als Varus 7 n. Chr. das Komman-
do in Germanien übernahm. Leider nennt Dio keine Namen. Kann
es sein, dass er im Bau befindliche Siedlungen wie jene von Wald-
girmes an der Lahn meint – und können wir damit rechnen, dass
in den kommenden Jahrzehnten weitere Plätze dieser Art gefun-
den werden?

Zunächst einmal haben wir ja, auch zu unsrer eigenen Überraschung, in Waldgirmes aus einem Brunnen ein dendro-chro-
nologisches Datum, das bezeugt, dass der Brunnen bereits
4/3 v. Chr. angelegt worden ist. Und da wir in Waldgirmes bis

jetzt keinerlei Hinweise dafür haben, dass dort zunächst ein Militärlager war, gehen wir davon aus, dass diese Stadt schon in den Jahren ab 4/3 v. Chr. allmählich gebaut worden ist. Insofern bezieht sich dieses »eben« von Cassius Dio sicherlich nicht auf die Zeit des Varus allein, sondern ist chronologisch breiter zu fassen.

Cassius Dio spricht von mehreren Städten, die gegründet worden sein sollen, und ich halte das für durchaus wahrscheinlich. Allerdings kann man auch ins Feld führen, dass im Militärlager Haltern im Laufe seines Bestehens Elemente hinzutraten, die auf einen militärisch-zivilen gemischten Stützpunkt verweisen. Vielleicht hat Cassius Dio auch so etwas im Sinn gehabt, als er den Begriff »Stadt« verwendet hat. Allerdings muss man ja auch sagen, dass die Anlage von römischen Militärlagern häufiger in der römisch-griechischen Literatur als Stadt bezeichnet wird. Es werden in der antiken Literatur verschiedentlich die Militärlager mit einer Stadt verglichen, und man muss deutlich sagen: Ein römisches Militärlager ist nur eine Sonderform einer Stadt. Nichts anderes. Und insofern ist es für mich, wenn man über den Begriff »Stadt« in diesem Zusammenhang streitet, ein eher müßiger Streit.

Aus den Quellen ist ja nicht klar abzuleiten, dass Varus seinen Posten in Germanien als »legatus Augusti pro praetore« übernommen hat, mit den Kompetenzen eines offiziellen Provinzstatthalters, wie er sie bereits in Syria und Africa innehatte. Wie würden Sie die Stellung von Varus in diesem seltsamen Schwebezustand einordnen?

Ich kann da gar keine Entscheidung fällen, ob er nun den Titel hatte oder nicht. Er ist nicht überliefert für ihn. Ich halte das aber auch nicht unbedingt für relevant. Die Tatsache ist, dass er den Auftrag hatte, die Provinz zu schaffen, und dass er den Oberbefehl gehabt hat. Für mich sprechen diese Aufgaben dafür, dass er im Sinne eines »legatus Augusti pro praetore« eingesetzt gewesen ist.

Durch die Grabungen und Analysen von Armin Becker und Gab-
riele Rasbach wissen wir, dass die Siedlung von Waldgirmes nicht
aus einem größeren Militärlager hervorgegangen ist. Spricht dies
nicht dafür, dass die römische Führung grundsätzlich eine fried-
liche Koexistenz mit den Germanen anstrebte? Oder war dies ein
Einzelfall? Anders gefragt: Waren die Chatten friedlicher als die
Cherusker?

Die Frage ist für mich – entschuldigen Sie bitte – falsch gestellt.
Denn wir wissen gar nicht, welcher Stamm in dem Gebiet um
Waldgirmes gelebt hat. Archäologisch haben wir Spuren von
Germanen, die dort anwesend waren, Fibeln und Keramik,
aber wir haben auch Dinge, die eindeutig noch die Wurzeln der
vorher dort existierenden keltischen Welt spiegeln. Es scheint
eine Mischbevölkerung gewesen zu sein. Wir haben bis jetzt
keine einzige größere Siedlung der einheimischen Bevölkerung in der Umgebung von Waldgirmes ausgraben können. Es
gibt ca. zwanzig Kilometer entfernt bei Niederweimar, in der
Nähe von Marburg, eine einheimische Siedlung der augusteischen Zeit. Das Material ist noch nicht im Detail bearbeitet.
Auch die Funde vom Dünsberg sind noch nicht analysiert. Wir
können die Frage, ob es Germanen oder Kelten waren, nicht
beantworten.
»Chatten«? Ich weiß es nicht. Es könnte sein, dass Leute da
waren, deren Nachfahren sich als Chatten bezeichnet haben.
Das »Friedliche …«: Natürlich hat Rom alles darangesetzt, in
den neu eroberten Gebieten Frieden zu haben. Und das Liebs-
te war Rom natürlich, wenn die eroberten Stämme sich friedlich verhalten haben. Wenn sie das nicht getan haben, wurden
sie eben entsprechend mit Krieg überzogen. Das ist das ganz
»Normale«, so geht es schon immer zu auf der Welt.

Auch heute noch!

Auch heute noch! In der Tat! – Die friedliche Koexistenz
scheint allerdings in dem Gebiet des mittleren Hessen viel eher
möglich gewesen zu sein als im nordwestdeutschen Gebiet. Es
fällt ja auf, dass wir große Militärstützpunkte in Westfalen

haben, bis jetzt aber noch keinen einzigen großen im Umfeld von Mainz. Darin könnten sich unterschiedliche militärische Situationen spiegeln. Ich selbst bin überzeugt davon, dass bei der Bevölkerung im Umfeld von Mainz eine andere Offenheit gegenüber Rom herrschte als im nordwestdeutschen Gebiet.

Wie bewerten Sie in diesem Zusammenhang die Platzierung eines Reiterstandbilds auf dem Forum, das nach vorherrschender Meinung nur Augustus darstellen kann?

Es kann eigentlich nur Augustus gewesen sein, denn wem sonst hätte dort als Erstem eine solche Statue gebührt? Freilich – wir haben fünf Gruben, die vorbereitet gewesen sind, um solche Reiterstandbilder zu tragen. Es wäre dann also eine Gruppe aus dem kaiserlichen Umfeld, mit der wir dort rechnen dürfen. Wer das im Einzelnen gewesen ist, das ist natürlich eine reine Spekulation. Wir kennen die Angehörigen der kaiserlichen Familie in jener Zeit, und warum sollen Gaius und Lucius, die beiden Enkel von Augustus, nicht mitbedacht gewesen sein. Drusus ... davon dürfte man auch ausgehen, vielleicht auch noch Tiberius ... Wer weiß ... Das würde ein ganz gutes Panorama abgeben. Wir haben bis jetzt zwar etwa zweihundert Fragmente, aber keinen präzisen Hinweis auf die Person, die dargestellt war.

Kommen wir zu Arminius: Ob er schon 7 oder erst 9 n. Chr. in seine Heimat zurückgekehrt ist, wissen wir nicht. Der Zeitpunkt ist von einiger Bedeutung im Zusammenhang mit der Frage: Wann hat bei ihm jener antirömische Denkprozess eingesetzt, an dessen Ende der Entschluss steht, den Anspruch der römischen Großmacht auf Germanien mit einer militärischen Aktion zunichtezumachen? Gewiss kannte er als Truppenführer in römischen Diensten alle Stärken und Schwächen der Besatzungsarmee. Aber er konnte wohl kaum davon ausgehen, drei Legionen mit einem einzigen Schlag nicht nur zu schwächen, sondern sie zu vernichten. Die Schanzanlagen von Kalkriese belegen, dass es eine lange Zeit gedauert hat, sie zu errichten. Voraussetzung dafür

war eine verschworene Gemeinschaft von Tausenden. Wie lange
hat Ihrer Meinung nach dieser Prozess gedauert?

Ich könnte mir gut vorstellen, dass dieser Prozess im Kopf des
Arminius eingesetzt hat, als er miterlebte, welche Konsequen-
zen Roms Herrschaft haben konnte und mit welcher Brutalität
Rom den pannonischen Aufstand im ehemaligen nördlichen Ju-
goslawien niedergeschlagen hat. Dass diese Erlebnisse bei ihm
zur Idee führten, Ähnliches von seinem Volk und seinen Nachbarvölkern abzuwenden, wäre ein einleuchtender Anlass gewesen.

Wann er genau von diesem Kriegsschauplatz wieder nach Hause gekommen ist, wissen wir nicht. 9 n. Chr. war der Aufstand
beendet. Wahrscheinlich ist er schon vorher zurückgekom-
men, sonst wäre die Zeit für die Vorbereitung dieses Hinterhaltes vielleicht doch zu knapp gewesen. Andererseits war ja
zumindest in der Führungsschicht der Cherusker bereits bekannt, dass Arminius diese Vorbereitungen trifft. Und Varus
ist von den Verwandten des Arminius gewarnt worden.

Von Segestes ja am Tag vorher noch!

Ja. – Im Weiteren haben wir keine Vorstellung davon, wie viele
Truppen Arminius zur Verfügung hatte. Es werden die mit ihm
in Pannonien agierenden Truppen gewesen sein, von deren
Stärke wir keine Ahnung haben … sicherlich etliche Hundert.
Das ist meine Meinung, aber ich kann sie nicht weiter begründen. Auf jeden Fall war es eine auf seine Person eingeschworene
Gemeinschaft von Gefolgsleuten. Die Schanzanlage zu errichten, ist eine Frage von wenigen Tagen. Das geht ganz schnell.
Wir wissen aus Caesars Belagerungswerken vor Alesia, wie
schnell eine Truppe, die einigermaßen geschult ist, so etwas
errichten kann. Einige Wochen oder Monate hat es sicher gedauert, bis Arminius diese Vorbereitungen hat treffen können.

Es ist bemerkenswert, dass die Katastrophe unter dem Namen des
Verlierers als »Varusschlacht« (clades Variana) in die Geschich-
te eingegangen ist – und nicht als »Arminiusschlacht«. Warum?

Sie wissen, dass im 19. Jahrhundert im Zusammenhang mit dem deutschen Nationalismus die Verächtlichmachung all dessen, was aus dem weiten Umfeld des Römischen kam, eine große Rolle gespielt hat. Es ist eine pejorative Bezeichnung, die darin steckt. Auf der anderen Seite hat man das Arminiusdenkmal und einen gewaltigen Arminiuskult geschaffen. Es ist sicherlich für uns Deutsche bezeichnend, dass noch heute das ganze Geschehen bei Kalkriese in erster Linie mit Varus verbunden wird. Das spiegelt unsere nationalen historischen Hintergründe. Darüber ist ja auch schon eine Menge geschrieben worden, Herr Stöver.

Varus steht seit zweitausend Jahren als Verantwortlicher für die Niederlage da. Noch seine Frau Claudia Pulchra und beider Sohn Quinctilius Varus mussten unter Tiberius dafür leidvoll büßen. Die Familie fiel sozusagen der Sippenhaft anheim. Aber müsste man nicht eigentlich Augustus die letzte Verantwortung für das Scheitern Roms in Germanien zuschieben, weil er die Situation völlig falsch einschätzte und mit Varus zwar einen erfolgreichen und bewährten Verwaltungsspezialisten, aber somit den falschen Mann an den falschen Ort schickte?

Also, da muss ich Ihnen widersprechen. Augustus war es nicht! Nach meiner Überzeugung war Tiberius der »Schuldige«. Tiberius war ja unmittelbar bevor Varus den Oberbefehl erhielt in Germanien gewesen, hatte erfolgreich verschiedene Kriegszüge geführt und hat ganz offensichtlich Augustus davon berichtet, dass nun Germanien so weit sei, in eine römische Provinz verwandelt werden zu können. Entsprechend der Auftrag an Varus! Also, Augustus hat nur das getan, was Tiberius, der ein genialer Feldherr war, ihm empfohlen hat. Insofern hat Augustus nicht die Schuld, aber die Verantwortung hat er sehr wohl – als Kaiser!

Herr Professor von Schnurbein, ich danke Ihnen für dieses Gespräch.

Zur Person: Professor Siegmar von Schnurbein (geboren 1941) studierte von 1963 bis 1970 Provinzialrömische Archäologie, Vor- und Frühgeschichte sowie Alte Geschichte in Tübingen und München. 1970 Promotion in München mit einer Arbeit über das römische Gräberfeld in Regensburg. Danach am Westfälischen Landesmuseum für Vor- und Frühgeschichte in Münster tätig. Seit 1978 Mitarbeiter der Römisch-Germanischen Kommission (RGK) des Deutschen Archäologischen Instituts in Frankfurt a. M., seit 1981 als Zweiter, von 1990 bis zu seiner Pensionierung 2006 als Erster Direktor. Habilitierte sich 1981 an der Johann Wolfgang Goethe-Universität in Frankfurt/Main, wo er seit 1989 außerplanmäßiger Professor ist. Seit 1993 wurde er mehrmals zum Vorsitzenden des Präsidiums der Deutschen Verbände für Altertumsforschung gewählt. Von Schnurbein ist ordentliches Mitglied des Deutschen Archäologischen Instituts (DAI). Forschungsschwerpunkt: Archäologie der germanischen Provinzen Roms.

Auszeichnungen: Ehrendoktor der Universität des Westens Timişoara und der Universität Warschau.

Literatur von und über Siegmar von Schnurbein im Katalog der Deutschen Nationalbibliothek.

— SZENE 14 —

Der weitere Verlauf des Jahres brachte keine Besonderheiten. Sextus Pedius festigte seine Stellung als
Dolmetscher und Informant. Die Führung der XIX. Legion,
besonders der Tribun Gn. Lerius Flaccus, waren mit seiner
Arbeit sehr zufrieden.

Im September wurde Marcus Oppius zum Praefectus Cast-
rorum befördert. Als solchem unterstand ihm das gesamte
Lager aller drei Legionen. Neben gelegentlichen taktischen
Aufgaben überwachte er den gesamten Dienstbetrieb, den
Wachtdienst, die Instandhaltung des Lagers, den Tross, das
Sanitätswesen und das Arsenal.

Pedius wusste: Verglichen mit den neuen Aufgaben war die
vorherige Tätigkeit des Centurio auf weite Strecken Leerlauf
gewesen. Für einen Mann wie Oppius geradezu eine Strafe.
Nun war er ununterbrochen gefordert. Es war ein Glücksfall
für Pedius, dass er weiterhin dem zum Praefectus Castrorum
avancierten Offizier unterstellt blieb. Er ging davon aus, dass
Oppius darauf bestanden hatte. Außergewöhnliche Situationen erforderten ungewöhnliche Maßnahmen. In solchen
Dingen war die Führung bisweilen sehr flexibel.

Obwohl Marcus Oppius als Praefectus Castrorum nun
gleich hinter dem Oberbefehlshaber Varus rangierte – zwar
nicht in der offiziellen Hierarchie, aber faktisch sehr wohl –,
änderte sich sein Verhältnis zu Pedius kaum. Zwar hatte Pedius im täglichen Dienstbetrieb dessen Rang zu achten und
sein Auftreten in Gegenwart des Praefecten daran auszurichten, aber im privaten Umgang blieb alles beim Alten. Der
Grund lag darin, dass sie sich nun lange kannten, dass sie
beide ähnliche Interessen besaßen und somit ihr außer-
militärisches Augenmerk auf andere Themen warfen: Fragen
zur Sprache, Geschichte, ja bisweilen auch Philosophie. Dies

natürlich nach Dienstschluss. Meist abends in ihrer Stammkneipe im Vicus.

Bei einem dieser Gespräche eröffnete ihm Oppius, dass er in Kürze mit dem Gros der Armee ins Winterlager aufbrechen werde.

»Wann ist das?«, fragte Pedius.

»Im September.« Er sah Pedius ernst an: »Und du bleibst hier!«

»So? – Und warum?« Er konnte es sich zwar denken, wollte es aber vom Praefecten selbst hören.

Bevor Oppius antwortete, blickte er sich um, ob einer von Arminius' Leuten in der Nähe mithören könnte, dann sagte er leise: »Es wird sehr wichtig sein, das Verhalten der Germanen über den Winter hin … nun, sagen wir: es im Auge zu behalten.«

»Hast du dabei Bestimmtes im Sinn?«

»Nein, nein, keineswegs. Aber …« Wieder schaute er sich um. »Die Situation wird sich insofern verändern, als die germanischen Auxiliar-Truppen ebenfalls zu ihren Familien zurückkehren.«

»Aber doch nur über den Winter!«

»Sicher. Nur über den Winter.«

»Und was ist daran so … so brisant?«

»Nun … weil diese Männer dann in Situationen geraten können, die sie eventuell in Widerspruch zu ihren Aufgaben in unseren Diensten bringen könnten.«

»Wenn ich dich recht verstehe, Marcus, meinst du: Es könnten ihnen von ihren Familien und sonstigen Verwandten Vorhaltungen gemacht werden, etwa in dem Sinne: Ihr vertretet die römischen Interessen mehr als unsere eigenen?«

»*Ita'st* – So ist es.«

»Und was habe ich damit zu tun?«

»Na, das, was du schon die ganze Zeit tust, seit du hier bist: Augen aufmachen, Ohren spitzen, aufschreiben, sortieren, ordnen, ablegen!« Er grinste. »Leute hast du doch genug – oder?«

Pedius nickte. Er überlegte und meinte schließlich: »Besteht denn Anlass dafür, dass du meinst, sie …«

»... könnten etwas während unsrer Abwesenheit im Schilde führen?«

»Ja.«

»Nein, Anlass nicht. Aber ... wir möchten sichergehen. Wir befinden uns jetzt mitten in einer Phase des gegenseitigen Kennenlernens. Wir sind hier nicht an der Lagona! Die Lage ist hier eine völlig andere. Die Chatten an der Lagona leben in unmittelbarer Nähe des Rhenus! Von den Resten der noch dort wohnenden Ubier ganz abgesehen! Hier aber sind wir erst vor wenigen Jahren in ihren Blickwinkel geraten, während die Germanen östlich des Rhenus uns seit Jahrzehnten kennen und ihren Nutzen daraus ziehen.«

Weiterhin erfuhr Pedius, dass nur eine Notbesatzung im Lager zurückblieb. Es sollten alle möglichen Reparaturarbeiten durchgeführt werden. Das sei bei leerem Lager leichter und schneller zu bewerkstelligen.

»Und was ist, wenn gegen alle Erwartungen der Fall der Fälle einträte?«, fragte Pedius.

Oppius sah ihn an: »Du meinst einen feindlichen Angriff?« Pedius nickte.

»Nun ...« Oppius nahm einen Schluck Wein zu sich und wischte sich mit der Hand über den Mund. »Ich bin mir absolut sicher, dass es dazu nicht kommen wird.«

GLOSSAR

Codices: Plural von Codex. Es handelt sich um den Vorläufer des heutigen Buches. Man zerschnitt einen *caudex* (Holzklotz, daher der Name) in dünne Brettchen, durchlöcherte diese am Rande, legte sie aufeinander und band sie mit einem durch die Löcher gezogenen Faden zusammen. So entstand statt der älteren Rolle aus aneinandergeklebten Papyrusblättern ein Buch zum Blättern. Vorteil: Man sparte Platz und konnte leichter zwischen den Seiten hin und her blättern. Die neue Buchform war seit dem Ende des 1. Jahrhunderts v. Chr. im Vordringen. – **Tabularium:** Archiv (von *tabula* = Brett, Tafel). Das größte, das Staatsarchiv, befand sich an der Südostseite des Capitols in Rom, wo es nach dem großen Brand (83 v. Chr.) neu errichtet wurde. Es ist bis heute noch gut erhalten.

»Wirklich?«

»Aber ja! Die Lage ist in einem großen Radius sicher. Und Marobodus im Süden verhält sich weiterhin ruhig. Er weiß, dass Tiberius mit ihm kurzen Prozess machen würde.«

»Und was ist mit den Leuten von Arminius?«

»Wie ich schon sagte, sind die den Winter über bei ihren Familien. Und die leben weit verstreut im Land. Die haben anderes zu tun.«

»Und Arminius?«

»Beim Hercules, Sextus! Warum hast du solche Skrupel?«

»Weil ich vorsichtig bin.«

»Du meinst dieses Gespräch, das du bei Segestes belauscht hast …«

Pedius nickte. Also kannte Oppius den Inhalt. Dann hatte Lerius Flaccus mit ihm darüber gesprochen.

»Das«, fuhr Oppius fort, »darfst du nicht überbewerten. Soldaten, die nicht meckern, sind schlechte Soldaten.«

»Sagt das auch der Tribun?«

»Wahrscheinlich. Boiocales und Arminius sind nun mal nicht das, was man Freunde nennen könnte.«

Pedius nickte langsam, aber die Bedenken in seinem Gesicht blieben.

»Arminius«, fuhr Oppius fort, »wird bei seiner Familie nach dem Rechten sehen. Seit dem Tod seines Vaters ist er ja das Familienoberhaupt. Und er hängt, wie ich hörte, sehr an seiner Mutter. Er wird sich hier im Lager hin und wieder sehen lassen.«

»Warum?«

»Weil eine Hundertschaft seiner Leute hierbleibt.«

»Im Lager?«

»Ja. Nach außen reine Formsache.«

»Und nach innen?«

»Die Truppe soll das Gefühl haben, dass sie wichtig ist.«

»Wofür?«

»Na, du weißt doch, was ich meine: Wenn du jemandem eine bestimmte Aufgabe überträgst, hebt das sein Selbstwertgefühl.«

»Und wie lautet der Auftrag?«

»Die Sicherung des Lagers.«

»Stammt die Idee von oben?«

»Von ganz oben: Varus!«

Pedius hatte zwar eher den Eindruck, dass man da den Bock zum Gärtner machte, schwieg aber dazu.

Sie besprachen dann noch Fragen der Archivierung. Es hatten sich mittlerweile unzählige Blätter, Wachstafeln und Codices* angesammelt, die alle neu gesichtet und nach sachlichen und personellen Gesichtspunkten geordnet werden mussten.

»Du und deine Leute«, schloss Oppius das Thema ab, »ihr habt in den nächsten Monaten genug zu tun. Es wäre sogar angebracht, von jedem Vorgang zwei Kopien anzufertigen. Eine für mich und eine für das Tabularium* des Befehlshabers. Varus will ja über alles genauestens unterrichtet werden.«

Pedius nickte. Das passte zu Varus. So war es schon in Syrien. Er war ein Verwaltungsfanatiker.

Trügerische Ruhe

Wir können davon ausgehen, dass Varus vom Frühjahr 7 bis zum Herbst 9 n. Chr. in Ruhe seinen Obliegenheiten als Statthalter nachging. Die warme Jahreszeit verbrachte er im Lager an der Weser und wahrscheinlich auch an anderen Örtlichkeiten in Germanien; während der kalten Jahreszeit bezog er mit dem Gros seiner drei Legionen ein festes Winterlager. Ob es sich dabei immer um Castra Vetera (Xanten) handelte, wissen wir nicht; es wäre auch möglich, dass er im Lager von Haltern an der Lippe überwinterte. Für keine von beiden Möglichkeiten gibt es Belege. Da aber gerade Haltern in dieser Zeit expandierte, wäre der Ort durchaus als Etappenlager vorstellbar. Nun könnte man sowohl für die eine wie die andere Möglichkeit vernünftige Argumente anführen, doch beweisbar sind sie nicht. Keiner der antiken Autoren hat es für nötig befunden, sich dazu zu äußern. Das wiederum könnte damit zusammenhängen, dass der Romanisierungsprozess abrupt unterbrochen wurde.

Anders sieht es mit Arminius aus: Nach seiner Rückkehr in die Heimat blieb er am Ort.

Die Kernfrage in diesem Zusammenhang ist ohnehin zunächst eine andere: Wann hat bei ihm der antirömische Denkprozess eingesetzt? Für Siegmar von Schnurbein ist es denkbar, dass dieser Prozess im Kopf des Arminius eingesetzt hat, als er miterlebte, »mit welcher Brutalität Rom den pannonischen Aufstand ... niedergeschlagen hat. Dass diese Erlebnisse bei ihm zur Idee führten, Ähnliches von seinem Volk und von seinen Nachbarvölkern abzuwenden, wäre ein einleuchtender Anlass gewesen«.[159]

Freilich wird es eine gewisse Zeit gedauert haben. Rufen wir uns in Erinnerung: Als kindliche Geisel kam er nach Rom und verbrachte dort auch seine Jugendjahre. Er lernte die überlegene römische Kultur kennen, lernte lateinisch zu lesen und zu schreiben, staunte über die Technik, den Straßen- und Brückenbau, die Wasserleitungen und Abwasserkanäle, die riesigen Gebäudekomplexe wie das Pompeiustheater, die Pracht und Majestät der alten und neuen Tempel, registrierte und bewunderte die zivilisatorische und politische Infrastruktur, das Austarieren der Interessen der verschiedenen Klassen und Schichten, erfuhr auch eine Menge über die unmittelbar vorausgegangenen Bürgerkriege – und vieles andere mehr ...

Es folgt seine militärische Laufbahn im Dienst dieses Staatswesens. Da er intelligent ist, komplizierte strategische und taktische Situationen schnell durchschaut und außerdem über hervorragende Führungsqualitäten verfügt, wird man ihn schnell befördert und an die Spitze eines Corps germanischer Auxiliartruppen gestellt haben. Es müssen Leute aus seiner Heimat gewesen sein. Fremde dürfte er später kaum motiviert haben, an der Erhebung teilzunehmen. Während seines Einsatzes in Pannonien muss er sich so bewährt haben, dass er das römische Bürgerrecht erhielt und in den Ritterstand erhoben wurde. Zugleich wird er im täglichen Umgang mit seinen Landsleuten eine Menge über die Lage in der Heimat erfahren haben. Aus der Tatsache, dass er später in Germanien keine Verständigungsprobleme mit seinen Landsleuten hat, dürfen wir schließen, dass er nicht als Kleinkind nach Rom kam, sondern eher im Alter von acht bis zwölf Jahren. Sonst hätte er seine Muttersprache zu großen Teilen verlernt. Von Tacitus wissen wir, dass er beide Sprachen beherrschte, denn er wechselt bei Ansprachen, Aufrufen oder Zornausbrüchen spielend ins Lateinische.

Aus den wenigen überlieferten Äußerungen wird deutlich, dass er ein Führer mit charismatischen Qualitäten gewesen sein muss. Aber dabei erfahren wir auch etwas über die Eindrücke und Beobachtungen, die bei ihm jenen Denkprozess in Bewegung gesetzt haben, an dessen Ende der militärische Schlag gegen die Besatzungsmacht steht. Diese Passagen finden sich weitverstreut in den Annalen, von Tacitus dramaturgisch geschickt genutzt, um den Ablauf des Geschehens zu veranschaulichen und die Spannung vor der jeweils anstehenden Entscheidung zu erhöhen.

Ein Beispiel aus dem Jahre 15 n. Chr., während des zweiten Germanienfeldzugs von Germanicus sechs Jahre nach der Schlacht. – Vor der Szene steht eine Meldung, die Arminius innerlich aufgewühlt haben muss: »Des Arminius Gattin (Thusnelda) gebar ein Kind männlichen Geschlechts: wie dem in Ravenna erzogenen Knaben später übel mitgespielt wurde, will ich zu gegebener Zeit berichten.«[160] Da die Stelle nicht erhalten ist, wissen wir nichts Näheres über das Schicksal des Sohnes; im Jahre 47 ist er bereits tot.[161]

Dann geht es zur Sache: Arminius' alter Widersacher Segestes will mit Rom seinen Frieden machen: »Die Kunde von der Unterwerfung und gütigen Aufnahme des Segestes verbreitete sich und wurde, je nachdem, ob man den Krieg ungern oder gern sah, mit Hoffnung oder Kummer aufgenommen.

Den Arminius trieb abgesehen von seiner angeborenen Leidenschaft der Gedanke, dass seine Gattin geraubt, dass das Kind, das sie zur Welt bringen würde, der Sklaverei ausgesetzt sei, zum Wahnsinn, und er stürmte durch die Cheruskerlande, Waffen gegen den Caesar (Germanicus) fordernd.

Auch mit Schmähreden sparte er nicht: ein herrlicher Vater, ein großer Feldherr, ein tapferes Heer, die mit so vielen Armen *ein* schwaches Weib fortgeschleppt hätten! Vor ihm (Arminius) seien drei Legionen und ebenso viele Legaten niedergesunken! Er führe nämlich nicht mit Verrat noch gegen schwangere Frauen, sondern offen gegen bewaffnete Männer Krieg.«

Setzen wir die folgende Anklage in direkte Rede, werden die leidenschaftlich vorgetragenen Bezichtigungen noch deutlicher:»Noch heute kann man in unseren Hainen die römischen Feldzeichen sehen, die ich den Göttern geweiht habe. Soll Segestes sich doch am unterworfenen Rheinufer niederlassen und seinem Sohn das Amt des Menschenpriesters wieder verschaffen!« Hier gibt Arminius seiner Verachtung für die Vergöttlichung eines Menschen Ausdruck. Es handelt sich um den Altar der Roma und des Augustus im Gebiet des heutigen Köln, wo der Sohn des Segestes als Priester fungierte.[162]

»Die Germanen«, fährt Arminius fort,»werden sich niemals damit abfinden, dass sie zwischen Elbe und Rhein Rutenbündel, Beile und die Toga gesehen haben! Andere Völkerschaften, die keine Bekanntschaft mit dem römischen Reich gemacht haben, wissen nichts von Hinrichtungen und kennen keine Tribute! Diese Lasten haben sie ja abgeschüttelt! Und jener unter die Götter versetzte Augustus und dieser als sein Nachfolger auserlesene Tiberius sind unverrichteter Dinge abgezogen! Wie könnt ihr euch vor einem unerfahrenen, einem ganz jungen Burschen (Germanicus) und vor einem meuternden Heer fürchten?! Wenn ihr das Vaterland, die Eltern, die ererbten Verhältnisse mehr liebt als Zwingherren und neue Römerstädte, dann folgt lieber mir – Ich führe euch zu Ruhm und Freiheit! – und nicht dem Segestes! Er führt euch in schändliche Sklaverei!«[163]

Diese Rede enthält all die Argumente gegen den römischen Herrschaftsanspruch, die Arminius sechs Jahre zuvor veranlasst haben, zur Tat zu schreiten. Listen wir sie zur Verdeutlichung einmal auf:

– Leben in Rom oder unter römischer Herrschaft bedeutet für einen Germanen: Leben in der Sklaverei.

– Rutenbündel (*virgae*), Beile (*secures*) und Toga sind ihm Symbole für das römische Herrschaftssystem.

– »Hinrichtungen«: Man kann die Stelle auch mit»Blutgerichte« übersetzen. *Supplicium* ist wie so oft im Lateinischen ein vieldeutiger Begriff. Das Wort ist abgeleitet von *supplicare* = jemandem zu Füßen fallen, kniefällig oder demütig bitten, flehen, anflehen und bedeutet zunächst demütiges Bitten, aber auch Todesstrafe, Hinrichtung, harte, martervolle Strafe oder Zwangsmittel bis hin zu Marter, Qual, Pein und im Plural (*supplicia*) Sühneopfer, Sühne, Opferung, Straf- und Blutgericht.

– »Tribute …« Wir erwähnten es schon weiter oben: Die eroberten Provinzen sind nach römischer Auffassung Eigentum Roms; die Provinzbevölkerung, die nur Besitzrechte hat, muss deshalb Abgaben zahlen. In den mediterranen Provinzen bestehen sie aus der Grundsteuer oder einer festen Abgabe in Geld und Naturalien. Für Gallien ist bekannt, dass die Provinz seit Caesar jährlich 40 Millionen Sesterzen zu zahlen hat.[164] Die Gesamteinnahmen beziffert Plutarch zur Zeit des Pompeius auf 340 Millionen Sesterzen.[165] Über die Neuverteilung der Lasten unter Augustus liegen keine genauen Daten vor. – Im größten Teil Germaniens ist der Geldverkehr unbekannt. Die zu zahlenden Abgaben werden aus Naturalien bestanden haben. Genaue Angaben darüber gibt es nicht.

– Nun folgt der wichtigste Hinweis von Arminius: »Si patriam parentes antiqua mallent quam dominos et colonias novas ...« – »Wenn sie das Vaterland, die Eltern, die alte Zeit mehr liebten als die Zwingherren und die neuen Römerstädte ...« Es geht hier vor allem um die Formulierung »colonias novas«!

Wie immer, wenn Tacitus seine Hauptakteure in wörtlicher Rede agieren lässt, stellen sich die stets gleichen Fragen: 1. Sind diese Äußerungen historisch, oder wurden sie von Tacitus aus dramaturgischen oder sonstigen Gründen erfunden? 2. Wenn historisch: Aus welcher ihm vorliegenden Quelle könnten sie stammen? Die Suche nach einer einleuchtenden Antwort ist in diesem Fall von eminent wichtiger Bedeutung, weil sie den Kern des romkritischen Entscheidungsprozesses von Arminius betrifft.

Bei Cassius Dio war die Rede von »Städten«. Das griechische πόλις (polis), das er benutzt, bedeutet im Kontext Stadt, Ansiedlung, Stadtgebiet, Stadtgemeinde. Es handelt sich also um eine neutrale Formulierung. Ganz anders Tacitus. Er benutzt den Terminus »colonia«. Was ist das?

Am treffendsten hat Dieter Medicus diesen typisch römischen Begriff auf den Punkt gebracht. Unter dem Stichwort »Coloniae« führt er im Kleinen Pauly[166] aus: »**Coloniae.** Siedlungen außerhalb des Mutterlandes, wie sie in der Antike, etwa auch durch die Griechen, häufig angelegt wurden. Zu betrachten sind hier die Koloniegründungen durch die Römer ... Gemeinsam ist allen Formen der gewöhnliche Anlass: kriegerische Eroberung fremden Gebietes, das dann den Besiegten nur zum Teil zurückgegeben wird ... Oft sind die *coloniae* militärische Vorposten zur dauernden Niederhaltung des besiegten Feindes. Daneben spielen häufig auch Handelsinteressen eine Rolle ...

Coloniae in den Provinzen treten im Wesentlichen erst seit Caesar hervor. Insgesamt sind die coloniae das wichtigste Mittel zur Latinisierung des römischen Herrschaftsbereichs; die Zahl der uns bekannten Gründungen beträgt schließlich über 400.

Den (römischen) Siedlern wird durch das Los Land zugewiesen, und zwar in den

Kolonien auf italischem Boden stets zu quiritischem (bürgerlichem) Eigentum, in den Provinzen dagegen bisweilen mit einer Abgabepflicht belastet ... Die Siedler behalten das römische Bürgerrecht; ihnen bleiben auch die politischen Rechte in Rom. Sie können dort also auch an den Abstimmungen teilnehmen, wenn sie sich gerade dort aufhalten. Die »coloniae civium Romanorum« (Kolonien römischer Bürger) sind also »ein Stück Rom in der Fremde«; sie werden auch, jedenfalls anfangs, von Rom aus mitverwaltet. Später bildet sich jedoch auch, besonders bei weiter Entfernung von Rom, eine beschränkte Selbstverwaltung aus. An ihr werden bisweilen die unterworfenen Bewohner des Bereiches der *colonia* beteiligt, denen gegenüber die römischen Siedler eine Art Oberschicht bilden. Befreiungen der Siedler von der Militärdienstpflicht in Rom sind kein besonderes Privileg, sondern nur Äquivalent für die eigenen Verteidigungspflichten der *colonia*.«

Wenn also Arminius den lateinischen Terminus »colonia« benutzt, weiß er sehr genau, wovon er redet. Mehr noch – in seiner leidenschaftlichen Ansprache klingt deutlich ein gewisser Hohn durch, der noch deutlicher wird, wenn wir ihn in ganz direkter Rede frei sprechen lassen: »Wenn ihr aber euer Vaterland, eure Eltern, die alte gute Zeit mehr liebt als die römischen Zwingherren und ihre neuen Römerstädte ...« Römerstädte, römische Zwingherren, Rutenbündel, Beile, Toga, Tribute, Sklaverei – diese sieben Begriffe stehen symbolisch für alles Negative, was die Römer wie ein Netz über Germanien zu legen versuchen. Wenn Arminius noch sechs Jahre nach der Schlacht diese Dinge zum Kernpunkt seiner Anklage macht, muss er sie auch schon vor der Rebellion überdacht haben.

Eine andere Frage ist, ob Tacitus diese Stelle von einem anderen Autor übernommen hat oder ob er bei seiner guten Kenntnis der Verhältnisse lediglich nachträglich die Argumente in einer fiktiven Rede zur Sprache bringt. Wie wir weiter oben bereits ausführten, lagen ihm mit Sicherheit ›Die Germanenkriege‹ des Älteren Plinius vor. Plinius wird die Ereignisse zwischen 7 und 15/16 n.Chr. detailliert beschrieben haben. Er war ja noch »ganz nah dran«! Selbst wenn er die bei Tacitus zitierte Rede des Arminius nicht in seine eigenen Untersuchungen eingebracht hat, wird er dessen Argumentation im Detail gekannt haben. Unter diesem Aspekt spielt es für die Historizität der von Arminius genannten Begriffe keine Rolle, ob er sie in einer bestimmten Rede vor Landsleuten so wie von Tacitus beschrieben benutzt hat. Aber er muss sie benutzt haben! Vor allem ist davon auszugehen, dass er den für Germanen provozierenden lateinischen Begriff »colonia« beim Namen genannt hat. Wir weisen noch einmal darauf hin: Die Formulierung bei Tacitus – »colonias novas« – betont nicht nur die drückende Aktualität der Vorgänge, sondern geradezu die Häme, mit der sie ausgesprochen wird. Arminius beherrschte das Lateinische perfekt, also kannte er auch die Finessen der Sprache seiner Feinde.

Fazit: Der romkritische Denkprozess bei Arminius dürfte also schon vor seiner Rückkehr in die Heimat eingesetzt haben, da er Zeuge wurde, mit welcher Brutalität Rom den pannonischen Aufstand niederschlug. Anders gesagt: Er kehrte bereits als Feind Roms zurück, und das, was er in Germanien sah, bestärkte ihn in seinem Willen, ein ähnliches Schicksal von seinen Landsleuten abzuwehren.

Unter diesem Aspekt spielt es grundsätzlich keine Rolle, ob er 7, 8 oder erst 9 n. Chr. wieder im Lande war. Doch anders sieht es aus, wenn man versucht, sich das Prozedere praktisch vorzustellen: Er muss sich zunächst einen Eindruck von der Stimmung unter seinen Landsleuten verschaffen. Die dürfte sich im ersten Jahr der Statthalterschaft des Varus noch in der Schwebe befunden haben. Hier und da wird Arminius bereits einen deutlichen Unmut ausgemacht haben, der sich in seinem Sinne leicht steigern ließ. In einer solchen Gruppe von Romgegnern wird es Männer gegeben haben, bei denen Arminius offene Türen einrannte, wenn er auf die Vorgehensweise der römischen Besatzer zu sprechen kam. Solange aber die Zahl kritischer Köpfe noch gering war, musste er äußerst vorsichtig zu Werke gehen. Er kannte diese Männer ja selbst erst seit Kurzem und wusste nicht, bis zu welchem Punkt seiner Überlegungen er sie einweihen konnte bzw. ob er überhaupt auf ihre Verschwiegenheit zählen konnte.

Ganz anders die Situation bei den Männern seiner Auxiliartruppe. Sie waren mit ihm in Pannonien gewesen und hatten wie ihr Befehlshaber die Gräueltaten der römischen Truppen an der Zivilbevölkerung miterlebt – waren in Einzelfällen vielleicht daran beteiligt, wenn es ihnen befohlen worden war. Ob dies Einzelfälle waren oder übliche Praxis, spielt keine Rolle: Sie mussten erwarten, dass die römischen Truppen in Germanien sich genauso verhalten würden wie in Pannonien, falls das politische Klima dort umschlug und sich gegen die Ansprüche der Eroberer wandte.

Dazu bestand aber zunächst kein Anlass. Rom schien sich, wie wir oben schon ausführten, durchaus für die friedliche Koexistenz ausgesprochen zu haben. Besonders der Süden des germanischen Großraums machte hier Fortschritte, wie der Fall »Waldgirmes« und wahrscheinliche weitere uns (noch) nicht bekannte Siedlungsprojekte zeigten. Dennoch muss Arminius davon ausgegangen sein, dass gerade diese neue, raffiniert initiierte und mit friedlichen Mitteln durchgeführte Romanisierung Germaniens auf die Dauer zum Verlust der eigenen kulturellen Basis führte – führen musste! Gallien war ihm, dem gebildeten, römisch erzogenen Offizier, Bürger und Ritter das mahnende Beispiel. Wenn er gallische Kontaktpersonen kannte – wovon durchaus auszugehen ist –, werden diese ihn über den schleichenden Niedergang des »Gallischen« auf dem Laufenden gehalten haben. Das Beispiel Caesars und anderer Militärs zeigte ihm, dass römische Eroberer niemals auf ihren Anspruch verzichten würden, die Früchte der neuen, großen Nordprovinzen einzuheimsen.

Wahrscheinlich war es anfangs nur eine kleine Gruppe von Männern, die genauso empfanden und dachten wie Arminius. Wer das im Einzelnen war, erfahren wir nicht. Mit Sicherheit gehörte dazu Inguiomerus, der Bruder seines Vaters, den wir schon in dem Treffen mit Caecina als leidenschaftlichen Haudegen und Romhasser kennengelernt haben. Ebenso sein Vater Sigimerus, falls er denn noch lebte, was wahrscheinlich nicht mehr der Fall war, denn von ihm ist in diesem Zusammenhang nirgendwo die Rede.

Wie auch immer – die Gruppe der Romgegner um Arminius muss zunächst sehr klein gewesen sein, denn sie musste jederzeit gewärtig sein, dass ihre Ambitionen den etablierten Romfreunden zu Ohren kamen und von diesen dem römischen Oberkommando zugesteckt wurden. Was ja auch geschah, noch am Tag vor dem Aufbruch der Legionen.

Noch sechs Jahre später kommt dies zum Ausdruck, als Segestes Germanicus gegenüber seiner Treue zu Rom Ausdruck gibt: »Dies ist für mich nicht der erste Tag unwandelbarer Treue gegen das römische Volk. Seitdem ich vom göttlichen Augustus mit dem Bürgerrecht beschenkt worden bin, habe ich Freunde und Feinde nur nach eurem Vorteil ausgewählt. Und zwar nicht aus Hass gegen mein Vaterland, … sondern weil ich überzeugt war, dass für Römer und Germanen das nämliche zuträglich und dass Frieden besser sei als Krieg … Und jetzt, wo ich erstmals wieder mit dir zusammen sein kann, ziehe ich das frühere gute Verhältnis dem späteren unguten und die Ruhe des Friedens dem Sturm des Aufruhrs vor. Und dies nicht um einer Belohnung willen, sondern um mich vom Vorwurf der Treulosigkeit zu lösen, und gleichzeitig als geeigneter Vermittler für das Volk der Germanen, falls es lieber Reue will als Untergang …«[167]

Segestes wird zwar wohlwollende anhaltende Zuneigung durch Germanicus gewährt, aber zu diesem Zeitpunkt war die Entscheidung in Rom bereits gefallen, sich aus Germanien zurückzuziehen. Arminius muss also über die Monate hin zunehmend kritisch die Entfaltung der römischen Macht im gesamten Großraum Germanien beobachtet haben. Dabei wird er sich nicht nur auf die Berichte seiner cheruskischen Gesinnungsfreunde gestützt haben, sondern auch auf Informationen, die ihm von befreundeten Führern anderer Stämme zukamen.

DRITTER TEIL

DIE SCHLACHT

VARUS ALS GERICHTSHERR

— SZENE 15 —

Herbst und Winter des Jahres* verliefen im Lager vollkommen ruhig. Pedius hatte »Keine besonderen Vorkommnisse!« melden können. Er vermisste freilich die Annehmlichkeiten seines warmen Quartiers in der Siedlung an der Lagona. Auch meinte er, dass die winterlichen Temperaturen hier im Norden erheblich unter jenen an der Lagona lagen. Auch die Stürme peitschten gewalttätiger über das flachere Land. Um Erkältungen und Katarrhen der Atemwege vorzubeugen, schützte er sich mit Fellumhängen und Beinwickeln, wenn er die Unterkunft verließ.

Seine Tage waren angefüllt mit mehr oder weniger mechanischen Vorgängen: Sichten und Ordnen der Unterlagen, Verbessern von orthografischen oder inhaltlichen Fehlern, Weitergabe der Texte an seine Schreiber zur Anfertigung der Kopien, erneutes Überprüfen der Texte und gegebenenfalls Korrigieren bzw. erneutes Abschreiben der entsprechenden Stellen, Anbringen der Titel mit kurzen Hinweisen auf den Inhalt, Ablegen der Rollen oder Codices in den Regalen. Marcus Oppius, der Praefectus Castrorum, würde mit ihm zufrieden sein.

Hin und wieder machte er in seiner Freizeit einen Ritt in die Umgebung. Dabei ließ er sich von zehn, zwölf Reitern begleiten. Dies weniger in der Sorge, aus was für Gründen auch immer in einen Hinterhalt zu geraten, als mit der Absicht, auf die Bedeutung seines Rangs hinzuweisen. Er wusste, er wurde beobachtet. Man wurde immer außerhalb des Lagers beobachtet. Und sei es nur aus purer Neugier. Das Auftauchen eines Römers war immer etwas Besonderes. Besonders jetzt, im Winter, wo kaum jemand unterwegs war. Ein militärisches Begleitkommando zeigte, dass die Armee präsent war. Auch wenn es sich nur um eine kleine Einheit handelte.

Am meisten vermisste er Marcus Oppius und die anregenden Gespräche mit ihm, abends in der Kneipe. Lucius Artorius war dafür kein Ersatz. Artorius war der typische Soldat, der Karriere machen wollte. Zuverlässig, genau bei allem, was er tat, aber sein Bildungsinteresse ging nicht über das hinaus, was seinen unmittelbaren Auftrag betraf. Er redete wenig – und wenn, dann über alltägliche Dinge, die Qualität des Essens, die Schlamperei bei diesem und jenem Untergebenen, die Sturheit dieses und jenes Centurio, das Wetter.

So krochen die Wochen quälend langsam hin. Es wurde Januar. Er brachte viel Schnee. Der Februar weniger. Dafür war er kälter. Einer seiner Gehilfen holte sich eine schwere Erkältung und lag mehrere Tage mit hohem Fieber danieder. Pedius' Bursche Gaius bekam den Auftrag, sich Tag und Nacht um den Mann zu kümmern. Man flößte dem Kranken heißen Tee ein, aus Kräutern hergestellt, die ihnen ein Germane aus der Truppe des Arminius besorgte. Nach einer Woche war der Mann über den Berg. Pedius atmete auf und gab strikten Befehl, dass sich niemand ohne eine warme Überkleidung nach draußen zu begeben hatte.

Pedius begann, auf dem Steckkalender die Tage bis zur Rückkehr der Legionen zu zählen. Mitte bis Ende März würden sie wieder im Lager sein. Vielleicht auch erst Anfang April. Es würde vom Wetter abhängen. Und von der Lage im Süden: Niemand hier wusste, wie sich Marobodus und seine Markomannen verhalten würden. Bisher hatte er sich an die Abmachungen gehalten. Doch Pedius war sich sicher, dass man sie benachrichtigen würde, falls sich eine neue, gefährliche Lage ergab. Dann würden sie sich schnell nach Westen absetzen müssen. Doch es blieb ruhig.

Bis ein Zwischenfall für Aufregung unter den Zurückgebliebenen im Lager sorgte.

An einem der ersten Märztage erschien ein Legionär bei Pedius mit dem Befehl, er habe sich im Laufe des Vormittags bei Sextus Abulenius, einem Centurio der Zweiten Cohorte der XIX. Legion, zu melden.

»Warum?«, wollte Pedius wissen.

»Keine Ahnung, Optio.«

»In Ordnung. Ich komme.«

Der Soldat grüßte und ging.

Pedius hatte bisher nicht viel mit Abulenius zu tun gehabt. Der Centurio, einer der wenigen, die während des Winters im Lager geblieben waren, war zurzeit der ranghöchste Offizier der XIX. Legion und übte sozusagen die Funktionen aus, die sonst dem Primus Pilus zustanden. Er galt unter den Kameraden als ernster, bärbeißiger Mann, der wenig sprach – und wenn, dann kurz, knapp und Respekt heischend. Er hatte die tiefste Stimme, die Pedius je von einem Mann gehört hatte. Soviel er wusste, stammte Abulenius aus Urbinum*, war schon ewig im Dienst und hatte wohl das Ende seiner militärischen Karriere erreicht. Würde wohl in ein, zwei Jahren in den Ruhestand gehen. Wenn Abulenius ihn zu sich beorderte, musste es dafür einen triftigen Grund geben.

Pedius machte sich nach einer halben Stunde auf den Weg und traf Abulenius vor seinem Zelt, wo er sich mit einem älteren Germanen unterhielt, den Pedius nicht kannte. Der Mann redete mit rotem Kopf auf den Centurio ein, gestikulierte dabei aufgebracht mit den Händen und wurde immer lauter.

Als es Abulenius zu viel wurde, schnitt er dem Germanen mit einer herrischen Geste das Wort ab und erklärte: »Wir werden der Sache nachgehen, Mann. Solange der Fall ungeklärt ist, bleibt er hier im Lager. Der Statthalter selbst wird in der Sache eine Entscheidung treffen. Bis dahin hast du dich zu gedulden! V'standen?!«

»Ja, aber … Das noch lange, bis Statthalter hier zurück!«

»Keineswegs. Ich denke, in zwei Wochen ist er zurück.«

»Das lange Zeit!«

»Überhaupt nicht, Mann! Bis dahin musst du dich gedulden. V'standen?!«

»Ich beschweren! Ich Freunde! Freunde gut und stark! Freunde auch beschweren!«

»Sicher«, nickte Abulenius. »Du und deine Freunde, ihr könnt euch beim Statthalter beschweren. Aber bis dahin bleibt der Mann hier. Hast du verstanden?«

Der Germane nickte, doch der Zorn blieb in seinem Gesicht. Unvermittelt wandte er sich um und schritt grußlos davon.

Der Centurio wandte sich an Pedius: »Beim Hercules! Hartnäckig! Lästig! Kennst du ihn?«

»Nein, Centurio. – Cherusker?«

»Was sonst? Mitkommen!«

Abulenius ging nicht zu seinem Zelt, sondern folgte der Lagergasse, die auf die südliche Umwallung des Lagers zulief. Pedius folgte ihm wortlos. Er hatte keine Erklärung für den Vorfall.

Vor dem drittletzten Zelt standen mehrere schwerbewaffnete Posten. Hier pflegte man gewöhnlich Soldaten festzusetzen, die wegen schwerwiegender Vergehen ein Disziplinarverfahren zu erwarten hatten. Doch es lag kein entsprechender Prozess vor. Also musste es etwas mit dem Mann zu tun haben, für dessen Auslieferung sich der Germane eingesetzt hatte.

Unvermittelt blieb Abulenius stehen, musterte Pedius streng und tönte: »Herhören! Der Mann da ...« – er wies zum Zelt – »... er behauptet, man trachte ihm nach dem Leben.«

»Was für ein Mann?«, fragte Pedius.

»Keine Ahnung. Radebrecht ein furchtbares Gemisch aus Latein und Germanisch. Versteht kein Schwein. Darum bist du hier!«

»Ich soll mit ihm in seiner Sprache reden ...«

»Genau das. Du wirst hin und her übersetzen. Klar?«

»Jawohl!«

Sie näherten sich dem Zelt, die Posten grüßten. Einer meldete: »Keine besonderen Vorkommnisse!«

»Weitermachen!«, knurrte Abulenius.

Sie traten ein. Es dauerte eine Weile, bis Pedius sich an das dämmrige Licht gewöhnt hatte. Abulenius ließ vier Öllampen holen und an den Pfosten aufhängen. Jetzt konnte Pedius Einzelheiten erkennen. Auf einer Strohschütte, die mit einer Decke belegt war, lag ein Mann. Pedius schätzte ihn auf Mitte zwanzig. Hände und Füße waren mit Stricken gefesselt. Ängstlich blickte er aus großen hellblauen Augen auf die beiden Offiziere.

Der Centurio rief einen der Posten zu sich und befahl:»Fesseln abnehmen!«

Das geschah.

»Hierbleiben! Für alle Fälle!«

Zu Pedius gewandt, fuhr er leise fort:»Er soll aufstehen!«

Pedius übersetzte die Order, und der Mann erhob sich. Er rieb seine Handgelenke.

»Herhören! Frag ihn nach Namen und Sippe! Frag ihn, warum er sich ins Lager begeben hat! Frag ihn, vor wem oder was er Angst hat!«

Es machte Pedius keine Mühe, die Fragen zu übersetzen. Deutlich spürte er, dass der Mann Angst hatte – vor seinen Landsleuten! Warum hatte er sich sonst hierher, ins Lager, gerettet. Also suchte Pedius ihn zu beruhigen und machte ihm klar, dass er hier, hinter der Palisade, sicher sei.

Dann referierte er das Gehörte:»Sein Name ist Degenar – das heißt so viel wie ›Heldischer Adler‹.«

»Sieht aber nicht danach aus«, brummte Abulenius.»Weiter!«

»Er sagt, man habe ihn fälschlicherweise beschuldigt, das Haus seines Sippenältesten angezündet zu haben. Dabei sei ein kleines Kind in den Flammen umgekommen.«

»Frag ihn, warum ausgerechnet er beschuldigt wurde!«

GLOSSAR

… **des Jahres** = 8 n. Chr. – **Urbinum**: Stadt im nördlichen Umbrien, heute Urbino. – Der Name **Alrun** bedeutet »die das Geheimnis der Elfen kennt«. – **Wiborg** bedeutet »der schützende Krieger«.

Als Pedius ihm die Frage übersetzte, zögerte Degenar mit der Antwort. Pedius ermunterte ihn und betonte, dass es das Beste für ihn sei, die Wahrheit zu berichten. Endlich redete der Mann, und Pedius übersetzte die Antwort:

»Er sagt, er wolle Alrun*, die jüngste Tochter des Ältesten, zur Frau nehmen. Doch die habe der Vater schon einem andern versprochen. Also nehme man an, er habe das Haus aus verletztem Stolz angezündet.«

Der Centurio grinste: »Kommt mir irgendwie bekannt vor.«

Pedius verstand die Anspielung: Die Situation zwischen Arminius, Segestes und dessen Tochter Thusnelda war ähnlich.

»Weiter!«, spornte der Centurio an. »Frag ihn, ob es in der Sache schon zum Thing gekommen sei!«

Pedius gab die Frage weiter und übersetzte die Antwort: »Es ist noch nicht zum Thing gekommen. Man wartet den nächsten Vollmond ab.«

Und Abulenius: »Das ist in drei Tagen! Frag ihn, wieso er überhaupt fliehen konnte!«

Pedius referierte weiter: »Ein guter Freund habe ihn gewarnt. Nach Lage der Dinge müsse er mit der Todesstrafe rechnen. Er habe das Haus aber nicht angezündet. Er sei unschuldig. Darum sei er ins römische Lager geflüchtet. Schon zwischen seinem vor einem Jahr verstorbenen Vater und Wiborg* habe es öfter Streit gegeben.«

»Ist dieser Wiborg der Älteste?«

»Ja.«

»Kenne ihn. Das ist der Mann, der vorhin da war. Stur! Hartnäckig! Rechthaberisch! Uneinsichtig!« Er wies auf den Germanen: »Sag ihm, dass er im Lager bleibt. Bis zur Ankunft des Legaten! Das weitere Vorgehen muss Varus selbst entscheiden. Habe da keine Vollmacht. Du erst recht nicht! Schöner Schlamassel, das! Scheiß-Germanien, verdammt noch mal! Übersetz ihm das! Das Letzte natürlich nicht, v'standen?!«

»Jawohl! – Soll er wieder gefesselt werden?«

»Nein. Der haut nicht ab! – Aber Tag und Nacht Posten! Zelt nicht aus den Augen lassen! Tore ebenfalls!«

Letzteres ging an den Legionär. Der Mann stand stramm und wiederholte den Befehl.

Sie verließen das Zelt.

Draußen wandte sich Abulenius noch einmal an Pedius: »Herhören! Wenn dir noch was einfällt ... Ich meine, wenn du noch Fragen an den Mann hast, dann kannst du ihn fragen. Jederzeit. V'standen?!«

»Sicher.«

»Dumme Sache das! Dieser Wi...«

»Wiborg!«, half ihm Pedius.

»Der Mann ist hartnäckig. Mag das nicht. Bleibt bei seiner Forderung, diesen Degenar auszuliefern. Na ja, dann muss sich der Chef darum kümmern.«

Pedius nickte: »Wenn wir ihn jetzt ausliefern, ist er ein toter Mann.«

»Eben. Auf jeden Fall muss der Sachverhalt gründlich geklärt werden. Der Legat hat da andere Mittel. Du wirst einen Bericht schreiben!«

»Jawohl!«

»Zwei Kopien!«

»Bis wann?«

»Am besten noch heute.«

»Jawohl!«

Sie trennten sich.

— SZENE 16 —

Am Nachmittag suchte Pedius den Germanen noch einmal auf. Er wollte sich vergewissern, ob der von ihm ins Gespräch gebrachte Freund für eine Aussage, die ihn entlasten könnte, zur Verfügung stehen würde. Degenar versicherte, dass dies der Fall wäre, denn er habe mit ihm nur unter vier Augen gesprochen. Niemand sei in der Nähe gewesen.

Pedius hielt die Aussagen von Degenar für absolut glaubwürdig und sagte ihm zu, dass die Untersuchung vor dem

Statthalter sachlich und vorurteilslos durchgeführt werde. Er sah, dass der Mann sichtlich aufatmete.

Als Pedius sich zwei Stunden später mit den schriftlichen Unterlagen bei Abulenius meldete, entging ihm nicht, dass der Centurio schlechtgelaunt war. Der unerwartet im Lager aufgetauchte Germane störte den ruhigen Ablauf seiner Tätigkeit, die in den vergangenen Wochen hauptsächlich darin bestanden hatte, den täglichen Dienst zu gewährleisten. Es hatte nie irgendwelche Komplikationen gegeben. Das plötzliche Erscheinen dieses Degenar betrachtete er als durchaus unzumutbare Störung seiner ruhigen Kreise. Keine Frage, er musste Maßnahmen ergreifen, aber er war sich vollkommen im Klaren darüber, dass der Oberkommandierende die Sache wie er als lästig empfand. Zumal er damit gleichsam begrüßt wurde.

Entsprechend war sein Kommentar, als Pedius ihm die Schriftstücke aushändigte:»Verdammter Mist das! Wird Ärger geben!«

Ob er damit sich selbst, den Legaten oder die Untersuchung und deren Verlauf meinte, ließ er offen. Er nahm hinter seinem Arbeitstisch Platz und studierte das Protokoll des Gesprächs.

»Gute Arbeit, Optio! Tadelloser Bericht, das! Nicht das übliche Geschwafel der Schreiberlinge! Klare Wortwahl! Saubere Analyse, das!« Er schaute Pedius an:»Herhören! Werde dafür sorgen, dass du an der Untersuchung teilnimmst!«

An diese Möglichkeit hatte Pedius überhaupt noch nicht gedacht. Er fragte:»Warum?«

Und Abulenius:»Erstens, weil du den Fall kennst wie kein anderer. Zweitens, weil du ihre Sprache beherrschst! Großer Vorteil, das! Spart Arbeit! Weil du mithörst, was die Brüder miteinander reden. Erleichtert Varus die Entscheidung! Du verstehst?«

»Jawohl.«

»Das wär's. Wegtreten!«

Pedius grüßte, machte kehrt und ging.

In den nächsten Tagen kam er in Gedanken immer wieder auf die Tatsache zurück, dass er an der Verhandlung teilnehmen würde. Aktiv teilnehmen! Eine völlig neue Situation. Noch nie hatte er – aktiv oder passiv – einer Gerichtssitzung beigewohnt. Und in dieser würde der Legatus Augusti pro praetore selbst den Vorsitz führen! Und er, Pedius, stand im Mittelpunkt des Geschehens, denn er hatte zwischen Angeklagtem, Kläger, Zeugen und Richter hin und her zu übersetzen. Von seinen Formulierungen, von der Genauigkeit seiner Wortwahl würde zu großen Teilen der Ausgang des Verfahrens abhängen. Er war entschlossen, sein Bestes zu geben, für den Angeklagten wie für sich selbst. Auf römischer wie auf germanischer Seite würden Männer sitzen, die ebenfalls beider Sprachen mächtig waren. Vielleicht war sogar Arminius anwesend, weniger als Zeuge denn als Sachverständiger, den der Statthalter in dieser oder jener Frage um sein sachkundiges Urteil bitten würde. Da hieß es aufpassen!

Schon am nächsten Tag rückte die Armee am späten Nachmittag ein. Es regnete. So war die Truppe froh, in die bereits stehenden Zelte einrücken zu können.

Pedius meldete sich unverzüglich bei Marcus Oppius, der als Praefectus Castrorum schon das Kommando über das Lager übernommen hatte.

»Schön, dich wiederzusehen, Sextus.« Oppius legte ihm die Hand auf die Schulter. »Ich gehe mal davon aus, dass hier alles seine gewohnte Ordnung hat. Oder gab es Zwischenfälle?«

»Jawohl. Einen.«

»Ich höre.«

Pedius schilderte mit wenigen Worten, was sich zugetragen hatte, und legte eine Kopie seines Berichts auf die Arbeitsplatte.

Oppius griff danach und las aufmerksam den Text. Pedius sah, wie sich sein Gesicht verfinsterte. Schließlich sagte der Praefect: »Schöne Bescherung!«

Er nahm hinter dem Tisch Platz, bot Pedius einen Stuhl an und fragte: »Hat sich dieser Wiborg noch mal hier blicken lassen?«

»Nein.«

»Na, das wird noch kommen.«

»Kennst du ihn?«

»Ja. Einer aus der Sippe des Segestes. Bei dem habe ich ihn mal kennengelernt. Ein schwieriger Typ! Halsstarrig! Unnachgiebig! Selbst Segestes hat seine Probleme mit ihm.«

»Also kein Römerfreund!«

»Durchaus nicht. Genau das Gegenteil.«

»Kennt Varus ihn?«

»Keine Ahnung. Aber nun wird er ihn ja wohl kennenlernen.«

Pedius betrachtete seinen Bericht und meinte: »Nach allem, was ich von germanischer Rechtsprechung weiß, ist dieser Degenar ein toter Mann, wenn man den Ankläger gewähren lässt.«

»Ja. Auf Brandstiftung steht bei ihnen die Todesstrafe. Hinzu kommt, dass ein Kind in den Flammen ums Leben kam.«

»Aber …«

»Ja?«

»Ich meine, wenn Varus den Fall übernimmt, dann wird das Urteil doch nach römischem Recht gesprochen!«

»Davon gehe ich aus.«

»Und das könnte bedeuten, dass Degenar zumindest aus Mangel an Beweisen freigesprochen wird.«

»So ist es.«

»Gut – aber …«

Oppius sah ihn an: »Du meinst: Das wird bei Wiborg und seinem Anhang auf Unverständnis stoßen?«

»Genau das.«

Der Praefect erhob sich, nickte langsam und erklärte sehr ernst: »Das müssen wir in Kauf nehmen. Leute wie Wiborg sind in der Minderheit. Die Ewiggestrigen! Wir sind unter anderem auch hier, um ihnen die Grenzen ihrer altväterlich primitiven Auffassung von Recht und Ordnung im Zusammenleben der Menschen aufzuzeigen. Von den wirtschaftlichen Vorteilen ganz zu schweigen. Keine Frage: Die Mehrheit seiner Landsleute ist auf unserer Seite. Schau dir Segestes an! Und Segestes ist wichtiger als dieser Wiborg!«

Pedius nickte, sagte aber nichts. Er hatte da seine Bedenken. Doch er wollte sich nicht am ersten Tage nach der Rückkehr mit Oppius darüber streiten. Im Übrigen hatte der Praefectus Castrorum im Augenblick wichtigere Dinge zu erledigen.

Oppius kam um den Tisch herum, wies auf den Bericht und sagte abschließend:

»Gute Arbeit, das!« Er war in den Tonfall und die Wortwahl von Abulenius gefallen und grinste breit. »Der Centurio war voll des Lobes. Weiter so, mein Junge! Ich werde dich informieren, wann die Untersuchung beginnt. Wegtreten!«

Pedius grüßte zackig, machte kehrt und ging.

— SZENE 17 —

Drei Tage später kam am frühen Morgen ein Soldat mit dem Befehl, der Optio Sextus Pedius habe sich zur dritten Stunde* beim Praefectus Castrorum zu melden.

»Wo?«, fragte Pedius.

»Im Zelt des Praefecten.«

»In Ordnung!«

Pedius brachte seine Sachen in Ordnung, fettete seine Sandalen, ließ sich von Sempronius, seinem Burschen, sorgsam rasieren und das Haar im Nacken stutzen.

»Werde ich dich begleiten, Optio?«

»Nein.«

»Schade.«

»Vielleicht ein andermal.«

Pedius deckte sich mit einigen Wachstafeln und Papyrusbögen ein, kontrollierte die Brauchbarkeit der Stifte und verstaute alles in einer passenden Umhängetasche. Als er nach einem Blick zur Sonne meinte, es sei gegen Ende der zweiten Stunde, machte er sich auf den Weg.

Die beiden Posten am Eingang des Zeltes waren offenbar instruiert, denn sie ließen ihn ohne weitere Kontrolle passieren. Im Innern herrschte ein ziemliches Gedränge. Der Praefect hatte alle möglichen Offiziere herbeordert, die in irgendeiner Weise etwas zur Lösung des anstehenden Falls beitragen konnten. Darunter auch der Primus Pilus Sextus Abulenius und Lucius Artorius, dem Pedius kurz zunickte.

Oppius besprach mit dem Tribunen Lerius Flaccus noch einige Dinge, die die Sicherheit des Lagers betrafen. Dabei ging es um die Verstärkung der Haupttore und die Sicherheit der Palisade.

Pedius ging davon aus, dass die Verhandlung im Praetorium des Feldherrn stattfand. Man würde bald aufbrechen.

Plötzlich stand Abulenius, seit drei Tagen Erster Centurio der XIX. Legion, neben ihm und tönte:»Herhören! Erwarte gute Arbeit, Optio!«

»Jawohl!«

»Alles notieren! Alles! Besonders die Kleinigkeiten! Können noch wichtig sein! Du verstehst?«

»Jawohl!«

»Werden den Mann in seine Grenzen weisen! Diesen ... diesen ...«

»Wiborg.«

»Genau. Tolle Anmaßung, das! Hohlkopf! Wird aber hier und heute seinen Meister finden!«

Er nannte keinen Namen, meinte aber den Oberkommandierenden.

In diesem Augenblick gab Oppius das Zeichen zum Aufbruch. Sie verließen das Zelt.

Draußen nahm der Tribun Pedius beiseite und sagte leise, aber eindringlich:»Optio! Von deiner Mitschrift dessen, was die andere Seite vorbringen wird, hängt sehr viel ab. Der Oberbefehlshaber pflegt seine Entscheidungen erst nach gründlichem Studium des Protokolls zu treffen.«

»Jawohl!«

»Ich weise dich darauf hin, dass für dich absolute Verschwiegenheit gilt!«

»Selbstverständlich, Tribun!«

»Gut. Dann an die Arbeit!«

Nun erwies es sich als günstig, dass die Armeeführung bereits vor über einem Jahr den Auftrag erteilt hatte, feste Bauten für Principia und Praetorium in Angriff zu nehmen. Die mit der Durchführung beauftragten Fachleute – sämtlich Armeeangehörige – hatten mit der ihnen eigenen Kompetenz, Routine und Qualifikation Gebäude auf die Beine gestellt, die Pedius stark an die Häuser der Siedlung an der Lagona erinnerten: eine Mischung aus Stein-, Fachwerk- und Holzkonstruktionen. Der Wohnkomplex des Oberkommandierenden war fertig, ebenso Teile der Principia, so dass Stabsbesprechungen, religiöse Zeremonien oder eben Gerichtsverhandlungen durchgeführt werden konnten, ohne von außen gestört zu werden. Umgekehrt war gerade bei einer so heiklen Angelegenheit wie dem anstehenden Verfahren gewährleistet, dass brisante Äußerungen der Beteiligten nicht nach draußen drangen.

Zusammen mit den übrigen Beteiligten trat Pedius durch den zentralen Torbogen in den Innenhof des Verwaltungstraktes – und fühlte sich wie zu Hause. Im gesamten Imperium waren Anlagen dieser Art nach gleichem Muster errichtet. Längst war das Lampenfieber der letzten Stunden verflogen. Jetzt war er entschlossen, seine Aufgabe korrekt zu erledigen. Man erwartete von ihm, dass er vorgegebene Fragen übersetzte und die Antworten ins Lateinische übertrug. Er hatte nicht aktiv in das Geschehen einzugreifen.

Der Raum, in den man sie führte, war so groß, dass eine Hundertschaft bequem Platz gefunden hätte. Vorne, in der Mitte, der erhöhte Platz mit der sella curulis* für den Richter, der hier als Stellvertreter des Kaisers amtieren und in seinem Namen Recht sprechen würde. Zur Verdeutlichung dieser obrigkeitlichen Autorisierung stand schräg hinter ihm auf einer Halbsäule die Porträtbüste des Augustus: alterslos, würdevoll, majestätisch. Pedius kannte eine ähnliche auch aus Syrien.

Die Sitzordnung war vorgegeben. Rechts und links vor dem Statthalter Tische für die Beisitzer, die Kommandeure der drei Legionen und ihre Tribunen. Davor in einigem Abstand, mit Blick zum Richter, die Plätze der Protokollanten.

Pedius nahm an, dass auch er dort sitzen würde. In größerem Abstand zur Front, aber zentral, mehrere Stühle, auf denen wohl Kläger, Angeklagter und Zeugen Platz nehmen würden. Der mittlere Raum blieb frei, um den Vertretern der Parteien während ihrer Ausführungen die Möglichkeit zu geben, aufzustehen und sich während des Plädoyers frei bewegen zu können. Dahinter die Bänke der Zuhörer.

Soldaten der Ersten Cohorte der XIX. Legion waren genau instruiert und führten die Teilnehmer zu ihren Plätzen. Pedius saß in unmittelbarer Nähe der Einzelstühle. Er legte seine Unterlagen und Utensilien auf den Tisch und schaute sich um: Von hier aus hatte er beide, den Angeklagten und den Richter, direkt im Blick. Die Offiziere nahmen an der Front ihre Plätze ein. Darunter nun auch der Tribun Lerius Flaccus. Er nickte Pedius kurz zu und Pedius erwiderte die Geste. Ein Platz blieb leer. An den übrigen Tischen nahmen die Schreiber Platz.

Eine Weile war es still. Dann entstand am Eingang Bewegung. Jemand rief mit Stentorstimme:

»Der Legatus Augusti Pro Praetore Publius Quinctilius Varus!«

Alle Anwesenden schossen in die Höhe und wandten sich um. In Reihe hintereinander marschierten die zwölf Lictoren des Statthalters in den Saal, alle bekleidet mit dem Kriegsmantel des Soldaten, darüber die Rutenbündel mit den Äxten links geschultert. Ihr Gesichtsdruck ruhig, unbeteiligt amtlich. Sie durchquerten den Saal, nahmen die Stufen der vorderen Empore und postierten sich rechts und links der sella curulis. Wie auf ein Kommando setzten sie gleichzeitig die Fasces auf den Boden und hielten sie mit beiden Händen. Unbeteiligt blickten sie über die Köpfe.

Begleitet vom Praefectus Castrorum Marcus Oppius schritt der Oberbefehlshaber durch den Raum nach vorne, nahm die drei Stufen, wandte sich um und forderte die Anwesenden mit einer Geste auf, sich wieder zu setzen.

Das geschah. Auch Varus nahm auf der sella Platz, ordnete die Falten seiner Toga praetexta* und ließ den Blick ruhig über die Versammelten schweifen. Er wartete, bis Oppius den freien Platz zwischen seinen Kameraden eingenommen hatte.

Pedius studierte das Gesicht des Feldherrn. Er hatte zugenommen. Ein Doppelkinn zeichnete sich deutlich ab. Die Wangen hingen schlaff nach unten. Er wirkte übermüdet. Oder war er krank? Das linke Auge zuckte in unregelmäßigen Abständen. Der Mann war schon vierundfünfzig! In diesem Alter steckte man die Strapazen eines mehrtägigen Rittes nicht so einfach weg. Er war älter als die meisten seiner Offiziere. Dazu ohne Übergang die Konfrontation mit dem anstehenden Fall. Höchst unerfreulich, ja lästig! Doch er schien gewillt zu sein, die Sache ohne Verzug zu regeln. Er hatte Erfahrung in diesen Dingen. Darauf konnte er bauen.

Varus wandte sich an einen der Soldaten, die als Gerichtsdiener fungierten:»Führt den Kläger und den Angeklagten herein! Eventuell vorhandene Zeugen haben sich bereitzuhalten!«

Überrascht registrierte Pedius, dass Degenar den Saal ohne Handfessel betrat. Das musste der Feldherr persönlich angeordnet haben – und damit war es Programm und eindeutige Botschaft an die Adresse der gleich erscheinenden germanischen Kläger: Solange dieser Mann vor diesem Gericht nicht für schuldig erkannt und verurteilt ist, gilt er als freier Mann!

Pedius kannte die Empfindlichkeiten des germanischen Rechtsempfindens nur zu gut und sah entsprechende Reaktionen voraus.

Wiborg und Degenar nahmen vor ihren Stühlen Aufstellung. Varus ließ den Blick zwischen ihnen hin und her wandern. Er wollte sich einen ersten Eindruck verschaffen. Dann hieß es:

»Setzt euch!« Dann wandte er sich an den Tribunen Lerius Flaccus:»Würdest du bitte deinen Platz an der Seite des Angeklagten einnehmen.« Seine Stimme klang hell, prononciert und klar, vollkommen sachlich.

Lerius erhob sich, ging zur rechten Seite und ließ sich neben Pedius nieder. Wie alle anwesenden Römer nahm Pedius überrascht zur Kenntnis, dass Lerius die Verteidigung von

Degenar übernommen hatte. Das hatte Gewicht. Damit hatte
er nicht gerechnet.

Nun wandte Varus sich an den Centurio Abulenius, der in
der ersten Reihe saß:

»Abulenius!«

Der Primus Pilus sprang auf.

»Schildere uns doch einmal, was sich da im Einzelnen vor
drei Wochen zugetragen hat!«

»Jawohl!« Er schluckte. »Mir wurde gemeldet, dass ein
Germane das Lager betreten hat!«

»Wie war das möglich?«, unterbrach ihn Varus. »Ich meine, wie konnte er durch das Tor ins Innere gelangen?«

»Jawohl! Tolle Sache, das!«

Alle, auch Varus, grinsten. Man kannte Abulenius und seine Art zu reden nur zu gut.

»Er, also der Angeklagte, sprang an den Posten vorbei ins
Innere. Dort blieb er sofort stehen. Hielt die Hände hoch und
ließ sich festnehmen.«

»War er bewaffnet?«

»Nein. Unbewaffnet.«

»Was sagte er?«

»Er sagte, sie sollten ihn festnehmen.«

»Welchen Grund nannte er dafür?«

»Er sagte, man trachte ihm nach dem Leben.«

»Sagte er, wer?«

»Wahrscheinlich.«

»Was heißt das?«

»Legat, niemand verstand ihn. Er redete in einer Sprache,
die die Posten nicht kannten.«

»Warst du in der Nähe?«

»Nein, Legat. Aber ich wurde sofort verständigt.«

»Und welche Schritte unternahmst du?«

Abulenius erklärte, dass er den Germanen festsetzen und
scharf bewachen ließ.

»Gut«, fuhr Varus fort, »was geschah dann?«

Nun folgte die Geschichte mit dem Erscheinen des Sippenältesten, seiner Anklage und der Forderung, den Brandstif-
ter auszuliefern, damit der seiner gerechten Strafe zugeführt

werde. Da man nicht darauf einging, habe er wütend das Lager verlassen.

Varus wandte sich an Pedius: »Optio!«

Pedius schoss in die Höhe.

»Du warst sowohl bei diesem wie bei dem anschließenden Gespräch mit dem jungen Germanen als Dolmetscher anwesend.«

»Jawohl!«

»Gut, und was sagte Degenar zu den Anschuldigungen?«

»Er erklärte: Ein guter Freund habe ihn gewarnt. Nach Lage der Dinge müsse er mit der Todesstrafe rechnen. Er habe das Haus aber nicht angezündet. Er sei unschuldig. Darum sei er ins römische Lager geflüchtet. Schon zwischen seinem vor einem Jahr verstorbenen Vater und Wiborg habe es öfter Streit gegeben. Die beiden seien geradezu verfeindet gewesen.«

»Das heißt also«, fuhr Varus fort, »man wird ein Thing einberufen und den Mann dann aburteilen ...«

»Jawohl.«

»Und wie die Dinge im Augenblick stehen, würde das auf die Todesstrafe hinauslaufen.«

»Jawohl.«

»Und welche Variante käme denn dann wohl infrage?«

Pedius entging nicht, dass diese Frage einen spöttischen Kern enthielt.

Und Pedius: »Soweit ich das beurteilen kann, Legat, würde man den von einem Thing Verurteilten wegen der Schwere des Falles in einem Sumpf versenken.«

»So, so, in einem Sumpf versenken ...« Das feine Lächeln, das bei der Wiederholung der angesagten Todesart um Varus' Mundwinkel spielte, war nicht zu übersehen. Es sagte mehr als jede verbale Äußerung.

Pedius, der sich plötzlich bewusst wurde, dass er hier nicht nur als Protokollant und Übersetzer betrachtet wurde, wagte eine Ergänzung: »Soviel ich über ihr Thingwesen weiß, Legat, wird in einem solchen Fall ein beisitzender Priester das letzte, das entscheidende Wort haben.«

Varus sah ihn an, und Pedius spürte, dass es ihn Mühe kostete, diese Mitteilung nicht zu kommentieren. Aber er sagte: »Und das wird nach Lage der Dinge auf das gleiche Urteil hinauslaufen ...«

»Jawohl.«

»Danke, Optio! Ich rufe nun den Ankläger auf, dem Gericht seine Argumente darzulegen. – Wiborg! Du hast das Wort.«

Nun war Pedius in seiner Rolle als Dolmetscher gefordert. Er übersetzte das Hin und Her von Fragen und Antworten und machte sich mit flinkem Stift seine Notizen, damit ihm nichts von Bedeutung entging.

Was Wiborg vorbrachte, waren die gleichen Vorwürfe und Verdächtigungen, die man schon aus der Eröffnung des Verfahrens kannte, nun freilich ausführlicher, gewürzt mit abwertenden Urteilen über den Verdächtigten. Als er dabei das Wort »Mörder« benutzte, schaltete sich spontan Lerius Flaccus ein. Er wandte sich an Varus:

»Einspruch, Legat! Solange dieser junge Mann von diesem Gericht nicht als Täter verurteilt ist, hat niemand das Recht, ihn einen Mörder zu nennen. Noch ist er ein unbescholtener, freier Mann!«

»Einspruch stattgegeben. Es wird dem Kläger untersagt, in diesem Zusammenhang das Wort Mörder zu benutzen!«

Pedius übersetzte und sah, welche Mühe es Wiborg kostete, nicht seine Beherrschung zu verlieren. Er schluckte, presste die Lippen hart aufeinander und schwieg – vorerst.

Nun war Lerius am Zuge und schilderte die Vorgänge aus seiner Sicht. Pedius staunte: Der Tribun musste seine Protokolle gründlich studiert haben. In den Mittelpunkt seiner Argumentation stellte er die feindliche Einstellung Wiborgs nicht nur zu Degenar, sondern schon gegenüber dessen Vater. Er ließ einen Zeugen auftreten, der das bestätigen konnte.

Ein weiterer Zeuge sagte aus, dass es für alle Bewohner der Siedlung ein klarer Fall gewesen sei, dass Degenar bei Wiborg um die Hand seiner Tochter angehalten und dass dieser ihm die Tochter zugesagt habe.

Daraus leitete Lerius ab, dass es für Degenar bei diesen

Voraussetzungen überhaupt keinen Grund gegeben habe könne, das Haus seines Schwiegervaters in spe anzuzünden.

Sein Hauptargument setzte er an den Schluss: Es gebe zwei vertrauenswürdige Zeugen, die Degenar zu dem Zeitpunkt, als das Haus brannte, weit weg an einem Fischteich gesehen hätten, wo er mit dem Bergen der Reusen beschäftigt gewesen sei. Sie nahmen die Aussage auf ihren Eid.

Als daraufhin Wiborg in wüste, lautstarke Beleidigungen der Zeugen ausbrach, schnitt ihm Varus das Wort ab und erklärte:

»Hüte deine Zunge, Germane! Du stehst hier vor dem Gericht des Kaisers, den zu vertreten ich die Ehre habe. Andernfalls wirst du selbst hier stehen und dich wegen Beleidigung zu verantworten haben!«

Varus wartete, bis Pedius alles übersetzt hatte, und fuhr fort:»In der Rechtsprechung des Römischen Volkes gilt seit Langem der Satz: ›Feuer bricht meist aus Schuld der Bewohner aus. Brennt ein Haus, so ist die Schuld vor allem bei den dort Wohnenden zu suchen‹.

Ebenso gilt ein zweiter Satz: ›Wer ein Gebäude angezündet hat, soll gefesselt, körperlich gezüchtigt und mit dem Feuertod bestraft werden, wenn er es vorsätzlich und wissentlich getan hat. Unter dem Begriff Gebäude sind alle Arten von Gebäuden inbegriffen.‹[168]

Im vorliegenden Fall ist dem Angeklagten Degenar keine

GLOSSAR

Dritte Stunde: gegen 9 Uhr am Morgen. Die 12 Stunden des hellen Tages wurden von Sonnenaufgang an gezählt, also etwa ab 6 Uhr unserer Zeit. Die Nacht wurde in vier Nachtwachen von je drei Stunden eingeteilt: 1. Nachtwache von 18 bis 21 Uhr, die vierte Nachtwache von 3 bis 6 Uhr morgens. – **Sella curulis**: der Sitz aller höheren Magistrate, in Form eines elfenbeinernen Klappstuhls mit gekreuzten Beinen, ohne Rücken- oder Armlehne. Wahrscheinlich etruskischer Herkunft. – **Toga praetexta**: die mit dem Purpurstreifen verbrämte Toga.

Schuld nachzuweisen. Es ist vielmehr davon auszugehen, dass das Feuer aufgrund nachlässiger Beaufsichtigung ausgebrochen ist.

Da während des Brandes ein Kind zu Tode kam, ist vielmehr in einem weiteren Prozess zu klären, ob der hier als Kläger erschienene Wiborg wegen Vernachlässigung seiner Aufsichtspflicht die Schuld am Tode des Kindes trägt. Der Mann ist festzusetzen.

Es ergeht folgendes Urteil: Der der Brandstiftung mit Todesfolge angeklagte Degenar wird freigesprochen.«

Während Pedius den Urteilsspruch Satz für Satz übersetzte, registrierten alle Anwesenden, wie Wiborgs Gesicht erst blass wurde und dann feuerrot anlief. Er warf Varus einen hasserfüllten Blick zu, den dieser aber nicht zur Kenntnis nahm. Varus gab den Soldaten den Befehl, den Germanen festzunehmen.

Arminius lauert auf die günstigste Gelegenheit

Szenen dieser Art sind natürlich rein spekulativ. Es gab damals keine Gerichts-reporter. Und die antiken Autoren interessierten sich für andere Dinge als die Wiedergabe einer Gerichtssitzung, bei der Varus den Vorsitz führte. Das ist zwar zu bedauern – aber eben Faktum. Es mangelt ja ohnehin für die drei Jahre von Varus' Statthalterschaft an eindeutigen Details seiner Amtsführung, die uns heute besonders interessieren. Dafür gibt es einen Grund: Varus wurde nach der Katastrophe zur Unperson. Er, der die größte Niederlage seit Cannae zu verantworten hatte, war es nicht wert, dass man sich mit Einzelheiten seiner Lebens- wie Amtsführung beschäftigte. Die römische Führung hatte ihn zur Persona non grata erklärt, und dabei blieb es. Die ganze Sache musste so schnell wie möglich vergessen werden.

Einzig Cassius Dio, der aus dem Abstand von über zweihundert Jahren berichtet, kann es sich erlauben, den Finger auf die alte Wunde zu legen. Da sein Werk aber die gesamte römische Geschichte bis zu seiner Zeit aufarbeitet, geht er natürlich nicht in die Details, die uns interessieren. Noch einmal unter diesem Aspekt sein einleitender Bericht über die Vorgeschichte der Katastrophe: »Die Römer hatten gewisse Teile von Germanien in Besitz, nicht zusammenhängen-de Gebiete, sondern nur solche Bezirke, wie sie gerade unterworfen worden waren.«[169] Dies »gerade« ist ein schillernder Begriff. Er umfasst beim größeren Blickwinkel des Autors auch jene Jahre, in denen schon Drusus in Germanien tätig geworden war. Der folgende Nachsatz rückt die Relationen unter römi-schem Aspekt zurecht: »... weshalb dann auch hiervon keine Erwähnung ge-schah.« Obwohl Cassius die »Städte« erst später erwähnt, dürfte er schon hier Neugründungen wie die Zivilsiedlung von Waldgirmes im Auge gehabt haben. Er fährt fort: »Und römische Soldaten lagen dort in den Winterquartieren, und man begann mit der Anlage von Städten. Die Barbaren selbst passten sich den neuen Sitten an, gewöhnten sich an die Abhaltung von Märkten und trafen sich zu friedlichen Zusammenkünften.« Auch dies klingt sehr nach »Waldgirmes«. Ob und inwieweit das auch auf das Cheruskerland zutrifft, ist die Frage. Rein-hard Wolters führt dazu in seiner Abhandlung ›Die Römer in Germanien‹ aus: »Unübersehbar sind aber auch Auseinandersetzungen in der Führungsschicht der Cherusker. Arminius dürfte zu dieser Zeit noch nicht an der Spitze des Stam-mes gestanden haben. Eine konkrete Anzeige des Segestes über bevorstehende Unruhen scheint Varus als eine der üblichen Auseinandersetzungen, bei der innenpolitische Kräfteverhältnisse mit Roms Hilfe verschoben werden sollten, abgetan zu haben.«[170]

Letzteres ist zwar ein Vorgriff auf die Zeit unmittelbar vor dem Rückmarsch der
drei Legionen 9 n. Chr. in die Winterquartiere, doch wir können davon ausgehen,
dass die Spannungen zwischen Romfreunden und Romfeinden nicht von einem
Tag auf den anderen entstanden sind. Wenn aber Arminius bereits 8 n. Chr.
begonnen hat, Gesinnungsgenossen um sich zu scharen (vgl. das Gespräch
mit Siegmar von Schnurbein), war Verschwiegenheit der Beteiligten oberstes
Gebot. Nun führt Wolters in diesem Zusammenhang an: »Sicherlich wusste
er (Varus), dass gegenseitiges Vertrauen ein wichtiges Element der römischen
Herrschaft war und dass der geforderte Eingriff das Verhältnis nachhaltig belasten würde.«[171] Hinter diese These dürfen wir ein Fragezeichen setzen.

Versuchen wir eine andere Erklärung: Von einem bevorstehenden Vertrauens-
bruch des Arminius kann in den Augen des Varus überhaupt keine Rede sein.
Für ihn ist Arminius zuallererst Römer! Römischer Bürger! Römischer Offizier!
Römischer Ritter! Er ist erst seit Kurzem wieder in seiner Heimat! Es ist für
Varus einfach nicht vorstellbar, dass Arminius zu einem solchen Schritt fähig
sein könnte. Reinhard Wolters gibt uns dazu an anderer Stelle ungewollt ein
Stichwort: »Arminius selbst war Befehlshaber einer Truppe von Landsleuten, mit
denen er wohl schon in den Jahren 6 bis 9 n. Chr. an der Seite Roms dazu bei-
trug, den pannonischen Aufstand niederzuschlagen. Bündnispflichten, vielleicht
auch vorauseilende Loyalität, und sicherlich Hoffnungen auf Belohnungen und
Beute dürften ihn zu diesem Engagement weit außerhalb der Heimat bewogen
haben. Aufgrund seiner Verdienste wurde Arminius mit dem römischen Bürgerrecht und sogar dem Rang eines Ritters belohnt. Die Chancen, im Wind-
schatten Roms Karriere zu machen und bald in eine herausgehobene Position
zu kommen, standen nicht schlecht.«[172]

Die »vorauseilende Loyalität« ist – endlich – ein neuer Gesichtspunkt. Ein
Mann, dem man diese Haltung zuspricht, ist das Gegenteil dessen, der seinem
römischen Oberbefehlshaber einen Anlass gibt, über seine Treue nachzudenken
oder sie gar in Zweifel zu ziehen. Sein Verhalten in Pannonien – vorausgesetzt,
Wolters Vermutung träfe zu – zeigt Arminius als »Römer« und nicht als »Germanen«.

Kehren wir noch einmal zu Cassius Dio zurück, der aus dem Abstand von sechs
Generationen versucht, den Weg in die Katastrophe kausal auf wenige Punkte
zurückzuführen: »Zunächst passten sich die Barbaren selbst den neuen Sitten
an. Doch hatten sie noch nicht ihre alten Gewohnheiten, ihre angeborenen
Sitten, ihr früheres ungebundenes Leben und die Macht vergessen, wie sie
vom Waffenbesitz kommt. Daher fühlten sie sich, solange sie diese Sitten nur
allmählich und sozusagen nebenher unter genauer Überwachung verlernten,

weder durch den Wandel in ihrer Lebensart gestört, noch merkten sie, wie sie andere wurden.«[173]

Es gibt in der gesamten antiken Literatur kaum eine Stelle, die den Anpassungsprozess einer unterlegenen an eine höhere Zivilisation so präzise beschreibt wie diese. Besonders interessant ist die Bemerkung:»... solange sie diese Sitten nur allmählich ... sozusagen nebenher ... unter genauer Bewachung verlernten.« Wir könnten ohne Weiteres eine Szene entwerfen, wo in einer Stabsbesprechung – sagen wir: in der Zeit von Tiberius oder Drusus – nach vorausgegangener Diskussion die Ziele zusammengefasst werden:»Es ist äußerst vorsichtig vorzugehen! Nichts überstürzen! Niemals die Anpassung von heute auf morgen erzwingen! Es muss wie ein natürlicher Prozess aussehen und sich auch so entwickeln! Und das Wichtigste: Alles muss überwacht werden! Jederzeit und allerorts!«

Dann aber kommt Varus, und die Strategie ändert sich. Cassius Dio fährt unmittelbar danach fort:»Als jedoch Quinctilius Varus Statthalter der Provinz Germanien wurde und in Wahrnehmung seines Amtes sich auch mit den Angelegenheiten dieser Volksstämme befasste, da drängte er darauf, die Menschen rascher umzustellen, und erteilte ihnen nicht nur Befehle, als wenn sie tatsächlich römische Sklaven wären, sondern trieb sogar von ihnen wie von Unterworfenen Steuern ein.« Die»Steuern« können sich vorab nur auf Naturalabgaben bezogen haben, denn im nordgermanischen Raum gab es keinen Geldverkehr.

Varus will also die Romanisierung beschleunigen. Was steckt dahinter? Drei Antworten sind möglich:

1. Er handelt auf entsprechende Anweisung aus Rom.
2. Er ergreift selbst die Initiative.
3. Man handelt in gegenseitiger Absprache.

Die erste Möglichkeit ist sinnvoll, wenn man – wie wir es oben schon mehrmals erwähnt haben – in Rom davon ausging, dass die romfreundlichen Verhältnisse an der Lahn und in deren Hinterland ohne Weiteres auf den nordgermanischen Raum zu übertragen wären. Dagegen sprechen die Dossiers, die Tiberius und andere Truppenführer dem Kaiser auf den Arbeitstisch legten.

Die zweite Möglichkeit setzt einen Mann voraus, der in Verkennung der tatsächlich gegebenen Lage einen Übereifer an den Tag legt, um sich selbst wie der römischen Führung zu beweisen, dass die in *Africa* und *Syria* bewährte Praxis ohne Weiteres auch auf Germanien zu übertragen ist. Dahinter müsste auch der persönliche Ehrgeiz stehen, sich der Führung unentbehrlich zu machen und noch näher ins Zentrum der Macht zu rücken.

Die dritte Möglichkeit würde bedeuten, dass Augustus und sein Statthalter sich bereits vorab auf dieses Procedere abgesprochen haben. Aus Cassius Dio scheint nun eindeutig hervorzugehen, dass es Varus selbst war, der aus eigenem Antrieb handelte: Er »drängte darauf, die Menschen rascher umzustellen«. Wenn er »darauf drängte«, setzt das voraus, dass sein bereits etablierter militärischer Stab wie der zivile Apparat die Romanisierung Germaniens vor seiner Zeit durchaus anders, nämlich gemächlicher betrieben hatte. In diesem Zusammenhang ist nun die Wertung von Velleius Paterculus zu sehen. Und er lässt kein gutes Haar an Varus: »Als er Oberbefehlshaber des Heeres in Germanien wurde, bildete er sich ein, die Menschen dort hätten außer der Stimme und den Gliedern nichts Menschenähnliches an sich, und die man durch das Schwert nicht hatte zähmen können, die könne man durch das römische Recht lammfromm machen. Mit diesem Vorsatz begab er sich ins Innere Germaniens, und als habe er es mit Männern zu tun, die die Annehmlichkeiten des Friedens genossen, brachte er die Zeit des Sommerfeldzugs damit zu, von seinem Richterstuhl aus Recht zu sprechen und Prozessformalitäten abzuhandeln.«[174] Das heißt, er stülpt römische Rechtsnormen und Rechtspraktiken über das germanische Recht. Wir haben das in der Szene versucht, anschaulich zu machen. Es deckt sich mit der Argumentation von Arminius: »Andere Völker hätten aus Unkenntnis der Römerherrschaft keine Erfahrung mit Hinrichtungen, wüssten nichts von Tributen.«[175]

Velleius nennt dann weitere Details: »Die Leute dort sind aber – wer es nicht erfahren hat, wird es kaum glauben – bei all ihrer Wildheit äußerst verschlagen, ein Volk von geborenen Lügnern. Sie erfanden einen Rechtsstreit nach dem andern; bald schleppte einer den anderen vor Gericht, bald bedankten sie sich dafür, dass das römische Recht ihren Händeln ein Ende mache, dass ihr ungeschlachtes Wesen durch diese neue und bisher unbekannte Einrichtung allmählich friedsam werde und, was sie nach ihrer Gewohnheit bisher durch Waffengewalt entschieden hätten, nun durch Recht und Gesetz beigelegt würde.«[176] Velleius betont ausdrücklich, dass er die Mentalität der Leute aus eigener Anschauung kennt, und nennt sie ein Volk von geborenen Lügnern. Diese pauschale negative Qualifizierung ist als typischer Ausdruck des Angehörigen einer Hochkultur gegenüber Menschen zu sehen, deren Lebensgewohnheiten und Rechtsnormen außerhalb seines gewohnten Lebensstils liegen, den er ganz selbstverständlich als den überlegenen betrachtet. Ähnliche Verhaltensmuster finden sich später im Umgang der europäischen Kolonialmächte mit den »Eingeborenen« Afrikas oder der nach Westen drängenden amerikanischen Siedler mit den Indianern. Zugleich bezieht er Varus in dieses Szenarium ein, wenn er unmittelbar darauf fortfährt: »Dadurch wiegten sie Quintilius[177] Varus in höchster Sorglosigkeit, ja, er fühlte sich eher als Stadtprätor, der auf dem römischen Forum Recht spricht, denn als Oberbefehlshaber einer Armee im tiefsten Germanien.«

Hätten wir zu dieser Zeit als Beobachter das Land bereist, wäre uns wahrscheinlich nichts aufgefallen, was auf die bevorstehenden Ereignisse hingedeutet hätte. Kritik fand im Verborgenen statt. Cassius Dio notiert: »Eine derartige Behandlung aber wollten sie sich nicht gefallen lassen, die Fürsten verlangten vielmehr nach ihrer früheren Machtstellung, die Massen aber gaben der gewohnten Ordnung den Vorzug vor der Fremdherrschaft. Sie empörten sich indes nicht in aller Öffentlichkeit, da sie sahen, dass viele römische Truppen am Rhein, viele aber auch in ihrem eigenen Lande standen.«[178]

Die Stationierung der Legionen sah zu dieser Zeit so aus:

Am Niederrhein (später »Germania Inferior« = Untergermanien):

Xanten (*Castra Vetera*):	leg. XVIII (ab 13 v. Chr.)
Xanten (*Castra Vetera*):	leg. XIX (ab 13 v. Chr.)
Neuß (*Novaesium*) oder Köln (*Ara Ubiorum*):	leg. XVII (ab 13 v. Chr.)

Am Mittelrhein (später »Germania Superior« = Obergermanien):

Mainz (*Mogontiacum*):	leg. XIV (ab 13 v. Chr.)
	leg. XVI (ab 13 v. Chr.)

»… viele aber auch in ihrem eigenen Lande« bezieht sich auf die XVII., XVIII. und XIX. Legion beziehungsweise auf Teile von ihnen. Insgesamt also fünf kampfstarke Legionen, deren geballtes Potenzial jederzeit an eventuelle Brennpunkte geworfen werden konnte – und die ansonsten in uneinnehmbaren Standlagern auf dem linken Rheinufer stationiert waren.

»Statt dessen« fährt Cassius Dio fort, »nahmen sie Varus bei sich auf, taten so, als wollten sie alle ihnen erteilten Befehle ausführen, und lockten ihn auf diese Weise weit vom Rhein weg, ins Cheruskerland und bis an die Weser. Dort zeigten sie sich höchst friedlich und freundschaftlich und erweckten damit in ihm den Glauben, sie könnten auch ohne die Anwesenheit von Soldaten ein unterwürfiges Leben führen.«[179] Der Satz enthält eine Ungereimtheit: »… lockten

ihn auf diese Weise vom Rhein weg, ins Cheruskerland und bis an die Weser.«
Von Weglocken kann keine Rede sein. Die Initiative ging von Varus aus. Indem
Cassius Dio den Vorgang umkehrt, entspricht das Ganze dem negativen Charakter, der »den Germanen« mittlerweile zugesprochen worden war und den
Cassius in seinen Quellen vorfand. Schon Velleius nannte sie »... ein Volk von
geborenen Lügnern«. Anders konnte man offensichtlich keine Erklärung für die
erhaltene Schmach finden.

Varus muss sich sehr sicher gefühlt haben. Nach Cassius Dio verteilte er kleinere
Truppenkontingente zur Erledigung von taktischen Aufgaben im Land: »Varus
behielt daher seine Legionen nicht, wie es in einem Feindesland richtig gewesen
wäre, beisammen, sondern verteilte viele seiner Soldaten an schwache Gemeinwesen, die ihn darum baten, angeblich zu dem Zweck, entweder verschiedene
Punkte zu bewachen oder Räuber festzunehmen oder gewisse Lebensmittel-
transporte zu geleiten.«[180]

Wieder vermissen wir genaue Angaben: Ab wann setzte dieser Prozess ein?
Was sind das für »Gemeinwesen«? Wieso sind sie »schwach«? Worin zeigt sich
ihre Schwäche? Woher hat Cassius diese Informationen? – Das alles klingt ver-
räterisch oberflächlich. Vor allem die besondere Erwähnung der »Räuber«. Man
hat beim Lesen dieser Passage den Eindruck, als ob sich Cassius aus Mangel an
detaillierten Fakten versucht sieht, in irgendeiner Weise mit der bedrohlichen
Situation klarzukommen. Einleuchtend ist die militärische Begleitung der Lebensmitteltransporte, die – wie wir schon oben dargelegt haben – für das Leben
und Überleben der Armee lebensnotwendig waren.

Und mittendrin Arminius! Er wird an der einen oder anderen Unternehmung
teilgenommen haben. Varus vertraut ihm vollkommen. Er ist auf ihn und seine
Beziehungen zu den Stammesführern angewiesen. Wir haben weiter oben
festgestellt, dass Arminius eine gewisse Zeit für die Vorbereitung seiner militärischen Maßnahmen brauchte. Dabei spielte die Bereitstellung der Schanz-
materialien die geringste Rolle. Seine eigenen Auxiliar-Truppen beherrschten
die Technik der Selbstverteidigung wie die Einrichtung von Fallen im Gelände
aus der Zeit des pannonischen Aufstandes – und zwar, wie sich bald zeigen sollte, perfekt. Die dafür notwendigen Erdarbeiten konnte man in wenigen Tagen
durchführen.

Arminius beschäftigten zu dieser Zeit andere Fragen mehr:
- An welchem Ort sollte er zuschlagen?
- Welches Gelände bot die beste und sicherste Gewähr, dass das Unternehmen gelang? Ein Fehlschlag würde für ihn, für seine Leute, ja für ganz Germanien eine Katastrophe bedeuten.

- Es wäre wenig sinnvoll, an verschiedenen Orten einzelne römische Kontingente anzugreifen, da man den Erfolg solcher Maßnahmen nicht sicher kalkulieren konnte.
- Wem konnte er völlig vertrauen, wem nicht?
- Wie konnte er Varus veranlassen, mit den Legionen zu einer bestimmten Zeit an einem bestimmten Ort zu sein, den er, Arminius, als Walstatt ausgewählt hatte?
- Was war mit dem Wetter? Er wusste aus eigener Erfahrung, dass durchnässte Schilde und Lederpanzer den römischen Legionär im Kampf stark behinderten. Also sollte das Unternehmen erst für den Spätsommer, besser noch den niederschlagreicheren Herbst ins Auge gefasst werden.

Es liegen darüber keine Nachrichten vor, aber wir sehen Arminius vor uns, wie er jede sich bietende Gelegenheit nutzt, um an wichtige Männer heranzukommen. Das kann er nur beiläufig und verdeckt machen, stets in der Gefahr, entlarvt zu werden. Einerseits ist sein Bildungsstand der eines Römers aus der Oberschicht, andererseits ist er als Kind nach Rom und erst als Erwachsener nach Hause zurückgekehrt. Viele misstrauen ihm. Wie viele auf seine Seite wechseln, wissen wir nicht. Natürlich hat er Freunde. Besonders unter den Führern der von ihm kommandierten Auxiliar-Truppen. Sie stammen ja aus der Gegend. Sie haben gemeinsam dem Tod ins Auge gesehen. Sie wollen verhindern, dass das, was römische Truppen den Pannoniern angetan haben, auch hier möglich wird. Voraussetzung für dies alles ist: Sie müssen den Mann, der auf römischer Seite die Fäden in der Hand hält, vollkommen in Sicherheit wiegen. Mehr noch: Varus muss Arminius für den besten Garanten dieser Sicherheit halten. Später werden römische Autoren dies Verrat nennen. Für Arminius aber heiligt in dieser Frage der Zweck die Mittel. Alles ist erlaubt, wenn es nur gelingt, den Aggressor in seine Grenzen zu weisen – und das heißt: aus dem Lande zu werfen.
Unter diesem Aspekt muss man die Stelle bei Cassius Dio lesen: »Hauptverschwörer und Anführer bei dem Anschlag wie dem Krieg waren neben anderen Arminius und Segimerus, Varus' dauernde Begleiter und wiederholt auch Tischgenossen. So fühlte sich der römische Feldherr sicher und rechnete mit nichts Schlimmem.«[181]
Bei Velleius Paterculus klingt das ähnlich, ja, man hat den Eindruck, als ob er jemanden beschreibt, den er gut gekannt hat. Einiges aus der folgenden Beschreibung haben wir bereits in anderem Zusammenhang zitiert; doch erst hier zeigen sich die ungeheure Perspektive und Planungssicherheit in ihrem ganzen Ausmaß: »Es gab damals einen jungen Mann aus vornehmem Geschlecht, der

tüchtig im Kampf und rasch in seinem Denken war, ein beweglicherer Geist, als es die Barbaren gewöhnlich sind. Er hieß Arminius und war der Sohn des Sigimer, eines Fürsten jenes Volkes. In seiner Miene und in seinen Augen spiegelte sich sein feuriger Geist. Im letzten Feldzug hatte er beständig auf unserer Seite gekämpft und hatte mit dem römischen Bürgerrecht auch den Rang eines römischen Ritters erlangt. Nun machte er sich die Indolenz unseres Feldherrn für ein Verbrechen zunutze.«[182]

Statt mit »Indolenz« könnte man das lateinische »segnitia« auch mit Lässigkeit, Trägheit, Schlaffheit oder Saumseligkeit übersetzen. Wie auch immer: Für Velleius steht fest, dass Varus alles, was in den vergangenen Jahren unter großem militärischem Einsatz in die Wege geleitet wurde, verspielen wird. Er fährt fort: »Es war kein dummer Gedanke von ihm (Arminius), dass niemand leichter zu fassen ist als ein Nichtsahnender, und dass das Unheil meistens dann beginnt, wenn man sich ganz sicher fühlt. Erst weihte er nur wenige, dann mehrere in seinen Plan ein. Die Römer könnten vernichtet werden, das war seine Behauptung, mit der er auch überzeugte. Er ließ den Beschlüssen Taten folgen und legte den Zeitpunkt für den Hinterhalt fest.«[183] Das dürfte, wie wir schon erwogen haben, Ende des Jahres 8 oder Anfang 9 n. Chr. erörtert worden sein.

Der Marsch nach Westen

Damit sind wir bei den beiden zentralen Fragen des Geschehens angekommen:
- Warum schenkte Varus den Warnungen seiner germanischen Freunde kein Gehör?
- Wie gelang es Arminius, Varus und die drei Legionen an den Ort zu locken, den er ausgewählt hatte?

Sowohl Cassius Dio als auch Velleius Paterculus berichten, dass Varus eindringlich auf die unmittelbar bevorstehende Gefahr hingewiesen wurde. Cassius Dio: »All denen, die die Vorgänge argwöhnisch verfolgten und ihn zur Vorsicht mahnten, schenkte er keinen Glauben, ja, machte ihnen sogar noch Vorwürfe, als seien sie ohne Grund beunruhigt und wollten seine Freunde nur verleumden.«[184] Velleius nennt sogar Namen: »Dies wurde dem Varus von Segestes hinterbracht, einem loyalen Mann jenes Volkes mit angesehenem Namen. Er forderte Varus auf, die Verschwörer in Ketten zu legen.«[185]
Cassius verzichtet darauf, weitere Einzelheiten zu nennen. So wüssten wir nur zu gern, wie sich denn die Befehlshaber der drei Legionen in dieser Angelegen-

heit verhalten haben. Oder erfahrene Tribunen, Praefecten und Centurionen, die das Vertrauen des Feldherrn besaßen. Es ist kaum vorstellbar, dass diese Männer, die Germanien und seine Menschen aus jahrelangem Umgang kannten, angesichts der gemeldeten Bedrohung den Mund gehalten haben. Doch es ist eben ausdrücklich in den Quellen belegt, dass sich Varus über solche Warnungen hinwegsetzte.

Selbst bei Tacitus findet sich eine entsprechende Stelle, die noch eindringlicher klingt:»Segestes wies auf die Vorbereitungen für einen Aufstand auch sonst oft und noch beim letzten Festmahl hin … und riet dem Varus, ihn selbst und die übrigen Häuptlinge festnehmen zu lassen: nichts werde das Volk ohne die führenden Männer wagen, und er selbst gewinne Zeit, um Verbrecher und Unschuldige zu unterscheiden.«[186]

Ein kluger Rat. Aber er verfängt nicht bei Varus. Velleius Paterculus flüchtet sich geradezu ins Mystische, um eine Erklärung zu finden:»Aber das Schicksal war schon stärker als die Entschlusskraft des Varus und hatte die Klarheit seines Verstandes völlig verdunkelt. Denn so geht es ja: Wenn ein Gott das Glück eines Menschen vernichten will, dann trübt er meistens seinen Verstand und bewirkt damit – was das Beklagenswerteste daran ist –, dass dieses Unglück auch noch scheinbar verdientermaßen eintrifft und sich das Schicksal in Schuld verwandelt. Varus wollte es also nicht glauben und beharrte darauf, die offensichtlichen Freundschaftsbezeugungen der Germanen gegen ihn als Anerkennung seiner Verdienste zu betrachten. Nach diesem ersten Warner blieb für einen zweiten keine Gelegenheit.«[187] Ein gebildeter Berichterstatter dieser Zeit kann sich das Verhalten von Varus einfach nicht anders erklären, als dass höhere, übermenschliche Mächte am Werk gewesen sind. Denn der kluge, pragmatische Rat des Segestes, Varus »… gewinne Zeit, um Verbrecher und Unschuldige zu unterscheiden«, kommt bei diesem nicht an.

»Nach diesem ersten Warner blieb für einen zweiten keine Gelegenheit.« Zum einen will Velleius damit sagen, dass Varus nicht mehr zu beeinflussen war; zum andern, dass sich dafür keine Gelegenheit mehr bot, denn die Warnung des Segestes wurde beim »letzten Festmahl« ausgesprochen, das heißt unmittelbar vor dem Aufbruch der Armee in die Winterquartiere. Wahrscheinlich am Abend zuvor.

Konkret bedeutet dies: Der Befehl für den Abmarsch war bereits gegeben, die Truppe war damit beschäftigt, die dafür notwendigen Maßnahmen vorzubereiten bzw. durchzuführen: Verladen des Kriegsmaterials und der Bagage des hohen Offizierskorps, Bereitstellen und Verladen der Verpflegung, Versorgung der Zugtiere, Unterbringung der Werkzeuge und Rohstoffe der Armeehandwerker und vieles andere mehr. Dieser Prozess konnte nicht ohne Weiteres unterbrochen oder gestoppt werden.

Selbst wenn Varus vielleicht am letzten Abend auf seinem Lager Skrupel gekommen sein sollten, wird er sie letztlich mit dem Argument entkräftet haben: Wir sind für alles gewappnet! In diesem Lande gibt es niemanden, der über die Kraft und die Mittel verfügt, uns etwas anhaben zu können.

Arminius weiß das alles. Ob er selbst sogar noch bei Varus vorgesprochen hat, um letzte Bedenken zu zerstreuen und die Warnungen des Segestes als Nörgeleien eines alten Mannes zu bezeichnen, wissen wir nicht. Denkbar wäre es. Er weiß, dass Varus ihm vollkommen vertraut. Darauf ist seine ganze Strategie aufgebaut. Auch er kann die angelaufene Aktion nicht mehr einfach so abblasen. Hunderte, vielleicht Tausende sind daran beteiligt, stehen bereit, haben ihre Stellungen bezogen. Eine Aufhebung des Marschbefehls wäre auch für ihn nicht unbedenklich. Falls Varus mit dem Abmarsch zögert, schlimmer noch: wenn er den Verdächtigungen auf den Grund gehen und Orte, die ihm genannt werden, mit starken Einheiten überprüfen sollte, könnten diese Männer keine Gegenaktionen in die Wege leiten. Es gibt keine Feldtelefone und Funkgeräte, über die man schnell Absprachen treffen könnte. So nehmen die Dinge ihren Lauf.

Unter den historischen Wissenschaften ist die Archäologie am unbestechlichsten! Anders als manche Philologen und Historiker neigen Archäologen nicht dazu, sich das Geschehen, das sich hinter den Bodenfunden verbirgt, zurechtzubiegen, damit es in das Prokrustesbett vorgefasster Meinungen oder Programme passt. Andererseits regt gerade diese unbestechliche Sachlichkeit und Objekttreue den kritischen Historiker und Philologen an, sein Wissen, das noch auf einem anderen, früheren Kenntnisstand beruht, vorurteilsfrei zu überprüfen. Die antiken Quellen, die sich in größerem Zusammenhang mit den Ereignissen befassen – also die Berichte von Velleius Paterculus, Cassius Dio, Tacitus und Lucius Annaeus Florus –, lassen uns, was die Örtlichkeit der Schlacht angeht, im Stich. Bei keinem dieser Autoren findet sich eine eindeutige geografische Angabe, aufgrund derer wir das Terrain bestimmen könnten. Es tauchen zwar immer wieder die gleichen Topoi auf, aber sie sind zu ungenau, um damit arbeiten zu können.

Der Einzige, der einen topografischen Begriff einführt, ist Tacitus. Im Zusammenhang mit dem Feldzug des Germanicus 15 n. Chr. schreibt er, das Land zwischen Ems und Lippe wurde verwüstet »... haud procul Teutoburgiensi saltu, in quo reliquiae Vari legionumque insepultae dicebantur«. Also: »... nicht weit vom Teutoburger Wald, in dem, wie es hieß, die Überreste des Varus und seiner Legionen noch unbestattet lagen.«[188]

Diese Formulierung hat Generationen von Gelehrten und Heimatforschern immer wieder herausgefordert, den Ort der Schlacht in der Nähe des Teutoburger Waldes bzw. »haud procul – nicht weit entfernt« zu suchen. Es wurden sogar gelehrte Disputationen darüber ausgetragen, was denn Tacitus unter dem Begriff »haud procul« eigentlich versteht, ob und wann er an anderen Stellen diesen Terminus gebraucht und ob man auf diesem Umweg zu einer genaueren Entfernungsangabe kommen könnte.

Dabei wurde schlicht übersehen – wir haben schon weiter oben darauf hingewiesen –, dass das Gebirge, das heute diesen Namen trägt, bis in die frühe Neuzeit den Namen »Osning« trug, der aber in keiner antiken Quelle auftaucht. Der Name Teutoburger Wald ist dagegen eine Rückübersetzung des Namens »saltus teutoburgensis«, mit dem Tacitus jenes Waldgebirge bezeichnet hat, in dem seiner Ansicht nach die Varusschlacht stattgefunden hat. Diese Rückübersetzung stammt aus der Neuzeit.

Andere Forscher nahmen den Begriff »saltus« näher in Augenschein. Und er kann alles Mögliche bedeuten: eine einzelne waldige Stelle, Wald-Tal, Schlucht, Pass, Engstelle, Pass in einer Sumpfgegend, Waldgebirge mit Schluchten ... und so weiter. In allen Berichten tauchen immer wieder diese Bezeichnungen auf: undurchdringliche Wälder, Schluchten, Sümpfe, Moore, Engpässe. Da man sie sich immer nur in einem Gebirge vorstellte, führte die Suche zwangsläufig in die Irre.

Das änderte sich im Juli 1987. Wie so oft in der Archäologie ging der Impuls von einem Mann aus, dessen Beruf auf den ersten Blick wenig mit einem »Altertumsforscher« zu tun hat. Tony Clunn, ein britischer Offizier, war ab 1986 beim British Forces Royal Army Medical Corps in Osnabrück stationiert. Dass dieser Hobby-Archäologe den Anstoß gab zu einer Grabungskampagne, deren Ende noch nicht abzusehen ist, deren bisher vorliegende Ergebnisse aber dafür sprechen, den Ort der Varusschlacht gefunden zu haben, das konnte damals niemand voraussehen – auch nicht Professor Wolfgang Schlüter, von dessen Fachbereich an der Uni Osnabrück das Projekt schließlich betreut wurde.

Schlüter schreibt: »Als im März 1987 ein in Osnabrück stationierter Offizier der britischen Rheinarmee, der sich als Leutnant Clunn vorstellte, bei der Archäologischen Denkmalpflege Osnabrück erschien und mich um ein Gespräch bat, ahnte ich nicht, welche Folgen diese Begegnung einmal haben würde ... Dem Anliegen Leutnant Clunns, mit Hilfe eines Metalldetektors im Osnabrücker Raum nach römischen Funden suchen zu dürfen, stand ich nicht unbedingt

ablehnend gegenüber. Allein schon die Tatsache, dass er, bevor er etwas unternahm, um eine Genehmigung nachsuchte, sprach für ihn. Doch was die Erfolgs-
aussichten seines Vorhabens betraf, war ich sehr skeptisch.«[189]
Doch das änderte sich bald. In seiner späteren Veröffentlichung ›Auf der Suche
nach den verlorenen Legionen‹[190] beschreibt Clunn anschaulich, wie es zum
ersten Fund kam: »Ich hatte die Theorie Mommsens eingehend studiert« – wir
kommen gleich auf sie zurück – »und war bei meinen Nachforschungen auf
eine sehr alte, gradlinig durch das Gebiet verlaufende Straße gestoßen, bekannt
als ›Alte Heerstraße‹. Ich richtete mein Hauptaugenmerk nun auf eine kleine
Straßenkreuzung. Das war der Punkt, von dem aus meine Untersuchungen mit
allem Ernst begannen.«
Von einem ansässigen Bauern ließ er sich den Platz zeigen, an dem vor fünfundzwanzig Jahren dessen Sohn eine römische Münze gefunden hatte. »Der
Bauer konnte mir nur einen groben Hinweis geben, in einem Quadrat von etwa
fünfzig Metern läge die Stelle, die er für den Fundort der Münze hielt. Früh am
nächsten Morgen … fand ich mich nun auf jener Wiese wieder, kurz davor, die
Prospektion mit dem Detektor zu beginnen …
In den nächsten Stunden arbeitete ich mich entlang der nördlichen Seite des
Weges voran, Meter für Meter in Richtung des Wiesenrandes. Außer einem ein-
zigen Stück Silberpapier und einem Flaschendeckel – nichts. Ich legte eine späte
Mittagspause ein und wählte dann einen neuen Kurs: den südlichen Rand des
Weges. Nur etwa fünf Minuten waren verstrichen, als ich das bekannte doppel-
te Klingeln in meinen Kopfhörern vernahm.
Ich stach eine Grassode heraus und überprüfte diese zuerst mit Hilfe des Detek-
tors, erhielt aber kein weiteres Signal. Ich überprüfte noch einmal das Signal
und nahm eine Handvoll des schwarzen Bodens heraus.
Kein Signal mehr in dem Loch. Vorsichtig durchsuchte ich die Erde in meiner
Hand, konnte zuerst aber nichts darin erkennen, was irgendwie einem massiven Objekt ähnelte, wie es das Signal angezeigt hatte. Ich durchsuchte die Erde
noch einmal und dann sah ich es: schwarz, klein und rund! Die feinste Andeu-
tung eines silbrigen Scheins … eine tadellose Silbermünze, geschwärzt von den
vielen Jahren ihres versteckten Daseins unter der Erdoberfläche. Der gleiche
schwarze Farbton wie der torfige Boden. Ein römischer Denar: das stolze, adler-
hafte Antlitz des Augustus auf der einen Seite, und auf der anderen zwei Figuren
zu beiden Seiten von Schilden und gekreuzten Speeren stehend. Ich konnte es
im ersten Moment kaum fassen und stand da wie angewurzelt.
Kein Fund einer römischen Münze in der Umgebung Osnabrücks während der
letzten achtzehn Jahre, und da stand ich nun, kaum drei Monate nach meiner

Ankunft in dem Gebiet, und hielt eine wunderschöne römische Münze in der Hand.«[191]

Er setzte die Suche fort und fand weitere Münzen. Er legte sie Wolfgang Schlüter zur Begutachtung vor und kommentierte dessen Verwunderung mit den Worten:»Ich denke, das ist nur die Spitze des Eisbergs.«[192]

Er sollte recht behalten. Eine Prüfung durch Frank Berger – zu jener Zeit Leiter des hannoverschen Münzkabinetts vom Kestner Museum in Hannover – ergab: Die Münzen entsprachen jenen, die schon in früheren Zeiten auf dem Boden der Familie von Bar in der Gegend gefunden worden waren. Die Sammlung war zwar in den letzten Monaten des Zweiten Weltkriegs geplündert worden, zum Glück war aber die gesamte Sammlung gewissenhaft katalogisiert worden.[193]

Tony Clunn führt dazu aus:»Eine verblüffende Übereinstimmung zwischen der alten Sammlung und dem von mir entdeckten Hort wurde dabei deutlich. Es war weniger die Ähnlichkeit einzelner Münzen, die auffiel, als vielmehr die klare Übereinstimmung in den Anteilen der einzelnen Prägeperioden, besonders unter der großen Zahl der Silberdenare. Je länger er die Kurven der Altersverteilung der Münzen betrachtete, umso überzeugter war Dr. Berger, dass die Sammlung der Familie von Bar nicht über viele Jahre aus verschiedenen Regionen Deutschlands zusammengetragen worden sein konnte, sondern in ihren wesentlichen Teilen aus der unmittelbaren Umgebung des Gutes von Bar stammen musste.

Zwei in ihrer Zusammensetzung weitgehend übereinstimmende Münzhorte lagen nun vor, beide waren in der gleichen Gegend entdeckt worden und stammten auch aus derselben Periode. Keine der Sammlungen enthielt Münzen, die später als 14 n. Chr. geprägt worden waren, und jene aus der Zeit zwischen 2 v. Chr. und 14 n. Chr. waren in einem geradezu neuen, tadellosen Zustand, als ob sie nur kurze Zeit nach ihrer Ausgabe verlorengegangen wären. Die Prägemarken auf der Mehrzahl der Münzen zeigten, dass sie in den Jahren 2 v. Chr. bis 1 n. Chr. in Lyon (Lugdunum) geprägt und in den darauffolgenden Jahren ausgegeben worden waren.«[194]

Kommen wir nun zu Theodor Mommsen und seinem hellsichtigen Bericht ›Die Örtlichkeit der Varusschlacht‹.[195] Wie viele andere Forscher beschäftigte sich auch Mommsen lange mit der ungelösten Frage, wo der Ort der *Clades Variana* zu suchen und vielleicht zu finden sei. In einem entscheidenden Punkt hebt er sich dabei von seinen zum Teil wild spekulierenden Zeitgenossen ab. Er versucht erst gar nicht, der Spur nachzugehen, die Tacitus mit der vieldeutigen Ortsbezeichnung »Saltus Teutoburgiensis« gelegt hatte, sondern geht von nüchternen Prämissen aus, denen auch heutige Archäologen folgen. Mommsen hatte Kenntnis von der Münzsammlung der Familie von Bar bekommen, studiert alle Berichte darüber, listet sie über 40 Seiten genauestens auf und kommt zu diesem Fazit: »Meines Erachtens gehören die in und bei Barenau gefundenen Münzen zu dem Nachlass der im Jahre 9 n. Chr. im Venner Moore zu Grunde gegangenen Armee des Varus.«[196] Die »Venner Moorwiesen« beginnen einen Kilometer östlich vom Gut Barenau.

Mommsen fährt fort: »Allerdings muss eingeräumt werden, dass militärische Katastrophen dieser Art regelmäßig einen solchen Nachlass nicht ergeben haben noch ergeben können. Das Aufräumen des Schlachtfeldes und insbesondere die Besitznahme des in Kassen oder bei den Einzelnen vorhandenen baren Geldes wird in alter wie in neuer Zeit in der Regel mit solcher Energie betrieben, dass späteren Geschlechtern hier nicht viel zu finden bleibt. Aber die Katastrophe des Varus hat wohl eine Ausnahme machen können. Abgesehen davon, dass bei den Kämpfen während der ersten Marschtage, bei dem vergeblichen Versuch der Reiterei unter Preisgebung des Fußvolks nach dem Rhein zu entkommen, bei der durch das Entkommen einzelner Leute angezeigten Auflösung des Gros die Katastrophe sich über ein weites Terrain erstreckt haben muss und hier mancher Römer umgekommen sein wird, dessen Leiche nicht vom Feind gefunden ward, vollzog sich die Schlusskatastrophe in einem moorigen, von einer schmalen Heerstraße durchschnittenen Terrain. Wie der eine der drei Adler dadurch gerettet worden sein soll, dass der Träger ihn von der Stange riss und, obwohl verwundet, sich im Moore mit ihm verbarg, so haben vermutlich eine Anzahl anderer Offiziere und Soldaten ähnliche Zufluchtstätten aufgesucht und darin den Tod gefunden. Dass unter diesen Umständen mancher wohlgefüllte Geldgürtel den Siegern entging, ist den Verhältnissen angemessen.«[197]

Nach weiteren differenzierten Bemerkungen zu den Münzfunden kommt Mommsen zu dieser Schlussfolgerung: »Darf es hiernach als tatsächlich erwiesen gelten, dass die Armee des Varus in dem ›Großen Moor‹ nördlich von Osnabrück ihren Untergang fand, so vereinigt diese Lokalität weiter alle diejenigen Bedingungen, welche nach den Berichten der Alten für das Schlachtfeld gefordert wurden ...

Die Örtlichkeit ist sowohl von der Weser wie von der Lippe so weit entfernt, wie es nach strategischen Erwägungen vorauszusetzen war. Sie fällt, wie Tacitus angibt, in das Gebiet nordwärts der Lippe und östlich von der Ems. Der Teutoburger Wald ist also nicht der nördlich die Münstersche Ebene begrenzende Osning, wie bis jetzt angenommen worden ist, sondern die parallel damit nördlich sich erstreckende schmale, oben oft felsige, noch jetzt stark bewaldete Bergkette, welche gegenüber der Porta Westfalica mit der steilen 726 Fuß [= 210 m]

sich erhebenden Margaretha-Clus beginnt und unter dem Namen der Mindener Bergkette, des Wiehengebirges, der Lübbeschen Berge, der Osterberge, des Süntels bis nach Bramsche an der Hase sich erstreckt. Die Venner Gegend bietet die Vereinigung von Bergen und Mooren, die die Berichte fordern. Dass hier marschierende Truppen Bohlenwege zu schlagen hatten, liegt nahe; und noch näher, dass die schließliche Katastrophe hier herbeigeführt ward durch die Einkeilung der Armee zwischen Bergen einer- und Mooren andererseits. Vor allem aber entspricht die Örtlichkeit den natürlichen Kommunikationsverhältnissen. Unter den gegebenen Bedingungen, dass der Marsch von der mittleren Weser ausgeht und nicht die Richtung über den Lauf der Lippe einschlägt, aber als letztes Ziel den unteren Rhein im Auge behält, können bei der eigentümlichen, durch die ausgedehnten und jeder künstlichen Überbrückung spottenden Moore bedingten Beschaffenheit des fraglichen Terrains nur zwei alte von der Weser westwärts führende Kommunikationslinien in Betracht kommen …«
Uns interessiert hier besonders die zweite:»Die zweite Straße verlässt die Weser bei Minden, geht über Lübbecke, Preußisch Oldendorf, Wittlage nach Bramsche an die Hase, von wo dann die Ems auf verschiedenen Wegen erreicht werden kann. Dieser Weg hält sich am Fuß der genannten Bergkette, welche von der Weser bis zur Hase wie eine lange Mauer fast geradlinig sich hinzieht und einem Heer den Weg zu zeigen scheint. Nördlich ist dieser Weg selbst jetzt noch, trotz starker [d. h. künstlicher, d. V.] Entwässerung, in seiner ganzen Ausdehnung von Brüchen und Mooren begrenzt. Den Weg selbst bildet ein bald engerer, bald breiterer Streifen festen Diluvialbodens, ganz geeignet für eine Völkerstraße, in früherer Zeit auch als solche benutzt.
Insonderheit bei dem Gute Barenau, zwischen Venne und Engter, wo der Kalkrieser Berg in einem Dreieck nach Norden vorspringt, verengt sich der Weg zwischen diesem und dem Moore so, dass ein förmlicher Engpass entsteht; die militärische Bedeutung dieser Position hat schon Justus Möser mit richtigem Blick erkannt. Da die Überlieferung weder das Marschziel des Varus nennt noch uns Aufschluss gibt, auf welche Weise er von dort den Rhein zu erreichen dachte, so kann nicht von vornherein die erste Marschlinie von Nienburg zur Ems als ausgeschlossen gelten … «– Wir haben deren Exemplifizierung durch Mommsen überschlagen, weil sie aufgrund der Bodenfunde von Kalkriese für uns nicht von Interesse ist. –» … aber unzweifelhaft entspricht die zweite von Minden nach Bramsche allen geforderten Bedingungen, und es ist ein Beweis für Arminius' militärisches Geschick, dass er die römische Armee eben in dieses gefährliche Defilee zu bringen gewusst hat, dessen Gleichen selbst in diesem schwierigen Terrain kaum gefunden werden wird.

Wenn also die durch die Überlieferung gestellten Bedingungen in genügender Weise erfüllt sind, so gewinnt auch das wenige Detail, welches jene uns liefert, durch die Feststellung der Lokalität Verständlichkeit und Aufschluss. Dass die Armee nach dem Ausbruch des Aufstandes noch zweimal Lager geschlagen hat und erst nach dem Aufbruch aus dem zweiten Lager, also am dritten Tage nach Beginn des Kampfes auf freiem Feld unterlag, wird den (antiken) Berichten entnommen werden dürfen.«[198]

An dieser Stelle blickt Mommsen zurück auf Spekulationen zu Beginn seiner Untersuchung – und diese sind von entscheidender Bedeutung; auch wir haben uns schon im ersten Teil damit en detail beschäftigt. Es ging um die Interpretation von Tacitus Ann. I 61, 2: »*Prima* Vari castra lato ambitu et dimensis principiis trium legionum manus ostentabant; *dein* semiruto vallo, humili fossa accisae iam reliquiae consedisse intellegebantur.« Wir haben oben vorgeschlagen und begründet, dass der Satz lauten könnte: »*Primo* Vari Castra lato ambitu et dimensis principiis trium legionum manus ostentabant; *dein* semiruto vallo, humili fossa accisae iam reliquiae consedisse intellegebantur.« – Also: »*Als Erstes* wurde das Lager des Varus mit seinem weiten Umfang und der Absteckung des Feldherrnplatzes als die Arbeit von drei Legionen sichtbar (oder: erkannt; zeigte sich …); *dann* sah man an dem halb verfallenen Wall, an dem flachen Graben, dass dort schon zusammengeschmolzene Reste gelagert hatten.«

Indirekt erhalten wir die Unterstützung Mommsens, der in einer Fußnote zu »prima castra« ausführt: »An sich kann damit ebensowohl das erste von Varus geschlagene Lager wie das erste von Germanicus angetroffene Varuslager bezeichnet werden; aber jene Auffassung ist deswegen unmöglich, weil augenscheinlich zwischen dem Aufbruch aus dem Sommerlager und dem ersten Angriff der Germanen eine Anzahl in Frieden zurückgelegter Tagemärsche liegt. Was wohl vorgeschlagen ist, dass Tacitus die Lager in der umgekehrten Folge aufführe, als Germanicus sie auffand, um die historische Folge einzuhalten, schiebt demselben ohne Not eine perverse Ausdrucksweise unter: *prima castra* schlechtweg durfte er wohl das zuerst geschlagene oder auch das zuerst aufgefundene, aber nicht ohne näheren Beisatz dasjenige Lager nennen, das zuerst angegriffen wurde.«[199]

Wie wir schon dargelegt haben, kann es sich nur um das Lager handeln, auf das Germanicus zuerst gestoßen ist. Dass es sich um das letzte noch zur Verteidigung bereite Lager von Varus handelt, hat einiges für sich. Hauptargument dafür ist, dass westlich von Kalkriese keine Funde in entsprechender Quantität gemacht wurden, aus denen man ableiten könnte, ein Teil des Heeres sei noch weitergezogen. Bisher lagen keine archäologischen Befunde vor, aus denen

hervorging, dass das sogenannte Sommerlager des Varus sich am Weserdurchbruch oder in dessen unmittelbarer Nähe bei Minden befunden haben könnte.
Das hat sich nun geändert. In einer Pressemitteilung vom 7. August 2008 teilte
der Landschaftsverband Westfalen-Lippe (LWL) mit:
»Römische Funde an der Porta Westfalica.

Porta Westfalica (lwl). Archäologen des Landschaftsverbandes Westfalen-Lippe
(LWL) sind vielleicht einem 2000 Jahre alten römischen Lager in Porta Westfalica auf der Spur. Erste Grabungen im Stadtteil Barkhausen westlich der Weser
haben Münzen und eine Gewandspange zutage gefördert.

Die Untersuchung der Fundstelle soll jetzt klären, ob die Funde einer germanischen Siedlung, die in unmittelbarer Nähe eines römischen Lagers gelegen
haben muss, oder einem römischen Militärlager zuzuordnen sind.

›In dieser Gegend ist immer wieder das Sommerlager des Varus vermutet
worden, von dem er in die Schlacht gezogen ist, die das Ende der römischen Vor-
herrschaft in Germanien bedeutet‹, erläutert der stellvertretende Chefarchäologe des LWL, Dr. Daniel Bérenger, die mögliche Bedeutung der Grabung.

Das Baugebiet ›Auf der Lake‹ ist die einzige größere, nicht bebaute Fläche in
Porta Westfalica–Barkhausen. Während zwei Begehungen der Straßentrassen
durch die LWL–Archäologen ergebnislos verliefen, fanden ehrenamtliche Helfer
im Juli eine keltische und drei römische Münzen, einen Soldatennagel sowie
eine römische Fibel (Gewandspange der Legionäre). Die Archäologen haben
danach sofort … mit der Ausgrabung begonnen.

›Die Münzen und die Gewandspange gaben erste Indizien dafür, dass sich in
Barkhausen in der Zeit um Christi Geburt Römer aufgehalten haben‹, so die
LWL–Expertin für römische Archäologie, Dr. Bettina Tremmel. ›Nach dem der-
zeitigen Kenntnisstand ist nicht auszuschließen, dass Barkhausen eine wichtige
Rolle beim Versuch der Römer, das freie Germanien zu erobern, gespielt hat.‹«[200]

DER WEG IN DIE KATASTROPHE

— SZENE 18 —

Varus hatte den Abend vor dem Aufbruch der Legionen zur Ausrichtung eines Abschiedsessens bestimmt. Da alle wichtigen Angehörigen der cheruskischen Oberschicht geladen waren, hatte Marcus Oppius die Optiones Sextus Pedius und Lucius Artorius kommen lassen und ihnen mitgeteilt, dass sie sich als Dolmetscher bereitzuhalten hätten, da nicht alle der anwesenden Cherusker des Lateinischen mächtig seien.

Anschließend hatte Oppius Sextus beiseitegenommen: »Halte die Ohren offen!«

Mehr sagte er nicht, aber Sextus dachte sich sein Teil. Seit dem Prozess gegen den der Brandstiftung bezichtigten Degenar war die Stimmung in der Sippe des Wiborg nicht gerade romfreundlicher geworden. Pedius hatte es in den vergangenen Wochen immer mal wieder erfahren, wenn er im Lande unterwegs war. Doch soweit er die Gesamtlage einzuschätzen vermochte, schienen Leute wie Wiborg in der Minderheit zu sein. Was wollten sie schon unternehmen. Arminius und seine Truppe waren Garant und militärischer Rückhalt dafür, dass einer wie auch immer gearteten Insurrektion unverzüglich die Spitze gebrochen werden würde. Und dann war da ja noch Segestes! Pedius hatte sich noch unlängst mit ihm unterhalten, als er auf seinem Anwesen Zwischenstation gemacht hatte. Der Kern seiner Ausführungen war gewesen: Nur die weitere nachhaltige und vertiefte Zusammenarbeit mit Rom war ihm eine Voraussetzung dafür, das wirtschaftliche und kulturelle Niveau seiner Stammesgenossen zu heben. Der Abend war ohne größere Zwischenfälle verlaufen. Allerdings war Pedius nicht entgangen, dass Segestes mit dem Statthalter ein längeres Gespräch führte, nicht am Tisch, sondern in einer Nische des Festzeltes. Seltsamerweise war dies noch vor der offiziellen Eröffnung der Feier geschehen. Und Segestes machte dabei den Eindruck eines Mannes, der sehr erregt auf den Oberkommandierenden einredete, während Varus offenbar versuchte, den Fürsten zu beruhigen. Er legte ihm zweimal die Hand besänftigend auf den Oberarm, schüttelte den Kopf und sprach lächelnd auf ihn ein. Doch Segestes ließ sich zunächst nicht beruhigen, er nahm die Finger zu Hilfe, und Pedius hatte den Eindruck, als ob er eine bestimmte Anzahl von Punkten nannte. Dabei blickte er bisweilen wie suchend zur Seite, als ob er nach bestimmten Personen Ausschau hielt, auf die sich seine Mitteilungen bezogen. Natürlich konnte Pedius nicht feststellen, wen er meinte.

Aber er sah, wie der Praefectus Castrorum Marcus Oppius auf der anderen Seite des Raumes sein Augenmerk ebenfalls auf Segestes gerichtet hatte. Oppius gab Pedius mit der Hand ein Zeichen, herüberzukommen. Als Pedius an Segestes vorbeiging, hörte er, wie dieser, nun allerdings ruhig, doch sehr ernst sagte: »Wenn du sie schon nicht in Fesseln legen willst, solltest du den Aufbruch verschieben und eine strenge Untersuchung ansetzen! Bei den Göttern! Sonst wirst du es …!«

›… bereuen!‹, ergänzte sich Pedius.

Als er bei Oppius ankam, sagte dieser leise: »So habe ich Segestes noch nie gesehen! Er hat dem Oberbefehlshaber etwas mitgeteilt, das ihn ganz offensichtlich sehr erregt. – Hast du was mitbekommen?«

Pedius wiederholte mit seinen Worten den Satz des Segestes, den er im Vorbeigehen gehört hatte.

Oppius sah wieder hinüber. Die beiden waren auseinandergegangen. Varus wohlwollend lächelnd, Segestes mit todernstem Gesicht. Er sollte es den ganzen Abend beibehalten.

Pedius sah den Praefecten an: »Wen könnte er denn damit meinen?«

»Keine Ahnung.«

»Wiborg?«

»Glaube ich kaum. Der ist zwar jemand, der kein gutes Haar an uns lässt, aber ...«

»Aber?«

»Der Mann ist in jeder Beziehung Mittelmaß. Zwar stolz, aber einfältig. Sein Einfluss ist gering. Was sage ich: Er hat keinen!«

»Wen könnte Segestes sonst gemeint haben?«

»Ich weiß es nicht. Ich weiß es wirklich nicht. Es könnte sich vielleicht um jemanden handeln, der krumme Sachen gedreht hat oder drehen will ... oder um jemanden, der dies während unserer Abwesenheit im Winter vorhat: Diebstahl, Plündern, heimliches Beiseiteschaffen von Armee-Eigentum oder Ähnliches. Die Reaktion von Varus zeigt ja eindeutig, dass Segestes in seinen Augen gewaltig übertrieben hat.«

Oppius wechselte das Thema: »Ich glaube, du wirst da drüben gewünscht ...«

Pedius sah hinüber und erkannte den Centurio Sextus Abulenius, der mit der Hand winkte. Neben ihm ein Germane, den Pedius nicht kannte.

Er ging hinüber.

»Tolle Rede, das!«, grollte er. »Verstehe kein Wort. Lass es dir noch mal erzählen, Optio!«

Es ging um Pferdezucht. Der Germane, den Pedius auf Mitte vierzig schätzte, wollte Abulenius die Vorzüge seiner Pferde erklären und ihn zugleich dafür einnehmen, dass er höchst gerne in naher Zukunft, also im nächsten Jahr, zum Heereslieferanten avancieren würde.

Abulenius, zwar durchaus Pferdefreund, machte ihm klar, dass man darüber erst zu gegebener Zeit, also im folgenden Jahre, ernsthaft reden könne. Im Übrigen stehe eine Entscheidung darüber ihm nicht zu. Das habe der Oberbefehlshaber zu bestimmen. Er, Abulenius, werde diesen darüber in Kenntnis setzen. Aber, wie gesagt, erst im nächsten Jahr. Jetzt sei es dafür zu früh.

Pedius übersetzte. Der Mann war zunächst enttäuscht,

freute sich dann aber über die Aussichten im kommenden Frühjahr. Er ging zurück zu seinen Landsleuten.

»Ist ja nicht zu fassen!«, brummte Abulenius. »Wo kommen wir denn hin, wenn jeder darüber zu bestimmen hat, woher er Pferde bekommt! Die spinnen, die Germanen! Keine Ahnung von Kommandoebenen! Jeder wurstelt für sich herum! Darum ziehen sie ja immer den Kürzeren!«

Pedius nickte. Diese Beurteilung hatte was für sich.

Der Rest des Abends verlief nicht viel anders als die Feierlichkeiten vor einem Jahr. Zunächst hielt Varus eine Rede, die das Erreichte – aus römischer Sicht – positiv wertete. Er nannte die neue Rechtssicherheit, die Anhebung der wirtschaftlichen Kräfte, den wachsenden Handel, den Straßenbau, »... der es nun auch den Einheimischen, nicht wahr, ermöglicht, sich schneller und sicherer im eigenen Lande zu bewegen, denn unseren vereinten Kräften ist es gelungen, das Räuberunwesen in seine Grenzen zu weisen. Denn die Verbrecher, derer wir habhaft wurden, sind in angemessener Weise bestraft worden. Das aber hat zur Folge, nicht wahr, dass die, die sich noch fürderhin mit ähnlichen Absichten tragen, sich deren Umsetzung in die Tat zweimal überlegen werden, weil sie gesehen haben, nicht wahr, wie man mit ihren Spießgesellen umgeht.«

Pedius entging nicht, dass einige Kameraden, darunter auch Tribunen und Centurionen, heimlich ironisch lächelten, denn der Oberbefehlshaber redete in einer Weise, die einem römischen Advokaten in der Basilica Iulia auf dem römischen Forum gut angestanden hätte. Besonders dies wiederholte »nonne? – nicht wahr?« wirkte bei jenen germanischen Zuhörern, die des Lateinischen mächtig waren, künstlich, aufgesetzt – und somit überflüssig,.

Die Rede endete, wie von Pedius erwartet, pathetisch: »So möge auch hinfort, nicht wahr, dieser neue Geist hier walten und sich prächtig und eindeutig entfalten, auf dem angestrebten Wege zur Pax populi Romani, nicht wahr, so wie ihn der erhabene Führer des Reiches, der Vater des Vaterlandes, Augustus, in seiner immerwährenden Güte und Klugheit entschieden hat. Mögen die Götter ihn und uns bei der gemeinsamen Sache, ja, zum Wohl von uns allen schützen!« Anschließend sprach Segestes. Er sprach nur kurz, aber das, was er sagte, hatte Gewicht, zumal es – so sah es Pedius – an die Adresse jener Landsleute gerichtet war, deren Loyalität zu Rom zumindest schwankte. Da der Fürst die kurze Ansprache sowohl in Latein als auch in Germanisch formulierte, wurde er von allen Anwesenden verstanden.

Die Kernsätze lauteten: »Ich lebe schon lange genug, um beurteilen und dem zustimmen zu können, was Quinctilius Varus gesagt hat. Ja, auch ich sehe vor allem die Vorteile in der Zusammenarbeit unserer Völker und kann somit das, was soeben hier genannt wurde, nur unterstreichen. Einen Punkt möchte ich hinzufügen: Dem Hader und den Eifersüchteleien zwischen den Sippen und ihren Führern wurde ein Ende gesetzt. Dabei geht es um mehr als nur einen kurzfristigen Vorteil, den dieser und jener früher meinte, mit Waffengewalt durchsetzen zu müssen. Gemeinsam sind wir stärker, wir untereinander – und zusammen mit Rom. Schon geht es vielen, die früher in ärmlicheren Verhältnissen lebten, erheblich besser als vor drei Jahren ...« – Pedius sah, wie einige beipflichtend nickten –»... und es wird noch besser werden. Wie ich erfahren habe, wird schon im nächsten Frühjahr mit dem Bau einer Brücke über die Visurgis begonnen werden. Das eröffnet uns allen neue Möglichkeiten. Brücken verbinden! Mögen unsere und ihre Götter dieses und alle anderen Vorhaben zu einem guten Ende kommen lassen!«

Der Beifall unter den Romfreunden war angemessen und lange. Unter ihnen auch Arminius und seine Offiziere. Nur wenige bewegten nicht die Hände. Es entging Pedius nicht, dass Varus besonders auf sie seine Augen richtete, nur kurz, aber es genügte, um ihm zu zeigen, dass da noch eine Menge Arbeit auf ihn zukam. Arminius klatschte mit am längsten.

Während des anschließenden Essens bewegte sich Pedius zwischen den Tischgruppen, da er immer wieder als Dolmetscher gebraucht wurde. Dabei konnte er beobachten, dass Segestes, der unmittelbar neben dem Oberbefehlshaber saß, seine besorgte Miene nicht abgelegt hatte, während er sich mit Varus unterhielt. Dieser schien ihn offensichtlich erheitern zu wollen, denn er lächelte während des Gesprächs fast ununterbrochen und gab sich große Mühe, die Stimmung des Fürsten aufzubessern, was ihm nicht gelang. Segestes blieb über den gesamten Abend hin ernst und schien sich zu weigern, die Gegenargumente von Varus zu akzeptieren.

Noch etwas registrierte Pedius: Er war nicht der Einzige, der das unterschiedliche Verhalten von Varus und Segestes beobachtete. Arminius, der an einem anderen Tisch saß, blickte immer wieder zu den beiden hinüber, zwar nur kurz, aber es war erkennbar, dass er nur zu gern gehört hätte, was die beiden miteinander besprachen.

Als Segestes sich dann erhob und den Raum verließ – wohl um eine Toilette aufzusuchen –, winkte Varus Arminius zu sich und bat ihn, den Platz von Segestes einzunehmen. Sofort waren sie in ein Gespräch vertieft. Es ging wohl um Fragen der Logistik für den Marsch, der morgen beginnen würde. Arminius nickte immer wieder im Einverständnis. Hin und wieder lachten beide laut auf. Pedius hatte den Cherusker noch nie so schallend lachen hören. Als Segestes zurückkam, erhob sich Arminius und ging zu seinem Platz zurück. Seltsamerweise war auch er nun für einen kurzen Augenblick sehr ernst.

Segestes nahm wieder Platz – mit der gleichen besorgten Miene, die sich auch für den Rest des Abends nicht aufheiterte.

Offene Fragen

Velleius Paterculus leitet seinen Bericht über das Geschehen so ein: »Den Ablauf dieser schrecklichen Katastrophe – die schwerste Niederlage der Römer gegen auswärtige Feinde seit der des Crassus gegen die Perser – werde ich, wie schon andere es getan haben, in meinem größeren Geschichtswerk ausführlich darzustellen versuchen, hier sei des Ereignisses nur allgemein mit Trauer gedacht …«[201]

Das erwähnte größere Geschichtswerk des Velleius Paterculus ist ebenso wenig auf uns gekommen wie das »anderer«: All diese Darstellungen sind, wie z. B. die des Aufidius Bassus, verloren. Das ist besonders im Fall des Bassus zu beklagen, dessen Werk von Tacitus u. a. als Quelle benutzt wurde. Aufidius Bassus war einer der hervorragendsten Historiker der ersten Kaiserzeit und von Tacitus, Seneca und dem Älteren Plinius geschätzt.[202] In seinem ›Bellum Germanicum‹ hat er auch die Varusschlacht behandelt. Von den späteren Autoren sind nur die Schilderung von Cassius Dio – unsere Hauptquelle – und ein kürzerer Bericht des Florus erhalten. Auf Letzteren kommen wir noch zurück.

Interessant ist in diesem Zusammenhang, dass Velleius den P. Licinius Crassus und seine Niederlage gegen die Parther 53 v. Chr. zum Vergleich heranzieht und nicht die bei Cannae in Apulien, wo Hannibal 216 v. Chr. den beiden römischen Consuln L. Aemilius Paullus und C. Terentius Varro und ihren acht Legionen zusammen mit deren italischen Bundesgenossen eine so totale Niederlage bereitete, dass »Cannae« in der Militärgeschichte zum Synonym der »Vernichtungsschlacht« wurde. Ein Grund dafür könnte sein, dass Rom den Konkurrenten Karthago im Dritten Punischen Krieg (149–146) endgültig in die Knie zwang und seine Territorien für immer in Besitz nahm, während sich die parthische Großmacht im Osten noch lange behauptete. Ein anderer: Velleius spricht von »auswärtigen Feinden«, also von Mächten außerhalb der Grenzen des Imperiums, was bei Varus und Crassus der Fall ist, während Cannae in Italien liegt und die Karthager fast das ganze Italien besetzt hatten.

Der anschließende Bericht des Velleius ist sehr knapp, und er geht in keiner Weise detailliert auf die militärischen Vorbereitungen des Arminius ein. Seine Einführung in das eigentliche Geschehen beginnt mit dieser Charakterisierung der römischen Legionen: »Die tapferste Armee von allen, führend unter den römischen Truppen, was Disziplin, Tapferkeit und Kriegserfahrung angeht, wurde durch die Indolenz des Führers, die betrügerische List des Feindes und die Ungunst des Schicksals in einer Falle gefangen …«[203]

Diese Charakterisierung des Heeres steht allerdings in direktem Gegensatz zum Verhalten des Praefecten Ceionius, das Velleius zwei Sätze weiter während der Schlacht beschreibt:»Der letztere bot, nachdem der größte Teil des Heeres schon umgekommen war, die Übergabe an: Er wollte lieber hingerichtet werden als im Kampf sterben.«[204] Dann dies:»Numonius Vala aber, ein Legat des Varus … gab ein abschreckendes Beispiel: Er beraubte die Fußsoldaten ihres Schutzes durch die Reiterei, machte sich mit den Schwadronen auf die Flucht und suchte den Rhein zu erreichen …«[205]

Diese Vorkommnisse stehen in krassem Gegensatz zu»das tüchtigste aller Heere, das erste unter den römischen Soldaten an Zucht, Tapferkeit und Kriegserfahrung …« Es spricht einiges dafür, dass gerade Velleius Paterculus die von ihm konstatierten Qualitäten Kampfgeist, Disziplin, Tapferkeit und Kriegserfahrung in so augenfälliger Weise betont, um damit die Kehrseite seiner Wertung herauszustellen: Nur in der»Indolenz« des Oberbefehlshabers, der»betrügerischen List des Feindes« (= Arminius), gipfelnd in der»Ungunst des Schicksals« findet er eine Erklärung für das Geschehen. Wenn er anders argumentieren würde, müsste er freilich aussprechen, dass diese Armee eben nicht den soldatischen Tugenden entsprach, die er nennt. General Reinhardt verweist gerade auf dieses Faktum:»Ich vermute auch, dass seine drei Legionen keine *Crack*-Legionen waren, wie es manchmal dargestellt wird, sondern es waren Legionen, die im Laufe der langfristigen Okkupation mit Sicherheit auch müde und nicht mehr bissig gewesen sind, sonst hätte das nicht passieren können.«[206]

Der Rückmarsch ins Winterlager wurde von den Beteiligten und besonders den militärisch Verantwortlichen mehr oder weniger als»Spaziergang« durch ein befriedetes Land angesehen. Sorglosigkeit, Oberflächlichkeit,»Urlaubsstimmung« machten sich breit. Selbst wenn Velleius davon Kenntnis gehabt hätte – und wir dürfen davon ausgehen, dass er sie hatte –, konnte er diese Dinge nicht in seinem Bericht ausbreiten, weil er damit das Ansehen seines bewunderten Förderers Tiberius angeschwärzt hätte. Die unfassbare Niederlage ist nur mit Treue- und Wortbruch, ja Hochverrat zu erklären.

Eine andere Frage ist: Von welchem Punkt aus setzte sich die Armee in Bewegung? Die neuen Funde in Porta Westfalica–Barkhausen (vgl. oben) sprechen dafür, das das Sommerlager des Varus sich unmittelbar nördlich des Weserdurchbruchs in etwa dreihundert Meter Entfernung zum Fluss befand. Die heutige Kreisstraße – im Ortsgebiet heißt sie Barkhausener Straße – verläuft parallel zum Wiehengebirge in west-nordwestlicher Richtung und trifft bei Nettelstedt auf die B 65, die in gleicher Richtung nach West-Nordwest weiterverläuft. Sie umrundet den Kalkrieser Berg und erreicht dann Bramsche. Dies ist die alte Heerstraße, von der schon Mommsen sprach.

Folgt man der Strecke mit dem Auto, ist der Eindruck zwingend, dass das Heer diesen Weg genommen hat. Das Niveau der Straße liegt immer oberhalb der Wasserlinie der bald auftauchenden Moore und hält genügend Abstand zum Gebirge, das damals wie heute bewaldet war. Dr. Daniel Bérenger, Ausgrabungsleiter in Barkhausen, ist sich sicher, dass Varus diese Route eingeschlagen hat.[207] Das Terrain des Lagers lag vier bis fünf Meter über dem normalen Wasserstand der Weser, war also sicher vor Hochwasser, da der damals noch stark mäandernde Fluss genügend Auslauf hatte, um sich bei höherem Wasserstand in der Ebene auszudehnen. Noch heute stehen in unmittelbarer Nähe zum Fluss Häuser auf der ersten Anhöhe, deren Niveau sich mit zunehmender Entfernung vom Fluss allmählich erhöht. Dr. Bérenger geht natürlich von einem Flusshafen aus, hält auch eine hölzerne Brücke für möglich. Von beiden ist bisher noch nichts gefunden worden, zum einen, weil die Weser im Laufe der zwanzig Jahrhunderte ihre Lage immer wieder veränderte, zum andern, weil die dort siedelnden Menschen seit Generationen Sicherungsarbeiten durchgeführt haben, ohne dabei auf Veränderungen im Boden zu achten.

Die Landschaft rechts und links der Weser und in den moorfreien Mulden zwischen den Mittelgebirgen ist reich an Funden aus germanischer Zeit, darunter auch Reste von eisenzeitlichen Siedlungen. Darauf angesprochen, meinte Dr. Bérenger, das bei den antiken Autoren verbreitete Klischee, ganz Germanien sei eine Welt der »undurchdringlichen Wälder und Sümpfe«, träfe in dieser Gegend nicht zu; man könne vielmehr davon ausgehen, dass das Gebiet in unmittelbarer Nähe der Porta Westfalica großflächig gerodet und landwirtschaftlich genutzt worden sei. Folglich habe sich die damalige Kulturlandschaft von der heutigen kaum unterschieden – man müsse sich nur die heutigen Großsiedlungen, Dörfer und Städte, die modernen Straßen, Brücken und Industrieanlagen wegdenken.

Wenn man das am Ort tut und der Fantasie Raum gibt, kann man sich gut in die Zeit versetzen, als hier ein großes römisches Militärlager die Landschaft beherrschte. Und man kann sich ebenso eine Vorstellung davon machen, wie diese damals offene, friedliche Landschaft bei den römischen Befehlshabern den Eindruck verstärkt haben muss, hier sei alles positiv geregelt, friedlich, man habe alles im Griff.

Zur Person Daniel Bérenger: Der aus Frankreich stammende Dr. Daniel Bérenger studierte in Poitiers, Bonn und Münster Ur- und Frühgeschichte, Geschichte und Geographie. In seiner Dissertation hat er die Keramik der Eisenzeit und römischen Kaiserzeit (500 v. Chr. bis 500 n. Chr.) in Ostwestfalen untersucht. Dr. Bérenger ist seit drei Jahrzehnten Archäologe beim Landschaftsverband Westfalen-Lippe (LWL) und leitet als stellvertretender Chefarchäologe die LWL-Außenstelle. Zur Zeit arbeitet er an der Fundstätte in Porta Westfalica Ortsteil Barkhausen. Neben seinen wissenschaftlichen Publikationen veröffentlichte er auch zahlreiche populärwissenschaftliche Beiträge. Er gehört auch zu den Mitbegründern der »Gesellschaft zur Förderung der Archäologie in Ostwestfalen«.

— SZENE 19 —

Da Pedius am Abend zuvor kaum Wein getrunken hatte – er war ja ununterbrochen damit beschäftigt gewesen, allen möglichen Germanen ein Gespräch mit römischen Offizieren zu ermöglichen –, wachte er schon vor dem allgemeinen Wecken vor Sonnenaufgang auf. Als er nach draußen ging, um sich zu waschen, warf er einen Blick auf den westlichen Himmel. Dunkles Gewölk war aufgezogen. Auch der Wind hatte zugenommen. Er sah, wie sich die Kronen der Bäume auf der Höhe des Gebirges rechts und links vom Fluss beugten. Also würde es stürmisches Regenwetter geben.

»Sieht nicht gut aus, Optio!« Sempronius, sein Bursche, war neben ihn getreten und schaute ebenfalls nach Westen.

Pedius darauf: »Warten wir's ab. Aber wir haben September! Da ist das nun mal so.«

»Ich habe die paenula* bereitgelegt. Du wirst den Mantel wohl brauchen – oder?«

»In Ordnung. Danke! – Denk auch an deine eigene!«

»*Certo* – sicher.«

»Dann fang schon mal an, die Sachen auf die Maultiere zu packen. Die Schreiber sollen dir dabei helfen. – Dies noch!«

»Optio?«

»Achtet besonders darauf, dass Papyrus und Stifte wasserdicht verpackt sind!«

»Jawohl!«

»Ich werde das nachprüfen!«

»Jawohl!«

»Weitermachen!«

»Jawohl! Weitermachen!« Sempronius entfernte sich.

Pedius ging zurück in sein Zelt, kleidete sich an, ordnete seine Haare und überlegte, ob er sich noch rasieren sollte. Er nickte sich selbst ermunternd zu und begann mit der nicht ungefährlichen Prozedur. Aber besser noch hier, in Ruhe, als unterwegs im Regen. Er brachte es sogar fertig, die Stoppeln des Viertagebartes zu entfernen, ohne sich – wie fast immer – an Wange oder Kinn zu verletzen.

Als er wieder nach draußen trat, waren seine Leute schon damit beschäftigt, die Maultiere zu beladen.

»Weitermachen!« Er nickte ihnen zu. »Wenn was ist ... Ich bin beim Praefecten!«

»Jawohl!«

Das ganze Lager war im Aufbruch begriffen. Überall das gleiche Bild: Maultiere wurden beladen, Zelte abgebaut, zusammengelegt und auf den Tragtieren verstaut, die alles mit stoischer Ruhe über sich ergehen ließen. Die letzten Feuer wurden gelöscht. Die Schmiede hatten am meisten zu tun, denn die verschiedensten Geräte und Werkzeuge mussten akkurat so auf den Karren und Wagen verstaut werden, dass man jederzeit auf bestimmte Gerätschaften zugreifen konnte. Noch größere Geschäftigkeit herrschte bei den Zelten der höheren Chargen, wo außer den militärischen Dingen zahlreiche private, zivile Objekte verpackt und verladen werden mussten: kostbares Geschirr aus Terra Sigillata*, Bronze oder Silber, Gala-Uniformen und Helme, Buchrollen, Schreibgerät und Utensilien, Truhen. Ähnlich sah es bei den Militärärzten aus. Allerdings würden einige hierbleiben, um Kranke, die nicht transportfähig waren, weiterzuversorgen und da-rüber hinaus auch Einheimische während des Winters zu behandeln, wenn Erkältungskrankheiten grassierten, unter denen besonders die Kleinkinder zu leiden hatten.

Pedius war froh, dass er den nächsten Winter hier nicht mehr verbringen musste. Am Rhenus war alles besser: das

Wetter, die Temperaturen, die festen Unterkünfte, die Versorgung, das Essen und Trinken – und er würde alte Freunde wiedersehen.

Er fand Marcus Oppius vor seinem Stabszelt, wo er das Verladen des Gepäcks beaufsichtigte. Bei ihm kam zu den üblichen Dingen noch jener Teil des Armee-Archivs hinzu, der in Castra Vetera während des Winters in Ruhe gesichtet, geordnet und katalogisiert werden sollte. Pedius sah voraus, dass er dabei eine Menge zu tun bekommen würde. Wenn schon! All das war besser, als hier über Monate einen trostlosen Winter zu verbringen.

Als Pedius näher herankam, stutzte er: Oppius machte keineswegs den Eindruck eines Mannes, der sich freute, diesen

GLOSSAR

paenula: Das römische Militär kannte drei Arten von Mänteln: das *paludamentum*, das *sagum* und die *paenula*. Das *paludamentum*, ein purpurner Umhang, wurde meist bei feierlichen Anlässen von den Offizieren getragen, die ansonsten lieber *sagum* und paenula benutzten. Das *sagum,* der klassische römische Soldatenmantel, wurde in der frühen Kaiserzeit bei den Legionstruppen von der *paenula* verdrängt. Das *sagum* war rechteckig, die *paenula* halbkreisförmig geschnitten. Sie wurde vorne vom Hals bis zur Höhe der Magengrube zugenäht, mit Riemen verschlossen oder mit Fibeln zusammengesteckt. Sie bestand meist aus gewalktem, lodenähnlichem Wollstoff. Man schlüpft in die *paenula* und schlägt die beiden vorne herabhängenden Zipfel über die Unterarme, so dass ein ponchoartiger Eindruck entsteht. Am Nacken ist eine spitz zulaufende Kapuze *(capitium)* angenäht. Dazu trug man gewöhnlich einen Wollschal. Die *paenula* war ein ungemein praktisches Kleidungsstück, das wärmte, ohne zu erhitzen, und die Feuchtigkeit auch bei Wolkenbrüchen wirkungsvoll abhielt. Allerdings nahm das Gewicht durch das Wasser erheblich zu. In der Nacht wurde die *paenula* als Decke benutzt.[208] – **Terra Sigillata**: antikes Geschirr aus (roter Ton-)Erde (*terra*) mit oder ohne Reliefverzierung (*sigilla*). Der Name Terra Sigillata ist nicht antik. In großem Umfang wurde Terra Sigillata seit etwa 30 v. Chr. in Arretium (heute Arezzo) in mehreren Töpfereien hergestellt. Es ist Geschirr allerfeinster Art. – **Lupia**: die Lippe. – **Gebirgszug**: Gemeint ist das Wiehengebirge. – **Vierzig Meilen**: 60 km. – **Amisia**: Ems.

ungastlichen Ort für eine Weile verlassen zu können. Er war nicht nur sehr ernst, sondern ausgesprochen unwirsch. Sein Gesicht drückte große Sorge aus. Irgendetwas musste schiefgelaufen sein.

Oppius winkte Pedius zu sich und ging mit ihm einige Schritte zur Seite, wo er ungestört mit ihm reden konnte. »Was ist los, Praefect?«, fragte Pedius. »Du scheinst dich nicht sehr über den bevorstehenden Ortswechsel zu freuen.«

Er konnte sich diesen Ton erlauben, da sie sich in den verstrichenen drei Jahren nähergekommen waren. In Gegenwart anderer Offiziere oder Soldaten hielt er sich an die unpersönliche militärische Etikette.

Und Oppius: »Das gefällt mir nicht! Das gefällt mir ganz und gar nicht!«

»Was?«

»Die Marschroute wurde geändert.«

»Die Marschroute? – Aber es gibt doch nur die eine!«

»Offenbar nicht!«

»Wie meinst du das?«

Oppius sah ihn an: »Der kürzeste Weg führt zum Oberlauf der Lupia* und dann weiter zum Rhenus ...«

»Sicher. Und jetzt?«

Oppius wies zum Gebirgszug*, der sich vom linken Ufer der Visurgis in west-nordwestlicher Richtung erstreckte: »Am Fuß des Gebirges entlang!«

»Aber das ist doch ein Umweg!«, schimpfte Pedius.

»Eben! Und zwar ein ganz erheblicher!«

»Und warum das?«, wollte Pedius wissen. »Etwa auf Befehl des Oberkommandierenden?«

»Durchaus, ja.«

»Wie kommt er denn darauf?«

»Nicht er ...«

»Sondern?«

»Arminius.«

»Arminius?« Pedius starrte ihn ungläubig an. »Seit wann bestimmt der denn die Marschroute?«

»Das zwar nicht, aber er machte einen entsprechenden Vorschlag.«

»Und warum?«

»Es sei ihm von Freunden gemeldet worden, dass es etwa vierzig Meilen* nordwestlich von hier zu einem Aufstand gekommen sei. Es habe Tote gegeben.«

»Leute von uns?«

»Ja. Wahrscheinlich handele es sich bei den Aufständischen um einen Teilstamm der Bructerer.«

»Also an der Amisia*?«

»Nein, noch davor. Im Grenzgebiet zwischen Bructerern und Cheruskern.«

Pedius dachte über das Gehörte nach. Dann meinte er: »Aber da war es doch bis jetzt ruhig! Ich selbst war noch vor zwei Wochen dort! Unsere Jungs hätten mir doch davon erzählt, wenn sich die Stimmung im Lande geändert hätte!«

»Nicht unbedingt!«, sagte Oppius. »Aufrührer planen schließlich im Verborgenen.«

»Also hältst du Unruhen durchaus für möglich?«

»Ich weiß nicht. Da wird oft übertrieben. Aus einer Mücke wird ein Elefant gemacht. Wie auch immer, der Statthalter will die Gelegenheit nutzen, diesen Rebellen ihre Grenzen aufzuzeigen. Ich gehe davon aus, dass er hart durchgreift. Im Übrigen …«

»Ja?«

»Die Straße ist nicht schlecht, wie du ja selbst weißt. Aber es ist eben ein Umweg. Und noch etwas macht mir Sogen …«

»Was meinst du?«

»Das Wetter. Der Wind verstärkt sich, und dazu wird Regen kommen. Viel Regen.«

»Wann brechen wir auf?«, wollte Pedius wissen.

»In einer halben Stunde. Du wirst dich mit deinen Leuten meinem Trupp anschließen.«

»Jawohl!«

»Lass das! Wir sind hier unter uns.«

Die List des Arminius

Bevor wir uns mit der Schilderung der Ereignisse bei Cassius Dio beschäftigen, müssen wir einen Blick auf den Bericht des Florus werfen. Zur Person des Autors: Lucius (oder Publius) Annaeus Florus – die Unsicherheit der Namensform ist auf Verschreibungen beim Kopieren zurückzuführen – ist ein römischer Historiker des 2. Jahrhunderts n. Chr. und schrieb u. a. eine ›Epitome bellorum omnium annorum DCC‹ (Abriss aller Kriege in den 700 Jahren [der römischen Geschichte]) bis auf Augustus. Er holte seine Informationen u. a. aus den Werken von Livius, Sallust und Seneca dem Älteren. Der Stil ist rhetorisch geschliffen und effektvoll und erreicht bisweilen dichterischen Anspruch. Das Werk wurde später sehr oft abgeschrieben, da die kurze Zusammenfassung des Stoffes im Mittelalter als beliebtes Schulbuch diente.

Man spürt beim Lesen, dass der zeitliche Abstand von ca. hundertfünfzig Jahren bereits zu einer Vereinfachung bzw. einem Zurechtbiegen der Fakten geführt hat. Dieser unkritische Umgang mit dem Geschehen wird vor allem deutlich, wenn sich Florus dem eigentlichen Geschehen zuwendet: Nach dem Tod des Drusus »... fingen sie [die Germanen] an, die Ausschweifung und den Stolz des Varus Quintilius ebenso zu hassen wie seine Grausamkeit. Dieser wagte es sogar, eine [Gerichts-]Versammlung einzuberufen, und er hatte sie recht unvorsichtig anberaumt, so als könne er der Wildheit der Barbaren mit den Stäben der Lictoren und der Stimme des Gerichtsdieners Einhalt gebieten. Jene aber, die es schon längst schmerzte, dass ihre Schwerter verrosteten und ihre Pferde schlapp wurden, griffen unter der Führung des Arminius zu den Waffen, sobald sie merkten, dass Togen und Rechte grausamer waren als Waffen. Unterdessen war das Vertrauen des Varus in den Frieden so groß, dass er sich nicht einmal rührte, als ihm die Verschwörung durch Segestes, einen der Fürsten, aufgedeckt wurde. Folglich griffen sie ihn, der nichts ahnte und so etwas nicht fürchtete, unvermutet losbrechend, von allen Seiten an, als er – welch eine (verblendete) Sicherheit – zum Tribunal rief. Das Lager wurde geplündert, und drei Legionen wurden vernichtet. Als alles verloren war, ergab sich Varus dem gleichen Schicksal und derselben Stimmung wie Paulus nach dem Tag von Cannae ...«[209]

Diese Darstellung ist so haarsträubend, dass selbst Goetz/Welwei sich beim Stichwort »Tribunal« zu dieser Anmerkung veranlasst sehen: »Das widerspricht den übrigen Berichten, wenn es nicht wiederum symbolisch gemeint war.«[210]

Im Übrigen beging der römische Consul L. Aemilius Paullus nicht Selbstmord, sondern fiel bei Cannae.

Dass Florus einiges durcheinandergeraten sein muss, zeigt der unmittelbar anschließende Satz:»Nichts war blutiger als jene Katastrophe in Sümpfen und Wäldern …«[211] Ein typisches Beispiel für diese Darstellungsweise ist das Vermengen von zwei grundverschiedenen Ereignissen: Einerseits wurde das Lager»während eines Tribunals geplündert und die drei Legionen vernichtet«, andererseits war»nichts blutiger als jene Katastrophe in Sümpfen und Wäldern«. Florus greift also einmal mehr zurück auf den Topos der »Sümpfe und Wälder«.

Walther John kommt in seinem Lexikonartikel von 1963 auf die Glaubwürdigkeit des Florus zu sprechen und zitiert Mommsen:»Wer nun nach dem Bericht des Cassius Dio sich vorurteilsfrei dem des Florus zuwendet, kann unmöglich dem Urteil Mommsens beipflichten (Röm. Gesch. V 41,1): ›Der Bericht des Florus beruht keineswegs auf ursprünglich anderen Quellen, wie Ranke annimmt, sondern lediglich auf dem dramatischen Zusammenspiel der Motive, wie es allen Historikern dieses Schlages eigen ist.‹ Denn wenn man genauer hinsieht, entfaltet sich ›die lächerliche Schilderung, dass, während Varus auf dem Gerichtsstuhl sitzt und der Herold die Parteien vorladet, die Germanen zu allen Toren einbrechen‹, ganz und gar als eine erschreckend einfältige Konstruktion aus dem einen Motiv der zivilen Rechtssprechung heraus … Man wird sich also damit begnügen müssen, dass dieser Überfall auf das Sommerlager während einer Gerichtssitzung einfältige, willkürliche Erfindung des Florus oder bestenfalls seiner Vorlage ist.«[212]

Das alles bringt uns nicht weiter. Erst recht nicht, wenn man die Topografie des Lagers an der Weser in Barkhausen vor Augen hat. Arminius war viel zu sehr »Römer« und erfahrener Truppenführer, um nicht zu wissen, dass es ganz und gar unmöglich sein würde, ein voll funktionsfähiges, nach allen Regeln der römischen Kriegstechnik befestigtes Lager mit mehreren Legionen gleichsam im Handstreich zu nehmen. In diesem Zusammenhang drängt sich einmal mehr die Frage auf: Warum nahm Varus die eindringlich vorgebrachten Hinweise des Segestes auf eine unmittelbar bevorstehende Erhebung nicht ernst? Dazu noch einmal Walther John:»Es erscheint geradezu unbegreiflich, weshalb Varus die ihm über die Verschwörung des Arminius zugetragenen Warnungen so ganz in den Wind geschlagen hat, zumal doch Segestes auf Grund seiner altbewährten römerfreundlichen Einstellung gegenüber dem wohl erst 27 Jahre alten Arminius als unbedingt zuverlässig gelten musste.«[213]

John nennt als Erstes die von Florus erwähnte *pacis fiducia*, also das Vertrauen des Varus in den Frieden, sowie die Bemerkung von Velleius (2, 118, 2):»Niemand ist leichter zu fassen als ein Nichtsahnender, und das Unheil beginnt meistens dann, wenn man sich ganz sicher fühlt.« Er fährt fort: »Arminius, dessen geistige Gewandtheit und politisches Geschick Velleius bewundernd anerkennt, muss es verstanden haben, sich so in das unbedingte Vertrauen des Varus einzuschleichen, dass er die unzweifelhaft vorhandenen und auch von Varus anerkannten Verdienste des Segestes um die römische Politik völlig in den Schatten stellen konnte. Und das wird erst in vollem Maße verständlich, wenn Arminius als *ductor popularium*[214] [als Führer seiner Landsleute, d. V.] nicht bloß erst in den Jahren 4–6 n. Chr. in römischen Diensten gestanden hat, sondern ... schon vorher im römischen Heeresdienst sich bewährt hatte und so die ihm dafür gezollte Anerkennung dem Varus gegenüber bewusst ausgenutzt, um mit seiner durch die Tat bewiesenen Römertreue alle Anschuldigungen des Segestes auszustechen. Denn es ist nicht gut denkbar, dass Arminius, wenn er nur erst in den Jahren 4–6 n. Chr. in römischen Diensten gestanden hätte, daraufhin bei seinem jugendlichen Alter und schon nach 2 bis 3 Militärdienstjahren nicht bloß das römische Bürgerrecht, sondern auch den *gradus equester* [den Rang eines Ritters, d. V.] erreicht hätte.«[215]

Ferner dürften die Erfahrungen, die Varus als Statthalter in Syrien gemacht hatte, eine Rolle gespielt haben: die furchtbaren Zerwürfnisse im Hause des Herodes und deren unselige Folgen bis zum Bürgerkrieg. Varus könnte damals den Eindruck gewonnen haben, dass solche Intrigen und Verleumdungen in den Fürstenhäusern der Einheimischen durchaus die Regel seien und dass er am besten fahre, die Menschen aufgrund seiner persönlichen Erfahrungen zu beurteilen und seine Entscheidungen nur daran zu messen. Wenn er also gegen angebliche Rebellen zog, dann in dem Glauben, er werde mit ihnen ebenso einfach fertig werden wie mit den rebellischen Juden in Palaestina. Er muss geglaubt haben, allein schon das Erscheinen der geballten römischen Armee von drei Legionen am Ort werde die Aufständischen zur Räson bringen und Ruhe einkehren lassen. Genau das werden die Argumente gewesen sein, mit denen Arminius ihn dazu brachte, die Marschroute zu ändern.[216]

Wie wir schon feststellten, kam für Arminius ein Angriff auf das Lager an der Weser nicht infrage, weil die Chancen, es zu erobern, gleich null waren. Andererseits durfte der ins Auge gefasste Platz für den Überfall nicht zu weit entfernt, nicht zu weit im Norden, aber auch nicht zu nahe am Lager liegen – und zwar aus mehreren Gründen:

- Wir können davon ausgehen, dass Arminius sich in den Wochen unmittelbar vor dem Aufbruch der Legionen im Lager oder in dessen unmittelbarer Nähe aufgehalten hat.

- Erster Grund dafür: Er musste seinen Aufgaben als Truppenführer unter den Augen des Statthalters gerecht werden und jede Verdächtigung durch seine sozusagen dienstliche Anwesenheit im Keim ersticken.
- Zweiter Grund: Es war für ihn unbedingt notwendig, mit seinen Mitverschworenen in engem Kontakt zu stehen, sei es, dass er Vertraute als Boten hin und her schickte, sei es, dass er sich selbst um noch ungelöste taktische Probleme kümmerte.
- Der Ort, den er für die Aktion ins Auge fasste, musste, wenn möglich, in der Nähe der sonst üblichen Route liegen, auf der das Heer ins Winterlager marschierte. Der Umweg musste so beschaffen sein, dass er – zunächst jedenfalls – gut begehbar bzw. für den Tross befahrbar war.
- Der geplante Hinterhalt musste so beschaffen sein, dass weder Fußvolk noch Reiterei der Legionen sich entfalten konnten. Aus diesem Grund schied das Terrain weiter nördlich oder südlich an der Weser oder in deren Niederungen aus.
- In unmittelbarer Nähe des geplanten Hinterhalts mussten Wälder liegen, in denen man ungesehen und ungestört die fortifikatorischen Vorbereitungen treffen konnte, ohne Gefahr zu laufen, dabei entdeckt zu werden. Wobei wir davon ausgehen können, dass an bestimmten Stellen in der näheren und weiteren Umgebung Beobachter auf ihren Posten waren und jede Bewegung auf der Straße meldeten.
- Wahrscheinlich gingen Arminius und seine Unterführer davon aus, dass eine Entfernung von etwa 40 römischen Meilen, also 60 Kilometern, der beste Kompromiss sein müsse: Man brauchte mehr als einen Tag, wahrscheinlich drei Tage, um vom Lager aus dorthin zu gelangen.

Es gab nur einen Ort, der all diese Bedingungen erfüllte: das Gelände zu Füßen des Kalkrieser Berges. Nach etwa halber Strecke nähern sich von Norden bereits die Moore der uralten Straße, die schon seit Urzeiten als kürzeste Verbindung zwischen dem Weserdurchbruch bei Porta Westfalica und der mittleren Ems genutzt wurde. Ob Varus bei seinen sommerlichen Exkursionen zu den erwähnten Gerichtstagen diese Gegend schon früher selbst kennengelernt hat, wissen wir nicht; doch mit Sicherheit wird er von seinen abkommandierten Leuten, die dienstlich hier schon oft unterwegs waren, über die Beschaffenheit, das heißt die Begeh- und Befahrbarkeit der Route, informiert worden sein. Dann hatte er auch Kenntnis davon, dass es beim Kalkrieser Berg einen Engpass gab: Von Osten kommend, rückte rechts das Große Moor nahe an die Straße heran, während sich links von Süden der dicht bewaldete Berg in einem großen Bogen der

Straße näherte, so dass schon einem einfacher Soldaten klar werden musste: Dies ist ein höchst gefährlicher Engpass!

Man muss sich einmal die Situation unmittelbar vor dem Aufbruch vorstellen: Das bevorstehende Unternehmen wird in einer Stabsbesprechung mit den höheren Dienstgraden erörtert, die Route wird festgelegt. Dabei muss es Centurionen, Tribunen oder Praefecten gegeben haben, die sehr wohl etwas von den Warnungen des Segestes gehört haben und die jetzt, sozusagen in letzter Minute, vor den möglicherweise auf sie zukommenden Gefahren eindringlich gewarnt haben. Doch Varus, von der absoluten Zuverlässigkeit und Treue des Arminius überzeugt, ist keinem noch so vernünftigen Argument mehr zugänglich und schlägt alle Bedenken in den Wind.

Arminius aber hatte erreicht, was er wollte: Die Armee würde, gegen alle Bedenken der militärischen Fachleute, die Route nehmen, die er schon vor Wochen ausgewählt und fortifikatorisch vorbereitet hatte. So nahm das Unglück seinen Lauf …

— SZENE 20 —

Die XIX. Legion rückte, da sie am hinteren Tor kampierte, als Erste aus. Die germanische Reiterei unter dem Kommando des Arminius hatte schon auf der Straße Aufstellung genommen. Sie würde als Vorhut vorausreiten.

Obwohl die Truppe die Prozedur schon hundertfach ausgeführt hatte und jeder Soldat seinen Platz in der Marschkolonne kannte, dauerte es über zwei Stunden, bis die Abteilungen zusammen mit dem Tross das Lager verlassen hatten. Zugleich setzte sich die Vorhut in Bewegung, wobei sie – bis auf anderslautende Befehle – gehalten war, langsam zu reiten, um mit dem Haupther in Verbindung zu bleiben.

Das alles wiederholte sich mit der XVIII. und XVII. Legion und wurde mit geradezu mechanischer Präzision durchgeführt. Die wenigen Zurückbleibenden winkten ihren Kameraden und Freunden zu, wünschten Hals- und Beinbruch und zogen sich, als der letzte Mann das Tor passiert hatte, ins Lager zurück.

Da Pedius zum Stab des Praefecten Marcus Oppius gehörte, befand er sich im vorderen Teil der XIX. Legion. Und weil Oppius ihn gegebenenfalls als Dolmetscher oder Kurier einzusetzen gedachte, der sich schnell von A nach B zu bewegen hatte, war er beritten.

Da die Straße in dieser Region durchaus fest und gut befahrbar war, kam der Heereszug zügig voran. Das konnte sich aber schnell ändern, wenn Regen einsetzte. Immer wieder blickten die Männer zum Himmel und registrierten besorgt, dass die Wolkendecke allmählich dichter und dunkler wurde. Der Regen würde nicht lange auf sich warten lassen.

Pedius, der die Beschaffenheit der Strecke aus eigener Anschauung gut kannte, sah voraus, dass es dann nach etwa zwanzig Meilen zu Problemen kommen würde. Besonders für den Tross, die schwer beladenen Wagen und Karren. Das nördlich gelegene Moor näherte sich dann dem Gebirge. Der Boden veränderte seine Farbe, wechselte von Ocker und Lehmgelb zu Dunkelbraun, ja Schwarz, wurde an vielen Stellen feucht und schlammig, es fehlte der feste Untergrund – und die Räder der Fuhrwerke würden immer tiefere Spuren ziehen, die die nachfolgenden Fahrzeuge immer mehr behinderten und verlangsamten. Die Passage dieser Stelle, die sich über einige Meilen hinzog, würde das Marschtempo des gesamten Zuges verlangsamen. Und wehe, wenn noch ein Achsen- oder Radbruch dazukam! Ganz zu schweigen von der Notwendigkeit, in solchem Gelände das Lager für die Nacht aufzuschlagen und auf durchnässtem Boden zu schlafen!

Er wurde aus seinen trüben Gedanken gerissen, denn Marcus Oppius schloss zu ihm auf und fragte:

»Na? Alles in Ordnung, Optio?«

»Alles in Ordnung, Praefect!« Und fügte hinzu: »Bis aufs Wetter.«

»Das Wetter, ja. Könnte uns Schwierigkeiten machen.«

In diesem Augenblick geriet die Marschkolonne ins Stocken. Oppius ritt nach vorne, um nach der Ursache der Unterbrechung zu sehen.

Die Unterbrechung dauerte an. Pedius fand dafür keine Erklärung. Also ritt er ebenfalls weiter nach vorne, um den

Grund dafür auszumachen. Der Weg schlug hier einen größeren Bogen um den Ausläufer eines Berges, und so konnte er erkennen, dass auch die gesamte Vorhut der germanischen Reiterei zum Stehen gekommen war. Nur ein einzelner Reiter galoppierte an der Kolonne entlang zurück, näherte sich der Gruppe um den Oberbefehlshaber und steuerte direkt auf Varus zu. Er stieg nicht vom Pferd, sondern beugte sich zur Seite und redete auf den Feldherrn ein. Es war Arminius.

Varus, ebenfalls zu Pferd, hörte sich das, was der Cherusker ziemlich erregt vorbrachte, vollkommen ruhig an, nickte mehrmals und legte Arminius, wie um ihm sein Einverständnis zu signalisieren, die Hand auf die Schulter. Arminius verbeugte sich im Sitzen. Dann trennten sie sich. Arminius galoppierte wieder nach vorne zu seinen Leuten. Er wurde von einigen Unterführern erwartet. Sie sprachen kurz miteinander. Arminius wies mit ausgestrecktem Arm nach vorne, nach rechts und nach links. Die Männer nickten. Dann trennten sie sich und ritten zu ihren Einheiten.

Dann geschah etwas, was Pedius nicht verstand: Die gesamte Vorhut teilte sich in drei Gruppen. Die größte trabte an, ging in einen zügigen Galopp über, folgte weiter der Straße nach Westen und war bald hinter der nächsten Wegbiegung verschwunden. Eine zweite Gruppe verließ die Straße, wandte sich nach rechts, folgte einem Feldweg abwärts zu einer Senke, überquerte einen Bachlauf – den Pedius kannte – und verschwand auf der gegenseitigen leichten Anhöhe in einem Waldstück. Die dritte, kleinste Gruppe wandte sich nach links, überquerte eine Weide, strebte dem dicht bewaldeten Gebirge zu und tauchte im Dickicht des Urwaldes unter.

Und Pedius sah noch etwas: Oppius und einige andere hohe Offiziere redeten erregt auf Varus ein, gestikulierten heftig mit den Händen, zeigten mal in diese, dann in jene Richtung, schüttelten energisch den Kopf – woraus Pedius schloss, dass sie mit der soeben von Varus ergriffenen Maßnahme nicht einverstanden waren. Doch Varus blieb ruhig, reagierte darauf nur mit einer abwehrenden Handbewegung. Dann zeigte er nach vorne und befahl den Weitermarsch.

Die Kolonnen setzten sich wieder in Bewegung. Oppius ritt zurück zu seiner Abteilung.

Pedius erwartete ihn und fragte:»Was hat das zu bedeuten?«

Das Gesicht des Praefecten war wie versteinert. Er presste zornig die Lippen aufeinander. Dann stieß er hervor:»Das ist der reine Wahnsinn!«

»Was?«, fragte Pedius.

»Er hat die Vorhut vorausgeschickt. In verschiedene Richtungen! Du hast es doch gesehen!«

»Ja sicher. Und warum macht er das? Ich sah, wie Arminius zuvor auf ihn einredete ...«

Oppius nickte grimmig. »Ja. Und der hat ihm erzählt, dass es besser wäre, wenn er mit seinen germanischen Reitern Verstärkung heranholte. Ihm sei gerade gemeldet worden, dass der Unruheherd sich vergrößert hätte. Wenn er mit seinen Männern am Ort erscheine, werde das die Aufständischen so einschüchtern, dass sie unverzüglich das Feld räumen würden.«

Pedius sah ihn an und fragte:»Und was stört dich daran?«

Oppius schüttelte den Kopf:»Dass wir ohne die Vorhut der Auxiliar-Reiter weitermarschieren! Dadurch sind unsere eigenen Reiter geschwächt. Sie haben nicht die gleiche Kenntnis vom Gelände wie die Germanen! Im Übrigen ...«

»Ja?«

»Ich habe ein ungutes Gefühl dabei. Und nicht nur ich!«

Pedius blickte nach vorne und sah wieder die übrigen Befehlshaber der Neunzehnten, wie sie erregt auf den Feldherrn einredeten.

Oppius fasste sich:»Also dann ... weiter! Vorwärts!«

Die Legionen auf dem Marsch

Die Situation, in der Varus sich zu diesem Zeitpunkt zu befinden glaubte, entsprach durchaus dem, was ein Truppenführer in einem fremden Land unter »normalen« Umständen bei einer Strafexpedition gewärtigen konnte. Adrian Goldsworthy hat es so beschrieben: »Strafexpeditionen endeten oft mit der totalen Vernichtung *(devastatio)* eines im Allgemeinen relativ kleinen Areals beiderseits der Route, auf der sich die mit der Operation betraute Kolonne bewegte. So brach über die Bewohner der betreffenden Gebiete die Katastrophe herein, während etwas weiter abseits gelegene Siedlungen verschont blieben. Aber allein die Tatsache, dass die Römer jederzeit unverhofft zuschlagen und entsetzliches Unheil anrichten konnten, wirkte weit über die betroffenen Gebiete hinaus auf die Menschen. Das Vorgehen bei solchen Strafexpeditionen war ausgesprochen grausam. Häuser und Felder wurden zerstört, die Bewohner niedergemetzelt, gekreuzigt oder versklavt ... In den Augen der Römer waren solche Gräuel gerechtfertigt, wenn sie nicht um der Grausamkeit selbst willen begangen wurden, sondern einem praktischen Zweck dienten.«[217]

Varus war fest entschlossen, diesem Brauch folgend mit den Aufständischen kurzen Prozess zu machen. Ähnliches hatte er schon in Syrien oft praktiziert – und das aus seiner wie der Sicht des Augustus sehr erfolgreich. Dass dabei auch Unbeteiligte und Unschuldige zu Tode kamen, nahm man als unvermeidbar in Kauf. Heute wird in solchen Fällen manchmal euphemistisch von »Kollateralschäden« gesprochen, etwa in Afghanistan oder im Irak.

Der »praktische Zweck« war in den Augen von Varus: über den bevorstehenden Winter hin, während der Abwesenheit des Gros der Armee, den romfeindlichen Kräften im angenommenen Zielgebiet eine solch brutale Lehre zu erteilen, dass der noch übrig gebliebenen Minderheit und den Stämmen des Randgebietes jede Lust verging, es noch einmal zu versuchen.

Entscheidend ist, dass er bis zu diesem Zeitpunkt dem Arminius voll vertraute. Es war das letzte Mal, dass er mit ihm – wie er meinte – von Gleich zu Gleich argumentierte und handelte. Er hatte nicht den geringsten Zweifel, dass seine Entscheidung angemessen, also nach römischem Verständnis korrekt war. Und für Arminius war es eine reife Leistung, diese Aktion gegen seine eigenen Landsleute ohne mit der Wimper zu zucken nicht nur zu akzeptieren, sondern sie als unbedingt notwendig zu fordern. Oder umgekehrt: Die größtmögliche Lüge verschafft ihm das Vertrauen des Oberkommandierenden!

Bei Cassius Dio liest sich das so: »Wie er (Varus) nun völlig sicher zu sein glaubte, überhaupt kein Unglück befürchtete und allen, die mit Argwohn die

Entwicklung beobachteten und ihn zur Vorsicht mahnten, nicht nur keinen Glauben schenkte, sondern auch noch vorwarf, dass sie sich grundlos erregten und jene Männer verleumdeten, da empörten sich nach geheimer Absprache zuerst gewisse weiter entfernt lebende (Germanen). Sie wollten erreichen, dass Varus auf dem Marsch ins Gebiet der Aufständischen sich wie bei einem Zug durch befreundetes Land verhielt, so dass er leichter überwältigt werden konnte und nicht etwa wie bei einer überraschenden allgemeinen Erhebung Vorsichtsmaßnahmen traf. Und genau dies geschah; sie begleiteten ihn auf dem Marsch, und als sie dann entlassen worden waren, um die Hilfstruppen zu mobilisieren und schleunigst zur Unterstützung heranzuführen, übernahmen sie die schon irgendwo in Bereitschaft stehenden Streitkräfte, ließen jeweils die in ihrem Heimatgebiet stationierten römischen Soldaten, die sie früher von Varus angefordert hatten, niedermachen und griffen dann Varus selbst an, der sich mittlerweile schon in schwer passierbaren Waldgegenden befand. Dort erschienen die vermeintlichen Untertanen plötzlich als Feinde und richteten furchtbares Unheil an.«[218]

Wenn man versucht, sich das, was sich hier abspielt, leibhaftig vorzustellen, kann man zunächst nur staunen: Da ist ein junger Mann von 27 Jahren überzeugt, mit einigen Hundert Mann eine Armee von vielleicht 18 000 – oder auch 12 000, dazu gibt es unterschiedliche Forschungsmeinungen – erfahrenen Kriegern angreifen, überwinden und schließlich vernichten zu können! Was für ein Wagnis! Erste Reaktion des gesunden Menschenverstandes: Das kann nicht gut gehen! Das ist Größenwahnsinn! Das führt in eine Katastrophe! Jetzt fehlt nur noch eins: das Wetter! Das »richtige« Wetter! Und es spielt mit. Von Westen nähert sich ein gewaltiges Sturmtief mit starken Böen und dunklen Wolken, gesättigt mit Wasser, das es über dem Atlantik aufgenommen hat.
Der Bericht von Cassius Dio ist der ausführlichste, den wir haben. Doch auch bei ihm vermissen wir vieles, was wir wissen möchten. So gibt er keine genaue Beschreibung der topografischen Lage, was zur Folge hatte, dass man den Ort des Geschehens an die verschiedensten Plätze legte. Vor allem der erste Satz in Buch 56, Kapitel 1 seiner ›Römischen Geschichte‹ stiftete Verwirrung: »Die Berge, ohne Ebenen, waren nämlich von Schluchten durchzogen, außerdem standen Baumriesen dicht nebeneinander, so dass die Römer bereits vor dem feindlichen Überfall mit dem Fällen der Bäume, der Anlage von Wegen und der Überbrückung von Geländeabschnitten, wo solches nötig war, Mühe genug hatten.« So die Übertragung von Otto Veh. Goetz/Welwei übersetzen: »Denn das Gebirge war voller Schluchten und stark zerklüftet, die Bewaldung dicht

und überaus hoch, so dass die Römer auch schon vor dem Angriff der Feinde Mühe hatten, Bäume zu fällen, Wege zu bahnen und Brücken zu bauen, wie es erforderlich war.« Wie auch immer, diese Beschreibung veranlasste schon Goetz/Welwei zu der kritischen Anmerkung: »Sachkritik an dieser rhetorischen Darstellung Dios, dessen Quelle sich hier nicht bestimmen lässt, führt kaum weiter.«[219]

Offenbar lagen Cassius Dio keine genauen topografischen Angaben vor, so dass er sich in eine »rhetorische Darstellung« rettet. Dabei handelt es sich wiederum um die bekannten Topoi »Gebirge … Schluchten … stark zerklüftet … dichte Bewaldung … Baumriesen … keine Wege … keine Brücken«. Bei Velleius Paterculus, dem Zeitgenossen, heißt es dagegen in der Übersetzung von Marion Giebel: »Eingeschlossen in Wälder und Sümpfe …«[220] Wir würden natürlich lieber hören: »… eingeschlossen *zwischen* Wäldern und Sümpfen.« Der Ablativus absolutus des lateinischen Textes lässt diese Deutung ohne Weiteres zu: »inclusis silvis, paludibus, insidiis …«, also: »eingeschlossen durch Wälder, Sümpfe (und einen) Hinterhalt …« Diese Version würde bestätigen, dass die Armee natürlich *zwischen* den genannten Behinderungen marschiert und dem Hinterhalt ausgeliefert ist.

Des Velleius Formulierung entspricht vollkommen der Beschaffenheit des Weges, den die Armee nimmt: links, also im Süden, der Urwald an den Hängen des Wiehengebirges; rechts, im Norden, die Moore; und an der engsten Stelle des begehbaren Geländes der Hinterhalt bei Kalkriese! Im Übrigen müssen wir davon ausgehen, dass der Wald damals an manchen Stellen bis ans Moor heranreichte, so dass der Fahr- und Fußweg streckenweise durchs Dickicht führte. Von einer befestigten Straße kann natürlich keine Rede sein.

Die »Naturräumlichen Gegebenheiten und verkehrsgeographischen Verhältnisse« am Kalkrieser Berg hat Wolfgang Schlüter in seinem gleichnamigen Artikel aus heutiger Sicht beschrieben: »Die relative Höhe des dem Wiehengebirgskamm nördlich vorgelagerten Kalkrieser Berges gegenüber der Senke beträgt durchschnittlich 120 m. Die sandigen Böden der Senke sind stark grundwasserbeeinflusst. Lediglich überlagernde Flugsande am Rand des Großen Moores sowie Hangsande im unteren Bereich des Kalkrieser Berges boten einen geeigneten Untergrund zur Anlage von Wegen. Da die Flanken des Kalkrieser Berges bis zum Hangknick, d.h. bis zum Übergang in die feuchte Niederung, durch zahlreiche kleine Bäche äußerst stark zertalt sind – ein Umstand, der die Einrichtung von Wegen für den Durchgangsverkehr sicherlich erschwert hat –, führte der Fernverkehr – er verband vor allem den Niederrhein mit dem Mittelwesergebiet – jedoch ausschließlich über die Flugsandrücken am Nordrand der Senke. Außerdem wird die begeh- und befahrbare Hangsandzone mehrfach stark eingeengt, und zwar von Süden her durch mit staunassen Böden aus Hanglehm bedeckte, bis in die Neuzeit hinein sicherlich landwirtschaftlich nicht genutzte und – wie die gesamte Anhöhe – wohl weitgehend bewaldete Ausläufer des Kalkrieser Berges und von Norden her durch heute zumeist verschüttete Quellmulden, die in die nasse Niederung in der Mitte des Engpasses übergehen. Wie die Bindung der vorgeschichtlichen Siedlungsreste sowie der mittelalterlichen und neuzeitlichen Höfe mit ihren Ackerfluren an die trockene Hangsandzone zeigt, muss hier aber auf jeden Fall ein die einzelnen Siedlungen verbindender Nahverkehrsweg vorausgesetzt werden, der etwa 100 bis 200 m nördlich der B 218 verlaufen sein könnte.«[221]

Eine Armee auf dem Marsch – unter normalen Bedingungen

In welcher Reihenfolge die Legionen marschierten, wissen wir nicht. Von den drei Legionslegaten nennt Velleius lediglich den Namen des Numonius Vala – wir kommen auf ihn zurück – sowie die der Lagerpraefecten Lucius Eggius und Ceionius. Zu welchen Einheiten sie gehörten, wird nicht gesagt. Velleius benutzt sie auch nur, um sie als tapfere bzw. feige Kommandeure gegenüberzustellen. Dazu gleich mehr.

Wie alles Militärische war auch und besonders die Marschordnung einer oder mehrerer Legionen bis ins Detail geregelt. Dahinter stand eine Erfahrung, die bis in die Republik zurückreichte. Sie hatte sich immer wieder bewährt, wurde in den Details verändert, verbessert und neuen Bedürfnissen angepasst, blieb aber im Prinzip bis zum Untergang des Reiches bestehen.

Marschordnung bei mehreren Legionen:[222]

1. Auxiliar-Truppen

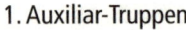

2. Vorhut

3. Transport der Werkzeuge zum Lagerbau

4. Pioniere

5. Stabsoffiziere

6. Feldherr

7. Reiterei der Legionen

8. Maultiere

9. Legaten, Tribunen und Auxiliar-Praefecten

10. Die Legionen

11. Söldnertruppen

12. Nachhut

Zu 1. Auxiliar-Truppen: Sie wurden vorausgeschickt, um das Gelände zu erkunden und evtl. Angriffe abzuwehren; bestanden aus einheimischen Verbündeten.

Zu 2. Vorhut: Es handelt sich um eine durch das Los bestimmte Legion, die von einem Trupp Reiter unterstützt wurde.

Zu 3. Transport der Werkzeuge: Hier marschieren zehn Mann aus jeder Centurie, die die Werkzeuge für den Lagerbau tragen.

Zu 4. Pioniere: Ihre Aufgabe ist es, in schwierigem Gelände der Truppe den Weg zu bahnen (Brückenbau, Anlegen von Knüppeldämmen, Beseitigung von Hindernissen usw.).

Zu 5. Stabsoffiziere: Ausrüstung des Feldherrn und seines Stabes (Zelte, Kleidung, Archiv, Paradeuniformen, Paraderüstungen und –waffen).

Zu 6. Feldherr: der Kommandeur selbst zu Pferde mit seiner persönlichen Leibwache, meist aus Angehörigen der Hilfstruppen gebildet.

Zu 7. Reiterei der Legionen: pro Legion ein Geschwader *(4 turmae)* von 120 Reitern.

Zu 8. Maultiere: Sie tragen die zerlegten Belagerungswaffen (Geschütze, Schleudern).

Zu 9. Legaten, Tribunen und Auxiliar-Praefecten: Die höheren Offiziere werden von einer Kerntruppen-Eskorte begleitet.

Zu 10. Die Legionen: Jede Legion wird von einem *aquilifer* (Adlerträger) angeführt. Er ist von den anderen Feldzeichen umgeben. Es folgen die Trompeter. Wenn die Geländeverhältnisse es erlauben, marschieren die Soldaten zu sechst nebeneinander.

Zu 11. Söldnertruppen: Sie waren durch Verträge gebunden.

Zu 12. Nachhut: Sie besteht aus einem starken Kontingent schweren Fußvolks und Reiterei.

Die Zahlen über die Ist-Stärke einer augusteischen Legion, die in diesem Zusammenhang von den verschiedenen militärhistorischen Fachleuten genannt werden, können sehr unterschiedlich ausfallen. Marcus Junkelmann, der sie wie kaum ein anderer kritisch untersucht hat, kommt zu diesem Ergebnis:[223]
Centuria: 80 *milites gregarii* (Gemeine Soldaten) in 10 *contubernia* (Zeltgenossenschaften), dazu weitere 20 Dienstgrade und Nichtkombattanten = 100 Mann
Manipel: 2 Centuriae = 200 Mann
Cohorte: 3 Manipel oder 6 Centuriae = 600 Mann
Legion: 10 Cohorten = 6000 Mann.

Das sind freilich Idealwerte. Hinzu kommen – wiederum nach Junkelmann – weitere Menschen: »Natürlich verfügten die hohen Offiziere über ein recht beträchtliches Gefolge mit Wagen und Tragtieren. Alles in allem kann man das Personal der Legionsführung einschließlich der Verwaltung auf annähernd 400 Mann mit wenigstens 300 Reit-, Zug- und Tragtieren ansetzen, präzise Angaben antiker Autoren zu dieser Frage gibt es nicht. Das brächte den Gesamtbestand der Legion auf 4800 Mann schwerer Infanterie, 120 Reiter, etwa 500 Dienstgrade vom Gefreiten bis zum General sowie 1000 Burschen und Tragtiertreiber, die in der Regel Sklaven waren, zusammen 6500 Menschen mit über 1200

Reit-, Zug- und Tragtieren. Von den 6500 Menschen waren 5500 Soldaten und von diesen wiederum einschließlich der bei der kämpfenden Truppe dienenden Dienstgrade gegen 5300 Mann eigentliche Kombattanten.«[224]

Nun erwähnt Cassius Dio zum Marsch der drei Legionen ausdrücklich:»Wie mitten im Frieden führten sie viele Wagen und auch Lasttiere mit sich; dazu begleiteten sie zahlreiche Kinder und Frauen und noch ein stattlicher Sklaventross, die sie ebenfalls zu einer gelockerten Marschform zwangen.«[225] Nichts zeigt deutlicher, dass Varus sich auf einem Marsch durch befriedetes Gebiet wähnte, als die Mitnahme des gewaltigen Trosses. Indirekt kann man daraus auch ableiten, dass die Beschaffenheit des Weges der Führung sehr wohl bekannt war. Man hielt seine Qualität durchaus für angemessen, den Durchmarsch dreier Legionen mit Tross, Wagen, Trageтieren und Reitern ohne Schwierigkeiten zu gewährleisten. Allerdings galt das – wir müssen es betonen – nur unter »normalen«, das heißt friedlichen Verhältnissen! Die »Aufständischen«, so die Annahme, befanden sich nach den Einflüsterungen des Arminius weiter im Westen, wahrscheinlich in der offenen Landschaft um das heutige Bramsche, wo das Terrain es erlauben würde, die Cohorten ihre Gefechtsformationen einnehmen zu lassen. Dort würde man mit den Rebellen kurzen Prozess machen.

In den Überlegungen und Planungen von Arminius spielte dieser Punkt die entscheidende Rolle. Er musste Varus dazu bringen, diese und keine andere Strecke zu marschieren, denn nur dort boten sich die einengenden Verhältnisse, die er brauchte, um mit seiner zahlenmäßig weit unterlegenen Truppe seine Stoßtrupp-Angriffe durchführen zu können. Anders gesagt: Die Straße selbst war die Falle!

Arminius hatte sich in der römischen Armee hochgedient bis zum Führer von germanischen Auxiliartruppen. Er kannte die Schwachstellen sowohl der römischen Einheiten wie der Hilfstruppen aus eigener Erfahrung. Und die gefährlichste Situation ergab sich für eine Legion, wenn sie sich auf dem Marsch durch einengendes Gelände bewegte, wo sie sich nicht entfalten konnte. Im Normalfall marschierten die Legionäre zu sechst nebeneinander. Bei einem Abstand von einem Meter zur vorausgehenden Gruppe bedeutete das: Eine Cohorte (600 Mann) marschierte auf einer Länge von 100 Metern. Aber der Abstand der Sechsergruppen war größer: Bei zwei Metern Abstand = 200, bei drei Metern Abstand = 300 Meter. Nun werden die verengten Verhältnisse des Weges es kaum zugelassen haben, in Sechsergruppen nebeneinander zu marschieren. Wenn wir von drei Mann nebeneinander ausgehen, die im Abstand von zwei Metern marschieren, ergibt sich für die Cohorte bereits eine Ausdehnung auf

400 Meter. So kommen wir bei den zehn Cohorten einer Legion bereits auf 4000 Meter. Die 30 Cohorten aller drei Legionen benötigen 12 000 Meter. Hinzu kommen die übrigen Chargen bis zu den Legaten und dem Feldherrn mit ihren Leuten, Tragtieren und Wagen; ferner die Reiterei und der Tross. Zu all diesen Fragen noch einmal Marcus Junkelmann: »Der Vormarsch auf breiter Front hat natürlich den Vorteil, dass sich die Kolonnen nicht endlos in die Länge ziehen und die Truppen sehr rasch und konzentriert an den Gegner gebracht werden können. Aber die Breite einer Kolonne hängt immer ab von der schmalsten Stelle des zu passierenden Weges. Ein einziges Defilee [d. h. ein Engpass, d. V.] kann die zermürbendsten Marschstockungen herbeiführen, die sich rasch nach hinten fortpflanzen. Man macht sich meist keine Vorstellungen von der Ausdehnung marschierender Kolonnen und den damit verbundenen Problemen. Selten dürfte eine Legion Gelegenheit gehabt haben, mit mehr als vier Mann Frontbreite über längere Strecken vorzurücken. Unter dieser Voraussetzung hat eine Centuria eine Länge von etwa 60 m, wovon ein Drittel auf die Tragtiere fällt. Das ergibt für die Cohorte 360 m, für die Legion, den Legionstross eingerechnet, wenigstens 4200 m. Armeen der Größenordnung, wie sie 15 v. Chr. von Drusus und Tiberius kommandiert wurden, zogen sich, in einer Kolonne, aber unter günstigen Geländeverhältnissen marschierend, über 15–20 km hin. Das setzt schon hervorragende Marschdisziplin und erfahrene Führung voraus, wovon man bei den römischen Truppen ja in der Regel ausgehen kann … Bei einer Kolonnentiefe von 20 km ist fast ein ganzer Marschtag erforderlich, bis die hintersten nach vorn aufgeschlossen haben und in einen Kampf eingreifen können. Das erklärt, warum man in Feindesnähe nach Möglichkeit in breiter Front und geringer Tiefe marschierte, so mühselig und kompliziert das war. Die einfachste Lösung bestand natürlich darin, mehrere parallele Straßen gleichzeitig zu benutzen, doch standen solche gewiss nur sehr selten zur Verfügung, und trennte man die Kolonnen zu weit voneinander, lief man Gefahr, en detail von einer Übermacht angegriffen zu werden. Angesichts eines starken Gegners war es daher die Regel, dass auf einer Straße marschiert wurde.«[226]
Die Folgerung für den Marsch der XVII., XVIII. und XIX. Legion lautet also: Wir müssen eine Kolonnentiefe von mindestens 15 Kilometern pro Legion, insgesamt also mindestens 45 Kilometer, ansetzen. Vieles spricht dafür, dass der Heereszug länger war, denn Cassius Dio notiert: »Zusätzlich wurde die Kolonne durch heftigen Regen und Sturmwind auseinandergezogen.«[227]

— SZENE 21 —

Immer wieder schaute Sextus Pedius besorgt zum Himmel, den dunkle Wolken nun komplett verhüllten. Obwohl es erst früher Nachmittag war, machte sich eine Finsternis breit, die nichts Gutes ahnen ließ. Schon fielen die ersten Tropfen. Große, schwere Tropfen. Man hörte, wie sie auf den Blättern aufschlugen. Dann hob sich der Wind. Nicht allmählich, sondern in Böen, plötzlich, unerwartet. Und mit ihm der Regen. Ebenso plötzlich. Von einem Augenblick auf den nächsten goss es wie aus Kübeln.

Pedius hörte, wie einer der Marschierenden neben ihm »Scheiße!« rief.

Nichts hasste ein Soldat auf dem Marsch so sehr wie Regen, Dauerregen. Decken, Taschen, Gürtel, Lederriemen und Schilde sogen sich voll. In kurzer Zeit hatte man das Gefühl, das Doppelte an Gewicht zu schleppen.

Pedius schossen Bilder aus Syrien durch den Kopf. Dort waren es Hitze, Trockenheit, Schweiß und Durst, die einen marterten. Hier kam zur Nässe die Kälte. Wenn er die Wahl hätte, würde er die Hitze vorziehen. Aber das kam auf den Standpunkt an. Abends, an den Lagerfeuern, wurde über solche Dinge geredet, immer wieder. Ein unerschöpfliches Thema für die Betroffenen.

»Und ich sage dir«, hörte er einen Maultiertreiber. »Vor Kälte kannst du dich schützen, vor Hitze nicht! Also zieh dich warm an!«

Es gab nur ein Mittel dagegen: Durchhalten! Weitermarschieren! Knochen und Muskeln in Bewegung halten!

Allerdings war Pedius in einiger Sorge: Die Mannschaften hatten wochenlang keine großen Strecken mit schwerem Gepäck zurückgelegt. Sie waren nicht in Bestform. Einziger Trost war, dass sie sich auf einem friedensmäßigen Marsch befanden. Sie konnten am Abend in Ruhe den geeigneten

Lagerplatz wählen. Außerdem war die Straße hier noch fest. Das würde sich freilich einige Meilen weiter westlich ändern, dort, wo die im Norden liegenden Moore ganz nahe ans Gebirge rückten. Falls der Starkregen anhielt, traten die zahlreichen Bäche, die von den Bergen zu Tal stürzten, über die Ufer, das Wasser machte sich auf dem ohnehin morastigen Boden breit, der von den Marschierenden in einen schweren, klebrigen Brei aus Lehm und schwarzer Erde gestampft würde. Noch vor einem halben Jahr hatte er das selbst erlebt, als er mit einer Hundertschaft dort amtlich unterwegs gewesen war.

Der Regen wurde stärker. Selbst hier, wo der Boden noch einigermaßen fest war, bildeten sich bereits Pfützen. Die Räder der Karren und Wagen drückten immer tiefere Rinnen. Immer wieder geriet der Zug ins Stocken, weil die Zugtiere Mühe hatten, an leichten Steigungen auf dem glitschigen Boden voranzukommen.

Immer öfter hörte er, wie die Kameraden, die zu Fuß gingen, fluchten, knurrten und schnaubten. »Verdammter Mist! ... Scheiße! ... Elende Sauerei! ... Hört das denn nie auf?! ... Wenn das meine Mutter wüsste!«

Dann fuhr schon mal ein Centurio herrisch dazwischen: »Maul halten! Tempo beibehalten! Nicht aus der Reihe treten!«

Doch Pedius wusste: Es würde noch schlimmer kommen. Er war froh, dass er auf einem Pferd saß. Die Stute hielt sich tapfer.

Von seinem erhöhten Platz aus konnte Pedius das Terrain gut überblicken. Längst war der Wald bis an die Straße herangerückt. Auf der anderen Seite kam das Moor näher.

Die Tiere und Menschen stapften weiter. Nun schon erheblich langsamer. Der Wind hatte zugenommen. Peitschte direkt von vorne, von Westen, ins Gesicht. Mit ihm das Wasser. Es tropfte ihm vom Helm, von der Nase, vom Kinn. Längst war sein Umhang durchnässt. Der Schild hing schwer an der linken Seite. Pedius begann zu frieren. Er knetete seine Hände. Es nützte nicht viel. ›Immer noch besser als durch den Morast stapfen‹, dachte er und wusste zugleich, dass es nicht stimmte. Irgendwann würde er absteigen und zu Fuß gehen, um sich aufzuwärmen. Diese nasse Kälte war gefährlich, im Nu hatte man sich erkältet. Wenn man wenigstens was Warmes zu trinken hätte! Doch bis zum Abend war es noch lang. Und wie wollte man unter diesen Bedingungen ein Feuer machen?! Dürres Holz gab es zwar genug im Bergwald, aber es hatte sich über Stunden mit Wasser vollgesogen. Zumindest konnte man sich am Abend im Zelt verkriechen. Die Klamotten blieben zwar nass, aber man lag unter einem Dach. Decke und Umhang würden über Nacht am Körper trocknen. Es wäre nicht das erste Mal, dass er das durchmachte. Alle kannten es. Alle verfluchten es. Aber alle sehnten sich jetzt nach dem Zelt, das ihnen wie eine luxuriöse Herberge erschien.

Pedius blickte zum Himmel. Er war bereits so dunkel wie sonst am späten Abend. Dabei schätzte er, dass es noch vier Stunden bis Sonnenuntergang waren. Diese Wetterlage war zwar für Nordgermanien nicht ungewöhnlich, aber solche Niederschlagsmengen hatte er hier noch nicht erlebt.

Niemand sprach mehr. Jeder stapfte vor sich hin. Suchte Pfützen und Lehm auszuweichen, so gut es ging, ohne dabei einem Kameraden in die Quere zu kommen. Alle bewegten sich wie in Trance. Auch die Tiere. Auch sie kannten solche Verhältnisse von anderen Unternehmungen.

Pedius wartete eine größere Lücke ab, verließ den Hauptweg und wechselte nach rechts. Hier schien der Boden fester zu sein. Er war nicht der Erste, der hier ritt, denn der eingetretene Trampelpfad verriet, dass andere sich schon früher hier bewegt hatten. Der Pfad entfernte sich ein Stück vom Hauptweg, verlief dann parallel zu ihm weiter, getrennt von dichtem Buschwerk.

Das war sein Glück. Denn fast im gleichen Augenblick hörte er vom Hauptweg her einen Schrei, dann noch einen. Schließlich schienen alle zu brüllen. So schrien Kameraden, wenn sie von einem feindlichen Geschoss schwer getroffen waren. Er gab dem Pferd die Zügel und stürmte weiter. Der Pfad näherte sich wieder dem Hauptweg. Was er sah, ließ ihm das Blut in den Adern erstarren. Überall lagen Legionäre am Boden, getroffen von Speeren: an den Beinen, Armen, am Körper. Niemand kümmerte sich um sie, weil alle damit beschäftigt waren, die von links aus dem Wald herandrängenden Gegner abzuwehren. Sie mussten wie aus dem Nichts erschienen sein. Hatten sich im Unterholz verborgen und im gleichen Augenblick ihre Speere geschleudert. Waren dann auf einer Breite von vielleicht fünfzig Schritt auf die Kolonne gestürzt. Hieben auf die sich wehrenden Legionäre mit Messern, Äxten und auch Schwertern ein. Doch die Kameraden hielten sich tapfer. Bildeten kleine Gruppen, deckten ihre Körper mit den Schilden, rückten gemeinsam vor, nach links, zum Berg hin.

Längst hatte Pedius sein Schwert gezogen und stürzte sich unter die Kämpfenden. Doch sein Pferd hatte Probleme, sich auf dem glitschigen Boden im Getümmel zu behaupten. Er verließ den Weg, wollte in den Wald eindringen. Doch das dichte Unterholz war hier, am Waldrand, ein unpassierbares Hindernis. Er versuchte es an anderen Stellen. Vergebens. Er sah weiter oben umgestürzte Baumriesen. Hier war kein Durchkommen. Überall Dickicht, hängende Schlingengewächse, Dornenhecken, glitschiges Wurzelwerk. Links, am Berghang, hörte er, wie sich die Gegner entfernten. Ob sie beritten waren, konnte er nicht feststellen. Es wäre sinnlos, ihnen zu folgen.

Die ganze Attacke hatte nur wenige Augenblicke gedauert, doch das Ergebnis war schrecklich. So weit er sehen konnte, lagen verwundete oder tote Legionäre am Boden. Da kein Arzt in der Nähe war, kümmerten sich Kameraden um die Verletzten. Entfernten die Lanzenspitzen, sofern das überhaupt möglich war. Dabei schrieen die Verwundeten auf, jammerten, riefen nach ihrer Mutter – dies alles im Wechsel. So gut es ging, legte man Verbände an, aus abgerissenen Streifen der Mäntel. Bei einigen waren Hauptadern an Armen und Beinen getroffen. Um zu verhindern, dass sie verbluteten, wurden die Glieder oberhalb der Wunde abgebunden und der Stoff verknotet.

Die Toten und Sterbenden hatten fast alle Treffer am Hals, im Gesicht oder der Brust. Ihnen war nicht mehr zu helfen. Man kniete neben ihnen nieder, sprach beruhigend auf sie ein. Legte die Hand auf Stirn oder Wangen. Gebete wurden gemurmelt. Andere stießen wütende Verwünschungen aus.

Dann sah er ihn. Gaius Sempronius, sein Bursche, lag am Wegrand. Auf dem Rücken. Regungslos. Pedius sprang vom Pferd, ging zu ihm hin. Der Hals war zerfetzt. Der Tod musste sehr schnell gekommen sein. Die Augen starrten seelenlos nach oben. Pedius kniete nieder. Schloss ihm die Augen. Achtzehn Jahre war der Junge geworden. Pedius löste das Kettchen mit dem Amulett vom Hals und verstaute es in seinem Brustbeutel. Vielleicht konnte er beides später einmal der Familie übergeben. Er zuckte zusammen: ›Falls ich hier lebend rauskomme!‹

Plötzlich stand Sextus Abulenius, der Centurio, neben ihm.

»Aufstehen!«

Pedius erhob sich.

»Lass ihn liegen! Ihm und den anderen ist nicht mehr zu helfen.«

Pedius blickte auf die Wunde am linken Unterarm des Centurio. Abulenius brummte: »Streifschuss. Schwein gehabt.«

Und Pedius: »Das waren aber nicht die Aufständischen, von denen heute Morgen die Rede war!«

»Korrekt. Das war Arminius!«

»Was?!« Pedius starrte ihn an.

»Ich habe ihn erkannt. Er war weiter hinten. Dieses Schwein!«

Pedius schoss die Szene durch den Kopf, damals, an der Weser, als er das Gespräch zwischen Arminius und Boiocales belauschte. Nun verstand er alles. Aber er fragte: »Und ... und was will er damit erreichen?«

»Die Niederlage! Unsere Niederlage! Mir schwant etwas ... etwas Fürchterliches! Ich ...«

Er hielt inne, denn weit voraus setzte ein ähnliches Geschrei ein wie hier vor wenigen Minuten. Wenige Augenblicke später auch hinter ihnen, im Osten. Dort musste sich Varus mit seinem Stab befinden.

Abulenius musste eine Entscheidung treffen, und er tat es: »Herhören! Alles stehen und liegen lassen! Kehrt Marsch!« Er wies mit ausgestrecktem Arm nach hinten. »Jeder, der noch laufen kann, folgen!«

Und zu Pedius: »Reite voraus und mach dir ein Bild von der Lage! Dann berichte!«

Pedius zog sich den Kinnriemen seines Helms fester, sprang aufs Pferd, riss es herum und galoppierte davon. Aber er kam nicht weit. Schon nach einem halben Stadion* wurde er gestoppt. Hier sah es noch chaotischer aus. Leichen, Sterbende und Verwundete lagen am Boden, abseits des Weges ein totes Maultier. Auch einige tote Germanen. Dazwischen herrenlose Waffen, Schwerter, Schilde, Helme. Pedius wischte sich die Nässe aus dem Gesicht, suchte und fand einen Durchschlupf und galoppierte weiter. Die Marschkolonne war hier auseinandergerissen worden, oder die Pioniere hatten ihre Wagen und Tiere gestoppt.

Er ritt langsamer weiter. Fragte einen Soldaten: »Wo sind sie?«

»Weg. Im Wald verschwunden.«

Man hatte sie entkommen lassen. Natürlich! Genau wie weiter vorne. Allerdings war hier die freie Fläche zwischen Wald und Moor größer. Man hatte in Gruppen Verteidigungspositionen einnehmen und sich besser verteidigen können.

Dann sah er Marcus Oppius, der sich einen Überblick zu verschaffen suchte.

Pedius ritt auf ihn zu, sprang vom Pferd.

»Wie sieht's vorne aus?«, fragte der Praefect.

»Genau wie hier. Vielleicht noch schlimmer. Wo ist Varus?«

Oppius wies nach Osten: »Hinter der Wegbiegung. Unsere Leute haben sich gut halten können.«

»Und jetzt? Was sollen wir machen?«

GLOSSAR

Stadion: ca. 180 Meter. Ein halbes Stadion ca. 90 Meter.

Oppius blickte nach allen Seiten. Dann sagte er: »Notlager! Wir müssen ein Notlager anlegen!«

»Wo?«

»Hier! Der Platz muss reichen! Reite zurück! Hol sie alle her! Schnell! Bevor sie erneut zuschlagen! Los!«

Pedius saß auf und jagte davon, nutzte jede freie Stelle rechts und links, setzte im Sprung über einen Bach, dessen Wasser bereits gestiegen war. Sah Abulenius, der sich bemühte, seine Leute zusammenzuhalten. Erreichte ihn, sprang vom Pferd und gab den Befehl des Praefecten weiter.

Der Centurio nickte. Wies seine Leute entsprechend an und brüllte: »Beeilung! Gerät, Tiere und Verwundete mitnehmen!«

»Und die Toten?«, fragte ein Legionär.

»Liegen lassen, verdammt noch mal! Denen kann keiner mehr helfen. Beeilung! Schöne Scheiße das!« Und leiser: »Ich hab's geahnt … Ich hab's geahnt …«

Etwa dreihundert Mann nahmen zum Gebirge hin Aufstellung. Sie standen eng. Hatten fast Körperkontakt. Starrten in den Wald. Rechneten jederzeit mit einer neuen Attacke. Doch es blieb ruhig.

Die Übrigen wendeten die Karren und Wagen, führten die Zugtiere zurück. Legten Schwerverwundete auf die Wagen, wie es sich ergab. Manche schrien dabei auf. Dann ging das Schreien in ein hilfloses Gejammer über. Einige verstummten schließlich ganz. Sie waren tot.

»Runterholen!«, befahl Abulenius. »Alle Gefallenen runterholen! Beeilung! Dann liegen lassen!«

Es klang unbeteiligt, ja gefühlskalt, doch es war notwendig, weil es für die Lebenden das Beste war. Nichts war demoralisierender als das Zusammensein mit toten Kameraden auf engstem Raum.

Im gleichen Tempo wie die Kameraden bewegten sich die schützenden Legionäre am Fuß des Berges zurück. So erreichten sie endlich das breitere Terrain, wo Oppius schon damit begonnen hatte, Palisaden zu errichten.

Wo hat Arminius zugeschlagen?

Prof. Dr. Wolfgang Schlüter (15. Oktober 2008)

Herr Professor Schlüter, als Major Tony Clunn Ihnen von seinen Münzfunden in der Nähe von Gut Barenaue beim Kalkrieser Berg berichtete, haben Sie da geahnt, welche Folgen das haben würde?

Nein, nicht im Geringsten. Schließlich sind römische Gold- und Silbermünzen der Republik und des Augustus bereits im 17., 18. und 19. Jahrhundert in der Kalkrieser-Niewedder Senke zutage getreten. Aber obwohl Theodor Mommsen bereits 1885 davon überzeugt war, dass sie aus der Varusschlacht 9 n. Chr. stammten, wurde zumeist bezweifelt, dass die Münzen tatsächlich in dem Engpass zwischen Kalkrieser Berg und Großem Moor zum Vorschein gekommen waren, zumal nach den Jahren um 1900 keine Funde mehr auftraten. Heute wissen wir, dass die Einführung des mineralischen Düngers zu dieser Zeit für diesen Umstand verantwortlich war; denn in den Jahrhunderten zuvor hatten die Bauern ihre Äcker mit Gras- oder Heideplaggen gedüngt, und bei der Gewinnung dieses Materials war die Mehrzahl der römischen Münzen entdeckt worden.

Auch das Fehlen von Kupferstücken, des eigentlichen Soldatengeldes, und von Militaria, das häufig als Argument gegen die Gleichsetzung des Fundplatzes mit dem Ort der Varusschlacht angeführt wurde, lässt sich heute, nachdem bei den archäologischen Untersuchungen der letzten 20 Jahre zahlreiche der angeblich nicht vorhandenen Fundarten geborgen werden konnten, durchaus zwanglos erklären. Einerseits bestand naturgemäß ein größeres Interesse der Bauern an Gold- und Silbermünzen als an Funden, die nicht aus Edelmetall hergestellt waren, und andererseits waren die Kupfermünzen so wie militärische Ausrüstungsgegenstände aus Eisen und Bronze wegen ihres häufig schlechten Erhaltungszustandes oft gar nicht als solche zu erkennen.

So war der 1987 entdeckte Schatz römischer Silbermünzen

für mich damals lediglich eine Bestätigung dafür, dass in den vergangenen Jahrhunderten tatsächlich solche Funde in der Kalkrieser-Niewedder Senke aufgetreten waren. Die Ursache dieses Fundniederschlags blieb zunächst im Dunkeln. Erst die Auffindung von drei römischen Schleudergeschossen aus Blei im Jahre 1988, wiederum durch Major Clunn, ließ zumindest vermuten, dass – in welchem Zusammenhang auch immer – römisches Militär vor Ort gewesen war. Dies war der Zeitpunkt, an dem ich mich als Leiter der Stadt- und Kreisarchäologie Osnabrück entschlossen habe, durch einen Mitarbeiter eine systematische Prospektion der Kalkrieser-Niewedder Senke durchführen zu lassen.

Nachdem bei dieser auf Metallsuchgeräte gestützten Prospektion am Rande eines »Oberesch«* genannten Ackers Kupfermünzen und Militariabruchstücke geborgen worden waren, begannen im Herbst 1989 die ersten Grabungen auf dem Oberesch selbst. Da hier die Fundschicht von einem ein Meter mächtigen Plaggenesch bedeckt war, erhofften wir uns gute Erhaltungsbedingungen für die Funde. Diese Vorstellung bestätigte sich vor allem in einem 180 Meter langen und fünf Meter breiten, südnördlich verlaufenden Grabungsschnitt, in dem nicht nur zahlreiche römische Münzen und Militaria, u. a. die eiserne, einst mit Silberfolie überzogene Gesichtsmaske* eines Reiterhelms, zum Vorschein kamen, sondern erstmals auch Spuren der ostwestlich ausgerichteten ehemaligen Erdmauer, die ursprünglich aus Plaggen aufgeschichtet worden war und sich jetzt noch als Wall von geringer Mächtigkeit darstellt.

Sie gehen wie die meisten Ihrer Fachkollegen davon aus, dass das Gelände am Fuß des Kalkrieser Berges zumindest einer der Orte ist, an dem Arminius mit seinen Germanen den drei Legionen des Varus die vernichtende Niederlage bereitet hat. Nun hat sich die Katastrophe nach den Quellen ja über mehrere Tage hingezogen. Wie ordnen Sie »Kalkriese« zeitlich ein: Handelt es sich hier um den letzten der drei oder vier Kampfplätze? Dann wäre doch zu erwarten, dass man weiter östlich ebenfalls archäologische Belege für die Kämpfe an den vorausgehenden Tagen finden müsste …

In dem Engpass von Kalkriese fassen wir mit den archäologischen Befunden und Funden auf jeden Fall den letzten Tag der Kampfhandlungen, vermutlich sogar große Teile des vorletzten oder – wenn man von einem dreitägigen Gefecht ausgeht – des zweiten Tages. Vereinzelte Funde bis hin zu einer Entfernung von zehn Kilometern östlich des Kalkrieser Berges beiderseits der B 218 und ihrer Fortsetzung bis zum Weserknie*, der B 65, deuten an, dass das Kampfgeschehen bereits begann, bevor das Varusheer die Senke zwischen Kalkrieser Berg und dem Großen Moor erreichte.

Einige wenige unter Ihren Kollegen ziehen in Erwägung, bei Kalkriese habe sechs Jahre später einer der Kämpfe des Germanicus gegen Arminius stattgefunden. Was spricht dafür oder dagegen?

Zwar gibt es bislang keinen eindeutigen Beweis für die These, dass die Kalkrieser-Niewedder Senke einschließlich ihres östlichen Vorfeldes der Ort der Varusschlacht ist, aber Belege dafür, den Fundniederschlag in diesem Platz mit der Schlacht an den *pontes longi** 15 n. Chr. in Verbindung zu bringen, gibt es ebenso wenig. Allerdings sprechen die besseren Argumente für die Datierung von Kalkriese in das Jahr 9 n. Chr. Zu nennen ist hier in erster Linie die Kalkrieser Münzreihe, in der keine nach 9 n. Chr. geprägten oder danach mit einem Gegenstempel versehenen Stücke auftreten, was aber nicht auf einen generell fehlenden Germanicus-zeitlichen Münzhorizont zurückzuführen ist; ferner der auf Ausrüstungsgegenständen des römischen Heeres fehlende Niellodekor*, der erst in früh-tiberischer Zeit aufkam, und schließlich die Knochengruben vom Oberesch, die wohl auf die Bestattungsaktion des Germanicus am Ort der Varusschlacht zurückgehen.

Die Besitzerinschrift eines Centurionen der *legio prima Augusta** auf der Rückseite des bronzenen Mundblechs einer Gladiuscheide* vom Oberesch schien zunächst eindeutig gegen Kalkriese als Kampfplatz im Kontext der Varus-Niederlage 9 n. Chr. zu sprechen, da die Erste Legion nicht dem Heer des Varus, sondern des Germanicus 15 n. Chr. angehörte. Zudem wurde lange Zeit davon ausgegangen, dass die *legio prima Au-*

gusta 19 v. Chr. in Hispanien aufgelöst wurde sowie ihren Ehrennamen einbüßte und erst 14 n. Chr. von Germanicus wieder neu aufgestellt wurde. Offensichtlich ist ihre Auflösung jedoch schon sehr viel früher wieder rückgängig gemacht worden. Die Erste Legion erhielt sowohl ihren Adler als auch ihren Ehrennamen zurück und ist an die germanische Front verlegt worden, wo sie 12 bis 9 v. Chr. an den Feldzügen des Drusus teilnahm und spätestens 6 n. Chr. in Mainz (*Mogontiacum*) stationiert war. Es wäre demnach durchaus möglich, dass eine der sechs in der Varusschlacht untergegangenen Kohorten*, auf deren Identität jeglicher Hinweis fehlt, eine Vexillation* der zur Besatzung des Lagers Mainz gehörenden *legio prima Augusta* im Heer des Varus war. Einen eindeutigen Beleg für die Datierung des Kampfgeschehens im Engpass von Kalkriese liefert also auch die Inschrift auf dem Mundblech vom Oberesch nicht.

Noch etwas, was ich für die Varusschlacht sehr wichtig halte: Es wurden Möbel mitgeführt, Betten zum Beispiel, wie wir aus gefundenen Beschlägen wissen. Das ist meiner Ansicht nach nur in einem Heer möglich, das nicht unbedingt mit Kämpfen gerechnet hat. Das Germanicus-Heer ist ja zum Kämpfen ausgezogen, nicht die Varus-Armee. Im Jahre 10, als die Römer zum ersten Mal wieder über den Rhein gingen, hat sich Tiberius* an die Rheinbrücke gestellt und hat alle zu stark beladenen Wagen zurückgewiesen. Varus dagegen hatte einfach zu viel Gepäck im Tross mitgeführt, um beweglich genug zu sein.

Cassius Dio, dem wir den umfangreichsten Bericht über die militärischen Ereignisse verdanken, benutzt ja wie Tacitus die immer wiederkehrenden Topoi »undurchdringliche Wälder ... Schluchten ... Baumriesen ... ärgste Dickichte ... schlüpfriger Boden ...«

Dagegen formuliert der Zeitgenosse Velleius Paterculus kurz und bündig: »Eingeschlossen in Wälder und Sümpfe, in einen feindlichen Hinterhalt, wurden sie Mann für Mann abgeschlachtet ...«

Diese knappe Beschreibung deckt sich ja mit der Situation am Kalkrieser Berg bzw. an anderen Orten entlang der Marschroute der drei Legionen: im Süden die bewaldeten Höhen des Wiehen-

gebirges, im Norden die Moore, dazwischen die schmale, begehbare Wegstrecke von der Weser nach Westen.
Wie erklären sich diese Widersprüche? War die Erinnerung in den Tagen von Dio bereits verblasst, benutzte er »falsche« Quellen – oder steckt Methode dahinter?

Die Beschreibung des Kampfplatzes durch Velleius Paterculus kennzeichnet die naturräumlichen Verhältnisse der Kalkrieser-Niewedder Senke und ihres Umfeldes tatsächlich treffender als die Schilderung des Cassius Dio. Trotzdem wird man sich bei der Bewertung der Aussagen über die naturräumlichen Gegebenheiten Germaniens durch römische Schriftsteller immer fragen müssen, ob ihre Darstellung der Wälder und Sümpfe sowie der Verkehrsfeindlichkeit und Unwegsamkeit des Landes nicht nur literarische Topik ist.

Aber auffällig ist doch, dass Velleius nicht von Schluchten spricht!

Ja, das stimmt. Zwar sind die Hänge des Kalkrieser Berges von erosiv ausgewaschenen, tiefen Schluchten durchzogen, jedoch fehlen hier die auf Kampfhandlungen hinweisenden Münzen und Militaria. Zudem war Velleius Paterculus der Einzige der römischen Schriftsteller, die über die Varusschlacht berichtet haben, der Germanien als römischer Offizier während der Okkupationszeit selbst kennengelernt hatte.

Die Route, der die drei Legionen folgten, war ein uralter Handelsweg von der Weser nach Westen. Schon Mommsen wies 1885 in ›Die Örtlichkeit der Varusschlacht‹ auf diesen Sachverhalt hin. Das heißt, diese Strecke war begeh- und befahrbar, und man konnte sich hier zwischen Gebirge und Moor trockenen Fußes auf relativ festem Boden bewegen. Aber wie sah die damalige Vegetation aus? Gab es zwischen dem bis in die Niederung reichenden Urwald und dem Großen Moor eine scharfe Trennung – oder befand sich hier eine Übergangszone mit andersartiger Vegetation? Davon hängt es ja ab, ob und wie weit sich die überrumpelten Cohorten rechts und links des Weges noch bewegen konnten.

Die Kalkrieser-Niewedder Senke ist seit dem 4. Jahrtausend v. Chr. – vor allem auf den Hangsanden am Fuß des Kalkrieser Berges – mehr oder weniger kontinuierlich besiedelt und der Wald dabei stark aufgelichtet worden. Die natürliche Vegetation bestand auf den Hangsanden aus Buchen-Eichenwäldern, während die nährstoffarmen Niederungs- und Flugsande nördlich dieser Zone natürliche Wuchsgebiete von Eichen-, Birken- und Hainbuchenwäldern sind. Nass- und Bruchwälder würden ohne menschliche Eingriffe die Fließgewässer säumen. Diese in großer Zahl vom Kalkrieser Berg herabkommenden Bäche haben sich in der Hangsandzone in der Regel tief in den Untergrund eingeschnitten.

Man kann davon ausgehen, dass es in der Hangsandzone zwischen Venne und Engter einen waldfreien Siedlungsbereich von durchschnittlich 200 Metern Breite gab, der sich aber – wie beispielsweise auf dem Oberesch – auf rund 50 Meter verengen konnte. In diesem Areal lagen die Siedlungen und Äcker. Auch verliefen hier die die einzelnen Siedlungen miteinander verbindenden Wege, die Teil einer vom Niederrhein zur mittleren Weser führenden Trasse waren.

Wie breit könnte der begehbare Weg damals gewesen sein? Ermöglichte er es den Legionären, in Sechser-, Vierer- oder Dreiergruppen zu marschieren? Das hätte ja Folgen für die anzunehmende Länge der gesamten Marschkolonne.

Von einer einheitlichen Breite des durch die Kalkrieser-Niewedder Senke führenden Weges wird man kaum ausgehen können. Allein schon die Überquerung der vielen tief eingeschnittenen Bachtäler zwang sicherlich zur Bündelung und Verengung der möglichen Trassen.

Aufgrund dieser naturräumlichen Verhältnisse gehe ich von einer stark aufgelockerten, wenn nicht aufgelösten Marschformation des Varusheeres mit einer nur geringen Kolonnentiefe aus. Die sich vor allem aus schwerer Infanterie zusammensetzenden römischen Einheiten, die ihre Kampfkraft in erster Linie in geschlossenen Formationen zum Tragen bringen konnten, waren in diesem unwegsamen Gelände den leicht bewaffneten Germanen im Kampf Mann gegen Mann oder im Kampf kleiner Gruppen gegeneinander unterlegen.

Was ist Ihrer Meinung nach das Hauptargument dafür, dass das Gelände am Kalkrieser Berg der Ort des Geschehens war?

Außer den bereits oben genannten Argumenten für die Gleichsetzung der Kalkrieser-Niewedder Senke mit dem Ort der Varusschlacht – die Zusammensetzung der Münzreihe, bestimmte Verzierungstechniken der Militaria und die Knochengruben – sind in diesem Kontext noch die erstaunliche Ausdehnung der Fundstreuung und die nachweislich ehemals außerordentlich große Funddichte anzuführen. Der Fundniederschlag umfasst ein Areal von 25 bis 30 Quadratkilometern und ist durchweg Ergebnis von Kampfhandlungen und keineswegs von Fundverlagerungen nach der Schlacht. Die Funddichte wurde zunächst durch die Plünderung des Schlachtfeldes und dann durch die bald nach Beendigung der Kämpfe wieder einsetzende Besiedlung und ackerbauliche Nutzung der Kalkrieser-Niewedder Senke bis auf einen geringen Bruchteil der ursprünglich vorhandenen Münzen und Militaria reduziert. Als die Auftragsböden, die Plaggenesche, seit dem 14./15. Jahrhundert die fundführenden Schichten zu überlagern und zu schützen begannen, war die überwiegende Zahl der römischen Fundstücke schon zerstört. Eine Ausnahme bildet lediglich der Oberesch, der als bislang einziger Fundplatz bis zur Anlage des Plaggeneschs offenbar ohne menschliche Eingriffe geblieben war und deshalb bisher allein die ehemals große Funddichte in Ansätzen noch erkennen lässt.
Außerdem weisen Menge und Zusammensetzung des römischen Fundmaterials darauf hin, dass in dem Engpass von Kalkriese ein Heer untergegangen ist, das nicht unbedingt damit rechnete, in umfangreiche Kampfhandlungen verwickelt zu werden. Und diese Feststellung trifft eher auf das Heer des Varus 9 n. Chr. als auf die Legionen des Germanicus 15 n. Chr. zu.

Als Führer germanischer Auxiliartruppen, die schon in Pannonien gekämpft hatten, kannte Arminius die Stärken und Schwä-

chen römischer Legionen. Er musste bei seiner strategischen Planung auf jeden Fall verhindern, dass die Cohorten sich auf freiem Gelände entfalten konnten. Die Strecke zwischen dem Sommerlager an der Weser und dem von ihm geplanten Hinterhalt bot ihm dafür die besten Voraussetzungen. Nachdem alle drei Legionen in diesen »Schlauch« einmarschiert waren, brauchte er ihn hinten nur noch »dicht« zu machen, um so zu verhindern, dass die Römer – wenn auch unter erheblichen Verlusten – sich zurück ins Lager an der Weser durchkämpfen konnten. Wo genau könnte dies gewesen sein?

Wenn die Germanen die Absicht hatten, den »Schlauch«, d. h. den Engpass von Kalkriese, nach dem Eindringen der römischen Legionen hinten »dicht« zu machen, war für ein solches Vorhaben das Gelände unmittelbar westlich von Venne, und zwar dort, wo die heutige B 218 auf den Fuß des Kalkrieser Berges trifft, am besten geeignet. Ich frage mich allerdings, ob das römische Heer, als sich seine Spitze bereits dem westlichen Ausgang des Engpasses näherte, schon vollständig in den »Schlauch« einmarschiert war; denn selbst bei einer Stärke von »nur« 10 000 Mann muss man von einer Marschlänge der Varusarmee von zehn bis 16 Kilometern ausgehen. Der Engpass ist jedoch nur sechs Kilometer lang.

Die Kämpfe fanden über mehrere Tage und an verschiedenen Orten statt. Also müsste man doch an weiter östlich gelegenen Geländepunkten ebenfalls auf Zeugnisse dieses Geschehens treffen. Wo erwarten Sie weitere archäologische Belege dafür?

Wie oben bereits erwähnt, fassen wir m. E. mit den bisherigen Befunden und Funden in der Kalkrieser-Niewedder Senke höchsten den letzten und Teile des vorletzten Tages des Kampfgeschehens. Wir müssen also damit rechnen – darauf deuten erste Funde ja auch schon hin –, dass das Defileegefecht, das die Germanen den Römern geliefert haben, bereits weit östlich des Engpasses begonnen hat. Genauere Aussagen werden erst nach einer intensiven Prospektion in Verbindung mit Sondierungsgrabungen möglich sein. Wie die Befliegungen durch

Otto Braasch in den neunziger Jahren des vergangenen Jahrhunderts gezeigt haben, ist die Luftbildarchäologie wegen der weitgehenden Überlagerung der vermuteten Kampfbereiche durch bis zu einen Meter mächtige Plaggenesche selten in der Lage, hier hilfreich zu sein.

Stichwort »Sommerlager« an der Weser: Dr. Daniel Bérenger vom LWL ist sich sehr sicher, das Legionslager in Porta Westfalica/Ortsteil Barkhausen lokalisieren zu können. Die Lage passt ja hervorragend in das strategische Gesamtbild: Gleich beim hinteren Lagertor beginnt der Weg am Fuß des Wiehengebirges Richtung Kalkriese. Man kann es auf der heutigen L 876,

GLOSSAR

Oberesch, Esch: Mit »Esch« bezeichnet man in den Geestgebieten Nordwestdeutschlands und der Niederlande einen Acker mit bis zu einem Meter und mehr mächtigen Auftragsboden. Entstanden sind die Esche durch das Aufbringen von organischem Material wie Gras und Heidekraut mit anhaftenden Bodenresten, den sogenannten Plaggen, zur Düngung der Äcker während des späten Mittelalters und der frühen Neuzeit. – **Gesichtsmaske**: Sie ist vorne auf dem Cover abgebildet. – **Weserknie**: bei Porta Westfalica. – **Pontes longi**: wörtlich »die langen Brücken«; Knüppeldamm durch einen Morast. Vgl. das Kapitel »Caecina weiß Bescheid« und seine Schlacht gegen Arminius – **Niellodekor**: Verzierung von metallenen, bes. silbernen Gegenständen durch eingeritzte, mit schwarzem Schmelz ausgeführte Zeichnungen. – **Legio Prima Augusta** = die »Erste Erhabene Legion« des Augustus, ein Ehrenname. – **Gladiusscheide**: Schwertscheide. – Diese **»untergegangenen Cohorten«** werden bei Velleius Paterculus (hist. II, 117, 1) erwähnt: »... brachten Depeschen aus Germanien die Unglücksbotschaft, dass Varus getötet und drei Legionen niedergemetzelt seien, dazu ebenso viele Reitergeschwader **und sechs Cohorten** ...«. – **Vexillation** = Abkommandierung, Detachement.– **Tiberius**: Dies bezieht sich auf eine Stelle bei Sueton (Tiberius 18, 1 f.): »Auch bewies er eine noch genauere Sorgfalt als gewöhnlich. Als er den Rhein überschreiten wollte, schickte er den gesamten Proviant, den er auf ein bestimmtes Maß begrenzt hatte, erst hinüber, als er vom Ufer aus die Ladungen der Fahrzeuge überprüft hatte, damit nur das Erlaubte und Notwendige mitgenommen würde.«

die sich später in der B 65 fortsetzt, sehr gut nachvollziehen. Was ist Ihre Meinung dazu?

Ich habe schon immer die Ansicht vertreten, dass die Varusarmee vom Weserknie aus das Wiehengebirge entlang nach Westen marschiert ist. Auch vermute ich, dass Germanicus im Jahre 15 n. Chr. ebenfalls diesen Weg eingeschlagen hat, um das Schlachtfeld des Jahres 9 n. Chr. aufzusuchen. Deshalb hoffe ich auch, dass der neue Fundplatz an der Porta Westfalica als Lager des Varushorizonts identifiziert werden kann.

Wenn Sie einen Wunsch offen hätten: Was sollte unbedingt noch gefunden werden?

Ich wünsche mir die Auffindung eines Ausrüstungsgegenstands des römischen Heeres mit der Besitzerinschrift des Marcus Caelius, der laut seinem in *Vetera* bei Xanten gefundenen Grab- oder Gedenkstein *Centurio* der XVIII. Legion war und im Varianischen Krieg gefallen ist. Ein solcher Fund würde die Beweisführung, dass Kalkriese der Ort der Varusschlacht ist, sehr erleichtern.

Herr Professor Schlüter, ich danke Ihnen für das Gespräch.

Zur Person: Studium der Ur- und Frühgeschichte, Völkerkunde, Deutsche Rechtsgeschichte in Göttingen. 1973 Promotion in Göttingen. 1973/75 im Niedersächsischen Landesverwaltungsamt, Dezernat Bodendenkmalpflege, tätig. Seit 1975 Stadt- und Kreisarchäologe in Osnabrück. 1989 bis 1998 Wissenschaftlicher Leiter des archäologischen Forschungsprojektes »Archäologische Erforschung der Zeugnisse spätaugusteischer Militäroperationen im Engpass von Kalkriese bei Bramsche, Landkreis Osnabrück«. Forschungsschwerpunkte: Vorrömische Eisenzeit und Römische Kaiserzeit Mitteleuropas. Frühes und hohes Mittelalter.

Das Hauptargument der Skeptiker, das Terrain am Kalkrieser Berg könne nicht der Ort der Varusschlacht gewesen sein, lautet: Die Funde reichen nicht aus, den Untergang einer ganzen Armee von drei Legionen zu belegen. Das ist – für sich betrachtet – durchaus einleuchtend, denn wenn wir von 20 000 oder auch »nur« von 12 000 Römern ausgehen, ist das, was bis jetzt zutage gefördert wurde, unangemessen wenig. Es gibt allerdings wichtige Gegenargumente:

– Die chemische Beschaffenheit des Bodens am Kalkrieser Berg begünstigte die Konservierung von tierischen/menschlichen Knochen wie die von Metallstücken jeder Art.

– Neue Funde weiter östlich (bei Venne) zeigen, dass sich auch dort Angehörige der Armee aufgehalten haben. Dass man in dieser Region bisher nicht in vergleichbarer Zahl auf archäologische Belege gestoßen ist, liegt zum einen an der völlig anderen Chemie des Bodens, zum anderen an den begrenzten Möglichkeiten der systematischen Suche: Das Gebiet ist stark überbaut; für weitere großräumige Untersuchungen fehlen die Mittel.

– Von fundamentaler Bedeutung bleibt in diesem Zusammenhang die strategische Lage, wie sie Arminius geschaffen hatte. Nur der Weg von der Weser zum Kalkrieser Berg und weiter bot die Gelegenheit, die drei Legionen immer wieder von der Südseite her zu attackieren, ihnen die Möglichkeit zur Entfaltung zu nehmen, ohne dabei selbst in Bedrängnis zu geraten.

Es sei hier auf das Gespräch mit Professor Wolfgang Schlüter verwiesen, der detailliert auf diese Fragen eingeht.

Dass eine germanische Kampfgruppe sich an den Ausläufern des Kalkrieser Berges verschanzt hatte, ist durch die Ausgrabungen belegt. Und die Funde sprechen eine deutliche Sprache, dass gerade hier gewaltige Kämpfe stattgefunden haben – wahrscheinlich die entscheidenden am dritten oder vierten Tag. Ob weiter östlich weitere Armierungen dieser Art an den Ausläufern des Gebirgszugs vorgenommen wurden, wissen wir (noch) nicht – es ist aber denkbar. Warum? Weil Arminius aufgrund seiner Kenntnis römischer Gefechtstechnik jedes größere Risiko vermeiden musste. Ein Rückschlag hätte das ganze Unternehmen gefährdet. Seine weitere Karriere bis zum Führer der Cherusker wäre infrage gestellt worden.

So können wir nach genauem Kartenstudium nur Vermutungen anstellen. Die seitlichen Attacken der germanischen Truppen ergaben nur an solchen Stellen einen Sinn, an denen die Cohorten durch die Beschaffenheit des Geländes daran gehindert wurden, rechts und links des Weges eine breite Gefechtsformation einzunehmen. Das wäre sehr wohl weiter östlich, wo der Abstand zwischen Moor und Gebirge größer war, möglich gewesen.

Doch keiner der antiken Autoren gibt einen Hinweis dafür, dass sich die Armee bzw. ein Teil von ihr auf breiter Front zum Gefecht stellte. Noch schwerwiegender ist in diesem Zusammenhang, dass keiner von ihnen davon spricht, dass zumindest die hinten marschierenden Einheiten den Versuch gemacht haben, sich nach Osten durchzuschlagen und das sichere Lager an der Weser zu erreichen. Daraus können wir nur ableiten: Es war nicht mehr möglich! Und selbst wenn Varus oder seine Legaten mit diesem Gedanken gespielt hätten, wären sie sehr schnell davon abgekommen: Mussten sie doch davon ausgehen, dass das Lager an der Weser längst von den Aufständischen besetzt und zerstört worden sei. Es gab ja keine Telefone, Funkgeräte oder Handys, um sich über die Lage zu verständigen. Arminius muss dies von Anfang an in seine Überlegungen einbezogen haben: Sobald der größte Teil der drei Legionen auf dem schmalen Terrain zwischen Gebirge und Mooren marschierte, konnte er hinten einen Teil der dort marschierenden Legion von der Hauptarmee trennen und in einem Überraschungsangriff niederkämpfen. Zur gleichen Zeit bedrängten seine starken Stoßtrupps weiter vorne an den Engpässen die Römer, schlugen blitzschnell zu, zogen sich ebenso schnell in den Bergwald zurück und schlugen an anderen Stellen erneut zu.

Dazu Cassius Dio: »Mit solchen Schwierigkeiten hatten damals die Römer zu ringen, als die Barbaren, wegekundig wie sie waren, gerade durch die engsten Dickichte drangen und sie plötzlich gleichzeitig von allen Seiten her umzingelten. Zuerst schossen sie nur aus der Ferne, dann aber, als niemand sich wehrte und viele verwundet wurden, rückten sie näher an den Gegner heran. Die Römer marschierten ja in keiner festen Ordnung, sondern im Durcheinander mit Wagen und Unbewaffneten; sie konnten sich auch nirgendwo leicht zu einer Gruppe zusammenschließen, und da sie überall den jeweiligen Angreifern zahlenmäßig unterlegen waren, hatten sie selbst schwer zu leiden, ohne etwas dagegen ausrichten zu können.«[228] Nun spielt sich zwar dieses Geschehen bei Dio in Gebirge und Schluchten ab, doch im Kern trifft es dennoch die Situation am Fuße des Gebirges. Ein Teil vom tatsächlichen Ablauf des germanischen Angriffs war wohl noch in der Erinnerung der folgenden Generationen präsent.

Allerdings muss man an dieser Stelle fragen: Waren die drei Legionen in bestem Zustand? General Dr. Klaus Reinhardt hat da seine Bedenken: »Er [Varus, d. V.] hatte keine Vorhut, er hatte keine Nachhut, er hatte keine Kräfte in die Seite geschoben, um sich dort unter kriegerischen Verhältnissen in einem gegnerischen Land von A nach B zu bewegen, sondern er ist wie unter friedlichen Rahmenbedingungen marschiert. Er hat darum im Grunde genommen alles falsch gemacht, was man militärisch falsch machen konnte, wurde wohl durch seine Generale auch nicht gut beraten. Ich vermute auch, dass seine drei Legionen keine Crack-Legionen[229] waren, wie es manchmal dargestellt wird, sondern es waren Legionen, die im Laufe der langfristigen Okkupation mit Sicherheit auch müde und nicht mehr bissig gewesen sind, sonst hätte das nicht passieren können. Das heißt, hier ist ein Heerzug entlangmarschiert, der sich über mehrere Kilometer erstreckte, durch eine Gegend, in der der römische Soldat mit seiner römischen Phalanx nicht agieren konnte, sondern wo es, als die Cherusker angriffen, sofort in den Einzelkampf überging. Die Stärke der römischen Armee war ja gerade diese geschlossene Wucht einer Cohorte, die angegriffen oder sich verteidigt hat, und die sich gegenseitig helfen und sich wehren konnte. Das war in dem Urwald nicht möglich. Die Straßenverhältnisse waren unglaublich schlecht ...« (Das ganze Interview mit Dr. Reinhardt auf Seite 339.)

Die von Reinhardt abqualifizierten Crack-Legionen, also Elite-Einheiten, finden sich bei Velleius Paterculus – wir haben die Passage schon oben in anderem Zusammenhang behandelt:»Die tapferste Armee von allen, führend unter den römischen Truppen, was Disziplin, Tapferkeit und Kriegserfahrung angeht ...«[230] Zwei Kapitel vorher heißt es in der skizzenhaften Charakterisierung von Varus, dass er von milder Gemütsart, ruhigem Temperament, etwas unbeweglich an Körper und Geist, mehr an müßiges Lagerleben als an den Felddienst gewöhnt gewesen sei.[231] Von einem solchen Oberkommandierenden ist wohl kaum zu erwarten, dass er mit Schärfe, Entschlusskraft und ständiger Kontrolle dafür sorgte, die Truppe körperlich und geistig fit zu halten. Wir können wohl eher, was das Lagerleben angeht, von einer gewissen»Gammelei« ausgehen. Schließlich müssen wir auf die Frage eingehen, wie denn die quantitative Stärke dieser Armee aussah. Unter normalen Umständen, das heißt beim Marsch in offenem Gelände, sind wir (mit Junkelmann) davon ausgegangen, dass pro Legion eine Kolonnentiefe von mindestens 15 Kilometern, für die drei Legionen also mindestens 45 Kilometer anzusetzen ist. Vorausgesetzt, dass jede der drei varianischen Legionen eine Ist-Stärke von 6000 Mann hatte, dass sie einen ungewöhnlich starken Tross dabeihatte und außerdem von Frauen, Kindern und Sklaven begleitet wurde, sich dazu auf äußerst schwierigem Gelände bewegte, reichen die erwähnten 45 Kilometer bei Weitem nicht aus. Da die Leute sich allenfalls in Dreiergruppen parallel vorwärtsbewegten, müssten wir eine Kolonnenlänge von 60 Kilometern oder mehr annehmen.

Das ergibt aber keinen Sinn! Denn dann marschierten die letzten Legionäre gerade aus dem Lager an der Weser, während die ersten schon die Gegend am Kalkrieser Berg erreicht hätten. Bei Annahme dieser Situation wäre es Arminius völlig unmöglich gewesen, einen erfolgreichen Angriff auf die zuletzt marschie-rende Truppe durchzuführen, um sie vom Hauptheer zu trennen, weil diese auf dem dort noch freien Gelände sehr wohl in der Lage gewesen wäre, ihre Ge-fechtsformation einzunehmen und die Angreifer zu schlagen. Damit wäre die ganze Aktion der Germanen gescheitert.

Da aber Arminius die Möglichkeit zum Rückmarsch ins Sommerlager blockiert hat, muss die Stärke der drei Legionen erheblich geringer gewesen sein – mit der Folge, dass der größte Teil der Armee bereits zwischen den Mooren und dem Wiehengebirge in der Falle saß. In diesem Zusammenhang ist die Notiz von Cassius Dio zu lesen, wenn er über die Fehler des Varus notiert:»Varus behielt daher seine Legionen, wie es in einem Feindesland richtig gewesen wäre, nicht beisammen, sondern verteilte viele seiner Soldaten an schwache Gemeinwesen, die ihn darum baten, angeblich zu dem Zweck, entweder ver-schiedene Punkte zu bewachen oder Räuber festzunehmen oder Lebensmittel-transporte zu geleiten.«[232]

Diese Nachricht klingt glaubwürdig, denn aus welchem Grund sollte Cassius Dio sie erfunden haben? Zumal er sie auch noch in drei Schritten gliedert! Be-sonders für die»Bewachung verschiedener Punkte« sowie die»Begleitkom-mandos der Lebensmitteltransporte« benötigte man starke Kommandos, um germanische Querköpfe davon abzuhalten, sich auf bequeme Weise mit all den Dingen zu bereichern, von denen sie nur träumen konnten: vor allem Waffen und technisches Gerät aus Metall.

Die Folgerung für den Marsch der XVII., XVIII. und XIX. Legion lautet also: Es können keine 18 000 oder 20 000 Mann Infanterie unterwegs gewesen sein, sondern weniger. Wie viele es tatsächlich waren, können wir nicht sagen, da die Quellen schweigen. Velleius spricht in der kurzen Einleitung seiner Darstellung der Schlacht von»drei Legionen und ebenso vielen Reiterabteilungen sowie sechs Cohorten«.[233] Wolfgang Schlüter nimmt an, dass es sich bei den sechs Cohorten um Angehörige der Legio Prima Augusta gehandelt haben kann, die in Köln stationiert war.[234] Aber das ist eine Vermutung. Vielleicht kommen wir den tatsächlichen Verhältnissen näher, wenn wir von 4000 Mann pro Legion ausgehen. Das wären insgesamt 12 000 Angehörige der kämpfenden Truppe. Über das sonstige Personal gibt es überhaupt keine Angaben, Hochrechnungen wären Vermutungen ohne Beweiskraft.

Dies aber ist klar: Die Enge des Terrains links und rechts des Weges, dazu die denkbar schlechtesten Wetterverhältnisse, ein schwerfälliger Tross – diese Ge-gebenheiten verhinderten, dass die Armee in der Weise reagieren konnte, zu der sie ausgebildet und trainiert war.

Es gibt noch einen vielsagenden Hinweis darauf, dass Varus und sein Stab sich absolut sicher glaubten, auf einem friedlichen Marsch unterwegs zu sein: Am Kampfplatz wurden Beschläge gefunden, die zu teuren Prunkbetten gehörten.[235] Man muss sich das vorstellen: Abends – so war es ja gedacht – wurden die im Tross mitgeführten »High-End-Möbel« in den Zelten der hohen Chargen aufgestellt, damit die Herren in angemessener Weise ihren standesgemäßen Schlaf fanden. Auch davon wird Arminius, der ja mit Varus täglichen Umgang hatte, Kenntnis gehabt haben. Seine höhnischen Kommentare dazu im Kreis der Rebellen können wir uns lebhaft vorstellen.

Waffen und Taktik der Germanen

Auf den ersten Blick sind die Waffen der germanischen Krieger, verglichen mit denen ihrer römischen Gegner, nicht besonders furchteinflößend – wenn man sie mit denen afrikanischer oder asiatischer Krieger auf ähnlicher Kulturstufe vergleicht.[236] Es gibt keine mit Obsidiansplittern besetzten Keulen, keine scharf gezähnten Hiebwaffen, kein Gift, wenige Fernwaffen wie Schleuder oder Jagdbogen.

»Selbst Eisen …« – so Tacitus drei Generationen später in seiner ›Germania‹ – »… haben die Germanen kaum in ausreichender Menge, wie man aus der Art ihrer Waffen ersehen kann.«[237] Dieser von Tacitus allgemein angenommene Eisenmangel kann nur bei den Germanen am Niederrhein geherrscht haben. Über die Bewaffnung als solche zeigt er sich gut unterrichtet,[238] wenn er fortfährt: »Nur wenige besitzen ein Schwert oder einen größeren Spieß mit langer, breiter Eisenspitze. In der Regel tragen sie Speere, in ihrer Sprache *Framen* genannt, mit einer nur kurzen und schmalen, dabei aber doch scharfen Eisenspitze; diese Waffe ist so handlich, dass man sie je nach Bedarf zum Stoß wie zum Wurf verwenden kann. Die Reiterei führt nur Schild und Frame. Das Fußvolk benutzt außerdem auch ganz leichte Wurfgeschosse …« – z. B. Steine und Schleuderkugeln – »… und zwar hat jeder Mann mehrere; damit kann man ungeheuer weit schleudern. Die Germanen gehen mit nacktem Oberkörper in den Kampf oder tragen höchstens einen leichten Umhang, der sie wenig behindert. Jegliches Prunken mit Waffenschmuck liegt ihnen fern; nur ihre Schilde bemalen sie mit grellen Farben. Ganz wenige haben einen Panzer, kaum der eine oder andere einen Metall- oder Lederhelm.«[239]

Nun handelt es sich bei den germanischen Einheiten, die von Arminius zum Einsatz gebracht wurden, nicht um die in einer offenen Feldschlacht üblichen. Es konnte und sollte nicht in breiter und tiefer Front gekämpft werden, sondern durch den Einsatz von Stoßtrupps in die Seite der marschierenden römischen Kolonne. Dabei genügten Kräfte, die nur an dieser Stelle den Römern zahlenmäßig überlegen waren. Bei Cassius Dio heißt es: »... da sie [die Römer] überall den jeweiligen Angreifern zahlenmäßig unterlegen waren, hatten sie selbst schwer zu leiden, ohne etwas dagegen ausrichten zu können.«[240] Nachdem die Germanen ihre Wurf- und Schleudergeschosse zum Einsatz gebracht und das beabsichtigte Chaos unter den Legionären erzeugt hatten, gingen sie sofort zum unmittelbaren Zweikampf über, verwundeten und töteten möglichst viele und zogen sich ins Walddickicht zurück, bevor es auf römischer Seite gelang, stärkere Kräfte an den Gefahrenort zu bringen. Das wiederholte sich immer wieder an anderen Plätzen. Dass dabei auch germanische Reiterei eingesetzt wurde, ist denkbar. Arminius und seine Unterführer kannten jeden Weg im Gebirge und an dessen Hängen und konnten sich dort ohne Störung durch römische Einheiten frei und schnell bewegen.

Schematische Darstellung, wie die Kampfhandlungen ausgesehen haben könnten:

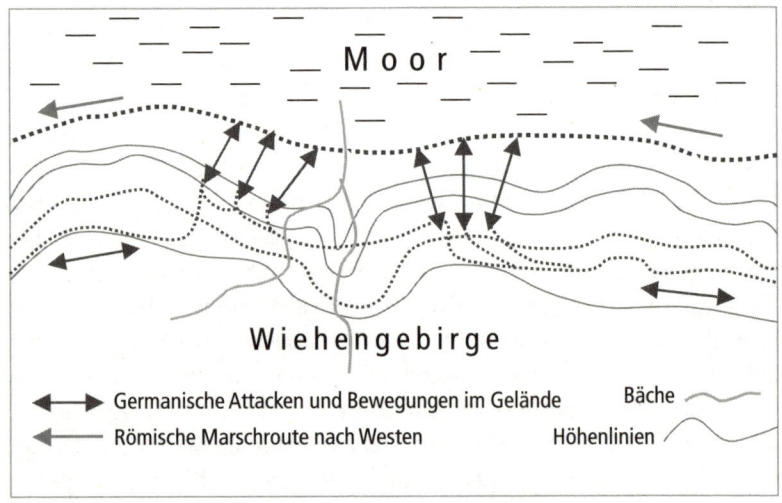

— SZENE 22 —

Das Gelände, auf dem in größter Hektik ein einigermaßen befestigtes Lager errichtet werden sollte, erwies sich dafür als günstiger, als man zunächst befürchtet hatte. Der Streifen festen Bodens ließ zwar nicht zu, dass die Cohorten und Manipel ihre Plätze in gewohnter Ordnung einnehmen konnten – es mangelte an der seitlichen Ausdehnung –, doch er reichte aus, die Abteilungen einigermaßen gegliedert beisammenzuhalten.

Es war dunkel geworden. Der Wind hatte etwas nachgelassen, aber es regnete weiter in Strömen. Was weiter hinten los war, konnte man nur erahnen. Wahrscheinlich igelten sich die voneinander getrennten Truppenteile ebenfalls an Ort und Stelle ein, soweit es das Terrain und mögliche Angriffe zuließen.

Plötzlich sah Pedius, wie weiter östlich Feuer aufloderte.

»Was hat das zu bedeuten?«, fragte er Oppius, der in der Nähe war.

Der Praefect blickte hinüber und sagte: »Der Tross! Sie verbrennen den Tross!«

Pedius zuckte zusammen.

»Das schafft Platz«, fuhr Oppius fort. »Ist jetzt sowieso nur unnötiger Ballast!«

Pedius war klar, dass diese Entscheidung ein Beleg für die zugespitzte Lage war.

In diesem Augenblick näherte sich der Centurio Abulenius, trat vor Oppius, wischte sich das Wasser aus dem Gesicht und machte Meldung: »Aktion abgeschlossen! Keine weiteren Toten!«

Oppius nickte. Dann hieß es: »Befehl an alle Einheiten in diesem Abschnitt: Kein Licht! Keine Fackeln! Doppelte Posten zum Berg hin! Die Leute dafür auf der anderen Seite …« – er wies zum Moor – »… abziehen!«

»Jawohl!«, brummte Abulenius. »Habe das den Männern schon gesagt.«

»Sehr gut. Kontrolle! Immer wieder Kontrolle! Wir dürfen nicht noch einmal überrascht werden!«

Der Centurio grüßte und entfernte sich.

Pedius wandte sich an Oppius: »Was meinst du, werden wir uns halten können?«

»Das hängt davon ab, ob sie uns hier noch einmal während der Nacht angreifen werden. Aber ich glaube das nicht.«

»Warum?«

»Weil sie wissen, dass wir damit rechnen. Arminius kann sich sehr gut in unsere Lage versetzen. Verdammt gut! Und er weiß ebenso: Noch halten sich unsere Verluste in Grenzen.«

Er wechselte das Thema: »Optio!«

»Praefect?!«

»Halte dich bereit als Meldereiter!«

»Jawohl!«

»Noch eins ...«

»Praefect?«

»Du kennst doch das Gebirge. Gibt es dort Wege?«

»Gibt es. Ganz oben ist ein breiter, trockener Höhenweg.«

»Und von dem gibt es Verbindungen nach hier unten?«

»Ja, an einigen Stellen.«

»Auch hier?«

»Nein. Weiter westlich.« Er wies in die Richtung.

»Wie weit von hier?«

»Eine gute Meile*.«

»Dann werden wir wohl eine ruhige Nacht haben. – Na, wenigstens das ...«

Pedius begleitete den Praefecten durch das Lager. Die Männer hatten gute Arbeit geleistet, in der knappen Zeit einen Graben ausgehoben, mit dem Aushub den Wall errichtet und die Palisaden in den Boden eingebracht. Die beiden Offiziere kontrollierten die Positionen der Legionäre, schärften ihnen ein, kein Licht zu machen, sich völlig still zu verhalten und den Waldrand im Auge zu behalten. Es hätte dieses Befehls nicht bedurft: Sie würden ohnehin alles vermeiden, was die Aufmerksamkeit des Feindes wecken könnte.

Niemand dachte an Schlaf. Der völlig unerwartete Angriff an dieser Stelle des Marschweges hatte allen einen Schock versetzt. Hundert Schritte weiter lagen ihre toten Kameraden. Unbestattet. Im Dreck des aufgewühlten Bodens. Einige auch im nahen Wald, in den sie sich kämpfend vorgewagt hatten. Sie hatten keine Chancen. Mit geballter Kraft hatten die Germanen zugeschlagen, mehrere von ihnen kamen auf einen Römer.

Nach einer Stunde näherten sich Reiter: Varus und einige Chargen vom Stab. Sie bewegten sich vorsichtig, denn in der Dunkelheit waren Weg und Steg kaum zu erkennen. Varus lobte die Männer.

Dann wandte er sich unerwartet an Pedius, den er im fahlen Licht erkannt haben musste: »Du solltest dir alles sehr genau einprägen, Optio!«

Pedius nahm Haltung an, sagte aber nichts, obwohl er nur zu gern gewusst hätte, was der Feldherr damit meinte.

Varus gab selbst die Erklärung: »Dies ist der Tag, an dem der größte Verrat an Rom begangen wurde, den die Geschichte kennt. Und wir werden den Verräter zur Rechenschaft ziehen. Das muss schriftlich festgehalten werden. Später. Wenn das hier erledigt ist. Du wirst dabei helfen können. Weitermachen!«

Zusammen mit seiner Begleitung entfernte er sich.

Der Centurio Abulenius, der in der Nähe stand, brummte mit tonloser Stimme: »Dabei hat er uns den Schlamassel eingebrockt! Schöne Scheiße, das!« Er spuckte aus. Dann hob er die Faust und machte eine drohende Bewegung.

Pedius dachte zwar das Gleiche, schwieg aber.

GLOSSAR

1 Meile = 1,5 km.

Etwa eine Stunde später hörte man außerhalb des Lagers im Westen Stimmen. Fremde Stimmen.

»Wa... was ist das?«, fragte jemand mit ängstlicher Stimme in die Dunkelheit.

Und ein anderer: »Germanen. Sie plündern die Toten aus. Da drüben!« Er wies in die Richtung.

Nach einer Weile war es wieder still. Es blieb in der Nacht der einzige Zwischenfall. Dennoch schlief niemand. Man war darauf gefasst, erneut angegriffen zu werden. Die innere Spannung ließ die Männer Kälte und Nässe wenn nicht vergessen, so doch ertragen. Wenn man fror, lebte man noch. Man dachte an die gefallenen Kameraden. Hier und da wurden Gebete gesprochen, Gelöbnisse zugesagt für den Fall, dass man hier lebend rauskam.

Pedius lehnte sich an einen Pfosten der Palisade, starrte in die undurchdringliche Dunkelheit und grübelte. Versuchte sich immer wieder vorzustellen, wie es hinten, am Ende der Kolonne, aussehen mochte ... Varus und sein Stab bewegten sich im Lager ... Bedeutete dies, dass der größte Teil der Armee sich hatte einigeln können? Nicht unbedingt. Es war denkbar, dass die Germanen die Kolonne im hinteren Bereich zerschlagen und die Letzten vernichtet hatten. Arminius, dem es bis zur letzten Sekunde gelungen war, Varus' gesunden Menschenverstand einzulullen, hatte für diesen Fall mit Sicherheit seine Maßnahmen getroffen: Wenn er blitzartig von der ungedeckten Seite kommend mehrere konzentrierte Angriffe geritten war, hatten die Legionäre keine Chance. Dabei rächte sich, dass es keine Nachhut gab! Diese Spezialisten wären ausgeschwärmt, auch und besonders in den Bergwald, hätten jede verdächtige Bewegung unverzüglich gemeldet. Dann hätte man noch Gegenmaßnahmen planen können. Dasselbe galt für die Vorhut – falls es sie gegeben hätte.

Pedius war gespannt, wie der Befehl lauten würde, den Varus bei Tagesbeginn ausgeben würde. Ihm war klar, es gab nur zwei Möglichkeiten: zurück ins Lager an der Visurgis – oder Durchbruch nach vorne! Im Augenblick wusste er nicht, welche Entscheidung die richtige wäre.

— SZENE 23 —

Stunde für Stunde quälte sich die Nacht an ihnen vorbei. Sie froren. Sie waren körperlich nicht in bestem Zustand. Der Dienst inner- oder außerhalb des Lagers war Sommerdienst gewesen. Kaum Märsche. Hin und wieder sportliche Übungen, mehr zum Spaß. Dank des guten Essens hatte man zugenommen, war träger geworden. Das rächte sich nun.

Manchmal fiel Pedius in einen Sekundenschlaf. Er kannte es gut vom Wachtdienst in Syrien und ließ es geschehen. Danach riss er die Augen auf, starrte mit größter Konzentration hinüber zum nachtschwarzen Gebirgshang. Prüfte. Tastete systematisch den ganzen Bereich, den er im Auge hatte, ab. Immer wieder. Nichts. Keine Bewegung. Kein Licht. Kein Geräusch. Nur Stille. Diese bedrohliche, beängstigende Stille. Er zwang sich, seinen Verstand zu gebrauchen: Wenn sich nichts rührte, war da nichts. Kein Germane! Kein Tier! Allenfalls Gespenster. Oder die Geister der toten Kameraden. Darunter Sempronius, sein Bursche.

Als es endlich dämmerte, machte sich Erleichterung breit. Zwar stieg nun die Gefahr, erneut angegriffen zu werden, aber nun konnte man sich wappnen. Man würde den Gegner sehen! Pedius war sich sicher, dass es an dieser Stelle keinen weiteren Angriff geben würde. Es fehlte die Überraschung. Auch Arminius musste das in seine Pläne einkalkulieren. Und er konnte sich keinen Misserfolg leisten.

Marcus Oppius, der Praefect, kam auf seinem ersten Erkundungsgang vorbei, blieb vor Pedius stehen und meinte:

»Die erste Nacht haben wir gut überstanden. Deine Meinung?«

»Keine besonderen Vorkommnisse, Praefect.«

Oppius nickte und fuhr fort:»Das wird sich wohl ändern, wenn wir aufbrechen.«

»Wohin?« Pedius sah ihn gespannt an und kannte doch die Antwort.

»Weiter! Nach Westen!«

Pedius nickte langsam. »Wir werden wohl kaum auf Aufständische treffen, weil es keine gibt.«

»Korrekt«, sagte Oppius. »Aber er wird uns weiter von der Seite attackieren.«

»Arminius ...«

»Natürlich. Und ich befürchte ...«

»Ja?«

»... wenn er dabei Erfolg hat, dann werden sie ihm zulaufen ...«

»Wer?«

»Na die, die bisher abgewartet haben. Du kennst sie doch aus eigener Erfahrung: diese Clan-Oberen, die bisher nur hinter vorgehaltener Hand gegen uns agitiert haben. Wie dieser Wiborg! Kennst ihn doch! Jetzt sehen sie ihre Stunde gekommen!«

Oppius gab Befehl, das Lager abzubauen. Die damit nicht beschäftigten Legionäre nahmen zum Gebirge hin ihre Verteidigungsstellungen ein. Eine Wand von Schilden. So konnten die anderen in der Deckung zügig arbeiten. Doch es erfolgte kein Angriff. Er wird sich hüten, an dieser Stelle den Versuch zu machen durchzubrechen, dachte Pedius. Seine Verluste würden enorm sein. Zumal man hier noch die eigene Reiterei einsetzen konnte.

Pedius blickte nach Westen. Er wusste, etwa zehn Meilen voraus lag der gefährlichste Teil der Strecke. Dort rückte das Moor bis unmittelbar an den Weg heran. Noch im letzten Herbst war er dort vorbeigeritten. Nach starken Regenfällen schwollen die Bäche an, teilten sich in der Ebene und weichten den ohnehin schon feuchten Boden noch mehr auf. Binnen Kurzem würde sich der einigermaßen feste Weg in einen Morast verwandeln. Mit Wagen wäre da kaum noch ein Durchkommen. Wahrscheinlich hatten Oppius und andere Offiziere und Kundschafter, die davon Kenntnis hatten, dem Feldherrn nahegelegt, die Wagen vorsorglich bereits gestern zu verbrennen.

Pedius hatte vergessen, Oppius nach dem Grund zu fragen, warum kein Versuch gemacht wurde, ins Lager zurückzukehren. Aber er kannte die Antwort: Das Lager existierte nicht mehr.

Ihm fiel auf, dass die Leute, die das Verteidigungswerk abrissen, zerlegten und auf den Maultieren verstauten, nicht sprachen. Stumm verrichteten sie ihre Arbeit. Nur ernste Gesichter. Kein Witz, wie sonst üblich. Sie hantierten wie Leute, die in ihr Schicksal ergeben waren. Die wussten, was bevorstehen konnte. Immer ein schneller Blick zum Wald hin. Doch es regte sich nichts. Den Göttern sei Dank!

Auch das Einreihen in die Marschformation ging glatt vonstatten. Zusammen mit Abulenius, dem Centurio der Ersten Cohorte, kontrollierte Pedius die Aufstellung. Er gab die Meldung, dass an diesem Abschnitt alles bereit sei, weiter nach hinten. Von dort kam der Befehl zurück: »Legion ... marsch!«

Die Neunzehnte setzte sich in Bewegung.

Mit konzentrierter Aufmerksamkeit wurde geritten und marschiert. Immer wieder schärften die Centurionen den Männern ein, aufzuschließen und keine Lücken entstehen zu lassen. Sie würden den Gegner, der alles aus sicherer Entfernung beobachtete und einschätzte, veranlassen, blitzschnell zuzuschlagen, durchzustoßen und die Kolonne zu teilen. Die Legionäre wussten es ohnehin und klebten geradezu am Vordermann. Noch konnten sie zu viert nebeneinander marschieren. Doch das würde sich weiter westlich ändern.

Die ersten beiden Stunden verliefen ohne Zwischenfall. Allerdings hatte es wieder zu regnen begonnen. Pedius zog sich den Umhang enger um den Hals. Es nützte wenig. Immer wieder jagten Kälteschauer über seinen Rücken. Lediglich die Flanken des Pferdes wärmten seine Oberschenkel. Er presste die Beine dagegen.

Nun erwartete er jederzeit einen Angriff. Immer wieder vergewisserte er sich, dass er das Schwert griffbereit hatte. Er wusste, dass er in guter körperlicher Form war. Er hatte in den letzten Wochen mit einigen Kameraden intensiv sportliche Übungskämpfe mit Holzschwertern gemacht und war fast immer als Sieger vom Platz gegangen. Sogar Abulenius hatte ihn gelobt: »Tolle Verfassung, das! Glaube, würde selbst den Kürzeren ziehen, verdammt noch mal!« Und Abulenius lobte selten. Er sah noch sein breites Grinsen vor sich.

Heute war das alles anders. Selbst dem Centurio kam kein Witz über die Lippen. Sein Gesicht wirkte noch entschlossener als sonst. Auch er blickte immer wieder nach links, zum Gebirge hin.

Die innere Anspannung war kaum zu ertragen. Darum ritt Pedius immer wieder weiter nach vorne oder nach hinten, um die Formationen zu kontrollieren. Längst hatten sie die Stelle passiert, an der gestern der Angriff über sie hereinbrach. Die Toten lagen nicht mehr da, wo sie gefallen waren. Arminius' Leute hatten sie gedreht und gewendet, um an ihre Waffen, Schilde, Panzer und Helme zu kommen. Nur bei einem hatte man sein Schwert übersehen. Er lag in einer Pfütze. An der Seite erkannte man den Schwertgriff. Sie lagen in unwürdigen Verrenkungen, zum Teil entkleidet, mit dem Gesicht nach unten, am Wege. Andere starrten mit unbeseelten Augen ins Nichts. Hier und da ein totes Maultier, ein Pferd. Auch ihre Kadaver ohne Zaumzeug und Schmuckwerk.

Die Lebenden erschauerten beim Vorbeimarsch angesichts der ins Leere blickenden Augen, der blutigen Wunden, der zerhackten Gesichter, der verdrehten Glieder ihrer Kameraden. Solch grauenhafte Bilder hatten sie noch nie gesehen. Auf keinem Schlachtfeld. Dennoch wussten sie: Weiter! Weitermarschieren! Weg von hier! Nicht zurückfallen! Den engen Kontakt zum Vordermann halten! Nur im Verband waren sie gefeit gegen das gleiche Schicksal. So verloren sie jedes Zeitgefühl. Wussten nicht mehr, wie lange sie seit dem Aufbruch unterwegs waren.

Fragen an den Experten ...
General a. D. Dr. Klaus Reinhardt (14. August 2008)

Herr Dr. Reinhardt, bevor wir auf die Details unseres Themas eingehen, vorweg zwei plakative Fragen. Die erste: Ist Arminius ein Held?

Die Frage ist: Wie definieren Sie Held? Für mich ist Held ein Mann, der etwas Außergewöhnliches tut, was andere nicht zu tun wagen, ohne dass er wirklich weiß, wie der Ausgang sein wird ... der sich selbst überwinden muss – und ich glaube, in diesem Zusammenhang ist Arminius ein Held. Er hat erlebt, dass seine Germanen – oder in diesem Fall sein eigener Stamm – von den Römern unglaublich schlecht behandelt worden sind. Als Auxiliarführer der römischen Reiterei kannte er das römische System und hat erlebt, wie die römische Armee in Pannonien die dortige Bevölkerung niedergemacht hat. Und das wollte er seiner eigenen Bevölkerung nicht zumuten. Deswegen hat er etwas getan, was eigentlich auf den ersten Blick ohne Erfolg aussah, und hat's trotzdem gewagt. Ich meine, das ist ein Held, ja.

Und die zweite Frage: Ist Quinctilius Varus ein Versager oder eine tragische Figur?

Er ist beides. Varus ist im Grunde genommen ja kein großer Feldherr gewesen, sondern er war Administrator, ein sehr erfolgreicher Administrator sogar. Und weil er so erfolgreich war, hat ihn Augustus auch nach Germanien geschickt, wohl in der Annahme, dass Germanien weitgehend befriedet sei, wo es jetzt nur noch um den Aufbau einer vernünftigen römischen Administration ginge. In dem Fall auch eine tragische Figur, weil er in eine Rolle des Feldherrn gezwungen worden ist, die er nicht ausfüllen konnte. Römische Historiker haben geschrieben, dass er sehr unbeweglich war, sowohl geistig wie auch körperlich, und dass er sehr wenig entschlussfreudig war ... all die Dinge, die schließlich ein General braucht, um eine Schlacht zu gewinnen. Er ist in eine Position geschickt worden, die, als sie sich dann für ihn so schwierig entwickelt hat, von ihm nicht zu gewinnen war – und dahingehend ist er tragisch.

Die »Schlacht im Teutoburger Wald«, die nach dem aktuellen Stand der Forschung am Nordrand des Wiehengebirges und nicht im »Osning« stattgefunden hat, gilt als ein Ereignis, das nicht nur den Verlauf der deutschen, sondern der gesamten europäischen Geschichte bis auf den heutigen Tag bestimmt hat. Ist diese Wertung gerechtfertigt?

Diese Wertung ist deswegen gerechtfertigt, weil mit der Schlacht gegen Varus im Grunde genommen der römische Vorstoß, der ja schon bis an die Elbe stattgefunden hatte und dieses Germanien nun als neue Provinz vereinnahmen sollte, zum Stocken gebracht worden ist. Die Römer haben sich die nächsten dreihundert Jahre nicht mehr intensiv um Germanien gekümmert, sondern haben ihre Erfolge auf anderen Schlachtfeldern gesucht und den Restteil Europas romanisiert, während die Germanen außen vor und wesentlich retardierter, wesentlich verlangsamt in ihrer kulturellen Entwicklung geblieben sind. Wäre damals der operative Ansatz, bis an die Elbe vorzudringen – der ja durch Drusus schon stattgefunden hatte –, erfolgreich gewesen, dann hätten die Römer diesen ganzen Bereich arrondieren können, und die historische Entwicklung Europas wäre mit Sicherheit anders verlaufen.

Gibt es vergleichbare Schlachten in der Weltgeschichte – oder ist die Varusschlacht ein Sonderfall?

Es gibt keine Sonderfälle, die für sich alleine stehen, sie haben irgendwo immer Parallelen. Ich denke an die Schlacht von Zama, wo Scipio Hannibal und damit die Karthager endgültig vernichtet hat und das Römische Reich auf das ganze Mittelmeer ausgedehnt worden ist. Ich denke an die Schlacht auf den Katalaunischen Feldern, wo die Hunnen geschlagen wurden. Ich denke auch an 955, Schlacht am Lechfeld, aber auch – um in die moderne Geschichte hineinzugehen – die Schlacht vor Moskau, wo die Wehrmacht zum Stehen gebracht worden und ihr Nimbus der Unbesiegbarkeit endgültig zerschlagen worden ist durch den Gegenangriff der Roten Armee im Dezember 1941. Ab diesem Zeitpunkt war ein Sieg des Hitler-Deutschland nicht mehr möglich, sondern es war nur noch eine Frage der Zeit, wie lange Deutschland dem gesamten Potenzial beider Mächte – dem angelsächsischen und dem russischen – standhalten konnte.

Je größer der zeitliche Abstand zu einem militärischen Großereignis dieser Art ist, umso leichter scheint die Bewertung und Einordnung für die späteren Analysten zu sein. Ich meine dies: Augustus klagt zwar »Varus, gib mir meine Legionen wieder!« –, aber weder ihm noch seinen Nachfolgern ist klar geworden, welche Folgen diese Niederlage für den Großraum Europa haben würde. Beim Fall von Stalingrad wurde dagegen schon allen kritischen Zeitgenossen bewusst, dass hier eine epochale Zäsur gesetzt wurde ...

Ich komme zurück auf das, was ich zu Ihrer vorherigen Frage gesagt habe: Stalingrad war gar nicht die epochale Zäsur, es war eigentlich Moskau. Das ist der Bevölkerung damals so nicht klar geworden – weil man es mit einem Gegner zu tun hatte, der gerade in der Lage war, die Wehrmacht abzublocken und zurückzuschlagen, nicht aber, sie zu vernichten zu diesem Zeitpunkt. Erst im folgenden Jahr wurden dann in Stalingrad die Folgen für alle offenkundig. Ich glaube, der Verlust von drei Legionen für das römische Reich war bitter, war aber nichts, was das Imperium in seinen Grundfesten erschüttert hätte. Wenn ich sehe, was in Persien gelaufen ist und was die Römer dort für Verluste hatten, war das zum Teil viel schlimmer. Klar, es war ein Rückschlag, aber Rom hing nicht von Germanien ab, und deswegen hat sich die damalige Bevölkerung zwar aufgeregt, dass die Legionen dort vernichtet worden sind, aber man sah sich durch diese Niederlage nicht unmittelbar bedroht. Das war bei Stalingrad anders. Da ist jedem Deutschen klar geworden, jetzt geht's uns selber an die Haut.

Seit der Antike wird eine Schlacht nach dem Ort benannt, an dem sie stattfand: Cannae, Actium, Katalaunische Felder, Hastings, Verdun, Midway-Inseln, Dienbienphu … Man könnte Hunderte aufzählen. Nun trägt aber die Katastrophe, bei der drei römische Legionen vernichtet wurden, bis heute den Namen des Verlierers als »Varusschlacht« und nicht den des Siegers als »Arminius-schlacht«. Warum?

Also zunächst sind all die Schlachten, die Sie angesprochen haben, nach Ortschaften benannt. Bis heute wird gestritten: Wo hat die Schlacht gegen Varus überhaupt stattgefunden? Und selbst wenn man sich auf diesen oder jenen Punkt einigt, sind das keine Bereiche, die eine Namensgebung für diese Schlacht rechtfertigen würden. In der Antike und auch bis heute sind Schlachten ganz, ganz selten nach Namen von Feldherrn benannt worden. Für die Römer war klar: Varus hat dort verloren! Den Arminius hat zu dem Zeitpunkt, als römische Geschichtsschreiber über diese Schlacht schrieben, wahrscheinlich kein Mensch mehr gekannt. Aber Varus war zu einem Fanal innerhalb der römischen Geschichte geworden. Diese Schlacht mit diesem Verlierer zu verbinden und sie nach ihm zu benennen, war aus römischer Sicht sehr wohl gerechtfertigt. Arminius oder Hermann der Cherusker … der war nach mehr als hundert Jahren, als Tacitus oder Cassius Dio darüber schrieben, in der Wahrnehmung der römischen Bevölkerung schon lange weg.

Damit sind wir bei der Verantwortung des »Hauptschuldigen«. Ich muss hier etwas ausholen:
Quinctilius Varus hatte sich als Statthalter in Syria und Africa bewährt … Augustus hatte ihm seine Großnichte Claudia Pulchra zur Frau gegeben … Varus entstammte einem der alten Patriziergeschlechter aus Alba Longa … Im Hause seines Pflegevaters Quinctilius Varus Cremonensis gingen dessen Freunde Vergil und Horaz ein und aus … Kurz: Varus gehörte dem höchsten Establishment an.
Von Augustus wissen wir, dass er seine Stellung im neuen Herrschaftssystem des Principats durch die Einbindung von Fami-

lienmitgliedern und Angeheirateten absicherte. War Varus unter diesen Voraussetzungen ein Fehlgriff? Er war vorrangig Verwaltungschef und nicht Militär!

Worauf ich hinauswill: Germanien war nicht Syrien! Das Kulturgefälle zwischen Germanien und der mediterranen Großmacht war ungleich größer als z. B. das zwischen Rom und Gallien. Dies trifft erst recht für den nordgermanischen Raum zu. Einige antike Autoren werfen Varus Arroganz im Umgang mit der indigenen Bevölkerung vor. Damit liegt letztlich doch die Verantwortung bei Augustus! Hat er den falschen Mann an den falschen Ort gesetzt?

Aus meiner Sicht hat er eindeutig den falschen Mann dorthin gebracht, in ein Gebiet, das nicht befriedet war, das nicht kultiviert war, aber er hat keinen Mann hingeschickt, der ein begnadeter Heerführer gewesen ist wie Drusus oder Tiberius. Nun ist die Frage: Kann man das Augustus anlasten? Augustus ist selbst nicht in Germanien gewesen, er ist auf die Berichte seiner Feldherrn angewiesen – seiner Söhne: Drusus, ein begnadeter Feldherr, Tiberius, ein hervorragender Feldherr, der sich dann aber mit Augustus ja überworfen hat. Drusus und Tiberius waren es, die die bisherigen Feldzüge gegen die Germanen vorbereitet und ein brauchbares Straßen- sowie Wasserverkehrsnetz in den eroberten Gebieten aufgebaut hatten. Die Frage ist: Was haben sie zu Hause in Rom ihrem Kaiser gemeldet? Haben sie ihrem Kaiser gesagt, das ist weitgehend im Griff, wir waren gut – und haben sich selbst damit in ihrer Wertigkeit und ihrem Können herausgestellt? Oder haben sie gesagt: Da haben wir noch erhebliche Probleme. Ich vermute, dass sie Ersteres getan und sich persönlich gut verkauft haben. Sicher war Augustus aufgrund dieses eher positiven Bildes über Germanien zu der Schlussfolgerung gekommen, nun könne er Besatzungstruppen hinschicken und sich dabei auf einen sehr erfahrenen, ihm sehr nahestehenden Verwaltungsbeamten abstützen.

Die erfolgreiche Durchführung von Kriegen, Feldzügen, Schlachten ist zu allen Zeiten abhängig vom Nachschub. Nun war aber die Infrastruktur Germaniens höchst mangelhaft: Es gab weder feste Straße noch befestigte Städte, in denen man wie in Gallien

Vorräte horten konnte. Stattdessen undurchdringliche Urwälder, Sümpfe, brückenlose Flüsse. Das alles wusste auch die Führung in Rom, denn der Reichsgeneral Tiberius kannte wie sein Bruder Drusus die nordgermanischen Verhältnisse aus eigener Anschauung. Wenn man also trotzdem diese Risiken in Kauf nahm, stellt sich die Frage: War hier ein überzogenes imperiales Sendungsbewusstsein am Werk?

Mit Sicherheit war die Vorstellung, Germanien zu diesem Zeitpunkt als Provinz unter Kontrolle nehmen und ausbeuten zu können, von falschen Voraussetzungen ausgegangen. Klar, es gab den einen oder anderen Stützpunkt in diesem germanischen Bereich jenseits des Rheins. Aber im Grunde genommen lag die gesamte logistische Basis immer noch am Rhein mit Xanten und Haltern als vorgeschobene Stützpunkte. Und man hat mit Sicherheit auch im Lande selbst einige Stützpunkte angelegt, aber das waren reine Militärlager. Die römischen Soldaten waren die besten Straßenbauer, die es je gegeben hat. Und die haben sich überall an die Höhenwege gehalten, um möglichst trocken und einigermaßen sicher diese Straßen bauen und auf denen den Verkehr laufen zu lassen. Aber das waren viel zu wenige, es war kein vernetztes System. Es war kein System, das aus dem Land genügend herausholen konnte, um die eigenen Truppen zu ernähren, weil eben Germanien zu diesem Zeitpunkt völlig anders entwickelt war als Gallien oder auch Britannien. Augustus hat also den Ausbau des Römischen Reiches vorgesehen, ohne dass die wirtschaftlichen Voraussetzungen dafür bereits geschaffen waren.

Studiert man die antiken Quellen, hat man den Eindruck, dass die römische Führung die Lage in Germanien insgesamt zwischen den Jahren 7 – Varus übernimmt Germanien – und 9 n. Chr. als ruhig interpretiert hat. Es ist ja kein Zufall, dass wenige Jahre zuvor mit dem Bau einer römischen Zivilsiedlung an der Lahn und der Gründung einer Colonia an der Mosel, dem späteren Trier, begonnen wurde. Handelt es sich also im Hinblick auf die Verhältnisse in Nordgermanien um eine fatale Fehleinschätzung? Salopp ausgedrückt: Mit denen werden wir schnell fertig!

Nach der historisch belegbaren Vorstellung waren die Germanen laut Varus mit den Menschen nur insofern vergleichbar, dass sie eine Stimme und Gliedmaßen haben, ansonsten waren es keine echten Menschen. Das waren in der Vorstellung von Varus ... ja, wir würden das mit dem neuen Bereich unseres Sprachschatzes wahrscheinlich als »Untermenschen« ansehen. Die Römer hatten geglaubt, sie könnten die Germanen ohne große Probleme unterjochen und wirtschaftlich ausbeuten – was nicht der Fall war. Dieses Land hat nichts hergegeben, es gab keine Städte, keine Münzen, es gab keine feste ökonomische Infrastruktur; die sozioökonomischen Verhältnisse in diesem Germanien waren völlig anders als in Gallien. Und diese eine Stadt, von der Sie sprachen, die man bereits über die Grenze, über den Limes hineingesetzt hat an die Lahn, mag ein erster Versuch gewesen sein, der erste Ansatz in dem Fehlglauben, das haben wir alles fest im Griff. Aber die Geschichte zeigt sehr deutlich – und die ganze Varusschlacht basiert ja darauf –, dass man das völlig falsch eingeschätzt hat – auch seine Bundesgenossen völlig falsch beurteilt hat.

Imperiale Mächte neigen dazu, ihren Überlegenheitsanspruch quasireligiös aufzuwerten. Rom nannte das die »Pax Romana«. Staats- und Kaiserkult gingen ineinander über. Die Provinzbewohner hatten am »Altar der Roma« zu opfern: in einer öffentlich vollzogenen Zeremonie als Ausdruck der Akzeptanz. Für Germanien hatte man dafür die »Ara Ubiorum« in Köln eingerichtet, wo zeitweise Segimundus, der Sohn des Segestes, als Staatspriester fungierte.

Nun wird einer imperialen Macht immer wieder der Vorwurf gemacht, dass sie die auf einer niedrigeren Zivilisationsstufe stehende Bevölkerung unterworfener Gebiete in entehrender Weise vergewaltigt, um ihren Hegemonialanspruch durchzusetzen. Mittel ist die technische Überlegenheit. Dabei geht die Identität – früher sagte man: das Erbe der Ahnen – verloren. Kann man in diesem Zusammenhang einen Bogen von der Weltmacht Rom zur heutigen Supermacht USA schlagen?

Also zunächst ist ja interessant, dass die Germanen gegen Abgaben an den Kaiser nichts einzuwenden hatten und den religiösen Teil, soweit es notwendig war, aus der Pax Romana heraus gesehen, durchaus übernommen haben. Völlig anders als die Juden, die sich dagegen nach allen Regeln der Kunst gewehrt haben ... und später die Christen. Das war für die Germanen zu diesem Zeitpunkt eigentlich nicht das zentrale Thema, sondern das Zentralthema für sie war die unglaublich grausame Behandlung der eigenen Bevölkerung durch die Römer. Varus war ein unglaublich brutaler Statthalter, der die Menschen zu Hunderten gekreuzigt und gequält hat, und das wollten sich die Germanen nicht weiter gefallen lassen. Aber Sie haben natürlich recht, dass eine Siegesmacht immer mit dem imperialen wie auch mit dem religiösen Anspruch antritt, um den besiegten Gegner auch moralisch-theologisch in die Knie zu zwingen. Das sehen wir daran, dass aus Tempeln Kirchen wurden, dass aus Moscheen Kirchen oder aus Kirchen wieder Moscheen wurden – Hagia Sophia! –, und es gibt Tausende Beispiele dieser Art. Das heißt, die kulturellen zentralen Punkte des Gegners werden erst mal durch die eigenen Kräfte besetzt oder zerstört. Diese ideologische Überlegenheit basiert darauf, dass sich der Sieger auch militärisch überlegen und besser fühlt als der andere. Dahingehend ist das Vorgehen des römischen Reichs, das seine Proconsuln nach Karthago schickte und die totale Unterwerfung forderte, manchmal vergleichbar mit dem, was die Amerikaner heute tun. Wenn ich mir vorstelle, dass die Amerikaner einen Dreisternegeneral nach Moskau geschickt haben, um dort über den Aufbau eines Raketenabwehrsystems zu informieren, dann liegt das auf einer ähnlichen Ebene.

Arminius hatte als Kommandeur von germanischen Auxiliar-Einheiten das grausame, menschenverachtende Wüten der römischen Truppen während des großen pannonischen Aufstands kennengelernt; wahrscheinlich war er mit seinen eigenen Leuten daran beteiligt. Für ihn war es ein gnadenloses Überrennen, notfalls auch Auslöschen anderer Völker und Kulturen, getragen von dem Bewusstsein haushoher militärischer und kultureller

*Überlegenheit. Damals könnte jener Denkprozess bei ihm einge-
setzt haben, der nach seiner Rückkehr in die Heimat zu dem Entschluss heranreifte: Das darf hier nicht geschehen! Es muss, koste
es, was wolle, verhindert werden! Solche Gedanken lassen sich
ohne Weiteres aus späteren Äußerungen von ihm, die Tacitus
überliefert, ableiten.*

*Drängen sich da nicht Parallelen auf zu den Argumenten der An-
hänger von al-Qaida, Taliban und anderen Extremisten?*

Ich weiß nicht, ob man so weit gehen kann, dass man da
tatsächlich da Parallelen zieht … Aber eines ist klar: Wenn
eine Siegermacht eine Bevölkerung unterdrückt und jeden
angeblichen Terroristen oder Widerständler mit der gesamten
Kampfkraft, die ihr zur Verfügung steht, zu vernichten versucht und dabei bewusst in Kauf nimmt, im Rahmen der
Kriegshandlungen auch unschuldige Zivilisten zu töten, dann
schafft sie sich durch dieses scharfe Vorgehen neue Gegner.
Das heißt, je mehr Gewalt angewendet wird, umso mehr fordert das den Widerstand heraus. Das haben die Amerikaner in
dieser Deutlichkeit im Irak ja sehr stark erlebt.

Kommen wir zum Ereignis selbst, der Clades Variana. *Während
des drei-, vielleicht viertägigen Abwehrkampfes gelang es Varus
und seinen Legaten zu keinem Zeitpunkt, das militärische Geschehen in den Griff zu bekommen und Herr der Handlung zu bleiben.
Was wurde falsch gemacht?*

Das Entscheidende ist wohl: Wenn das alles stimmt, was man
aus den Quellen herauslesen kann, dass Varus aus dem Sommerlager mit seiner gesamten Truppe in ein Winterlager marschiert
ist – wahrscheinlich Richtung Haltern, vielleicht auch über
den Rhein hinweg, das wissen wir nicht –, ist er nicht unter
militärischen Rahmenbedingungen marschiert, sondern er ist
marschiert, als ob er sich durch ein friedliches Land bewegte.
Er hat in der Mitte seines Heerzuges den gesamten Tross gehabt, der unglaublich groß und unbeweglich war, darunter
Frauen und Kinder, auch Sklaven – denn das war ja damals
das Übliche, dass jede Menge zivile Kräfte in einem solchen

Bereich mit dabei waren. Er hatte keine Vorhut, er hatte keine Nachhut, er hatte keine Kräfte in die Seite geschoben, um sich dort unter kriegerischen Verhältnissen in einem gegnerischen Land von A nach B zu bewegen, sondern er ist wie unter friedlichen Rahmenbedingungen marschiert. Er hat darum im Grunde genommen alles falsch gemacht, was man militärisch falsch machen konnte, wurde wohl durch seine Generale auch nicht gut beraten. Ich vermute auch, dass seine drei Legionen keine *Crack*-Legionen* waren, wie es manchmal dargestellt wird, sondern es waren Legionen, die im Laufe der langfristigen Okkupation mit Sicherheit auch müde und nicht mehr bissig gewesen sind, sonst hätte das nicht passieren können. Das heißt, hier ist ein Heerzug entlangmarschiert, der sich über mehrere Kilometer erstreckte, durch eine Gegend, in der der römische Soldat mit seiner römischen Phalanx nicht agieren konnte, sondern wo es, als die Cherusker angriffen, sofort in den Einzelkampf überging. Die Stärke der römischen Armee war ja gerade diese geschlossene Wucht einer Kohorte, die angegriffen oder sich verteidigt hat und die sich gegenseitig helfen und sich wehren konnte. Das war in dem Urwald nicht möglich. Die Straßenverhältnisse waren unglaublich schlecht. Varus hat sich durch Arminius wohl in ungünstiges Gelände locken lassen ... Arminius hat gemeldet: »Komm, du musst mir helfen! Ich bin bereits unter Beschuss von den Germanen!« Er hat bewusst mit völlig falschen und erfundenen Angaben eine sehr kritische Lage dargestellt, um Varus in die falsche Richtung zu lenken. Und Varus ist Arminius auf den Leim gegangen.

Hatte Varus überhaupt eine Chance?

Nein. Ich glaube, er hatte keine Chance, weil er ein Unternehmen gestartet hat in der Annahme, er könne unter völlig friedlichen Verhältnissen das Winterlager erreichen. Er konnte sich gar nicht vorstellen, dass Arminius ihn angreift. Er hat bis zum Schluss an Arminius geglaubt. Das heißt, er war sowohl militärisch als auch von seiner psychologischen Einstellung

---

* *Crack*-Legionen: Elite-Legionen

her der Katastrophe, die da auf ihn zukam, überhaupt nicht gewachsen.

Der Hauptgrund für die Niederlage muss wohl auch in der schwierigen Befehlsübermittlung gesehen werden. Die Armee hatte sich kilometerweit auseinandergezogen. Es gab weder Feldtelefone noch Funkgeräte. Gibt es ähnliche Beispiele aus der neueren Kriegsgeschichte?

In schwierigem Gelände zu Fuß oder zu Pferd Informationen weiterzugeben, kostet Zeit ... Zeit ... Zeit! Und die hat man im Gefecht nicht. Man kann gar nicht schnell genug reagieren. In dem Bereich, in dem Arminius angegriffen hat, mit urwaldähnlichen Verhältnissen, nur mit Reiterkräften, waren die Germanen viel beweglicher und im Vorteil. Arminius hat sich in keine großen Auseinandersetzungen zwingen lassen, sondern er hat zugeschlagen und ist dann sofort wieder ausgewichen. Wegen der fehlenden Fernmeldebedingungen und wegen der daraus resultierenden unterschiedlichen Informationen war es für Varus und seine Generäle unmöglich, Kräfte nachzuziehen, Reiter nach vorne zu bringen und dort einzusetzen, wo er sie gebraucht hätte. Aber selbst wenn die Information durchgekommen wäre, wäre es wahrscheinlich nicht möglich gewesen, Kohorten an den andern vorbeizubringen, weil es die Wegeverhältnisse einfach nicht zugelassen haben.

Nun gibt es bei Tacitus (Ann. I 63,5 bis 68,5) das Gegenbeispiel des Aulus Caecina Severus, der sechs Jahre später während des Rückzugs von der Strafexpedition des Germanicus mit seinen Legionen in eine ähnliche Situation wie Varus gerät. Stichworte: Sumpf, »undurchdringliche« Wälder, schmales, schwieriges Gelände ohne die Möglichkeit zur Entfaltung. In ungewöhnlich detaillierter und dramatischer Form schildert Tacitus den Abwehrkampf, der schließlich durch das beherzte, mutige Eingreifen Caecinas zum Erfolg führt. Einige Forscher sprechen in diesem Zusammenhang von einer Spiegelung der Varusschlacht. Ist der Vergleich gerechtfertigt?

Ich glaube, hier wird eine Situation deutlich, dass zum einen
Caecina ein guter Feldherr war, der wusste, was Varus passiert
war, der unter strikter militärischer Gliederung und unter
operativen Gesichtspunkten in dieses Gelände hineingegan-
gen ist, wohl wissend, dass die Germanen immer noch da waren und gegen ihn kämpfen konnten. Er ist nicht überrascht
worden. Er ist nicht unter Friedensbedingungen marschiert,
sondern als militärischer Verband. Die römische Legion war
ja eine Kampfmaschine, und wenn die vorbereitet war, war es
sehr schwer, sie zu schlagen. Das Zweite aber ist, ob Tacitus
hier nicht bewusst eine Spiegelung gemacht hat nach dem
Motto: Nachdem es das erste Mal schlecht gegangen ist und
wir einen schlechten Feldherrn hatten und wegen des schlechten Feldherrn diese Riesenverluste hinnehmen mussten, hat
er jetzt dargestellt, dass die Römer eigentlich doch unglaublich gut und nicht zu schlagen waren. Wenn sie jedoch richtig eingesetzt sind, bleibt diese Kampfmaschine − gegen wen
auch immer − erfolgreich. Tacitus bemüht sich, die römische
Geschichte umzuschreiben und zu verherrlichen, um das gute
alte System, das Rom einst groß gemacht hat, noch einmal auf-
leben zu lassen.

*Ich komme noch einmal auf die beiden Fragen am Anfang zurück:
Hatte Arminius vor allem Glück? Das Unternehmen hätte ja
auch scheitern können.*

Es ist Arminius zum ersten Mal gelungen, mehrere Stämme
zu vereinigen. Wir haben hier eine ähnliche Situation wie bei
den Indianerkämpfen am Little Big Horn, als es das erste Mal
gelang, fünftausend Indianer unterschiedlichster Stämme zu-
sammenzubringen, um Custer* anzugreifen und ihm den Gar-
aus zu machen. Ich kenne keine zweite Situation in der germanischen Geschichte, wo ein Heeresführer es geschafft hätte,

---

* Custer: Bei der Schlacht am Little Big Horn wurden General George Arm-
strong Custer und sein Regiment am 25. Juni 1876 von den vereinigten Indianerstämmen der Sioux und Cheyenne unter der Führung des Häuptlings Sitting
Bull vernichtend geschlagen.

diese unterschiedlichen Interessen der germanischen Fürsten auf einen Nenner und damit hinter sich zu bringen. Und er hat Erfolg gehabt. Wir wissen aus der Kriegsgeschichte: Wenn der erste Tag erfolgreich ist und die Demoralisierung auf der anderen Seite bei Regen, bei Sumpf, bei schlechtem Wetter erst mal eingesetzt hat, tragen sich der Sieg und das Gefühl, dass es aufwärtsgeht, von alleine. Und hier hat Arminius unglaublich Glück gehabt. Sein Angriff ins Zentrum, mit dem er den Heereszug von Varus praktisch halbierte, hat sofort zum Erfolg geführt, und dies unter ganz geringen eigenen Verlusten. Ich glaube, wenn es zu Beginn der militärischen Operation danebengegangen wäre, wären die verschiedenen Stämme wieder abgesprungen. Aber hier waren sie dran und bissen sich an Varus fest. Aber wir wissen heute auch, dass sich die germanischen Stämme – kaum war der Krieg vorbei – sofort wieder gegenseitig das Leben zur Hölle machten. Also … Arminius war mit Sicherheit genial, hatte aber auch großes Glück, dass ihm dieser Anfangserfolg sofort in den Schoß gefallen ist, was ihm eben bei Caecina nicht gelungen ist. Beim ersten Angriff wurde er bereits abgeschmettert. Aus war's! Und ich glaube … dahingehend muss man einfach sehen, dass das, was Napoleon gesagt hat, richtig ist: Ein Feldherr muss *fortune* haben! Arminius hatte *fortune* … und Mut!

Herr Dr. Reinhardt, ich danke Ihnen für das Gespräch.

Zur Person: Dr. Klaus Reinhardt (geboren 1941) ist General a. D. des Heeres der Bundeswehr. Militärische Laufbahn: 1960 Offiziersanwärter der Gebirgsjägertruppe. 1963 Zugführer des Gebirgsjägerbataillons 222 (Mittenwald). 1966/67 Operationsoffizier (S-3) im Stab des Bataillons. 1967 bis 1972 Studium der Geschichte und Politikwissenschaft in Freiburg; 1972 Promotion über das Scheitern der Strategie Hitlers im Zweiten Weltkrieg. 1968 Hauptmann und Kompaniechef im Gebirgsjägerbataillon 221 (Mittenwald). 1973 bis 1975 Ausbildung zum Offizier im Generalstabsdienst (Hamburg). 1975 US-Generalstabsausbildung am Command and General Staff

College in Fort Leavenworth. Ab 1976 Stabsoffizier bei der Central Army Group der NATO in Heidelberg. 1978 bis 1980 Adjutant des stellvertretenden Generalinspekteurs in Bonn. Anschließend bis 1982 Kommandeur des Gebirgsjägerbataillons 231 in Bad Reichenhall. Als Oberst 1983 bis 1986 Adjutant des Verteidigungsministers (Wörner). Nach Ernennung zum Brigadegeneral (1988) im Führungsstab der Streitkräfte in Bonn. Unter anderem zuständig für die Zusammenführung von Bundeswehr und Nationaler Volksarmee. Seit 1990 als Generalmajor Kommandeur der Führungsakademie der BW in Hamburg. 1993 als Generalleutnant Kommandeur des III. Korps in Koblenz. Ab 1994 baute er das neue Heeresführungskommando (Koblenz) auf und leitete als dessen Befehlshaber die deutschen Auslandseinsätze in Somalia, Kroatien, Bosnien und Herzegowina im Rahmen der Peace Implementation Forces (IFOR und SFOR). 1998 Ernennung zum General. Übernahm bis 2001 den NATO-Posten des Commander Joint Headquarters Centre. Von Oktober 1999 bis April 2000 Befehlshaber der KFOR-Friedenstruppe in Priština (Kosovo).

Dr. Reinhardt arbeitet heute als freier Journalist und ist Autor mehrerer Bücher, z. B. ›Die Wende vor Moskau. Das Scheitern der Strategie Hitlers im Winter 1941/42‹, Stuttgart 1972 und: ›KFOR, Streitkräfte für den Frieden. Tagebuchaufzeichnungen als deutscher Kommandeur im Kosovo‹, Frankfurt a. M. 2002.

Die eingeschränkten Verteidigungsmöglichkeiten der Legionen

Velleius Paterculus macht leider keine Angaben darüber, über wie viele Tage sich die Attacken der Germanen gegen die römische Marschkolonne erstreckten. Dass es mehrere waren, wird nicht nur bei Cassius Dio deutlich – wir kommen gleich darauf zurück –, sondern auch durch die Strategie, mit der Arminius vorging. Ihm, dem erfahrenen Kenner der römischen Kriegstechnik und ihrer Methoden, war von vorneherein klar, dass er in offener Feldschlacht den Kürzeren ziehen würde. Also griff er zu den Mitteln, wie sie auch heute in Guerillakriegen praktiziert werden: plötzlich dort zuschlagen, wo es der Gegner nicht erwartet! Dies mit geballter Kraft! Dem Gegner die Möglichkeit nehmen, seine überlegenen Kampfmittel einsetzen zu können, um den Feind zurückzuschlagen, ihn zu verfolgen und schließlich zu vernichten! Also in diesem Fall: keine alles niederwalzende Reiterei, keine Phalanx, keine »Schildkröte«!

Mit dem Namen »Schildkröte« *(testudo)* bezeichneten die Römer alle beweglichen gepanzerten Einheiten, und zwar sowohl Maschinen als auch Truppenformationen. Die Abbildung 22 im Bildteil zeigt die Legionäre in vier Reihen in Schildkrötenaufstellung. Die vordersten sechs Männer kauern sich hinter den dicht nebeneinander gehaltenen Schilden der mittleren vier Männer nieder. Die beiden Schlussmänner drehen ihre Schilde nach außen. Dahinter schließen die zweite, dritte und vierte Reihe (je zu sieben Mann) in ähnlicher Weise auf, wobei die mittleren fünf Männer in jeder Reihe ihre Schilde über den Köpfen halten. Es wird sogar berichtet, man habe die Festigkeit der Schildkröte dadurch erprobt, dass man Streitwagen darüberfahren ließ.[241] Bei Belagerungen konnten andere Soldaten über diese *testudo* Mauern ersteigen und stürmen. Die Bildung der Schildkröte war ein Glanzstück der Infanterie. Militärhistorische Fachleute halten diese Kampfformation für die wesentliche Errungenschaft der römischen Truppen, der die Gegner nichts vergleichbar Effektives entgegenzusetzen hatten. Man kann durchaus einen Vergleich zum heutigen Panzer ziehen, da die *testudo* beides möglich macht: Schutz und Angriff.

Doch unter den gegebenen Umständen auf schmalem, morastigem Weg zwischen Waldgebirge und Sumpf konnte diese Kampftechnik nicht angewendet werden. Der römische Militärschriftsteller Vegetius verfasste um 400 n. Chr. ein Handbuch der Kriegskunde (›Epitoma de rei militaris‹), in dem er festhält: »Nichts ist im Gefecht von größerem Nutzen, als wenn man den Männern durch ständige Übung beibringt, auf ihren Plätzen in der Linie zu bleiben und nirgends die Reihen zu sehr zu schließen oder zu lockern. Zu dicht zusammengedrängte Soldaten haben keinen Raum zum Kämpfen und behindern sich nur gegenseitig. Wenn sie dagegen zu dünn stehen und zu viel Luft zwischen ihnen ist, bieten sie dem Feind die Möglichkeit zum Einbruch. Ist aber die Front erst einmal durchbrochen und der Gegner greift die noch kämpfenden Truppen von hinten an, gibt es sogleich Panik und allgemeines Chaos.«[242]

Marcus Junkelmann, der diese Stelle zitiert, fährt im Kapitel »Der Massennahkampf« fort: »Unordnung, der Verlust des physischen und moralischen Zusammenhalts, mussten im Massennahkampf unweigerlich zur Katastrophe führen, da der Gegner, mit dem man sich ja in unmittelbarer Tuchfühlung befand, diesen Augenblick der Schwäche und ›das Schwert zwischen den Rippen‹ verfolgen konnte. Die eigentlich schweren Verluste traten in antiken Schlachten gewöhnlich erst nach dem Zusammenbruch der geschlossenen Front ein. Während ein Schwarm von Einzelkämpfern keinen festen Zusammenhalt besitzt und nur durch die persönliche Kampfleistung der Soldaten wirkt, bildet ein einexerzierter taktischer Körper einen massiven Block, dessen hintere Glieder die Linie der eigentlich Kämpfenden im Angriff auf den Feind schieben, in der Verteidigung in Position halten. Nicht zu unterschätzen ist der moralische Eindruck einer solchen massiven Formation, sowohl zur Stärkung des Selbstvertrauens der eigenen Männer wie auch zur Schockwirkung auf den Gegner ... Schließlich gewährleistet der taktische Körper, entsprechende Kommandostrukturen und ausreichende Übung vorausgesetzt, dass die Masse einigermaßen gegliedert und in der Hand der Führung bleibt, während sie ohne feste Ordnung sich bei Kampfbeginn in einen undirigierbaren Mob auflösen würde.«[243]

Nicht eine dieser antiken wie modernen Anforderungen konnte auch nur ansatzweise realisiert werden:

– Das vorhandene Gelände bot keinen Raum, um die eingeübten Aufstellungen einnehmen zu können.

– Sie standen entweder »zu dünn« und es war »zu viel Luft zwischen ihnen ...« oder »zu dicht« und sie »behinderten sich gegenseitig«.

– Nachdem die Kolonne durchbrochen war, gab es »sogleich Panik und allgemeines Chaos«.

– Es kommt zum Massenkampf Mann gegen Mann, aber »dieser Schwarm von Einzelkämpfern besitzt keinen festen Zusammenhang«.

– Vor allem bleibt eines auf der Strecke: Die Befehlsübermittlung über größere Entfernungen – und hier handelte es sich um Kilometer! – ist nicht mehr möglich, da die Kolonne der drei Legionen in einzelne Teile aufgespalten wurde, die aus dem Stand gezwungen waren, sich lediglich durch Ad-hoc-Maßnahmen gegen die Angriffskeile der Germanen zu wehren.

Mit anderen Worten: Es ergaben sich völlig zufällige Zusammenschlüsse aus getrennten Centurien, Manipeln und Cohorten, deren Offiziere nicht mehr in der Lage waren, die zerschnittenen Teile wiederzuvereinigen, um sie effizient agieren lassen zu können.

Wie lange die germanischen Attacken an den verschiedenen Angriffspunkten dauerten, wissen wir nicht. Die Angriffsdauer wird an den verschiedenen Plätzen unterschiedlich gewesen sein, abhängig vom Gelände, von den römischen Verlusten wie vom Stehvermögen der betroffenen Legionäre. Da Arminius die Struktur der marschierenden Armee aus eigener Anschauung kannte, war er natürlich genauestens informiert über ihre Schwachstellen. Ebenso wird er in seine Überlegungen einbezogen haben, welcher Centurio, Tribun oder Legat mit seinen Leuten bestimmte Stellen zu bestimmten Zeiten erreicht haben würde. Natürlich kannte er alle höheren Chargen persönlich, kannte somit ihre Stärken und Schwächen, wusste genau, vor wem er sich besonders in Acht nehmen musste und mit wem er leichtes Spiel haben würde. Wir erinnern in diesem Zusammenhang an die Stelle bei Velleius Paterculus, wo er zwei Praefecten als »heldenhaftes« bzw. »erbärmliches Beispiel« gegenüberstellt. Arminius hatte in den vorausgegangenen zwei oder drei Jahren genügend Zeit, sich ein genaues Bild von den Legaten, Praefecten, Tribunen, Centurionen zu machen. Er kannte ihre Charaktere, ihr Temperament, ihren Bildungsstand; wusste, wer ein Draufgänger oder kühl wägender Rechner war. Und nun wusste er genau, an welchen Abschnitten der Marschkolonne sich diese Leute während des Marsches befanden. Entsprechend waren die Befehle an seine Unterführer.

Wenn man versucht, die gesamte Strategie von Arminius nachzuvollziehen, die ja auf sehr komplizierten Voraussetzungen beruhte, kommt man nicht umhin, sie tollkühn zu nennen. Dies freilich nur auf den ersten Blick. Vom Ausgang des Geschehens her gesehen – und der war auf ganzer Linie ein Erfolg – folgt ein Schritt logisch dem anderen. Das ist genial.

Natürlich kann es sich keiner der römischen Autoren erlauben, in diesem Sinne ein Urteil abzugeben – selbst wenn er es selbst so gesehen hätte. Was nicht sein darf, kann nicht sein. Für sie ist Arminius der große Verräter, der das Vertrauen, das die römische Führung in ihn gesetzt hatte, schmählich und mit bösartiger Hinterhältigkeit ausgenutzt hat. Da dies aber nicht als Ausrede für das militärische Versagen genügen konnte, mussten weitere, geradezu schicksalhaft erschwerende Bedingungen dazutreten: Wetter, Sturm, Regen, Urwald, Sumpf, Moor – und schließlich das Versagen von Varus.

Immer wieder wird dies bei Cassius Dio deutlich. Nach der ersten bereits verlustreichen, aber doch insgesamt einigermaßen glimpflich überstandenen

Nacht heißt es: »Anderntags ging der Marsch in etwas besserer Ordnung weiter, und sie erreichten, freilich nicht ohne blutige Verluste, sogar freies Gelände. Von dort aus gerieten sie aber wieder in Wälder, und hier mussten sie sich gegen die Angreifer wehren, wobei sie aber gerade die schwersten Verluste erlitten. Denn auf engem Raum zusammengepresst, damit Schulter an Schulter Reiter und Fußvolk den Feinden entgegen stürmen könnten, stießen sie vielfach aufeinander oder gegen die Bäume.«[244]

Die Vorstellung, die Armee habe sich mitten durch einen Urwald bewegt, ist vollkommen realitätsfern. Niemand, auch kein Varus, hätte sich mit seinem großen, schwerfälligen Tross ins Gebirge begeben und – so will es ja Cassius Dio glauben machen – durch einen dichten Wald bewegt. Es mag durchaus sein, dass dieser oder jener Centurio seine Leute nach links in Richtung Gebirge geschickt hat, um die Lage zu klären, und dass sie dabei auch durch Bäume und Dickicht behindert wurden, aber es ist nicht vorstellbar, dass die ganze Armee sich in einem weglosen Gelände durch Gestrüpp und Dickicht buchstäblich von Baum zu Baum durchkämpft. Allerdings gibt es nach wie vor Schilderungen der Szenerie, die dies für bare Münze nehmen.

So brach der letzte Tag an. Ob es der dritte oder vierte Tag seit dem Aufbruch war, lässt sich nicht klar entscheiden. Die Angabe, dass es sich um den vierten handelte, stammt von Cassius Dio.[245] Keiner der übrigen antiken Autoren macht hier eine definitive Aussage. Dass es sich um mindestens drei Tage gehandelt hat, ist ein Beleg dafür, dass es der Armeeführung immer wieder gelang, das Chaos einigermaßen zu ordnen und den Marsch – nun unter Kriegsbedingungen – fortzusetzen. Ein Zurück gab es ja nicht mehr. Vielleicht hat Arminius von vornherein dieses Timing in seiner strategischen Konzeption geplant, da ihm klar war, dass er mit seinen zahlenmäßig weit unterlegenen Kräften unmöglich in der Lage war, drei Legionen an einem einzigen Tag vernichtend zu schlagen. Und vor allem: Er musste das Gros der zwar schon geschwächten, aber noch kampffähigen Armee an den Ort locken, an dem er seine fortifikatorischen Vorbereitungen getroffen hatte: an den Kalkrieser Berg.

— SZENE 24 —

Als der vierte Morgen anbrach, setzte heftiger Regen ein. Sextus Pedius ahnte, dass dies der entscheidende Tag werden würde. Oppius war der gleichen Meinung. Gestern Abend, vor Einbruch der Dunkelheit, meinte er:»Sie werden, wie in den anderen Nächten, nicht im Dunkeln angreifen. Sie brauchen Sicht, um gezielt vorgehen zu können. Aber sie werden heute über den ganzen Tag eine Attacke nach der anderen führen.«

Wenn Pedius um sich blickte, sah er nur desillusionierte, deprimierte, übernächtigte und graue Gesichter. Er selbst sah wohl ebenso aus. Die kalte Nässe der Kleidung zeitigte bereits die ersten Krankheitsfälle. Viele fieberten. Einige husteten. Die Verwundeten, die den gestrigen Angriff lebend überstanden hatten, sahen aus wie Gestalten aus der Unterwelt. Man hatte ihnen schmutzige Lappen über die Hieb- und Stichwunden an Armen oder Beinen, Händen oder Füßen gebunden. Der Blutverlust bei einigen war so groß, dass sie kaum noch bei Bewusstsein waren. Manche redeten irre. Scheuchten nicht vorhandene Gegner mit Handbewegungen davon.

Wieder dankte Pedius den guten Göttern, die schützend ihre Hand über ihn gehalten hatten. Gestern, während der neuerlichen Attacken. Im Kampf hatte er drei Gegner in den Hades geschickt. Ruhig, gezielt hatte er mit dem Schwert zugestochen, ehe der andere zum Todesstoß ansetzen konnte.

Doch er zweifelte, ob das auch heute der Fall wäre. Er lauschte in seinen Körper, suchte nach Symptomen für eine beginnende Krankheit, eine Erkältung, Halsschmerz, Fieber, Hitzeaufwallungen oder Schüttelfrost – doch er schien immer noch in Ordnung zu sein. Das wunderte ihn. Früher war er anfälliger gewesen. Auch in Friedenszeiten.

Er blickte nach vorn, gen Westen. Zwei, drei Meilen weiter sprang das Gebirge in großem Bogen nach Norden vor. Dort war die engste Stelle zwischen Berg und Moor. Es gab nicht die geringste Möglichkeit, die Route zu verlassen, um nach Norden auszubrechen. Schon nach wenigen Schritten begann der Boden zu gluckern. Schwarze Brühe trat aus. Dazu der Dauerregen. Die vom Berg kommenden Bäche würden über die Ufer getreten sein und das Flachland unter Wasser gesetzt haben.

»Na, was siehst du da vorne?« Oppius war neben ihn getreten.

»Das, was du auch siehst!«

Sie sahen sich einen Augenblick an, dann nach vorne, und Pedius sagte düster: »Dort wird er erneut zuschlagen!«

Der Praefect nickte.

Pedius warf einen Blick auf seinen linken Oberarm, der mit einer Binde umwickelt war, und fragte: »Schlimm?«

»Nur eine leichte Fleischwunde. Besser als am rechten Arm.«

Dann gab er seinen Plan bekannt: »Wir haben nur eine Chance durchzukommen, wenn wir uns so schnell wie möglich bewegen.«

Pedius nickte.

»Wir dürfen nicht ins Stocken geraten!«

Wieder nickte Pedius. Abulenius, der dazugetreten war, ergänzte: »Möglichst nicht auf Einzelkämpfe einlassen! Zeitraubende Sache! Immer nach vorne! Durch! Egal, was kommt. Durch!«

Sie wandten sich an umstehende Centurionen und andere Einheitsführer und schärften ihnen ein, ihre Leute darüber zu instruieren. Die Offiziere begaben sich zu ihren Einheiten. Pedius ritt nach vorne, um die Lage zu erkunden. Nein, hieß es, der Feind hatte sich noch nicht blicken lassen.

Der Befehl zum Abriss der Verschanzungen kam. Wie in den letzten Tagen teilte sich die Mannschaft auf in die, welche die Abrissarbeiten durchzuführen, und die anderen, die sie dabei zu schützen hatten. Auch an diesem Morgen wurden sie nicht gestört. Pedius wusste: Arminius ließ sich nicht in eine für ihn ungünstige Lage locken. Er würde auf dem Marsch angreifen. Vielleicht in einer Stunde. Wenn sie den Engpass erreicht und in ihn hineinmarschiert waren.

Er schätzte, dass – zumindest in diesem Bereich – noch die Hälfte der Legion am Leben war. Es konnten aber auch weniger sein. Die Verluste in den gestrigen Kämpfen waren enorm gewesen. Da sie nach wie vor bestrebt waren, voranzukommen, hatten sie sich, wie auch an den ersten beiden Tagen, kaum um die Verwundeten kümmern können. Hunderte blieben am Wege liegen und wurden – Pedius hatte es schaudernd registriert – vom Gegner kaltblütig erschlagen, erstochen und ausgeraubt. Hinzu kam, dass der Feind alle Zivilisten in diesem Bereich auf seine Seite gebracht hatte, darunter Frauen und Kinder. Ob sich das für die kämpfende Truppe als ein Vor- oder Nachteil erweisen würde, musste sich noch herausstellen. Jedenfalls behinderten sie die Legionäre nicht beim Abwehrkampf. Er kannte auch ihr zukünftiges Schicksal. Als Sklavinnen und Sklaven hatten sie ihren neuen Herren zu dienen. Gedemütigt, recht- und würdelos.

Da Pedius sich im vordersten Bereich der Neunzehnten bewegte, konnte er vom Pferd aus sehr gut das vorausliegende Terrain überblicken. Wieder kontrollierte er, ob er blitzschnell das Schwert erreichte. Er wiederholte es mehrmals. Er war nervös. Redete sich aber ein, er mache dies nur, um schnell reagieren zu können.

Nach etwa zwei Meilen tauchte der Gebirgsvorsprung auf. Die Spannung stieg. Bei allen. Sie ahnten, was gleich auf sie zukam. Niemand hatte es ihnen gesagt. Sie erwarteten es trotzdem. Wieder die schnellen Blicke nach links, zum Berghang. Immer öfter. Niemand sprach. Man hörte nur die Schritte auf dem feuchten Boden. Hier und da ein Husten, der nicht enden wollte.

Der Boden wurde bereits weicher. Sie überquerten die ersten Bäche, die ihre überschüssigen Wassermengen auf dem flachen, bereits von Wasser gesättigten Gelände verteilten. Die Schilde, seit Tagen im Dauerregen vollgesogen, waren nun bleischwer, schleiften bereits bei manchen am Boden. Längst hatten die Kräfte nachgelassen. Viele fieberten.

Pedius blickte zurück. Sah die Feldzeichen, hintereinander gestaffelt. Noch standen sie aufrecht. Das beruhigte. Gaukelte Kraft und Souveränität vor. Er meinte, auch den Trupp um den Feldherrn zu erkennen. Seine Leibwache schützte ihn nach allen Seiten. Er erkannte in der Nähe auch den Legaten Numonius Vala. Er, Pedius, kannte ihn als besonnenen Mann. Auch das beruhigte.

Der Weg rückte nun immer näher an den Berghang und damit an den Wald heran, weil sich das Moor nun weit nach Süden vorschob. Sie passierten eine primitive Hütte. Kein Lebenszeichen. Kein Rauch.

Die Sicht wurde schlechter. Feuchte Schwaden strichen, vom Moor kommend, über die Landschaft, vernebelten auch den Blick in den Wald. Es regnete weiter ununterbrochen. Der Wind nahm wieder zu. Der Boden wurde morastiger. Wenn ein Mann strauchelte oder ausrutschte, griff sofort der nächste zu, damit er nicht zu Boden ging und entkräftet liegen blieb. Es hätte sein Ende bedeutet.

Pedius versuchte sich in die Lage von Arminius zu versetzen: Er würde warten, bis die Spitze der Kolonne den Berg fast umrundet hätte. Dort war die engste Stelle zwischen Moor und Wildnis. Dort würde er seine heftigste Attacke durchführen. Wahrscheinlich standen auch weiter westlich starke germanische Verbände, deren Aufgabe es war, einen Durchbruch der römischen Armeespitze zu verhindern. Zugleich würde er weiter hinten angreifen und den Zug an mehreren Stellen zerschlagen. Das würde Chaos und Panik erzeugen. So wie bereits gestern und vorgestern. Doch heute waren die Männer schon erheblich schwächer. Wieder hatten sie eine Nacht ohne Schlaf hinter sich. Sie hungerten. Fieberten. Hatten geplatzte Blasen an den Füßen, schlecht versorgte Wunden an Körper und Gliedern. Waren seelisch und körperlich erschöpft.

Pedius, obwohl selbst am Ende seiner Kräfte, zwang sich, die letzten Reserven zu mobilisieren. Jetzt ging es um alles, um Leben oder Tod. Er wunderte sich, dass er seine Lage ohne Emotionen beurteilte. Sein größter Wunsch war, dass das Ende, wenn es denn kam, kurz und schmerzlos sei.

Äußerlich ruhig ritt er weiter. Dabei war ihm, als ob sein ganzer Körper wie ein einziges Sinnesorgan auf alles, was er sah, hörte, roch und fühlte, reagierte. Er konnte es immer noch nicht fassen, dass sein Pferd die bisherigen Kämpfe ohne jede Blessur überstanden hatte. Dabei bot es eine große Angriffsfläche. Immer wieder hatte er die Kadaver anderer Tiere am Wege gesehen.

Er hätte es nicht für möglich gehalten, wie schnell man sich an die Bilder des Grauens gewöhnte. Viel schlimmer konnte es kaum noch kommen. Kälte und Nässe registrierte er kaum noch. Der Gegner, noch unsichtbar, aber in unmittelbarer Nähe, beherrschte seine Gedanken. Ununterbrochen tasteten seine Augen die Strecke ab, blieben an den schemenhaften Schatten einzelner Bäume und Büsche hängen, die menschliche Gestalten nachbildeten. Er wusste, den anderen ging es ähnlich.

Als es dann geschah, war es fast wie eine Erleichterung. Sie kamen von links. Natürlich, so hatte er es erwartet! Etwa hundert Schritt hinter ihm. Ein Keil von vielleicht fünfzig, sechzig Kriegern warf sich auf die Kolonne. Darunter herkulische Gestalten. Die Oberkörper nackt. Er meinte, den einen oder anderen wiederzuerkennen. Arminius war nicht darunter. Als Erstes schleuderten sie ihre Speere. Mehrmals. Man reichte ihnen von hinten neue! Hundertfach die Schreie der Getroffenen, die zu Boden gingen. Dann der unmittelbare Übergang zum Nahkampf, Mann gegen Mann. Fast immer zwei oder drei gegen einen! Die Legionäre hatten keine Chance.

Abulenius hastete an ihm vorbei und rief den Männern zu: »Weiter! Nicht stehen bleiben! Das wollen sie! Weiter! Weiter!«

Sie gehorchten. Nicht nur dem Befehl, sondern der inneren Stimme. Weiter! Weg von der Gefahrenstelle! Sie beschleunigten ihre Schritte.

Abulenius wandte sich um, rief Pedius zu: »Reite nach vorne! Mach dir ein Bild!«

Pedius drückte die Schenkel zusammen, ließ die Zügel schnellen, schnalzte mit der Zunge. Die Stute gehorchte, begann zu traben, übersprang einen Bach, trabte weiter, übersprang einen weiteren Bach, suchte instinktiv nach festem Boden, wechselte nach links, nach rechts, überholte fast die ganze Kolonne. Dann machte Pedius Halt.

Er blickte um sich. Die Engstelle! Er hatte sie erreicht.

Rechts begann in einer Entfernung von vielleicht hundertfünfzig, zweihundert Schritt das Moor. Er sah das schwarze
Wasser. Die platschenden Regentropfen. Doch er wusste, der
Boden bis dorthin war trügerisch. Er hielt keine Belastung
aus. Links der Berghang. Dicht bewaldet. Alles erschien ihm
ruhig. Die Legionäre schleppten sich weiter. Das gleiche Bild
wie weiter hinten. Sollte es ihnen gelingen, hier durchzukommen?

Er ritt ein Stück weiter, in einem großen Bogen, denn der
Weg umrundete hier den Berg. Er hielt an. Auch hier trüge-
rische Ruhe. Nur der Wind peitschte den Regen auf ihn zu.
Das Wasser lief ihm in die Augen. Er zwinkerte, versuchte
es wegzuwischen. Umsonst, der Blick blieb getrübt. Er konzentrierte sich auf den Wald. War da nicht eine Bewegung?

»Weiter!«, rief er den Legionären zu. »Ihr habt es bald
hinter euch!«

Sie reagierten nicht. Natürlich nicht. Quälten sich durch
den Morast.

›Warum greifen sie hier nicht an?‹, fragte er sich und gab
selbst die Antwort: ›Sie wollen uns weismachen, dass wir in
Sicherheit sind!‹

Aber das war unsinnig. Was hätten sie davon, wenn sie
weiter hinten durchbrachen, aber die Spitze laufen ließen?
Pedius wusste, dass das Gelände sich weiter westlich wieder öffnete und Raum für die Entfaltung der Truppen gab.
Immerhin standen dann einige Hundert Römer bereit, den
Kampf aufzunehmen. Er ging davon aus, dass die Angreifer
hier in der Minderzahl waren. Sie konnten nur Erfolg haben,
wenn sie, wie schon an den vergangenen Tagen, mit voller
Wucht in die Seite der Kolonne vorstießen, sie teilten, Chaos
und Verwirrung stifteten, brutal mit überlegenen Kräften zu-
schlugen – und sich wieder zurückzogen.

Auf jeden Fall musste er umkehren, Abulenius und die anderen informieren und sie beim Kampf unterstützen.

Er wendete das Pferd, wollte zurück. Im gleichen Augenblick stießen sie vor, etwa fünfzig Schritt voraus. Er hörte ihr
Kampfgeschrei.

Sofort machte er wieder kehrt. Doch er sah sie nicht. Stattdessen am Boden liegende Kameraden. Von Speeren und Pfeilen getroffen. Immer neue Salven gingen auf sie hernieder. Aber er sah die Schützen nicht.

Er riss das Schwert aus der Scheide, galoppierte nach vorn. Längst waren die nachrückenden Legionäre im Laufschritt in die Lücke, die die Geschosse gerissen hatten, nachgerückt. Doch auch von ihnen wurden viele binnen Kurzem niedergestreckt.

»Weiter!«, schrie er, als die Männer der Kolonne in einer natürlichen Reaktion stehen geblieben waren. »Weiter! Weiter! Haut sie da raus!«

Er selbst stürmte vor. Dann sah er es: Links, hinter und zwischen den Bäumen, wo das ebene Terrain in den Berghang überging, erkannte er Schanzwerke. Ein Graben, dahinter der Wall, darauf Flechtwerk, fünf Fuß hoch. Dazwischen in unregelmäßigem Abstand Durchlässe, gedeckt von vorspringendem Schanzwerk. Wie in einem römischem Kampflager.

Aber das war doch nicht möglich! Das waren römische Schanzwerke! Doch dahinter standen Germanen. Erst allmählich dämmerte ihm, dass Arminius zur eigenen Verteidigung römische Defensivmethoden kopiert hatte. Und zwar perfekt.

Ihm blieb keine Zeit, die Details der Anlage näher zu studieren. Immer wieder stießen germanische Krieger mit ihren Wurf-, Hieb- und Stichwaffen vor, erledigten die meisten derer, die ihnen entgegentraten, und zogen sich wie auf ein Kommando blitzschnell zurück. Warteten, bis die folgende Gruppe von Legionären heran war, und begannen das Gemetzel von Neuem.

Als er nach vorne blickte, sah er, dass diese Schanzwerke sich weiter am Hang entlangzogen. Und überall geschah das Gleiche: Vorstoß, Kampf Mann gegen Mann, Rückzug.

Alle schrien: die Angreifer im aggressiven Eifer der Vorstöße, die Angegriffenen nach jedem Schlag und Treffer. Zwar rückten immer neue Gruppen von Legionären vor, angepeitscht von den verzweifelten Befehlen ihrer Offiziere, doch wenn sie versuchten, an die Wälle heranzukommen, blieben sie in den Gräben davor hängen, die mit hinderndem, zum Teil dornigem Gestrüpp gefüllt waren und es unmöglich machten, bis an den Wall heranzukommen. Wenn es dem einen oder anderen gelang, wurde er von Germanen, die sicher hinter der geflochtenen Schutzwand abwarteten, erledigt. Ein unbeschreibliches Gemetzel war hier im Gange, wie er es noch nie erlebt, ja, wie er es sich noch nie hatte vorstellen können. Mit einem Blick erfasste er, dass seine eigenen Leute völlig unterlegen waren. Eine gewaltige Wut stieg in ihm hoch. Er griff zum Schwert, schrie nun selbst, stürzte sich mit dem Pferd ins Getümmel. Achtete nicht darauf, ob die Hufe des Tieres einen am Boden liegenden Menschen trafen und seine Gliedmaßen zermalmten. Preschte vor, dorthin, wo römische Gruppen in größter Bedrängnis waren. Ritt mehrere Germanen in vollem Galopp über den Haufen, teilte gewaltig aus, wenn sich ihm jemand in den Weg stellte, brachte so fünf, sechs, sieben der Angreifer außer Gefecht. Machte kehrt, wiederholte die Attacke an anderer Stelle. Sah, wie hinter Abulenius ein Gegner mit der Lanze ausholte, erreichte ihn, ehe er schleuderte, stieß ihm das Schwert in die Schulter. Der Mann ging zu Boden.

»Gut gemacht, Optio!«, rief der Centurio ihm zu und kämpfte weiter, teilte nach allen Seiten aus.

Pedius suchte und fand eine andere Gruppe, die er nun unterstützte.

Von hinten rückten neue Manipel vor. Warfen sich in den Kampf. Blieben einen Augenblick Herren des Geschehens. Drängten die Germanen zurück hinter ihren Schutzwall. Setzten nach. Blieben aber, wie schon andere, im Graben hängen. Wurden von oben, von der Verschanzung her, attackiert, fielen im Kampf.

Sogleich stießen weiter vorne Germanen aus ihrer Deckung vor. Das Gemetzel begann von Neuem. Pedius warf sich mit dem Pferd mitten hinein. Wieder gelang es ihm, mehrere außer Gefecht zu setzen. Doch es kamen immer neue. Ihm war klar, dass das nicht stundenlang so weitergehen konnte. Die römischen Verluste waren zu groß. Es gab keine Führung, die die Kräfte bündelte. Jeder focht, hieb und stach, wie es sich ergab. Nahkämpfe, wo man hinschaute. In jedem Augenblick rechnete er damit, dass sein Pferd getroffen wurde und verletzt zu Boden ging. Längst tropfte Schaum aus dem Maul der Stute. Er hörte ihren stoßenden Atem. Wusste, auch sie hatte Angst. Sie gehorchte aber immer noch seinen Befehlen.

Wo er hinblickte, Kämpfe von Mann gegen Mann. Die Germanen behielten die Oberhand. Sobald sich ihnen mehrere Römer entgegenstellten, zogen sie sich blitzschnell hinter ihre Palisaden zurück. Wechselten die Positionen, griffen weiter vorne oder hinten an. Die hinter den Palisaden hatten leichtes Spiel mit römischen Angreifern. Wohin Pedius auch schaute, sah er Wankende, Getroffene, Sterbende, Gefallene. Es war ein furchtbares Abschlachten im Gang, wie er es sich in seinen schlimmsten Träumen nicht hatte vorstellen können.

Immer noch hielt er sich tapfer. Preschte an die Stellen vor, wo Kameraden hart bedrängt wurden. Schaffte ihnen Luft. Wechselte die Stellung, parierte Angriffe, teilte mächtig aus, zog sich zurück, stieß erneut vor, wieder und wieder.

Das wilde, animalische Schreien der Kämpfenden nahm er kaum noch wahr, weil es keine Unterbrechung fand. Es war immer da, vor ihm, hinter ihm, neben ihm. Aber er hörte sich selbst brüllen: »Ihr Schweine! Ihr verdammten dreckigen Schweine!« Hörte auch seine eigenen Atemstöße, vor und nach den Attacken.

Da näherten sich von hinten, von Osten her, galoppierende Pferde. Er wandte sich um und sah sie kommen: die Reiterei seiner Legion. An der Spitze Numonius Vala. Wollte er vorne helfen? Die Reiter warfen sich gegen die germanischen Krieger, ritten sie in diesem wahnwitzigen Galopp über den Haufen, trafen dabei auch eigene Kameraden. Hielten aber nicht inne, um sich zu einer neuen Attacke zu sammeln, sondern rasten weiter, nach Westen. Durchbrachen alle Kampfgruppen beider Seiten. Umrundeten so den Fuß des Berges.

Allmählich begriff Pedius, dass es sich hier um einen Ausbruch handelte. Vala zog es offensichtlich vor, sein Leben und das seiner Reiter nicht auf dem Schlachtplatz zu verlieren, sondern das Heil in der Flucht zu suchen. Ausgerechnet Vala! War doch sonst ein beherzter Mann, besonnen, überlegt, pflichtbewusst … aber die wahren Eigenschaften kamen erst in einem Geschehen wie diesem hier an den Tag. Pedius konnte es nicht fassen.

Schon griffen die Germanen erneut an. Er sah sie überall. Ein fürchterlicher Schrei!

Pedius blickte zur Seite. Marcus Oppius! Eine tiefe Wunde am Hals. Er würde verbluten. Pedius wollte zu ihm, doch Oppius hob den unverletzten rechten Arm und rief ihm mit letzter Kraft zu:»Hau ab, mein Junge! Hau ab! Und wenn du durchkommst … Sag ihnen … Wir … wir wurden hier abgeschlachtet! Wie Vieh! Sag es ihnen! Und sag ihnen auch, dass es nicht unsere … nicht unsere Schuld war … Sag es ihnen! Einer muss das sagen …«

Er fiel zur Seite. Blieb liegen. Bewegte sich nicht mehr. Tot.

Im gleichen Moment traf Pedius der Speer. An der linken Ferse. Wie ein Feuerstrahl fraß sich der Schmerz durch den ganzen Körper. Zwar nur ein Streifschuss, aber er hatte die Haut tief aufgerissen und wohl das Fersenbein getroffen. Er schaute nach unten. Erstaunlich wenig Blut. Umso stärker der Schmerz.

Er hob den Blick, sah den Mann kommen, der seinen Speer auf ihn geschleudert hatte. Ohne Bedenken stürmte er vor. Holte im Sprung aus und traf ihn am Hals. An der gleichen Stelle wie Oppius. Der Gegner taumelte, stürzte und blieb liegen.

Pedius galoppierte weiter. Achtete nicht auf Freund oder Feind. Nur raus hier! Raus aus dieser Hölle! Er wollte leben! »Ich will leben!«, schrie es in ihm. Mit der ganzen Kraft seines Verstandes wog er blitzschnell ab, wo er durchkommen könnte. Wagte sich nach rechts. In das tückische Grenzgebiet zwischen Moor und festem Land. Wusste, wenn er schnell genug galoppierte, würde er nicht versinken. Er kannte das Gelände gut. Weiter! Nur raus hier! Weiter … weiter! Denn Marcus Oppius hatte recht: Es war nicht sinnvoll, sich hier zu opfern – wichtig war, das Geschehene berichten zu können.

Durch das Vorpreschen der Reiter war bei den Germanen einige Verwirrung entstanden. Einige versuchten ihnen nachzusetzen. Es war sinnlos. Bevor sie sich sammeln, neu ordnen und den Kampf gegen die zurückgebliebenen Legionäre fortsetzen konnten, war Pedius an ihnen im Abstand von zwanzig, dreißig Schritt vorbei. Er spürte sehr wohl, dass der Boden unter den Hufen des Pferdes unsicher wurde. Doch er wusste, es war seine einzige Chance, hier rauszukommen. Hier wagte sich kein Gegner hin. Sie kannten die Tücken dieses Übergangsgebietes nur zu gut. Er blickte kurz nach rechts. Sah, wie einige Legionäre versuchten, durch den Sumpf zu entkommen. Es war Irrsinn. Je weiter sie stapften, umso tiefer sanken sie ein. Er hörte ihre verzweifelten Schreie. Sah einige, die bereits bis zur Hüfte, andere, die bis zum Kinn versunken waren. Niemand konnte ihnen helfen. Der Todeskampf war furchtbar. Die Schreie!

Er zwang sich, nicht auf das zu achten, was er rechts sah und hörte. Es war ein Blick in den Hades!

Er forderte die letzten Kräfte des Pferdes. Hielt sich nun wieder mehr links. Hier war der Boden etwas fester. Dafür überall Tote und sterbende Römer. Er sah, wie ein Germane einem Römer in die Augen stach. Dabei war der Mann bereits tot! Was für ein Hass musste hinter dieser Tat stecken. Dann plünderte er ihn aus.

Pedius blickte nach vorne. Sah, was er erwartet hatte: Sie hatten den Weg mit Holz, Geäst und Buschwerk gesperrt. An einer Stelle Zweikämpfe zwischen den letzten Reitern und den Germanen vor und hinter der Sperre. Wieder wagte er den Ausbruch über die rechte Seite. Hier war der Boden fester, weil sich das Moor zurückzog. Aber er musste über die Sperre! Er hatte nur einen einzigen Versuch. Schlug er fehl, würden sie sich zu mehreren auf ihn stürzen und ihn erledigen.

Er holte tief Luft und galoppierte los. Zielte auf das rechte Drittel der Sperre. Schlug auf das Pferd ein. Wieder und wieder. Und als ob das Tier wüsste, was auf dem Spiel stand, raste es los. Die Sperre kam näher. Pedius erkannte die Lücke von nur zwanzig Fuß. Hielt darauf zu. Niemand stellte sich ihm in den Weg. Er riss das Tier am Zügel hoch. Es verstand seine Absicht. Setzte genau im richtigen Augenblick zum Sprung an und flog über die Hölzer und Äste. Landete auf festem Boden. Stolperte nicht, verfing sich nicht im Geäst. Hielt das Tempo bei. Nahm den Galopp wieder auf. Raste weiter.

Hinter ihm das Gebrüll der Feinde. Es blieb zurück. Hatte

er's geschafft? Er wagte nicht, sich umzudrehen. Weiter! Weiter! Er sprach auf die Stute ein. Spornte sie an. Jetzt nicht anhalten! Wie lange er galoppiert war, wusste er nicht. Das Pferd schweißgebadet. Speichelfetzen lösten sich vom Maul. Er wusste, wenn er die Stute weiter so forderte, würde sie zusammenbrechen. Er nahm das Tempo zurück. Ließ das Tier traben. Blickte sich um. Niemand folgte ihm.

Mit schnellem Blick tastete er den Horizont ab. Der Berg zog sich nun nach links zurück. Er sah die Spuren der Hufe. Also war Vala diesem Weg gefolgt. Sein Ziel: am Ende des Gebirges nach Süden oder Südwesten! Zur Lupia*! Er wollte die Lupia erreichen.

Pedius schüttelte den Kopf. Auf keinen Fall folgen! Die Germanen waren binnen Kurzem auf ihrer Spur. Blitzschnell überschlug er die zweite Möglichkeit: nach rechts, nach Nordwesten! Dort lag das Gebiet der Ampsivarier an der Amisia*! Und ihr Fürst war Boiocales! Ein entschiedener Gegner des Arminius! Dort wäre er in Sicherheit.

Plötzlich setzte der Schmerz wieder ein. Er blickte nach der verletzten Ferse. Zwar hatte die Blutung aufgehört, aber der Fuß war stark angeschwollen. Er hielt an und tastete es vorsichtig ab. Der ganze Fuß glühte. Ihm war nun klar, dass der Knochen verletzt war. Er musste behandelt werden.

Er blickte nach Nordwesten. Kein Haus, kein Mensch weit und breit. Vereinzelt Baumgruppen. Kein Moor!

Er ritt weiter. Nun langsamer. Die Dämmerung hatte begonnen. Das war gut – und schlecht zugleich: Man würde ihn kaum entdecken. Aber auch er würde niemanden sehen. Er betete zu dem unbekannten Gott, der ihm bisher beigestanden hatte, und bat um ein gutes Ende.

Langsam ritt er weiter …

GLOSSAR

Lupia: die Lippe. – **Amisia**: die Ems.

Wenige Jahre später notierte Velleius Paterculus, der Zeitgenosse, in seinem Bericht:»Eingeschlossen in Wälder und Sümpfe, in einen feindlichen Hinterhalt, wurden sie Mann für Mann abgeschlachtet, und zwar von demselben Feind, den sie ihrerseits stets wie Vieh abgeschlachtet hatten ...«[246]

Hat es sich so abgespielt? – Der Befund

Dass es am Kalkrieser Berg Kampfhandlungen größeren Ausmaßes gegeben hat, steht heute allgemein fest. Dass römische und germanische Truppen daran beteiligt waren, ebenso. Dass es sich dabei um die Varusschlacht gehandelt hat, wird von einer Mehrheit der Forscher angenommen.

Eine knappe Zusammenfassung ihrer jahrelangen archäologischen Forschungen am Ort des Geschehens bringen Susanne Wilbers-Rost und Günther Moosbauer in ihrem Artikel »Römer im Osnabrücker Land: Kalkriese und die ›Varusschlacht‹«.[247] Wir übernehmen daraus einige wichtige Aspekte und Argumente, weil sie gerafft die wichtigsten Erkenntnisse der Grabungskampagnen enthalten. Zu den Funden gehören Waffen und Ausrüstung römischer Legions- und Auxiliareinheiten, aber auch alltägliche Werkzeuge und Geräte, die im Tross mitgeführt worden sein könnten. Wichtig in diesem Zusammenhang: »Das Zusammenspiel unterschiedlicher Indizien, wie etwa die weiträumige Fundstreuung oder die Art der Beschädigung von Funden belegt, dass in der Fundregion Kalkriese ein Kampf stattgefunden haben muss. Die wiederverwertbaren Gegenstände wurden von der Ausrüstung der Gefallenen abmontiert und zumindest teilweise in den einheimischen Siedlungen im Umfeld als Rohstoff für Neues benutzt. Für die zeitliche Einordnung wichtig sind neben einzelnen Aurii (Goldmünzen) und Denaren (Silbermünzen) vor allem Asse (Kupfermünzen), die den Gegenstempel des Publius Quinctilius Varus tragen. Die militärischen Ausrüstungsgegenstände, der archäologische Nachweis von Kampfhandlungen, die Hinweise auf eine römische Niederlage und die zeitliche Stellung der vielen Fundmünzen lassen erahnen, dass der lange gesuchte Ort der ›Schlacht im Teutoburger Wald‹ entdeckt ist.«

Zu diesen Funden kam dann nach 1989 die Entdeckung einer Wallanlage, die als Teil eines germanischen Hinterhaltes gegen römische Truppen gedeutet werden konnte: »Dass sie heute als Ort umfangreicher Kampfhandlungen, vielleicht sogar eines Hauptkampfgeschehens der Schlacht angesehen werden kann, war damals noch nicht absehbar.«[248] Es waren zeitaufwendige und komplizierte Untersuchungen notwendig, die dann zu einem klareren Bild der Anlage und ihres Zwecks führten:»Die etwa 400 m lange Befestigung war aus verschiedenen Materialien gebaut. Je nach Verfügbarkeit wurden in unterschiedlichem Umfang Sand, Rasensoden und gelegentlich Kalksteine verwendet, um in wohl relativ kurzer Zeit die 4–5 m breite und etwa 1,5 m hohe Mauer zu erreichen. Zumindest in einem Teilstück ließ sich eine Brustwehr durch bis in den Sand eingetiefte Pfosten nachweisen. An der Innenseite des Walles wurden lang gestreckte Gruben ausgehoben, um dort, wo aufgrund der Bodenbeschaffenheit Regenwasser nicht sofort versickern konnte, das Wasser zu sammeln. Damit sollte verhindert werden, dass der Wall bei Regenfällen unterspült und zum Einsturz gebracht wurde.«[249]

Interessant sind in diesem Zusammenhang die Folgerungen, die beide Autoren aus dem Befund ziehen: Die Anlage sei in »relativ kurzer Zeit« gebaut worden, wobei eine »längere Vorplanung«[250] anzunehmen sei. Wir haben uns schon weiter oben damit beschäftigt und waren zum gleichen Ergebnis gekommen. Für Wilbers-Rost/Moosbauer deuten darauf taktische Überlegungen hin: u. a. »die Wahl der engsten Stelle zwischen Berg und Moor sowie der mehrfach geschwungene Verlauf, der es den Angreifern ermöglichte, eine erhebliche Zahl an Kriegern auf dem Wall zu postieren; außerdem konnten sie die römischen Truppen an einigen Stellen fast in die Zange nehmen. Durchlässe boten die Möglichkeit, auf das freie Feld auszubrechen, sich aber auch im Falle eines Angriffsversuchs von Seiten der Römer schnell zurückzuziehen«.

Dann folgt die entscheidende Feststellung:»Die römischen Verbände hatten in dieser Situation – auf der einen Seite Feuchtgebiet, das in Moor überging, auf der anderen Seite der Wall, dahinter vermutlich Wald – keine Chance, in einem Kampf siegreich zu sein. Die Zahl der auf diesem Fundplatz entdeckten Objekte deutet an, dass die Römer erhebliche Verluste erlitten, obwohl sie alle Waffen bei sich hatten, die für einen Kampf notwendig waren. Sie konnten in dieser Engstelle weder fliehen noch ihre Kampfkraft entfalten – eine Situation, die die Germanen aufgrund ihrer Kenntnis von römischen Kampftaktiken rechtzeitig erkannt hatten.«[251]

All dies eine Bestätigung dessen, was wir schon weiter oben dargelegt haben: Arminius und seine Unterführer, die mit ihren Leuten in römischen Diensten gekämpft und unzählige Male solche Anlagen gebaut hatten, errichteten nun diese Fortifikationen gegen ihre ehemaligen Dienstherren. Der Charakter der Befestigungsanlage ist dermaßen römisch, dass die Ausgräber zunächst vermuteten, der Wall sei römischen Ursprungs und stelle die Einfassung eines bis dahin unbekannten römischen Lagers oder Stützpunktes dar.[252] »Die Feststellung aber, dass die römischen Funde überwiegend nördlich vor dem Wall auf der ehemaligen Oberfläche lagen, während südlich des Walles im Bereich des zunächst angenommenen Lagerinneren lehmüberdecktes Festgestein bis zur Oberfläche anstand und damit für ein länger genutztes Lager wegen Vernässung ungeeignet war, legte eine Deutung des Gesamtbefundes als Schlachtfeld mit einem germanischen Hinterhalt in Form einer Wallanlage nahe.«[253] Dies wurde durch die bei den folgenden Grabungen ermittelten Detailinformationen bestätigt.

Im Einzelnen konnten diese Folgerungen gezogen werden:[254]

- Die im Abstand von etwa 15 Metern festgestellten Durchlässe im Wall wären für römische Truppen äußerst ungünstig gewesen.
- Eine Nutzung der Anlage über längere Zeit ist aufgrund fehlender Keramik auszuschließen.
- Als Marschlager erscheint die Anlage ungeeignet.
- Der Abschnittswall stellt keine geschlossene Anlage mit geschütztem Innenraum dar.
- Die gerundeten Abschnitte hätten die Verteidigungslinie verlängert.
- Unter den bisher bekannten augusteischen Lagern »befinden sich keine Anlagen mit nur annäherungsweise vergleichbarer Dichte von Durchlässen und ähnlich unregelmäßigem Verlauf der Verteidigungslinie«.

Umgekehrt gilt: »Als Hinterhalt gegen vorbeiziehende römische Truppen hätte diese Abschnittsbefestigung den Germanen erheblichen Nutzen gebracht, insbesondere, wenn sie den Kalkrieser Berg und den in vielen Bereichen hinter dem Wall anzunehmenden Wald kontrollierten.«[255]

Wer die Forschungsergebnisse bis ins Detail nachlesen will, dem sei die Lektüre des ganzen Berichts empfohlen. Hier ist leider nicht der Raum, all die vielen einzelnen Funde bis in die letzten Einzelheiten vorzuführen und zu interpretieren. Letztlich führen sie alle zu der absolut sicheren Feststellung: Am Kalkrieser Berg kam es zu erheblichen Kampfhandlungen zwischen römischen und germanischen Truppen.

Es bleibt allerdings die Frage: Fand hier die Varusschlacht statt? Es gibt durchaus alternative Vorschläge:

1. Bei Kalkriese habe einer der späteren Kämpfe zwischen Arminius und Germanicus stattgefunden.
2. Die Beschreibung des Kampfplatzes, an dem Caecina und Arminius 15 n. Chr. aufeinanderstießen, decke sich mit den örtlichen Verhältnissen (Moor, Gebirge), wie sie bei Kalkriese gegeben seien.

Zu 1.: Mehrere Argumente sprechen gegen diese Deutung:
Zunächst geht es um die gefundenen Münzen. In einem Interview äußerte sich dazu Professor Rainer Wiegels:»Ein großer Streitpunkt sind die Münzen. Es gibt keine Fundmünzen, die nach 9 n. Chr. geprägt worden sind: ein entscheidendes Argument jener Historiker, die Kalkriese für den Ort der Varusschlacht halten. Diejenigen aber, die das Schlachtfeld etwa in die Zeit der Feldzüge des Germanicus (14–16 n. Chr.) datieren, argumentieren, dass jüngere Münzen schlicht nie in den fernen Norden gelangt sind. Ich kann allerdings nicht nachvollziehen, dass ein solch großes Heer keine frisch geprägten Münzen mit sich geführt haben soll.«[256]

Eine ganz wichtige Rolle spielen in diesem Zusammenhang die menschlichen Knochenfunde. Zu einem dieser zahlreichen Funde führt Susanne Wilbers-Rost aus:»Tiere und Menschen hatten offenbar unbestattet längere Zeit nach ihrem Tod auf der Oberfläche gelegen, so dass Weichteile sowie Muskel- und Sehnenverbindungen bereits völlig vergangen waren. Die verbliebenen Knochen wurden später eingesammelt und in einer Grube von etwa 2 x 2 m Durchmesser und ca. 1 m Tiefe deponiert … Die sorgfältige Niederlegung zumindest der Menschenknochen auf der Grubensohle sprach für eine Art Bestattung, und die Metallfunde zwischen den Knochen, die dem Spektrum der auf dem Schlachtfeld verbliebenen Ausrüstungsgegenstände vergleichbar waren, ließen vermuten, dass es sich um Reste von Toten aus den Kampfhandlungen handelte. Es lag nahe, diese ›Bestattung‹ in Verbindung zu bringen mit der schriftlich überlieferten Aktion des Germanicus, der bei seinem Feldzug nach Germanien 15 n. Chr. (Tacitus, Ann. I 61–62) das Schlachtfeld aufgesucht haben soll. Tacitus berichtet, Germanicus habe Reste von Toten sowie von Waffen gesehen und für die Bestattung der Gebeine und die Errichtung eines Grabhügels gesorgt.«[257]

Im gleichen Kompendium (Kalkriese 3) nennt Birgit Großkopf, die die menschlichen Überreste vom Oberesch akribisch untersucht hat, wichtige Gesichtspunkte:

– Bei einem historischen Schlachtfeld ist die Zahl der zu Tode gekommenen Individuen unbekannt.
– Die Anzahl der zu Tode gekommen Individuen kann nicht mit den Funden auf dem Schlachtfeld gleichgesetzt werden. Der Grund: Nicht alle Verletzungen führen gleich zum Tode; Verwundete können sich zurückziehen.
– Verletzungen können auch noch nach Tagen zum Tode führen.
– Die Anzahl der Schlachtteilnehmer, deren Leichen tatsächlich auf dem Schlachtfeld verbleiben, ist vielfältig beeinflusst.

– Die »Ausgangsmenge« kann durch Tierfraß bzw. -verschleppung weiter reduziert werden.

– Eine Oberflächenlagerung beschleunigt gegenüber der Bodenlagerung die schnellere physiko-chemische Dekomposition der Knochen.[258]

Dann kommt Großkopf zu entscheidenden Schlussfolgerungen: »Relativ kurz nach der Schlacht müssen eine starke Geruchsentwicklung und Myriaden von Insekten (bevorzugt Fliegen) das Areal geprägt haben. Gegen eine Deponierung von Individuen zu diesem Zeitpunkt sprechen jedoch nicht nur die sicherlich eher abschreckenden äußeren Bedingungen auf dem Schlachtfeld, sondern die Lage der Knochen in den Gruben. Das Fehlen anatomischer Verbände und die Vermischung mit Tierknochen belegt eindeutig eine vorhergehende Skelettierung der Individuen.

Unmittelbar nach Eintritt der vollständigen Skelettierung, die unter ›günstigen‹ Bedingungen‹ schon nach wenigen Wochen eingetreten sein kann, sind die Überreste offensichtlich nicht eingesammelt worden … Das mehrheitliche Fehlen anatomischer Zusammenhänge zwischen den deponierten Knochen kann dahingehend interpretiert werden, dass die Knochen eines Skeletts nicht mehr im Zusammenhang, sondern eher vereinzelt zu finden waren. Dies setzt eine längere Liegezeit (mindestens ein bis zwei Jahre, je nach vorliegenden Bedingungen) an der Oberfläche voraus. Eine Liegezeit von mehr als etwa 10 Jahren ist hingegen eher auszuschließen, da nach diesem Zeitraum an der Oberfläche praktisch keine Knochen mehr zu finden sind.«[259]

Was bedeuten diese geradezu forensischen Untersuchungsergebnisse für die Argumentation, bei Kalkriese habe eine Schlacht zwischen Germanicus und Arminius stattgefunden? Die Antwort ist einfach: Diese Annahme ist unsinnig. Wer hätte denn nach dem durchaus fluchtartigen Abzug des Germanicus vom Schlachtfeld die römischen Gefallenen in Gruben bestatten sollen? Die Germanen sicherlich nicht! Und selbst wenn es dazu gekommen wäre, sähe die physiko-chemische Beschaffenheit der Gebeine heute völlig anders aus: Diese Knochen hätten ja nicht über längere Zeit (Jahre!) an der Oberfläche gelegen.

Zu 2.: Die Beschreibung des Kampfplatzes, an dem Caecina und Arminius aufeinanderstießen, decke sich mit den örtlichen Verhältnissen (Moor, Gebirge), wie sie bei Kalkriese gegeben seien.

Hier gilt einmal das Gleiche, was wir im Zusammenhang mit dem Treffen Arminius/Germanicus sagten. Hinzu kommt: Caecina und seine Legionen gingen als Sieger vom Platz. Wenn sie ihre gefallenen Kameraden bestattet haben – wovon auszugehen ist –, dann waren die Toten von Anfang an mit Erde bedeckt. Die chemischen und physikalischen Verfalls- und Veränderungsprozesse, die an der Oberfläche eingesetzt hätten, fanden nicht statt.

Im Übrigen ist davon auszugehen, dass die Gefallenen nach der Caecina-Schlacht in einem feierlichen Bestattungsakt verbrannt wurden, wie es römischer Brauch war. Selbst unter den widrigen Umständen der Varusschlacht wird ausdrücklich erwähnt, dass es noch möglich war, den Leichnam des Varus nach dessen Selbstmord zu verbrennen, denn Velleius Paterculus hält fest: »Den halbverkohlten Leichnam des Varus rissen die Feinde in ihrer Rohheit in Stücke ...«[260]

Schließlich dies noch: Weder nach der Auseinandersetzung zwischen Germanicus und Arminius noch jener zwischen Caecina und Arminius wäre jemand auf die Idee gekommen, menschliche Leichen zusammen mit Tierkadavern in der gleichen Grube zu bestatten. Dass es sieben Jahre später dazu kam, als Germanicus die im Gelände verstreuten Gebeine einsammeln und in Gruben bestatten ließ, hat einen einfachen Grund: Man war nicht mehr in der Lage, beide auseinanderzuhalten.

Und was die Ähnlichkeit der Geländeverhältnisse im Fall Caecina angeht: Man kann das, was Tacitus schildert, an vielen Orten dieser Region lokalisieren. Es bleibt abzuwarten, ob in naher oder ferner Zukunft entsprechende Funde im Gebiet zwischen Ems, Lippe und den Mooren gemacht werden.

Die Folgen der Schlacht

Wir müssen hier unterscheiden:
– Unmittelbare Auswirkungen der Katastrophe auf die Lage an der nördlichen Reichsgrenze.
– Folgen für die zukünftige Reichspolitik im Hinblick auf Großgermanien.
– Auswirkungen auf die zukünftige Entwicklung Europas.

Vorbemerkung: Wir sind geneigt anzunehmen, nichts sei leichter als die Wertung und Einordnung eines historischen Ereignisses, das vor zweitausend Jahren stattgefunden hat. Dabei gehen wir davon aus, dass der größere Abstand zum Geschehen zu klareren Folgerungen und Urteilen befähigt. Doch dem ist nicht so! Und dafür gibt es mehrere Gründe. Je weiter wir zeitlich vom Jahre 9 n. Chr. entfernt sind, umso größer wird die Kluft zwischen dem damaligen »Wie es war« und dem heutigen Wissensstand. Die Welt hat sich weiterentwickelt, und mit ihr die historischen, politischen, moralischen, religiösen, psychologischen und soziologischen Maßstäbe. Wir neigen nun einmal dazu, das damalige Geschehen anhand heutiger Maßstäbe zu bewerten. Erschwerend kommt dies hinzu: Bei manchen Themen scheinen wir besser informiert zu sein als die damaligen Zeitgenossen. Bei anderen kommen wir über weit hergeholte Vermutungen nicht hinaus.

Dafür einige Beispiele. Wir mussten weit ausholen und mit vagen Vermutungen arbeiten, um etwas über die frühen Prägungen eines Publius Quinctilius Varus zu erfahren. Das Ergebnis ist und bleibt sehr oberflächlich. Ein damaliger Angehöriger des Senats hätte uns aus dem Stand Material liefern können, mit dem wir Hunderte von Seiten füllen könnten. Ähnliches würde sich im Falle des Arminius ergeben: Was hätte da der Zeitgenosse Velleius Paterculus alles von sich geben können, ein gebildeter Offizier, der alle kriegerischen Ereignisse seiner Zeit mit wachem Interesse verfolgte und über die wichtigsten berichtete, jemand, der mit Arminius in Pannonien im Einsatz stand und der den familiären Hintergrund des Cheruskers en detail kannte.

Umgekehrt sind wir sehr wohl in der Lage, Perspektiven aufzuzeigen, die den damaligen Zeitgenossen nicht bewusst waren oder werden konnten. So hätte niemand damals ahnen können, welche Folgen die Schlacht für das weitere Schicksal Europas haben würde. Es wäre auch niemand darauf gekommen, den quasi-religiösen Überbau des römischen Imperialismus als solchen zu erkennen, geschweige denn, ihn detailliert zu beschreiben.

Das größte Manko für uns ist die mehr oder weniger zufällige Überlieferung. Wichtige Schriften, die sich mit dem Geschehen befassten, sind unrettbar verloren gegangen. Daher ist es in wichtigen Fragen unmöglich, eine eindeutige Antwort zu finden: Sei es das eindeutige Datum und der Ort der Schlacht oder etwa die genaue Stärke der beteiligten Truppen. Oder die Frage, inwieweit Tiberius den Princeps bei dessen Entscheidungen beeinflusst oder nicht beeinflusst hat und was Tiberius oder sein Bruder Drusus dem Kaiser über die Lage in Germanien berichtet haben. (Man vergleiche hierzu die interessanten Überlegungen von General Reinhardt.)

Anders sieht es bei den unmittelbaren Auswirkungen der Katastrophe auf die Lage an der nördlichen Reichsgrenze aus. Es mussten sofort Ad-hoc-Maßnahmen ergriffen werden. Rechneten die Armee- wie die Staatsführung doch damit, dass die Germanen die Gunst der Stunde nutzen und in großer Zahl über den Rhein bis nach Gallien ziehen würden.

Zwar hatte Arminius den Kopf des Varus an Marobodus geschickt, um ihm auf diese drastische Weise klarzumachen, dass jetzt die Stunde der Abrechnung mit Rom gekommen sei.[261] Doch der König der Markomannen wog seine Möglichkeiten kühl ab und sah seine und seines Reiches Sicherheit eher in der Zusammenarbeit mit Rom gesichert. So sandte er das grausige Objekt weiter nach Rom auf den Palatin. Freilich auch eine Art der Rache. Die Reaktion des Princeps war entsprechend. Nach dem bekannten Ausruf »Quintile Vare, legiones redde!« (»Quintilius Varus, gib [mir] die Legionen zurück!«) ordnete Augustus »Wachen in der Stadt (Rom) an, damit es nicht zu einem Aufstand kam, und er verlängerte die Befehlsgewalt der Provinzvorsteher, damit die Bundesgenossen von erfahrenen und eingewöhnten (Männern) im Zaum gehalten würden … Schließlich sei er, so sagt man, so sehr außer Fassung geraten, dass er monatelang Bart und Haare wachsen ließ, manchmal seinen Kopf gegen die Tür stieß« und den obigen Ausruf wiederholte.[262] Außerdem entließ er mehrere auswärtige Truppeneinheiten in Rom, darunter die Germanen, die bis zur Niederlage in seiner Leibwache waren.[263]

Für Augustus gibt es unter den gegebenen Umständen nur einen Mann, den er für fähig hält, die Dinge wieder in den Griff zu kriegen: Tiberius. Mit der ihm eigenen Entschlusskraft ergreift er die notwendigsten Maßnahmen. Velleius Paterculus hat sie summarisch festgehalten: Auf die Kunde von der Niederlage des Varus hin »eilte Caesar [= Tiberius] zum Vater [= Augustus] zurück; als ständiger Schirmherr des Römischen Reiches übernahm er (auch) diese gewohnte [!] Angelegenheit. Er wurde nach Germanien gesandt, sicherte Gallien, ordnete die Heere, verstärkte die [Außen-] Posten, und er, der sich nach seiner eigenen Größe und nicht nach dem Selbstvertrauen eines Feindes beurteilte, der Italien mit einem [zweiten] Kimbern- und Teutonenkrieg drohte, überschritt mit dem Heer den Rhein. Er griff den Feind an, den abzuwehren sein Vater und sein Vaterland sich begnügt hatten; er drang tiefer in das Innere vor, bahnte sich Wege, verheerte die Felder, brannte die Häuser nieder, schlug alle, die ihm entgegentraten, und kehrte mit größtem Ruhm und wohlbehalten mit der Zahl derer, die er hinübergeführt hatte, in das Winterlager zurück.«[264] Eine Stelle dieses Textes ist besonders aufschlussreich, wenn es über die Germanen heißt: »… ein Feind, der Italien mit einem [zweiten] Kimbern- und Teutonenkrieg drohte.« Velleius, der ja als Zeitgenosse berichtet, nennt das Germanen-Trauma hier beim Namen. Es sind die wiederauferstandenen Kimbern und Teutonen, die Rom und Italien vor 120 Jahren an den Rand des Abgrunds brachten. Noch nach vier Generationen gelten die »barbarischen Horden« als die in jeder Beziehung größten Feinde jeglicher Kultur, wie Rom sie versteht. Natürlich ist es verlockend, hier den Schluss zu ziehen, dass die gesamte Germanenpolitik des Augustus unter dieser Maxime gestanden habe. Aber wie wir schon dargelegt haben, ist das zu einfach. Wohl aber dürfte Tiberius nach der Machtübernahme (14. n. Chr.) nüchtern und konsequent seine eigenen Folgerungen gezogen haben, die er Schritt für Schritt in die Tat umsetzte: Strafexpeditionen – ja! Rückeroberung – nein! Ansonsten: Grenzsicherung! Diese aber mit allen zur Verfügung stehenden Mitteln! Dabei werden seine eigenen Erfahrungen mit Land und Leuten die entscheidende Rolle gespielt haben. Zum Beispiel die große persönliche Wunde: der Verlust des Bruders Drusus, den er wohl geliebt hat wie keinen andern Menschen. Dann der Verrat des Arminius, den er zuvor selbst gefördert und dem Kaiser empfohlen hat. Eine persönliche Beleidigung! Schließlich Quinctilius Varus! Immerhin der Mann, mit dem er, Tiberius, im Jahre 13 v. Chr. das Consulat bekleidet hat. Er war Mitglied der kaiserlichen Familie! Wie sehr ihn dessen Versagen getroffen haben muss, zeigt sich nicht zuletzt darin, dass Tiberius dessen Witwe und Sohn noch Jahre später mit einem Prozess überzieht, dessen Anklagepunkte weit hergeholt und fadenscheinig sind.

Tiberius weiß aus eigener Anschauung und kann sich darum gut vorstellen, was die Soldaten gelitten haben. Das darf nicht noch einmal passieren. Er macht eine Kosten-Nutzen-Rechnung auf und kommt zu dem Ergebnis: Es reicht! Aufhören! Salopp könnte man sagen: Er hat die Nase voll von diesem Germanien! Dass Domitian 84 n. Chr. – also 70 Jahre später – mit dem Bau eines befestigten Limes beginnt, ist eine Bestätigung dieser Haltung. Germanien bleibt ausgegrenzt, muss aber kontrolliert werden. Dem widerspricht nicht, dass es hin und wieder zu gezielten Aktionen in Germanien kam, wie die Entdeckung eines Schlachtfelds aus dem 3. Jahrhundert im Harz vom Herbst 2008 belegt. Dass in keiner Quelle näher darüber berichtet wird, zeigt, wie gering die Bedeutung solcher Operationen für das Bewusstsein der Zeitgenossen war.

Was nun den Verlauf der späteren deutschen bzw. europäischen Geschichte angeht, sind die Urteile darüber immer auch vom Zeitgeist jener bestimmt, die meinen, darüber ein Votum abgeben zu können oder zu müssen. Über lange Zeit sahen deutschnational ausgerichtete Betrachter in Arminius den »ersten Deutschen«. Eine anachronistische Behauptung. Der Begriff »deutsch« taucht erst nach der Teilung des Frankenreiches auf – und zwar als Bezeichnung der Sprache. »Thiudisk«, später »teutsch«, meint das Idiom jener Menschen, die nicht Latein bzw. Fränkisch (Französisch), sondern in der »Sprache des Volkes« – eben *thiudisk* – kommunizierten.

Zahllose Artikel und Bücher sind zu diesem Thema geschrieben worden. In einem der jüngeren – ›Arminius und die Varusschlacht. Geschichte – Mythos – Litera-

tur‹[265] – fasst Hinrich C. Seeba zusammen: »Die Deutschen betrachteten …
ihre ganze Geschichte von Widukind über Luther bis zu den Freiheitskämpfen
als ›einen Kampf der Riesen gegen Rom, den Armin, der Cherusker, begann.‹[266]
Deshalb eignete sich Kleists Hermann wie kaum ein anderes mythisches Mo-
dell, besser sogar als der andere deutsche Held, der hinterrücks ermordete
Drachentöter Siegfried, zur historischen Rechtfertigung antithetischer, wenn
nicht sogar gewaltsamer Identitätsbildung. Schließlich hat dieser bei Kleist mit
Heilsrufen gefeierte ›Retter von Germanien‹ mit rücksichtsloser Gewaltanwen-
dung die Einheit der germanischen Stämme durchgesetzt, um so mit vereinter
Macht dem römischen Feind begegnen zu können … Zum Mythos verklärt, hat
Hermann der Cherusker den historischen Anlass seines Ruhms nun schon fast
zweitausend Jahre überlebt und immer wieder, besonders in Notzeiten, den
deutschen Willen zu Einheit und Macht verkörpern müssen.«[267] Der nächste
Schritt führt dann zur Gleichsetzung von Siegfried mit Arminius. So verlockend
diese These auch ist, fehlen für ihre Richtigkeit alle Beweise.

Im letzten Beitrag der gleichen Aufsatzsammlung kommt Volker Losemann
auf die Gegenwart zu sprechen: »In der neueren Sachbuchliteratur und in allgemeinen Überblicksdarstellungen zu unserem Themenbereich scheint ein neuer Bewusstseinsstand erreicht zu sein. Es gibt zumindest Anzeichen dafür, dass
der Abbau von Klischeevorstellungen gefördert wird … Aufs Ganze gesehen
dominiert in Deutschland heute eher die ›römische Perspektive‹: in der Erschließung des römischen Erbes in den ehemals römischen Zentren am Rhein ebenso
wie im spielerischen Umgang mit der Vergangenheit des gallisch-germanischen
Raumes in den Asterix-Heften oder den weit verbreiteten Handbuchreihen über
›Die Römer‹ in den einzelnen Bundesländern … Unter der Parole ›Deutschland
einig Vaterland‹ scheint es nicht zu einer neuen Vereinnahmung des Cheruskers
gekommen zu sein.«[268]
Es ist sicherlich richtig, dass »aufs Ganze gesehen« heute eher die »römische
Perspektive« dominiert. Aber es muss auch gesagt werden, dass dieses »Ganze« nicht nur Deutschland, sondern Europa meinen sollte. Und auf diesem Feld
ist noch eine Menge zu tun. Es fehlt nach wie vor eine Darstellung, die den
Verästelungen nachgeht, wie sie durch die römische Akkulturation Europas gewachsen sind. In diesem Zusammenhang die Asterix-Comics als »spielerischen
Umgang« mit Rom bzw. dem damaligen gallisch-germanischen Raum zu bewerten, zielt an der Sache vorbei: In Asterix und seinen Freunden und Gegnern
spiegelt sich nicht Rom oder Gallien, sondern das Frankreich des 20. Jahrhunderts.

Grundsätzlich stellt sich natürlich die Frage, ob die Varusschlacht und die Aufgabe Germaniens nicht erst die Voraussetzungen dafür schufen, dass sich jenseits des Rheins eine andere, eben nicht direkt von Rom geprägte Zivilisation etablieren konnte. Schließlich gilt bis heute die Unterscheidung zwischen romanischer und germanischer Sprachfamilie. Der Fehlschlag in Germanien hatte ja unter anderem zur Folge, dass beispielsweise die Stadtgründung bei Waldgirmes an der Lahn nach einem möglichen Aufenthalt von Germanicus endgültig aufgegeben wurde.[269]

Der Rhein zwischen Mainz und Nordsee blieb jahrhundertelang nicht nur Sprach-, sondern ebenso Kulturgrenze. Noch Karl der Große musste sich mit den Sachsen als späten Nachfahren der Nordgermanen herumschlagen. Und noch Ludwig XIV. träumte davon, in den Réunions-Kriegen den Rhein in seinem ganzen Verlauf als Ostgrenze Frankreichs zu etablieren.

Interessant ist in diesem Zusammenhang eine weitere Beobachtung: Jene Gebiete Deutschlands, die sich während und nach der protestantischen Reformation von Rom lossagten, liegen in der Mehrzahl außerhalb des antiken Limes, der sich vom Nordrhein über den Raetischen Limes bis zur Donau erstreckte.

Es ist ein Faktum: Ohne die römische Totalniederlage in der Varusschlacht gäbe es weder das heutige Deutschland noch Europa mit den Strukturen, Sprachen und Mentalitäten, wie wir sie kennen. Das mag man bedauern oder auch nicht: Der Ablauf der Geschichte ist ein natürlicher Prozess größten Ausmaßes, und sie nimmt keine Rücksicht auf voreingenommene Interessen, Wünsche oder Träume von Individuen.

DANKSAGUNG

Mein herzlicher Dank gilt Dr. Armin Becker, Dr. Daniel Bérenger, General a. D. Dr. Klaus Reinhardt, Prof. Dr. Wolfgang Schlüter und Prof. Dr. Siegmar von Schnurbein, denn diese renommierten Experten haben sich mit großer Bereitwilligkeit und viel Engagement auf mein Projekt eingelassen. Sie haben mich – und damit auch meine Leser – teilhaben lassen an einem großen Schatz an Erfahrungen wie neuesten Erkenntnissen und mit ihrem Insiderwissen ganz wesentlich beigetragen zur Aktualisierung eines Themas, über das auf den ersten Blick schon alles gesagt zu sein schien.

Und last not least danke ich ganz herzlich meiner Lektorin Nina Krause für ihre gründliche, unbestechliche, vorbildliche Arbeit.

Hans Dieter Stöver

ANMERKUNGEN

1 Vgl. Kornemann: Tiberius S. 50
2 Gardthausen: Augustus und seine Zeit S. 523
3 Cass. Dio 42, 49, 4f.
4 Ders. 42, 50, 1
5 Gerade das Gerücht, Caesar strebe nach der Königswürde, trug dazu bei, dessen Beseitigung zu betreiben.
6 Tac. ann. I, 9, 5
7 Ders. I, 10, 1
8 Ders. I, 10 passim
9 Suet. Aug. 7,4
10 Die lateinische Anredeformel lautet *Patres Conscripti*. In der römischen Republik bezeichnete *Patres* (= Väter) elitär die patrizischen Senatoren, *Patricii* hießen die Abkömmlinge der *Patres*. Es handelt sich um die Spitzen der frühen Adelsgeschlechter, die seit der Königszeit im Senat saßen, also den Hochadel. Mit dem Sturz des Königtums übernahmen sie in scharfem Gegensatz zur Plebs die Macht im Staat. Patrizier wurde man durch Geburt, Adoption, Ehe oder durch eine obrigkeitliche Verleihung. Ein typischer Vertreter dieser Gesellschaftsschicht ist z. B. Caesar, dessen Familienmythos die Göttin Venus zur Stamm-Mutter des Geschlechts machte.

Conscripti sind die zum ursprünglich rein patrizischen Senat »dazugeschriebenen« plebejischen Senatoren. Dabei handelt es sich um Männer, die als Erste einer nichtpatrizischen Familie ein Staatsamt (vom Quaestor aufwärts) bekleideten und ihren nun senatorischen Rang an die männlichen Nachkommen weitergaben. Die offizielle Anrede des Senats als *Patres Conscripti* stammt aus der Zeit eines rein patrizischen Senats, wird aber nach Aufnahme plebejischer Senatoren nicht auf die patrizischen Senatoren beschränkt, sondern als Bezeichnung des Gesamtsenats beibehalten. Augustus entstammte der plebejischen Adelsfamilie der Octavier. Erst durch die Adoption durch seinen Großonkel Caesar wurde er Mitglied der Patrizier.

11 Dies und das Folgende in Cass. Dio 53, 3, 1 ff.

12 Der *Genius* (von *gignere* = zeugen) ist die vergöttlichte Zeugungskraft des Mannes. Jeder Mann hat seinen *Genius* wie jede Frau ihre *Juno*. Der Genius entsteht und verschwindet mit dem lebendigen Menschen. Sein großes Fest ist der Geburtstag des Mannes. Durch den Kult des *Genius Augusti* waren die Bewohner des Reiches darauf vorbereitet, die Vergöttlichung des Kaisers als des *pater familias* aller Römer anzunehmen.

13 Der eigentliche Titel lautet *Index rerum gestarum* (Tatenbericht); aufgeführt werden hier Ämter und Ehrungen, die Aufwendungen und finanziellen Leistungen, die Augustus für das Gemeinwesen und seine Bürger aufgebracht hatte (Zahlungen, Spiele, Bauten, Getreideverteilungen) und die politischen Ereignisse während seiner langen Regierungszeit. In Ankara (*Ankyra*, daher der Name *Monumentum Ancyranum*) wurde der Text 1555 an einer erhaltenen Außenwand des Augustus-Roma-Tempels mit griech. Übersetzung gefunden. Durch die Übersetzung und Herausgabe der Inschrift durch Th. Mommsen 1865 erregte der Text das Interesse der Öffentlichkeit.

14 Auch die administrativen Normen der Provinzverwaltung wurden 27 neu geregelt: Das Reich wurde in kaiserliche und senatorische Provinzen gegliedert. Als Proconsul übernahm Augustus die Provinzen, zu deren Schutz Militär bereitgestellt werden musste. Er ließ sie verwalten durch von ihm ernannte *Legati Augusti pro praetore,* die mehrere Jahre im Amt bleiben konnten, während die Senatsprovinzen lediglich ein Jahr von Proconsuln verwaltet wurden. An der Spitze kleinerer kaiserlicher Provinzen wie Iudaea stand ein *Procurator*, der – wie z. B. Pilatus – einem übergeordneten Statthalter einer größeren Provinz – hier *Syria* – unterstellt war. In allen Provinzen erhoben kaiserliche *Procuratores* die Einnahmen des *fiscus*.

15 Suet. Tib. 7

16 Vgl. H. G. Gundel, D. Kl. P. I, 1204 s. v. Claudius

17 Tiberius verbrachte die Jahre 6 v. bis 2 n. Chr. in halbfreiwilliger Verbannung auf Rhodos. Hauptgrund: Seine Verbitterung über die Sittenlosigkeit seiner Gattin Iulia.

18 Tac. ann. I, 4, 3

19 Vgl. E. Heller, Tac. ann. I, Anm. 15

20 Suet. Tib. 6

21 Kornemann: Tiberius S. 17 f.

22 Vgl. H. Schlange-Schöningen: Augustus S. 132

23 Vgl. Kornemann: Tiberius S. 31

24 Dies und das Folgende: Suet. Tib. 10

25 So Kornemann: Tiberius S. 31

26 Suet. Tib. 13

27 Ebd.

28 Suet. Tib. 13, 1

29 Goetz/Welwei: Altes Germanien II, S. 30 Anm. 9

30 Vgl. Vell. Pat., Hist. Rom., Nachwort v. Marion Giebel, S.

31 Die germanischen Langobarden waren, nach eigener Überlieferung von einer skandinavischen Insel kommend, auf die südliche Ostseeküste übergesetzt und hatten sich beiderseits der unteren Elbe niedergelassen. 5 n. Chr. wurden sie von Tiberius auf das östliche Ufer zurückgedrängt, gewannen aber nach der Varusniederlage ihren früheren Besitz zurück. In der römischen Geschichte spielten sie keine größere Rolle mehr. Erst als sie im 6. Jahrhundert nach Norditalien zogen und ein eigenes Königreich etablierten, das bis zu Karl d. Gr. Bestand hatte, prägten sie die Poebene, die seit damals den Namen Lombardei trägt.

32 Vell. Pat. 2, 106, 2 f.

33 Vell. Pat. 2, 108, 1. Dort auch das Folgende 2, 108, 2 ff.

34 Vell. Pat. 2, 110,1

35 Cass. Dio 55, 30, 1

36 Kornemann: Tiberius, S. 45

37 Suet. Tib. 11

38 Cass. Dio 56, 16, 1–4

39 Suet. Tib. 21, 4–7

40 Kornemann: Tiberius, S. 47

41 Vell. Pat. 2, 117, 1

42 Kornemann: Tiberius S. 48

43 Tac. ann. I 62, 1–2

44 E. Heller, Tac. ann. I 62, S. 89 Anm. 101

45 Kornemann: Tiberius S. 69

46 Tac. ann. I 63, 1–2

47 Vgl. die Anmerkung 102 von E. Heller zu Tac. ann. I 63, 4 und Goetz/Welwei zur gleichen Stelle Anm. 21 S. 88, in: Goetz/Welwei: Altes Germanien II a. a. O.

48 Tac. ann. I 63, 4

49 Tac. ann. I 63, 5

50 Dies und das Folgende bei Tac. ann. I 63, 5 und I 64 1 ff.

51 Tac. ann. I 65, 3

52 Ebd. 65, 4

53 Ebd.

54 Ebd. 65, 5

55 Ebd. 65, 6

56 Ebd. 65, 7

57 Ebd. 66, 2

58 Inguiomerus, cheruskischer Fürst, als Bruder des Segimer Oheim des

Arminius, verhielt sich zur Zeit des Varus zunächst römerfreundlich, trat dann aber auf die Seite des Arminius. Vgl. Tac. ann. I 60, 1

59 Tac. ann. I 68, 1

60 Dies und das Folgende Tac. ann. I 68, 2 ff.

61 Ebd. I 68, 4

62 Ebd. I 68, 5

63 Armin Becker, Grabungsleiter in Waldgirmes, im Gespräch mit Michael Zick. In: M. Zick: Rom an der Lahn. Abenteuer Archäologie 1/2007, S. 47

64 Sonderdruck aus Bericht der Römisch-Germanischen Kommission 82, 2001. Dort: Armin Becker und Gabriele Rasbach: Vortrag zur Jahressitzung 2001 der Römisch-Germanischen Kommission, Waldgirmes. Eine augusteische Stadtgründung im Lahntal, S. 591

65 Armin Becker: Neue Aspekte zur Chronologie der augusteischen Germanienpolitik. Wirtschaftliche, topographische und politische Standortfaktoren einer urbanen römischen Siedlung in Waldgirmes. In: Münstersche Beiträge z. antiken Handelsgeschichte Bd. XXIV,2 (2005), S. 161

66 So in Abenteuer Archäologie 1/2006 S. 46

67 Wie 64: S. 597

68 Wie 65: S. 169

69 Angela Kreuz in: Armin Becker und Gabriele Rasbach: Die spätaugusteische Stadtgründung in Lahnau-Waldgirmes, Archäologische, architektonische und naturwissenschaftliche Untersuchungen, Sonderdruck aus Germania 81, 2003, 1. Halbband, S. 180 und 182

70 Wie 65: S. 167

71 Ich stütze mich im Folgenden auf den Aufsatz von Armin Becker: Zur Logistik der augusteischen Germanenfeldzüge, in: Imperium Romanum, Studien zu Geschichte und Rezeption, Festschr. f. Karl Christ z. 75. Geburtstag, hg. v. Peter Kneissl und Volker Losemann, Franz Steiner Verlag, Stuttgart 1998, S. 41–50

72 Livius 34, 9,12

73 Ders. 34, 9, 12–13

74 Wie 71: S. 42 f.

75 Caesar, bellum Gallicum I, 23, 1

76 Wie 71: S. 43, Anmerkung 11

77 Caesar, b.G. 1,16,3

78 Wie 71: S. 43

79 Vgl. wie 71: dort Karte gegenüber S. 48

80 Tac. ann. II, 5, 2–4

81 Wie 71: S.48

82 Tac. ann. II, 23,4

83 Wie 71: S. 48

84 Ebd.

85 Wie 71: S. 49

86 Ebd.

87 Riemer, Ulrike: Die römische Germanienpolitik – Von Caesar bis Commodus, S. 39

88 Caesar: b.G. IV, 19, 4

89 Georg Dorminger: Caesar b.G., S. 165, Anm. 162

90 Riemer, S. 38

91 Ebd.

92 Dirk Krausse: Das Phänomen Romanisierung – Antiker Vorläufer der Globalisierung?, S.16, in: Krieg und Frieden. Keltern – Römer – Germanen. Begleitbuch zur gleichnamigen Ausstellung im Rheinischen Landesmuseum Bonn, Ausgabe der WBG, Darmstadt 2007

93 Wie 92: S. 16

94 Vgl. Krausse, S. 17

95 Wie 92: S. 18

96 Ebd.

97 Wie 92: S. 21

98 Wie 92: S. 24

99 Caesar: b.G. VI, 24

100 Tacitus: Germania XXVIII, 1

101 Tacitus: Agricola XI, 5

102 Caesar: b.G. I, 31, 11–14, leicht gekürzt

103 Caesar: b.G. VI, 21

104 Tacitus: Germania IX

105 So Dirk Krausse, wie 92: S. 22

106 Krieg und Frieden, wie 92, dort ab S. 253: Gabriele Rasbach: Waldgirmes, S. 255 f.

107 Wie 92: S. 256

108 Ebd.

109 Tacitus: Germania 28

110 Dirk Krausse, wie 102: S. 22

111 Herfried Münkler: Imperien. Die Logik der Weltherrschaft – vom Alten Rom bis zu den Vereinigten Staaten. Berlin 2005, S. 132

112 Ebd. S. 132 f.

113 Ebd. S. 135

114 Nach Münkler, wie 128: S. 137

115 U. Riemer, S. 38

116 S. v. Schnurbein: Augustus in Germanien, Neue archäologische Forschungen, Amsterdam 2002

117 Cassius Dio 56, 18, 1 f.

118 Ders. 56, 19, 1

119 Vgl. Karl Christ: Waldgirmes, in: Ad Fontes! Festschrift für Gerhard Dobesch zum fünfundsechzigsten Geburtstag am 15. September 2004, dargebracht von Kollegen, Schülern und Freunden. Unter der Ägide der Wiener Humanistischen Gesellschaft hg. v. Herbert Heftner und Kurt Tomaschitz im Eigenverlag der Herausgeber. Wien 2004, S. 491

120 Ebd. S.490

121 Vgl. Georges: Lateinisch-deutsches Handwörterbuch Bd. 2 S. 2046 ff. s. v. provincia

122 U. Kahrstedt: Kulturgeschichte der römischen Kaiserzeit[2], 1958, S. 52

123 Vgl. Caesar: b. G. 7,8)

124 Marcus Junkelmann: Die Legionen des Augustus, Mainz 1986, S. 219

125 Marcus Junkelmann: Die Legionen des Augustus, S. 117

126 Ebd.

127 Ross Cowan: Römische Legionäre, Deutsche Übersetzung: Karolus Konzept, Königswinter 2007, S. 10 f.

128 Wie 124: dies und das Folgende S. 94 f.

129 Brockhaus in drei Bänden, Leipzig/Mannheim 2004, Bd. I, S. 136

130 Der Kleine Pauly, Lexikon der Antike, Stuttgart 1964, Erster Band, Sp. 601 s. v. Arminius

131 HZ 167, 1942, S. 461 ff.

132 P. Höfer, Der Feldzug des Germanicus, 1885, S. 101 f.

133 G. Kossinna: Arminius deutsch? – Indogermanische Forschungen II 1893, S. 174 -184

134 So Matthias Schulz in »Spiegel« Nr. 51/15.12.2008, S. 128

135 Velleius Paterculus, Historia Romana 2, 118, 2

136 Plutarch, Crassus 8

137 Dionys. Hal. III 29, 7

138 Liv. I 30, 2

139 Vgl. Hor. carm. I 24

140 Horaz, Sämtliche Werke, lateinisch und deutsch, Teil I: Carmina; Oden und Epoden; hg. v. Hans Färber. (Heimeran) München 1957, S. 45

141 Wie 140: carm. I 18, S. 39

142 Caes. bell. civ. II, 28, 1–4

143 Vell. Pat. Hist. Rom. II, 71, 3

144 W. John in: RE XXIV, Sp. 909, 1963

145 Zu den Einzelheiten der gelehrten Diskussion über die Quaestur des Varus vgl. RE XXIV wie Anm. 170

146 Wie 144

147 Zu diesen und den folgenden Vermutungen vgl. W. John wie 170, Sp. 964 s. v. Die Familienverhältnisse

148 Zu den Einzelheiten vgl. W. John wie 144, Sp. 911

149 Ebd. Sp. 911 f.

150 vgl. Flav. Jos. De bello Judaico – Der Jüdische Krieg, griech. u. dt., hg. v. Otto Michel u. Otto Bauernfeind, Bd. 1, Einleitung S. XX

151 Wie 150, II, 5, 1

152 Ebd.

153 Ebd. II, 5, 2

154 Ebd. II, 5, 3

155 Wie 154

156 W. John in: RE XXIV, Sp. 920

157 Cass. Dio LVI 18, 1

158 Ders. LVI 18, 2

159 Vgl. Gespräch (»Fragen an den Experten ...«) mit Siegmar von Schnurbein weiter oben

160 Tac. ann. I 58, 6

161 So die Anmerkung 96 zu Tac. ann. I 58, 6 (Seite 827) von E. Heller

162 Vgl. E. Heller (wie 161) Anm. 93 und 97

163 Tac. ann. I, 59, 1–6

164 Vgl. Suet. Caes. 25,1

165 Plut. Pomp. 45

166 Der Kleine Pauly, Lexikon der Antike, Band I, Sp. 1248 f.

167 Tac. ann. I 58, 1 ff.

168 Beide Rechtssätze finden sich in den Digesten des Corpus Iuris, die Iustinian ab 530 sammeln ließ (Dig. 1,15,3 § 1 und 47,9,9). Gemäß dem römischen Konservatismus in Rechtsnormen darf davon ausgegangen werden, dass die genannten Sätze schon lange ihre Gültigkeit hatten.

169 Dies und die folgenden Stellen bei Cass. Dio 56, 18, 1 ff.

170 R. Wolters: Die Römer in Germanien, München (Beck) 2000, 3. Aufl. 2003, S. 51

171 Ders., S. 51

172 Ders., S. 50 f.

173 Cass., Dio 56,18,2 f.

174 Vell. Paterculus, hist. Rom. II 117, 2–4

175 Tac. ann. I 59, 5

176 Wie 174: II 118,1

177 Velleius schreibt den Namen ohne -c–

178 Cass. Dio 56, 18, 4

179 Ders. 56, 18, 5

180 Ders. 56, 19,1

181 Ders. 56, 19, 2 f.

182 Wie 174: II 118, 2

183 Wie 174: II 118, 3

184 Cass. Dio 56, 19, 3

185 Vell. Pat. II 118, 4

186 Tac. ann. I 55, 2

187 Vell. Pat. Hist. Rom. II 118, 4

188 Tac. ann. I 60, 3

189 W. Schlüter, Geleitwort in Tony Clunn: Auf der Suche nach den verlorenen Legionen, Bramsche 1998, S. 7

190 Tony Clunn: Auf der Suche nach den verlorenen Legionen a. a. O.

191 Wie 190. Seite 32 f.

192 Ebd. S. 40

193 Ebd. S. 42

194 Ebd. S. 42

195 Theodor Mommsen: Die Örtlichkeit der Varusschlacht, Berlin 1885 (Weidmannsche Buchhandlung)

196 Wie 195: S. 46

197 Wie 195: S. 47

198 Wie 195: S. 54 ff.

199 Wie 195: S. 11 Anm. 1

200 Aus: http://www.lwl.org/pressemitteilungen; Mitteilung vom 07.08.08

201 Vell. Pat. hist. Rom. 2, 119,1

202 Vgl. Schanz-Hosius: Geschichte der römischen Literatur, Zweiter Teil – Die Zeit der Monarchie bis auf Hadrian. München (Beck) 1935, S. 644

203 Vell. Pat. Hist. Rom. 2, 119, 2

204 Vell. Pat. Hist. Rom. 2, 119, 4

205 Ebd.

206 Vgl. das Gespräch mit General a. D. Dr. Klaus Reinhardt

207 Diese und weitere Äußerungen aus einem Gespräch, das der Autor Ende August 2008 in Barkhausen mit Dr. Daniel Bérenger führte.

208 Nach M. Junkelmann: Die Legionen des Augustus, S. 157

209 Florus 2, 32–35 In: Goetz/Welwei: Altes Germanien, Zweiter Teil

210 Wie 209: Seite 52 Anm. 47 und das Folgende: Anm. 48

211 Florus 2, 36

212 W. John in RE XXIV, Sp. 930 Z. 5 und Sp. 931 Z. 63

213 Wie 212: Sp. 945 f.

214 Tac. ann. II 10, 3

215 Wie 212: Sp. 945 f.

216 Vgl. W. John (wie 247) Sp. 946 f.

217 Adrian Goldsworthy: Die Legionen Roms, S. 172 f.

218 Cass. Dio 56, 19, 3–5

219 In: Goetz/Welwei: Altes Germanien, Zweiter Teil, S. 56

220 Vell. Pat. II 119, 2

221 W. Schlüter: Neue Erkenntnisse zur Örtlichkeit der Varusschlacht? – Die archäologischen Untersuchungen in der Kalkrieser-Niewedder Senke im Vorland des Wiehengebirges. In: Rainer Wiegels/Winfried Wo-

esler (Hg.): Arminius und die Varusschlacht – Geschichte, Mythos, Literatur. Paderborn 2003 (Schöningh). S. 70

222 Nach Peter Connolly: Die Römische Armee, Hamburg 1976, S.52

223 M. Junkelmann: Die Legionen des Augustus, S. 94 ff.

224 Wie 223

225 Cass. Dio 56, 20, 2 in der Übersetzung von Otto Veh

226 Wie 223, S. 235

227 Cass. Dio 56, 20, 3

228 Ders. 56, 20, 4 f.

229 Crack-Legionen: Elite-Legionen

230 Vell. Pat. II 119, 2

231 Ders. II 117, 2

232 Cass. Dio 56, 19, 1

233 Vell. Pat. II 117, 1

234 Im Gespräch mit Prof Schlüter am 15.10.08

235 Wie 234

236 Nach Hannsferdinand Döbler: Die Germanen, Legende von A – Z, München 2000, S. 287 ff.

237 Tac. Germania 6

238 Ebd. Anmerkung 18 des Herausgebers Wilhelm Harendza, in: Tacitus: Germania, München 1964 (Goldmann), S. 51

239 Tac. Germania 6

240 Cass. Dio 56, 20, 5

241 Connolly: Die Römische Armee, S. 63

242 Vegetius I, 26. Zitiert bei Junkelmann: Die Legionen des Augustus, S. 237

243 Junkelmann: Die Legionen des Augustus, S. 237

244 Cass. Dio 56, 21, 1–2

245 Ders. 56, 21, 3

246 Vell. Pat. II 119, 2

247 In: Archäologie|Land|Niedersachsen – 400 000 Jahre Geschichte. Hg. v. Mamoun Fansa, Frank Both, Henning Haßmann; Begleitbuch zur Sonderausstellung Archäologie|Land|Niedersachsen. 25 Jahre Denkmalschutzgesetz – 400 000 Jahre Geschichte. Oldenburg vom 14.11.2004 – 27.03.2005, Hannover (2005) und Braunschweig (2006). Copyright © 2004 Landesmuseum für Natur und Mensch, Oldenburg. S. 258–261. (Das Buch ist auch erschienen in der Wissenschaftlichen Buchgesellschaft Darmstadt, Best.-Nr. 18 245–6)

248 Wie 247: S. 258

249 Wie 247: S. 259

250 Ebd.

251 Ebd.

252 Susanne Wilbers-Rost u. a.: Kalkriese 3. Interdisziplinäre Untersuchungen auf dem Oberesch in Kalkriese. Archäologische Befunde und naturwissenschaftliche Begleituntersuchungen. Mainz 2007 (von Zabern), S. 74 ff.

253 Wie 252: S.77 f.

254 Wie 252. Ich folge hier dem Resümee von Susanne Wilbers-Rost, S. 78

255 Ebd.

256 Prof. Dr. Rainer Wiegels, 68, lehrt Alte Geschichte an der Universität Osnabrück und ist Herausgeber des 2007 erschienenen Buches ›Die Varusschlacht. Wende der Geschichte?‹ (Theiss, Stuttgart). Das Zitat stammt aus einem in GEO-Epoche Nr. 34 (2008) erschienenen Interview, dort S. 49.

257 Wie 252: S. 86 f.

258 Wie 252: Die menschlichen Überreste vom Oberesch in Kalkriese, darin der Abschnitt »Diskussion der anthropologischen Ergebnisse unter dem Aspekt historischer Überlieferungen zur Varusschlacht«, S. 176 f.

259 Ebd. S. 176

260 Vell. Pat. II 119, 5

261 Ebd.

262 Sueton, Augustus 23, 1 f. in der Übertragung von Goetz/Welwei

263 Suet. Aug. 49,1 (Goetz/Welwei)

264 Vell. Pat. II 120, 1–2

265 Rainer Wiegels/Winfried Woesler (Hg.): Arminius und die Varusschlacht/Geschichte – Mythos – Literatur. Paderborn 2003 (Schöningh)

266 Seeba zitiert hier aus Helmut Plessner: Die verspätete Nation. Über die politische Verführbarkeit bürgerlichen Geistes. Frankfurt/Main 1974, S. 64

267 Wie 265: Hinrich C. Seeba: Hermanns Kampf für Deutschlands Not. S. 359 f.

268 Wie 265: Volker Losemann: Nationalistische Interpretation der römisch-germanischen Auseinandersetzung, S.429 f.

269 So Dr. Armin Becker in einem Gespräch mit dem Autor.

BILDNACHWEIS

1. © akg-images
2. © akg-images
3. © akg-images/Pirozzi
4. © akg-images/Erich Lessing
5. © akg-images/Nimatallah
6. © akg-images/Erich Lessing
7. © akg-images
8. © Dr. Marcus Junkelmann
9. © Priv.-Doz. Dr. Günther Moosbauer
10. © fabercourtial/Gruppe 5
11. © Hans Dieter Stöver
12. ©»Förderverein Römisches Forum Waldgirmes e. V.«/Hartmut Krämer
13. © Dr. Marcus Junkelmann
14. ©»Förderverein Römisches Forum Waldgirmes e. V.«/Hartmut Krämer
15. ©»Förderverein Römisches Forum Waldgirmes e. V.«/Hartmut Krämer
16. ©»Förderverein Römisches Forum Waldgirmes e. V.«/Hartmut Krämer
17. ©»Förderverein Römisches Forum Waldgirmes e. V.«/Hartmut Krämer
18. ©»Förderverein Römisches Forum Waldgirmes e. V.«/Hartmut Krämer
19. © Hans Dieter Stöver
20. © Hans Dieter Stöver
21. © akg-images/Peter Connolly
22. © akg-images/Peter Connolly
23. © Paulys Real-Encyclopädie der classischen Alterthumswissenschaft Band XXIV, Sp. 951/52 unten. Einzeichnung der Routen: Hans Dieter Stöver
24. © Paulys Real-Encyclopädie der classischen Alterthumswissenschaft. Einzeichnung der Route: Hans Dieter Stöver
25. © Falk Verlag Ostfildern. Einzeichnung des Lagers: Hans Dieter Stöver
26. © Hans Dieter Stöver
27. © Klaus Fehrs, Dr. Susanne Wilbers-Rost. Varusschlacht im Osnabrücker Land GmbH

28. © Wolfgang Schlüter. Aus: W. Schlüter: Das Osnabrücker Land im Fernwegenetz Nordwestdeutschlands. In: Rätsel Schnippenburg – Sagenhafte Schätze aus der Keltenzeit, hg. v. Sebastian Möllers u. Bodo Zehn, Bonn 2007 (Verlag Dr. Rudolf Habelt). Einzeichnung der Marschroute: Hans Dieter Stöver
29. © Museum Park Kalkriese/Varusschlacht im Osnabrücker Land GmbH
30. © Museum Park Kalkriese/Varusschlacht im Osnabrücker Land GmbH
31. © akg-images/Museum Kalkriese
32. © akg-images/Museum Kalkriese
33. © akg-images/Museum Kalkriese
34. © akg-images/Bildarchiv Steffens
35. © akg-images/Bildarchiv Monheim

BIBLIOGRAFIE

Abkürzungen: WBG = Wissenschaftliche Buchgesellschaft; RE = Pauly-Wissowa: Real-Encyclopädie der classischen Alterthumswissenschaft; RKG = Römisch-Germanische Kommission

Quellen und Quellensammlungen:
Augustus: Schriften, Reden und Aussprüche. Hg., übers. u. kommentiert v. Klaus Bringmann und Dirk Wiegandt. Darmstadt 2008 (WBG »Texte zur Forschung«, Band 91)
Caesar: Der Gallische Krieg. Aus dem Lateinischen übertragen und erläutert v. Viktor Stegemann. München 1985
Caesar: Der Gallische Krieg. Lateinisch-deutsch ed. Georg Dorminger. München 1966
Caesar: Der Gallische Krieg. Übers. u. hg. v. Marieluise Deißmann. Stuttgart 1989 (Reclam)
Cassius Dio: Römische Geschichte, übers. v. Otto Veh, eingeleitet v. Gerhard Wirth. Zürich/München 1985
Flavius Josephus: De Bello Iudaico/Der Jüdische Krieg. Griechisch und Deutsch. Bd. 1: Buch 1-3. Hg. u. mit einer Einleitung sowie mit Anmerkungen versehen v. Otto Michel u. Otto Bauernfeind. Darmstadt 1982³ (WBG)
Goetz, Hans-Werner/Welwei, Karl-Wilhelm (Hg.): Altes Germanien. Auszüge aus den antiken Quellen über die Germanen und ihre Beziehungen zum römischen Reich. Quellen der Alten Geschichte bis zum Jahre 238 n. Chr. – Zweiter Teil. Darmstadt 1995 (Wissenschaftliche Buchgesellschaft)
Livius: Römische Geschichte. Buch XXXI-XXXIV, lateinisch u. deutsch hg. v. Hans Jürgen Hillen. München 1978 (Heimeran, später Artemis)
Sueton: Die Kaiserviten/De Vita Caesarum. Lateinisch-deutsch. Hg. u. übers. v. Hans Martinet. Düsseldorf 2006³ (Artemis & Winkler)
Sueton: Kaiserbiographien. De Vita Caesarum. Erster Band. Caesar, Augustus, Tiberius, Caligula. Übertragen v. Adolf Stahr. München o. J. (Goldmann Klassiker Bd. 108)

Sueton: Leben der Caesaren. Übers. u. hg. v. André Lambert. München 1972ff. (dtv)

Tacitus: Agricola. Dialog über die Redner. Übertragen, eingeleitet und erläutert v. Georg Dorminger. München o. J. (Goldmann)

Tacitus: Annalen I-VI und XI-XVI. Übersetzung u. Anmerkungen v. Walther Sontheimer. Stuttgart 1991 (Reclam Universal-Bibliothek Nr. 2457 [4] und 2458 [4])

Tacitus: Annalen, lat.-deutsch hg. v. Erich Heller, mit einer Einführung von Manfred Fuhrmann. 2005[5] Düsseldorf (Artemis & Winkler)

Tacitus: Annalen. Deutsch von August Horneffer, mit einer Einleitung von Joseph Vogt u. Anmerkungen von Werner Schur. Stuttgart 1964

Tacitus: Annalen. Übertragung, Zeittafel, Stammtafel und Anmerkungen: Carl Hoffmann. Nachwort, Zeittafel zu Leben u. Werk des Tacitus u. bibliographische Hinweise: Gerhard Wirth. München 1978

Tacitus: Germania. Bericht über Germanien. Lateinisch und deutsch. Übersetzt, kommentiert u. hg. v. Josef Lindauer. München 1979 (dtv)

Tacitus: Germania. Ins Deutsche übers. v. Wilhelm Harendza. München 1964

Velleius Paterculus: Historia Romana/Römische Geschichte. Lateinisch/deutsch, übers. u. hg. v. Marion Giebel. Stuttgart 1989 (Reclam)

Handbücher und Lexika:

Der kleine Pauly, Lexikon der Antike, hg. v. Konrad Ziegler u. Walther Sontheimer. Stuttgart 1964ff.

Döbler, Hannsferdinand: Die Germanen. Legende und Wirklichkeit von A-Z. Lexikon zur europäischen Frühgeschichte. München 2000 (Sonderausgabe Orbis Verlag)

Duden: Geographische Namen in Deutschland. Herkunft und Bedeutung der Namen von Ländern, Städten, Bergen und Gewässern/von Dieter Berger. Mannheim 1993 (Duden-Taschenbücher Bd. 25)

Hiltbrunner, Otto: Kleines Lexikon der Antike, Bern/München 1946ff.

Kienast, Dietmar: Römische Kaisertabelle. Grundzüge einer römischen Kaiserchronologie. Darmstadt 1990 (WBG)

Kroh, Paul: Lexikon der antiken Autoren. Stuttgart 1972

Lexikon der Alten Welt, hg. v. Carl Andresen u. a., Zürich 1965 u. 1990

Pauly-Wissowa: Real-Encyclopädie der classischen Altertumswissenschaft, hg. v. W. Kroll, K. Mittelhaus u. K. Ziegler. Stuttgart 1893ff. (= RE)

Reclams Lexikon der griechischen und römischen Autoren. Von Bernhard Kytzler. Stuttgart 1997 (Reclam)

Tusculum-Lexikon griechischer und lateinischer Autoren des Altertums und des Mittelalters, bearb. v. W. Buchwald u. a. Reinbek 1974ff.

Veh, Otto: Lexikon der römischen Kaiser. Von Augustus bis Justinianus I., 27 v. Chr. bis 565 n. Chr. Zürich/München 1990[3]

Wörterbuch der Antike. Mit Berücksichtigung ihres Fortwirkens. In Verbindung mit Ernst Bux u. Wilhelm Schöne verfasst v. Hans Lamer. Stuttgart 1963⁶ (Kröner)

Sekundärliteratur

Albrecht, Michael von (Hg.): Die römische Literatur in Text und Darstellung. Bd. 3: Augusteische Zeit. Stuttgart 1987 (Reclam)

Archäologie│Land│Niedersachsen, Hg. v. Mamoun Fansa, Frank Both, Henning Haßmann. Landesmuseum für Natur und Mensch, Oldenburg 2004. Lizenzausgabe für WBG, Darmstadt o. J.

Ausbüttel, Frank M.: Germanische Herrscher. Von Arminius bis Theoderich. Darmstadt 2007 (WBG)

Baker, Simon: Rom – Aufstieg und Untergang einer Weltmacht. Stuttgart 2007 (Reclam)

Becker, Armin/Köhler, Heinz-Jürgen: Das Forum von Lahnau-Waldgirmes. In: Archäologie in Hessen. Neue Funde und Befunde. Festschrift für Fritz-Rudolf Herrmann zum 65. Geburtstag. Hg. v. Svend Hansen und Volker Pingel. Rahden/Westf. 2001 (Verlag Marie Leidorf)

Becker, Armin/Rasbach Gabriele: Waldgirmes. Eine augusteische Stadtgründung im Lahntal. Vortrag zur Jahressitzung 2001 der Römisch-Germanischen Kommission. Sonderdruck aus Bericht der RKG 82, 2001. RKG des Deutschen Archäologischen Institus, Frankfurt a. M. Mainz 2001 (von Zabern)

Becker, Armin/Rasbach, Gabriele: Die spätaugusteische Stadtgründung in Lahnau-Waldgirmes. Archäologische, architektonische und naturwissenschaftliche Untersuchungen. Mit Beiträgen von Susanne Biegert, Thomas Brachert, Thomas Keller, Angela Kreuz und Udo Schreiber. Sonderdruck aus Germania 81, 2003, 1. Halbband. Mainz 2003 (von Zabern)

Becker, Armin: Eine römische Stadt an der Lahn? In: Antike Welt, Zeitschrift für Archäologie und Kulturgeschichte. Sonderdruck aus 31. Jahrgang 2000 Nr. 6. Mainz 2000 (von Zabern)

Becker, Armin: Lahnau-Waldgirmes. Eine augusteische Stadtgründung in Hessen. Historia, Band LII/3 (2003) S. 337–350. Wiesbaden/Stuttgart 2003 (Steiner)

Becker, Armin: Neue Aspekte zur Chronologie der augusteischen Germanienpolitik. Wirtschaftliche, topographische und politische Standortfaktoren einer urbanen römischen Siedlung in Waldgirmes. Münstersche Beiträge z. antiken Handelsgeschichte Bd. XXIV, 3 (2005)

Becker, Armin: Zur Logistik der augusteischen Germanienfeldzüge. In: Imperium Romanum. Studium zu Geschichte und Rezeption. Festschrift für Karl Christ zum 75. Geburtstag. Hg. v. Peter Kneissl und Volker Loseman. S. 41–50. Stuttgart 1998 (Steiner)

Bemmam, Klaus: Arminius und die Deutschen. Essen 2002

Bremer, Eckhard: Die Nutzung des Wasserweges zur Versorgung der römischen Militärlager an der Lippe. Veröffentlichungen der Altertumskommission für Westfalen. Landschaftsverband Westfalen-Lippe. Hg. v. Bendix Trier. Band XII. Münster 2001 (Aschendorff)

Brepohl, Wilm: Neue Überlegungen zur Varusschlacht. Münster 2004

Bringmann, Klaus: Augustus. Darmstadt 2007 (WBG)

Carroll, Maureen: Römer, Kelten und Germanen. Leben in den germanischen Provinzen Roms. Aus dem Englischen v. Tanja Ohlsen. Stuttgart 2003

Christ, Karl: Geschichte der römischen Kaiserzeit, von Augustus bis Konstantin. München 1988

Christ, Karl: Waldgirmes. Historische Aspekte der neuen Ausgrabungen im mittleren Lahntal. Sonderdruck aus: AD FONTES! Festschrift für Gerhard Dobesch zum 75. Geburtstag. Dargebracht von Kollegen, Schülern und Freunden. Unter der Ägide der Wiener Humanistischen Gesellschaft hg. v. Herbert Heftner und Kurt Tomaschitz im Eigenverlag der Herausgeber. Wien 2004

Clunn, Tony: Auf der Suche nach den verlorenen Legionen. Bramsche 2003[6]

Connolly, Peter: Die Römische Armee. Hamburg 1976

Cowan, Ross/McBride, Angus: Römische Legionäre. Königswinter 2007

Delbrück, Hans: Geschichte der Kriegskunst. Die Germanen. Vom Kampf der Römer und Germanen bis zum Übergang ins Mittelalter. Mit einer Einleitung v. Hans Kuhn und Dietrich Hoffmann. Hamburg 2003 (Sonderausgabe für die Nikol Verlagsgesellschaft)

Demandt, Alexander (Hg.): Das Ende der Weltreiche. Von den Persern bis zur Sowjetunion. Hamburg 2007 (Nikol)

Fischer, Thomas (Hg.): Die römischen Provinzen – Eine Einführung in ihre Archäologie. Stuttgart 2001 (Theiss)

Gardthausen, Viktor: Augustus und seine Zeit. (Neudruck der Ausgabe Leipzig 1891–1904) 6 Bände, Aalen 1964 (Scientia Verlag)

Goldsworthy, Adrian: Die Legionen Roms. Das große Handbuch zum Machtinstrument eines tausendjährigen Weltreiches. Aus dem Englischen von Udo Rennert. Frankfurt a. M. 2004

Grönbech, Wilhelm: Kultur und Religion der Germanen. Darmstadt 2004

Harnecker, Joachim: Arminius, Varus und das Schlachtfeld von Kalkriese. Bramsche 1999 (Rasch)

Höfer, Paul: Der Feldzug des Germanicus im Jahre 16 n. Chr. Bernburg u. Leipzig 1885[2]

Johnson, Anne: Römische Kastelle des 1. und 2. Jahrhunderts n. Chr. in Britannien und in den germanischen Provinzen des Römerreiches. Übers. v. Gabriele Schulte-Holtey, bearb. v. Dietwulf Baatz. Mainz 1987 (von Zabern)

Junkelmann, Marcus: Die Legionen des Augustus – Der römische Soldat im archäologischen Experiment. Mainz 1986

Kalkriese 3 – Interdisziplinäre Untersuchungen auf dem Oberesch in Kalkriese. Archäologische Befunde und naturwissenschaftliche Begleituntersuchungen. (Römisch-Germanische Forschungen, Band 65 der Römisch-Germanischen Kommission des Deutschen Archäologischen Instituts zu Frankfurt a. M.) Von Susanne Wilbers-Rost u. a. Mainz 2007 (von Zabern)

Kornemann, Ernst: Tiberius. Mit einem Vorwort v. Hermann Bengtson. Frankfurt a. M. 1980 (Societäts-Verlag)

Krieg und Frieden. Kelten – Römer – Germanen. Begleitbuch zur Ausstellung im Rheinischen Landesmuseum Bonn (21.8.2007 – 6.1.2008). Darmstadt 2007

Le Bohec, Yann: Die römische Armee – Von Augustus zu Konstantin d. Gr. Stuttgart 1993

Meyer, Ernst: Römischer Staat und Staatsgedanke. Zürich 1964[3] (Artemis)

Mommsen, Theodor: Die Örtlichkeit der Varusschlacht. Berlin 1885

Münkler, Herfried: Imperien. Die Logik der Weltherrschaft – vom Alten Rom bis zu den Vereinigten Staaten. Berlin 2005

Penrose, Jane: Rom und seine Feinde. Kriege – Taktik – Waffen. Aus dem Englischen übers. v. Erwin D. Fink. Stuttgart 2007 (Theiss). Lizenausgabe für die WBG (Nr. 20131–0)

Pöhlmann, Egert: Einführung in die Überlieferungsgeschichte und die Textkritik der antiken Literatur. Band II, Mittelalter und Neuzeit. Darmstadt (WBG) 2003

Rätsel Schnippenburg – Sagenhafte Funde aus der Keltenzeit. Herausgegeben von Sebastian Möllers und Bodo Zehm. Bonn 2007 (Habelt)

Riemer, Ulrike: Die römische Germanenpolitik. Von Caesar bis Commodus. Darmstadt 2006 (WBG.)

Schlange-Schöningen, Heinrich: Augustus. Darmstadt 2005 (WBG)

Schlüter, Wolfgang: 20 Jahre archäologische Forschung in der Kalkrieser-Niewedder Senke. (Manuskript in Druckvorbereitung: 14.11.2008)

Schmitzer, Ulrich: Velleius Paterculus und das Interesse an der Geschichte im Zeitalter des Tiberius. Heidelberg 2000 (Winter)

Schnurbein, Siegmar von: Augustus in Germanien. Neue archäologische Forschungen. Amsterdam 2002

Schnurbein, Siegmar von: Germanen und Römer im Vorfeld des Obergermanischen Limes. Vortrag zur Jahressitzung 2006 der Römisch-Germanischen Kommission. Sonderdruck der RGK 87, Mainz 2006 (von Zabern)

Schnurbein, Siegmar von: Vom Einfluss Roms auf die Germanen. Opladen 1995 (Westdeutscher Verlag); Vorträge/Nordrhein-Westfälische Akademie der Wissenschaften: Geisteswissenschaften; G 331

Timpe, Dieter: Arminius-Studien. Heidelberg 1970

Wiegels, Rainer (Hg.): Die Varusschlacht – Wendepunkt der Geschichte? Mit Beiträgen von Rainer Wiegels, Armin Becker, Johann-Sebastian Kühlborn, Günther Moosbauer, Gabriele Rasbach, Susanne Wilbers-Rost. Stuttgart 2007 (Theiss). Lizenzausgabe für die WBG (Nr. 18458–0)

Wiegels, Rainer/Woesler, Winfried (Hg.): Arminius und die Varusschlacht. Geschichte – Mythos – Literatur. Paderborn 2003[3]

Wolfram, Herwig: Die Germanen. München 2001[6]

Wolters, Reinhard: Die Römer in Germanien. München 2002[3] (Beck)

Zick, Michael: Rom an der Lahn. Abenteuer Archäologie 1/2006. Heidelberg 2006